Bonn, den 12. Juli 2016

Liebe Frau Dr. Demircioglu,

ohne Ihren Besuch im Kindergarten wäre ich vermutlich nie auf Frau Prof. Dr. Röhr-Sendlmeier als potentielle Betreuerin aufmerksam geworden. Nachdem ich Sie als unkompliziert, pragmatisch und wissenschaftlich anspruchsvoll kennengelernt hatte, war ich jedoch neugierig. Herzlichen Dank auch für Ihre Unterstützung während der Promotion.

Weiterhin alles Gute!

Mas Dolma

Lebenslang lernen

Band 16

Herausgegeben von
Prof. Dr. Una M. Röhr-Sendlmeier

Lebenslang lernen

Lernen beginnt sehr früh im Lebenslauf. Bereits das Neugeborene zeigt erstaunliche Anpassungsleistungen etwa an die Mimik seiner sozialen Umgebung, und schon im Alter von wenigen Monaten imitiert das Kind die Sprachlaute seiner Bezugspersonen. Ein solcher dialogischer Prozess der Interaktion zwischen Individuum und Umwelt bringt die Lernentwicklung des Einzelnen entscheidend voran. Angeborene Dispositionen, Umweltcharakteristika und die je individuelle Entscheidung, Lernangebote aufzugreifen und Lernsituationen aufzusuchen, bestimmen die Lerngeschichte eines Menschen.

Lange war die Auffassung verbreitet, ein Kind erreiche die nötige Reife von selbst, wenn es sich nur in einem möglichst ungestörten Rahmen entfalten könne. Seit den 70er Jahren des vergangenen Jahrhunderts hat sich jedoch die Überzeugung durchgesetzt, dass die Entwicklung des Kindes durch vielfältige, auf seine Möglichkeiten abgestimmte Lernangebote begünstigt werden kann. Die Förderung individueller Fähigkeiten und die Bereitschaft zu lernen, rückten in den Mittelpunkt der wissenschaftlichen Betrachtung.

Auch in Bezug auf das Erwachsenenalter hat ein Umdenken stattgefunden, da einmal erworbene Fertigkeiten nicht ausreichen, um dauerhaft im Berufsleben erfolgreich zu sein. Lernen ist bis ins hohe und höchste Alter möglich. Es sind die Lernaktivitäten eines Menschen, die wesentlich den Verlauf seines Alterungsprozesses prägen. Bleibt er geistig wie körperlich aktiv, kann er ein selbst verantwortliches Leben über viele Jahrzehnte aufrechterhalten.

Die Bedeutung des Lernens vom Kleinkindalter über die Schul- und Berufsausbildung bis in das Erwachsenenalter und höhere Lebensalter wird zunehmend erkannt. Für neue Forschungsergebnisse in diesem wichtigen Feld will die Reihe "Lebenslang lernen" ein Forum bieten.

Una M. Röhr-Sendlmeier

Maximilian Graf zu Dohna-Lauck

Transparenz in der Kinderbetreuung

Logos Verlag Berlin

Lebenslang lernen

Herausgegeben von
Prof. Dr. Una M. Röhr-Sendlmeier

Institut für Psychologie
Rheinische Friedrich-Wilhelms-Universität Bonn
Kaiser-Karl-Ring 9
D-53111 Bonn
email: roehr-sendlmeier@uni-bonn.de

Bibliografische Information der Deutschen Nationalbibliothek
Die Deutsche Nationalbibliothek verzeichnet diese Publikation in der
Deutschen Nationalbibliografie; detaillierte bibliografische Daten sind
im Internet über http://dnb.d-nb.de abrufbar.

Zugl.: Bonn, Univ., Diss., 2016

© Copyright Logos Verlag Berlin GmbH 2016
Alle Rechte vorbehalten.

ISBN 978-3-8325-4246-7
ISSN 1865-0023

Logos Verlag Berlin GmbH
Comeniushof, Gubener Str. 47,
10243 Berlin
Tel.:   +49 (0)30 / 42 85 10 90
Fax: +49 (0)30 / 42 85 10 92
http://www.logos-verlag.de

„The well educating of their children is so much the duty and concern of parents, and the welfare and prosperity of the nation so much depends on it, that I would have every one lay it seriously to heart [...]"

Some Thoughts Concerning Education
John Locke

Danksagung

Meiner Doktormutter Professorin Una M. Röhr-Sendlmeier danke ich für ihre umfassende Unterstützung bei der Erstellung dieser Dissertation. Als ihr unbekannter, fachfremder und externer Doktorand gab sie mir einen erheblichen Vertrauensvorschuss, der in dieser Form nicht selbstverständlich war. Sie ließ mir größtmögliche akademische Freiheit, wobei nie Zweifel an ihrem hohen wissenschaftlichen Anspruch bestanden. Sie war immer frei von Ideologie und der ehrlichen Suche nach wissenschaftlicher Erkenntnis verpflichtet. Meine Anliegen und Fragen behandelte sie in beeindruckender Geschwindigkeit und äußerst zielgerichtet. Die Betreuung hätte nicht besser sein können.

Mein Dank gilt außerdem Dr. Christian Rollmann und Felix Loose, die der Idee der Verwirklichung dieser Dissertation in meiner Zeit als Vorstand der Max and Mary AG Verständnis entgegenbrachten und darauf Rücksicht nahmen. Danken möchte ich ebenfalls meinen ehemaligen Mitarbeiterinnen, ohne deren leidenschaftliches Engagement die Realisierung von Max and Mary in der von uns angestrebten Form unmöglich gewesen wäre. Ferner den vielen Eltern, die uns ihre Kinder anvertrauten und uns so die großartige Chance gaben, sie und ihre Kinder in einer der wichtigsten Lebensphasen zu begleiten.

Der größte Dank gilt jedoch meiner Familie, insbesondere meinen Eltern. Sie unterstützten mich während meiner gesamten Ausbildung in einer vorbildlichen Art und Weise, ohne dafür je etwas einzufordern. Ihre liebevolle Erziehung und selbstlose Förderung eröffneten mir die bestmöglichen Entwicklungs- und Ausbildungschancen.

Berlin, im März 2016				Maximilian Graf zu Dohna-Lauck

Inhaltsverzeichnis

Tabellenverzeichnis IV

Abbildungsverzeichnis VI

1 Einleitung 1

2 Auswirkungen frühkindlicher Bildung auf Individuum und
  Gesellschaft 7
  2.1 Kinderbetreuung in Deutschland 7
    2.1.1 Kinderbetreuungseinrichtungen und betreute Kinder 7
      2.1.1.1 Tageseinrichtungen 7
      2.1.1.2 Personal in Tageseinrichtungen 9
      2.1.1.3 Tagespflege 13
      2.1.1.4 Betreute Kinder 14
    2.1.2 Ausgaben für frühkindliche Bildung in Deutschland 22
      2.1.2.1 Ausgaben für frühkindliche Bildung in Deutschland nach dem
              Bildungsfinanzbericht 23
      2.1.2.2 Ausgaben für frühkindliche Bildung in Deutschland nach Berichten zu
              Ausgaben und Einnahmen der Kinder- und Jugendhilfe 26
      2.1.2.3 Ausgaben pro Kind und Platz 29
    2.1.3 Direkt und indirekt abhängige Arbeitsplätze 30
      2.1.3.1 Direkt abhängige Arbeitsplätze 30
      2.1.3.2 Indirekt abhängige Arbeitsplätze 32
  2.2 (Längsschnitt-)Studien zu Auswirkungen frühkindlicher Bildung 34
    2.2.1 High/Scope Perry Preschool Study, USA 34
    2.2.2 Abecedarian Program, USA 35
    2.2.3 Chicago Child-Parent Centers (CPC), USA 35
    2.2.4 Head Start, USA 36
    2.2.5 NICHD Study of Early Child Care and Youth Development (SECCYD),
          USA 37
    2.2.6 Cost, Quality, and Outcomes in Child Care Centers Study, USA 37
    2.2.7 Effective Pre-School, Primary and Secondary Education (EPPSE) Projekt,
          England 38
    2.2.8 European Child Care and Education Study, Österreich, Deutschland,
          Spanien 38
    2.2.9 Übertragbarkeit von Studienergebnissen 39
  2.3 Auswirkungen frühkindlicher Bildung nach Fähigkeitsbereichen 40
    2.3.1 Kognitive Fähigkeiten 40
      2.3.1.1 Relevanz kognitiver Fähigkeiten 41
      2.3.1.2 Die Rolle des Alters beim Erwerb kognitiver Fähigkeiten 44
      2.3.1.3 Die Rolle der Dauer der Förderung beim Erwerb kognitiver Fähigkeiten 49
      2.3.1.4 Die Rolle der Qualität der Förderung beim Erwerb kognitiver Fähigkeiten 54

2.3.1.5 Weitere Faktoren beim Erwerb kognitiver Fähigkeiten ... 63
2.3.2 Sozial-emotionale Fähigkeiten ... 69
    2.3.2.1 Relevanz sozial-emotionaler Fähigkeiten ... 70
    2.3.2.2 Die Rolle des Alters beim Erwerb sozial-emotionaler Fähigkeiten ... 74
    2.3.2.3 Die Rolle der Dauer der Förderung beim Erwerb sozial-emotionaler Fähigkeiten ... 77
    2.3.2.4 Die Rolle der Qualität der Förderung beim Erwerb sozial-emotionaler Fähigkeiten ... 79
    2.3.2.5 Weitere Faktoren beim Erwerb sozial-emotionaler Fähigkeiten ... 84
2.4 **Rendite frühkindlicher Bildung** ... 89

3 Kinderbetreuungsmarkt in Deutschland ... 101

3.1 **Marktstruktur** ... 101
    3.1.1 Preise ... 102
    3.1.2 Angebot ... 104
    3.1.3 Transparenz ... 112
    3.1.4 Transaktionskosten ... 117
3.2 **Entscheidungsfaktoren bei der Wahl einer Einrichtung** ... 121
    3.2.1 Fragebogenentwicklung ... 127
        3.2.1.1 Informationsbewertung und -beschaffungsaufwand ... 128
        3.2.1.2 Soziodemographie und Präferenzen ... 131
    3.2.2 Datensatz ... 132
        3.2.2.1 Fragebogenmarketing ... 133
        3.2.2.2 Stichprobe ... 134
        3.2.2.3 Betreuungspräferenzen und weitere Variablen zur Suche ... 143
    3.2.3 Informationsbewertung und –beschaffungsaufwand ... 147
        3.2.3.1 Interne Konsistenz der Skalen ... 148
        3.2.3.2 Informationsbewertung ... 151
        3.2.3.3 Informationsbeschaffungsaufwand ... 154
        3.2.3.4 Informationslücke ... 156
    3.2.4 Multivariate Analysen ... 160
        3.2.4.1 Unabhängige und abhängige Variablen ... 160
        3.2.4.2 Ergebnisse der Analysen zu den Bewertungsvariablen ... 162
        3.2.4.3 Ergebnisse der Analysen zu den Aufwandsvariablen ... 168
        3.2.4.4 Ergebnisse der Analysen zu den Informationslücken ... 177
        3.2.4.5 Wesentliche Prädiktoren aller Modelle ... 180

4 Diskussion ... 183

Literaturverzeichnis ... 192

5 Anhang ... 215

5.1 Veränderung der Altersstruktur des Personals in Tageseinrichtungen ... 215
5.2 Veränderung der Altersstruktur der Tagespflegepersonen ... 218
5.3 Fragebogen ... 221
5.4 Skalen- und Itembewertungen der Elternstudie ... 240
5.5 Überprüfung der Skalen ... 243

5.6 Protokoll der Änderungen im Datensatz 253

Tabellenverzeichnis

Tabelle 2.1: Tageseinrichtungen in Deutschland nach betreuten Altersgruppen 8

Tabelle 2.2: Kinder in deutschen Tageseinrichtungen nach Art der Träger 9

Tabelle 2.3: Pädagogisches Personal in Deutschland nach in der Einrichtung betreuten Altersgruppen und Trägern 10

Tabelle 2.4: Durchschnittliche Anzahl an pädagogischem Personal pro Tageseinrichtung in Deutschland nach in der Einrichtung betreuten Altersgruppen und Trägern 10

Tabelle 2.5: Personal in Tageseinrichtungen in Deutschland nach Alter und Geschlecht 12

Tabelle 2.6: Pädagogisches Personal in Tageseinrichtungen nach Beschäftigungsumfang 13

Tabelle 2.7: Tagespflegepersonen in Deutschland nach Alter und Geschlecht 14

Tabelle 2.8: In Tageseinrichtungen in Deutschland betreute Kinder nach Alter und Geschlecht (ohne Schulkinder und andere Kinder älter als 7 Jahre) 15

Tabelle 2.9: In Tagespflege in Deutschland betreute Kinder nach Alter und Geschlecht bis 6 Jahre 15

Tabelle 2.10: Betreuungsquoten für Tageseinrichtungen und Tagespflege 17

Tabelle 2.11: Betreuungsquoten und -bedarf für Kinder unter 3 Jahren in Deutschland 18

Tabelle 2.12: Öffentliche Ausgaben für Kinderbetreuung in Deutschland nach Körperschaftsgruppen 24

Tabelle 2.13: Wachstum öffentlicher Ausgaben für Kinderbetreuung in Deutschland nach Körperschaftsgruppen 24

Tabelle 2.14: Ausgaben für Kinderbetreuung in Deutschland nach Quellen und Einrichtungsarten 27

Tabelle 2.15: Wachstum der Ausgaben für Kinderbetreuung nach Quellen und Einrichtungsarten 28

Tabelle 2.16: Ausgaben für Kinderbetreuung in Tageseinrichtungen freier Träger pro Vollzeitbetreuungsäquivalent (VZB) 2010 30

Tabelle 2.17: Tätige Personen in Tageseinrichtungen und Tagespflege in Deutschland und ihr Anteil an den Erwerbstätigen 31

Tabelle 3.1: Häufigkeiten wesentlicher Faktoren bei der Wahl oder Bewertung von Kinderbetreuung durch Eltern in 13 Untersuchungen 124

Tabelle 3.2: Stichprobenmerkmale der Elternstudie 137

Tabelle 3.3: Interne Konsistenz der Skalen 149

Tabelle 3.4: Die zehn Fragen, denen Eltern die höchste Wichtigkeit zusprachen 152

Tabelle 3.5: Vergleich der Aufwandsmittelwerte mit und ohne die Angaben der Eltern, die innerhalb der jeweiligen Skala keine Frage mit 4 oder 5 Punkten bewerteten 154

Tabelle 3.6: Multivariate Analysen 162

Tabelle 3.7: Ergebnisse der Bewertungsmodelle ohne Aufwandsvariablen 164

Tabelle 3.8: Ergebnisse der Bewertungsmodelle mit Aufwandsvariablen 166

Tabelle 3.9: Ergebnisse der Aufwandsmodelle 169

Tabelle 3.10: Ergebnisse des Gesamtaufwandsmodells ohne Aufwandsvariablen 173

Tabelle 3.11: Ergebnisse des Gesamtaufwandsmodells mit Aufwandsvariablen 175

Tabelle 3.12: Ergebnisse der Modelle zu den Informationslücken 178

Tabelle 3.13: Übersicht über die wesentlichen Prädiktoren der untersuchten Modelle 181

Tabelle 5.1: Mittelwerte und Standardabweichungen der Fragen der Elternstudie (N = 498) 240

Tabelle 5.2: Hauptachsenfaktorenanalyse mit obliquer Rotation (Promax) und sieben vorgegebenen Faktoren 244

Tabelle 5.3: Interne Konsistenz der neuen Skalen 249

Abbildungsverzeichnis

Abbildung 2.1: Personal in Tageseinrichtungen in Deutschland nach
Berufsabschlüssen (ohne pädagogische/soziale/medizinische
Berufsabschlüsse) 12

Abbildung 2.2: Betreuungsumfang in Tageseinrichtungen in Deutschland 19

Abbildung 2.3: Betreuungsumfang in Tagespflege in Deutschland 20

Abbildung 2.4: Anteile der Kinder unter drei Jahren für tatsächlich gebuchte und
gewünschte Betreuungsmodelle in Tageseinrichtungen und Tagespflege
in Deutschland 22

Abbildung 2.5: Vorschulbesuchsquote und familiärer Hintergrund 51

Abbildung 2.6: Entwicklung in der Rangordnung kognitiver Testergebnisse nach
sozio-ökonomischem Status (SoS) und Rangquartil (Q) mit 22 (A) und
42 (B) Monaten 66

Abbildung 2.7: Ertragsrate eines zusätzlich in Bildung investierten Euros nach
Bildungsabschnitten 91

Abbildung 3.1: Modell der Auswahlfaktoren von Eltern bei der
Betreuungsplatzsuche 126

Abbildung 3.2: Auszug aus dem Elternfragebogen zur Bewertung einzelner
Fragen bei der Auswahl einer Betreuungseinrichtung 129

Abbildung 3.3: Auszug aus dem Elternfragebogen zur Abfrage des Aufwands
der Informationsbeschaffung 130

Abbildung 3.4: Auszug aus dem Elternfragebogen zur Abfrage des
Gesamtaufwands der Informationsbeschaffung 131

Abbildung 3.5: Regionale Verteilung der Kinder aus der Stichprobe und Kindern
im gleichen Alter in Deutschland 141

Abbildung 3.6: Bewertung von Informationsquellen für die Suche nach
Betreuung 147

Abbildung 3.7: Skalenbewertungen und Standardabweichungen 153

Abbildung 3.8: Informationsbeschaffungsaufwand der Skalen 155

Abbildung 3.9: Mittelwerte der Skalenbewertungen (B_{Tj}) 158

Abbildung 3.10: Mittelwerte und Standardabweichungen der
Informationslücke (IL_j) 159

Abbildung 5.1: Anteile der Altersgruppen des Personals in Tageseinrichtungen
in Deutschland im Jahr 2014, die auf die jeweils jüngeren Gruppen des
Jahres 2006 zurückgehen könnten 215

Abbildung 5.2: Anteile der Altersgruppen des Personals in Tageseinrichtungen an der Gesamtzahl des Personals in Tageseinrichtungen in Deutschland.............216

Abbildung 5.3: Veränderung der Anteile der Altersgruppen des Personals in Tageseinrichtungen zwischen 2006 und 2014..217

Abbildung 5.4: Tagespflegepersonen in Deutschland nach Alter............................218

Abbildung 5.5: Anteile der Altersgruppen der Tagespflegepersonen in Deutschland im Jahr 2014, die auf die jeweils jüngeren Gruppen des Jahres 2006 zurückgehen könnten...219

Abbildung 5.6: Anteile der Altersgruppen der Tagespflegepersonen an der Gesamtzahl der Tagespflegepersonen in Deutschland..........................220

Abbildung 5.7: Veränderung der Anteile der Altersgruppen der Tagespflegepersonen in Deutschland an der Gesamtzahl der Tagespflegepersonen zwischen 2006 und 2014..220

1 Einleitung

Der Wunsch deutscher Unternehmen nach kürzeren Auszeiten ihrer Mitarbeiterinnen und Mitarbeiter mit Kindern auf der einen Seite sowie das Bedürfnis einer steigenden Anzahl an Eltern kleiner Kinder nach besserer Vereinbarkeit von Familie und Beruf auf der anderen Seite führten 2008 zur Verabschiedung des Kinderförderungsgesetzes (KiföG) durch den Deutschen Bundestag. Damit ist, durch eine Änderung des § 24 Sozialgesetzbuch VIII (SGB VIII), jedem Kind ab dem vollendeten ersten Lebensjahr ein Rechtsanspruch auf einen Betreuungsplatz in einer Kindertagesstätte oder bei einer Tagespflegeperson eingeräumt worden. Dieser Rechtsanspruch besteht seit dem 01. August 2013 und seine bisherige Realisierung in Form eines bundesweit geplanten Platzausbaus für lediglich 39% der betroffenen Kinder hat zu einer kontroversen Debatte über die Kinderbetreuung in Deutschland geführt. Die im November 2012 erfolgte Verabschiedung des Betreuungsgeldes belebte die Diskussion zusätzlich. Dabei handelte es sich um eine monatliche Geldleistung für Eltern, die keinen Anspruch mehr auf Elterngeld hatten und deren Kinder, geboren nach dem 1. August 2012, keine öffentlich geförderten Betreuungsplätze nutzten. Das Gesetz zum Betreuungsgeld wurde am 21. Juli 2015 vom Bundesverfassungsgericht einstimmig als verfassungswidrig und damit nichtig erklärt, da der Bund in diesem Fall keine Gesetzgebungskompetenz hatte (BVerfG, 2015).

Die geführte Debatte drehte sich in weiten Teilen um die Erreichung des vom KiföG vorgesehenen Ausbauziels in Form von Plätzen für Kinder unter drei Jahren von zunächst 35%, später dann 39%, und der gesellschaftspolitischen Vernunft des Betreuungsgeldes. Die Qualität der geschaffenen Plätze trat in der öffentlichen Wahrnehmung hinter dem Mengenziel zurück und der Weg von Eltern zu einem für sie adäquaten Platz, der ihnen mit einem Wahlrecht nach § 5 SGB VIII zusteht, wurde allenfalls am Rande anhand von Einzelfällen beleuchtet.

Der langfristige Nutzen einer hohen Qualität in der Kleinkinderbetreuung für das betreute Kind und die Gesellschaft, vor allem bei Kindern aus sozial benachteiligten Familien, ist durch viele Studien, insbesondere in den USA, belegt (vgl. Schweinhart & Weikart, 1997; Tietze, Hundertmark-Mayser & Rossbach, 1999; Spieß, Büchel & Wagner, 2003; Schweinhart, Montie, Xiang, Barnett, Belfield & Nores, 2005; OECD, 2006; Belsky, Vandell, Burchinal, Clarke-Stewart, McCartney & Owen, 2007; Heckman, 2008; Cunha & Heckman, 2010; Cunha, Heckman & Schennach, 2010a; Schweinhart, Heckman, Moon, Pinto & Yavitz, 2010; Heckman, 2011). Cunha et al. (2010a) konnten z.B. für eine Stichprobe mit 2.207 amerikanischen Kindern zeigen, dass die Förderung kognitiver Fähigkeiten vor dem Grundschulalter deutlich wirkungsvoller war als danach. Schlotter (2011) fand in einer Stichprobe 875 deutscher Kinder positive Effekte längerer Kinderbetreuung (in Monaten) für ihre Fähigkeit, Freundschaften zu schließen, und für ihr Durchsetzungsvermögen.

Der gesellschaftliche Nutzen einer qualitativ hochwertigen Betreuung, insbesondere von Kindern aus sozial benachteiligten Familien, übertraf die Kosten der Bereitstellung in allen Untersuchungen um ein Vielfaches (vgl. Heckman & Masterov, 2007; Heckman, et al., 2010; Rolnick & Grunewald, 2003; Schweinhart et al., 2005). Schweinhart et al. (2005) rechnen z.B. für das High/Scope Perry Preschool Program mit einem Gewinn von 16 Dollar je investiertem Dollar, wobei der Großteil (12,90 Dollar) der Gesellschaft durch Einsparungen im Justizsystem, im Bildungssystem, bei sozialen Transferleistungen und durch höhere Steuereinnahmen zugute kam. Für Deutschland liegen leider bisher keine Studien vor, die Aussagen zu den volkswirtschaftlichen Auswirkungen über einen so langen Zeitraum zulassen.

Das Angebot an Kinderbetreuung hat ohne Zweifel Auswirkungen auf das Angebot an Arbeitskräften auf dem Arbeitsmarkt. In Familien, deren nichtschulpflichtige Kinder nicht betreut werden, können in der Regel nicht beide Eltern arbeiten. Mit Blick auf den sich in Deutschland vollziehenden demographischen Wandel wird jede zusätzliche erwerbstätige Person eine spürbare Entlastung bringen. Der Anteil der Bevölkerung im Alter von 15 bis 67 Jahren wird bis 2050 von aktuell 69,2% auf schätzungsweise 61,6% fallen und gleichzeitig wird der Anteil der Bevölkerung über 67 Jahre von 17,8% auf 26,5% ansteigen (Statistisches Bundesamt, 2015a). In diesem Szenario, das bereits eine Zuwanderung von ca. 8,5 Millionen Menschen bis 2050 berücksichtigt, werden die verbleibenden Erwerbstätigen im Vergleich zur heutigen Situation erheblich mehr zur Versorgung der älteren Bevölkerung leisten müssen. Außerdem könnte ein größeres Angebot an Kinderbetreuung die Geburtenrate positiv beeinflussen, da für Eltern die Vereinbarkeit von Berufstätigkeit und Kindern verbessert würde (vgl. Klüsener et al., 2013). Insofern sind Betreuungsplätze wichtig, um potentiellen Eltern die Entscheidung für Kinder zu erleichtern und dann eine Berufstätigkeit beider Partner zu ermöglichen. Ganz abgesehen von der wirtschaftlichen Bedeutung ermöglicht erst ein ausreichendes Angebot an Kinderbetreuung Eltern die Wahl zwischen verschiedenen Familienmodellen mit oder ohne Berufstätigkeit beider Partner.

Kinderbetreuung wirkt, wie das gesamte Umfeld in den ersten Lebensjahren, auf die Ausbildung kognitiver und sozial-emotionaler Fähigkeiten. Dabei zeigen Studien, dass das familiäre Umfeld eines Kindes eine deutlich größere Bedeutung hat als außerfamiliäre Kinderbetreuung (z.B. Tietze et al., 1999; Belsky et al., 2007; Feinstein, 2003). In einer Studie von Tietze et al. (1999) war die Bildungsqualität des familiären Umfelds deutscher Kinder im Vorschulalter beispielsweise für fast fünfmal soviel Varianz in den Ergebnissen des Peabody Picture Vocabulary Test (PPVT) verantwortlich wie die Bildungsqualität der Kinderbetreuung. Je schlechter die Ausbildung der Eltern, desto weniger bildungsnah verläuft in der Regel die Entwicklung ihrer Kinder im Vergleich zu Kindern besser ausgebildeter Eltern (z.B. Feinstein, 2003; Schütz et al., 2008). Trotzdem oder gerade deswegen bedarf die Qualität in der Kinderbetreuung eines besonderen Fokus. Zum einen ist gute Kinderbetreuung ein Weg, ungünstige Effekte des familiären Hintergrunds zu reduzieren (vgl. Röhr-Sendlmeier, 2007; Schütz et al., 2008). Zum anderen zeigt ein Blick auf die große Zahl der betreuten Kinder, welche Relevanz der Bereich der Kinderbetreuung hat. Am 01. März 2014 sind in Deutschland mehr als 2,9 Millionen Kinder unter 6 Jahren in Kindertageseinrichtungen oder öffentlich geförderter Kindertagespflege betreut worden (Statistisches Bundesamt, 2014a). Dies entsprach 32,3% der Kinder unter drei Jahren und 93,6% der Kinder zwischen drei und sechs Jahren. Durch den Ausbau der Betreuungsplätze für Kinder unter 3 Jahren ist zunächst mit einem weiteren Anstieg zu rechnen.

Neben dem Wissen um die Folgen schlechter Kinderbetreuung und der Verbesserung der Qualität ist Transparenz entscheidend. Gute und schlechte Einrichtungen müssen unterscheidbar sein. Nicht nur für den Staat, sondern insbesondere für Eltern, die zunächst die beste Einrichtung für ihr Kind suchen (sollten). Die Eigenschaften des Kinderbetreuungsmarktes in Deutschland lassen jedoch darauf schließen, dass die Kundenstellung von Eltern als Empfänger einer Dienstleistung und die damit normalerweise einhergehenden Möglichkeiten der Einflussnahme nur äußerst gering ausgeprägt sind. Es fehlen beispielsweise für den öffentlich geförderten Teil der Plätze Preissignale, die vor der Wahl einer Einrichtung erste Hinweise auf unterschiedliche Qualität geben könnten. Der großen Mehrheit der Eltern fehlt außerdem ausreichend pädagogisches Fachwissen (Spieß & Tietze, 2002; Cryer, Tietze &

Wessels, 2002; Meyers & Jordan, 2006), um Einrichtungen korrekt bewerten zu können.

Verschiedene Autoren weisen auf die besondere Komplexität der Elternentscheidung für eine Betreuungseinrichtung hin (Cryer & Burchinal, 1997; Emlen, 1998; Cryer, Tietze & Wessels, 2002; Meyers & Jordan, 2006; Kim & Fram, 2009). Insbesondere ist nicht jeder verfügbare Betreuungsplatz für alle Eltern in gleichem Maße hilfreich. Abgesehen von unterschiedlichen Präferenzen bezüglich der pädagogischen Ausrichtung spielen weitere Aspekte praktischer Natur eine Rolle. Emlen (1998) richtet den Blick z.b. auf ein Grundbedürfnis zeitlicher und räumlicher Flexibilität von Familien, um auf ungeplante Ereignisse und familiäre Notfälle reagieren zu können. Diese Flexibilität können Eltern aus den drei Lebensbereichen Arbeit, Familie und Kinderbetreuung beziehen. Bietet einer der Bereiche wenig Flexibilität (z.B. Arbeit), müssen die anderen Bereiche dies ausgleichen (z.b. flexible Kinderbetreuungszeiten oder Betreuung durch Familienmitglieder). Ein angebotener Halbtagsplatz wird einer Familie, in der beide Elternteile voll berufstätig sein wollen, nicht helfen bzw. sie zu Kompromissen zwingen.

Bisher gibt es keine nennenswerten Forschungsarbeiten, die in Deutschland die Kriterien, nach denen Eltern Kinderbetreuung aussuchen, untersucht haben. Die vorhandene Literatur beschäftigt sich vor allem mit der Verbesserung der pädagogischen Qualität (z.B. Spieß & Tietze, 2002) oder den volkswirtschaftlichen Effekten eines Ausbaus der Betreuungsplätze (z.B. Wrohlich, 2007). Der hiesigen Vernachlässigung der Erforschung der Elternpräferenzen steht die äußerst wichtige Rolle der Eltern gegenüber. Sie allein treffen die Entscheidung, ob und wo ihre Kinder betreut werden. Diese kann und sollte ihnen nicht von pädagogischen Experten oder staatlichen Einrichtungen abgenommen werden. Eine Betreuung ihrer Kinder, die den eigenen Präferenzen widerspricht, werden Eltern nur wählen, wenn ihnen aus familiären oder beruflichen Gründen keine Alternative bleibt. Betreuung, mit der Eltern unzufrieden sind, kann allerdings keine dauerhafte Lösung sein und hätte außerdem aller Voraussicht nach negativen Einfluss auf ihre weitere Familienplanung und die anderer Paare ohne Kinder. Es ist daher unabdingbar, die unterschiedlichen Lebenssituationen und Präferenzen von Eltern zu berücksichtigen und das Angebot an Kinderbetreuung entsprechend zu gestalten.

Auf der Basis vorhandener Studien in anderen Ländern, insbesondere den USA, lassen sich Faktoren identifizieren, die für Eltern bei der Auswahl einer Einrichtung auch in Deutschland eine Rolle spielen könnten. Daraus wurde für die vorliegende Untersuchung ein Wahlmodell mit objektiven und subjektiven Kriterien für die Auswahl und die Bewertung einer Einrichtung entwickelt. Die Relevanz der objektiv messbaren Faktoren auf der Seite der Einrichtungen wurde durch eine Befragung von 498 deutschen Eltern, deren Suche nach einem Betreuungsplatz gerade lief, bald beginnen sollte oder innerhalb der letzten 6 Jahre stattgefunden hatte, überprüft. Ferner wurden die Eltern zum Aufwand der Informationsbeschaffung und dem Nutzen unterschiedlicher Informationsquellen befragt. Dies diente der Untersuchung der These, dass Eltern ihren Informationsbedarf bei der Suche nach einem Betreuungsplatz nicht zufriedenstellend decken können, der deutsche Kinderbetreuungsmarkt also intransparent ist.

Meine Tätigkeit als Vorstand einer neu gegründeten Kindertagesstätte vor Beginn der vorliegenden Studie führte mir fast täglich vor Augen, wie abhängig Eltern von der Kommunikation einer Einrichtung sind und wie schwierig sich durch diese asymmetrische Informationsverteilung sowohl die Suche nach einem Platz als auch die Beurteilung der geleisteten Betreuung gestaltet. Dieser Informationsnachteil war in fast allen Fällen mit der Sorge gepaart, überhaupt einen Betreuungsplatz zu finden, und Eltern wollten weder ihren Kindern noch sich selbst mehrere Einrichtungswechsel und die jeweils notwendige Eingewöhnung zumuten. Der Druck, die richtige Wahl zu treffen, war dementsprechend groß. Die vorliegende Dissertation über Transparenz in der Kinderbetreuung soll einen Beitrag dazu leisten, Eltern bei der Suche nach der für sie passenden Kinderbetreuung zu unterstützen. Die vorgenommene Untersuchung der Markttransparenz ist ein erster Schritt, um diesen in Deutschland bisher kaum untersuchten Bereich besser zu verstehen. Die entwickelten Instrumente können sowohl in weiteren Untersuchungen der Präferenzen als auch zur besseren Information suchender Eltern eingesetzt werden.

Der Aufbau der Arbeit ist wie folgt: In Abschnitt 2.1 wird zunächst ein Überblick über das quantitative Ausmaß der Kinderbetreuung in Deutschland und die davon betroffenen Arbeitsplätze gegeben. In Abschnitt 2.2 folgt ein Überblick über die wichtigsten Studien zu kurz- und langfristigen Folgen der Kinderbetreuung. In Abschnitt 2.3 werden die Ergebnisse der Studien dargestellt und in Abschnitt 2.4 folgt eine Untersuchung der individuellen und gesellschaftlichen Renditen frühkindlicher Bildung. In Abschnitt 3.1 wird die Struktur des Kinderbetreuungsmarktes beschrieben und auf Marktversagen untersucht und in Abschnitt 3.2 folgt die Beschreibung der durchgeführten

Studie sowie die Interpretation der Ergebnisse. Abschnitt 4 schließt mit der Diskussion.

2 Auswirkungen frühkindlicher Bildung auf Individuum und Gesellschaft

2.1 Kinderbetreuung in Deutschland

2.1.1 Kinderbetreuungseinrichtungen und betreute Kinder

Seit 2006 werden in Deutschland durch das Statistische Bundesamt im Jahresrhythmus statistische Daten zu Kindern und Beschäftigten im Bereich professioneller Kinderbetreuung (Kindertagesbetreuung und Tagespflege) erhoben, so dass sich aktuelle Entwicklungen und Trends über mehrere Jahre gut verfolgen lassen. Zuvor fand die Erhebung lediglich alle vier Jahre statt.[1] In den folgenden Abschnitten wird die Entwicklung der Kinderbetreuung in Tageseinrichtungen und Tagespflege der letzten acht Jahre anhand deskriptiver Daten des Statistischen Bundesamtes untersucht, um einen Überblick über die wesentlichen Kennzahlen dieses Bereichs zu ermöglichen.

2.1.1.1 Tageseinrichtungen

Krippen, Kindergärten, Horte und altersgemischte Einrichtungen werden in der amtlichen Statistik als Tageseinrichtungen erfasst (Statistisches Bundesamt, 2014a). Diese werden weiter nach ihren Trägern in Einrichtungen öffentlicher und Einrichtungen freier Träger unterteilt. Öffentliche Träger sind staatliche Institutionen (z.B. örtliche Jugendämter bzw. Kommunen). Freie Träger sind private Institutionen, die entweder gemeinnützig oder nichtgemeinnützig (gewerblich) orientiert sind. Zu den gemeinnützigen zählen unter anderem die freien Wohlfahrtsverbände (z.B. Arbeiterwohlfahrt), kirchliche Träger und Elterninitiativen, die als gemeinnützige Vereine organisiert sind. Gewerbliche Träger sind in der Regel betriebliche Einrichtungen oder private Kindertagesstätten mit Gewinnerzielungsabsicht.

In Tabelle 2.1 sind Tageseinrichtungen nach betreuten Altersgruppen für die Jahre 2006 und 2014 aufgeführt. Die Gesamtzahl wuchs in diesem Zeitraum von 45.252 auf 49.824 Einrichtungen lediglich um 10%. Beachtlich ist jedoch das Wachstum der Einrichtungen für Kinder von 0 bis unter 3 Jahre um 224% von 605 Einrichtungen 2006 auf 1.962 im Jahr 2014. Ebenso wuchs die

---

[1] Ursächlich für diese Änderung war das Gesetz zur Weiterentwicklung der Kinder- und Jugendhilfe (KICK) (Statistisches Bundesamt, 2014a).

Anzahl der Einrichtungen für Kinder von 0 bis unter 14 Jahren um 56% (10.635 Einrichtungen). Nicht alle dieser Einrichtungen werden neu errichtet oder gegründet worden sein. Der gleichzeitige Rückgang von 29% (7.420 Einrichtungen) bei den Einrichtungen für Kinder von 2 bis unter 8 Jahre (ohne Schulkinder) lässt darauf schließen, dass viele dieser Einrichtungen für weitere oder andere Altersgruppen geöffnet worden sind, da im betrachteten Zeitraum auf Grund der Verabschiedung des KiföG insbesondere der Ausbau der Betreuung für Kinder unter 3 Jahren im Fokus stand.

Interessant ist der Vergleich der öffentlichen mit den freien Trägern. Die Anzahl der Einrichtungen freier Träger liegt erheblich über der der öffentlichen. Im Jahr 2006 standen zehn Einrichtungen freier Träger sechs öffentlichen Einrichtungen gegenüber. 2014 lag das Verhältnis sogar bei zehn zu fünf. Diese Überzahl an Einrichtungen freier Träger korrespondiert mit § 4 Absatz 2 des Achten Sozialgesetzbuches (SGB VIII): „Soweit geeignete Einrichtungen, Dienste oder Veranstaltungen von anerkannten Trägern der freien Jugendhilfe betrieben werden oder rechtzeitig geschaffen werden können, soll die öffentliche Jugendhilfe von eigenen Maßnahmen absehen."

Tabelle 2.1: Tageseinrichtungen in Deutschland nach betreuten Altersgruppen

von ... bis unter ... Jahre	Insgesamt			Öffentliche Träger			Freie Träger		
	2006	2014	Wachstum '06 bis '14	2006	2014	Wachstum '06 bis '14	2006	2014	Wachstum '06 bis '14
0 - 3	605	1.962	224%	98	443	352%	507	1.519	200%
2 - 8 (ohne Schulkinder)	25.699	18.279	-29%	8.838	5.824	-34%	16.861	12.455	-26%
0 - 14	18.948	29.583	56%	7.394	9.708	31%	11.554	19.875	72%
Summe	**45.252**	**49.824**	**10%**	**16.330**	**15.975**	**-2%**	**28.922**	**33.849**	**17%**

Quelle: Statistisches Bundesamt (2014a)

Während die Gesamtzahl der freien Träger innerhalb von acht Jahren um 17% gewachsen ist, wurden 2014 von öffentlichen Trägern 355 Einrichtungen weniger betrieben als 2006. Dies entspricht einem Rückgang um 2%. Bei beiden Trägergruppen wuchs die Anzahl der Einrichtungen für Kinder bis unter 3 Jahre mit 352% bei den öffentlichen und 200% bei den freien Trägern erheblich. Einrichtungen für Kinder von 2 bis unter 8 Jahren (ohne Schulkinder) sind in ihrer Anzahl reduziert worden und Einrichtungen für Kinder von 0 bis unter 14 Jahren sind bei beiden Gruppen deutlich mehr geworden.

Kinderbetreuungseinrichtungen und betreute Kinder

Tabelle 2.2: Kinder in deutschen Tageseinrichtungen nach Art der Träger

von ... bis unter ... Jahre	Insgesamt			Öffentliche Träger			Freie Träger		
	2006	2014	Wachstum '06 bis '14	2006	2014	Wachstum '06 bis '14	2006	2014	Wachstum '06 bis '14
0 - 3	253,9	561,6	121%	94,8	175,8	85%	159,1	386,7	143%
3 - 7 (mit Schulkindern)	2.381,1	2.317,0	-3%	880,0	809,0	-8%	1.501,0	1.508,0	0%
7 - 14	319,9	406,4	27%	167,8	203,0	21%	152,1	203,0	33%
Summe	**2.954,9**	**3.285,0**	**11%**	**1.142,6**	**1.187,8**	**4%**	**1.812,2**	**2.097,7**	**16%**

Absolute Zahlenangaben in Tausend. Leichte Abweichungen bei Summen durch Rundung möglich.
Quelle: Statistisches Bundesamt (2014a)

Tabelle 2.2 zeigt die Anzahl der in deutschen Tageseinrichtungen betreuten Kinder insgesamt und jeweils bei den beiden Trägergruppen. Analog zum Wachstum der Einrichtungen insgesamt um 10% ist die Zahl der betreuten Kinder zwischen 2006 und 2014 um 11% gewachsen. Dass die Kinderzahl um einen Prozentpunkt mehr gewachsen ist, impliziert eine größere Anzahl betreuter Kinder pro Einrichtung. Dies spiegelt sich insbesondere in öffentlichen Einrichtungen, wo einem Wachstum der Kinderzahl um 4% ein Rückgang der Einrichtungszahl um 2% gegenübersteht (siehe Tab. 2.1). Tatsächlich ist die Zahl der durchschnittlich pro öffentlicher Tageseinrichtung betreuten Kinder um ca. 6% von 70 auf 74,4 Kinder gestiegen. In Einrichtungen freier Träger ist die durchschnittlich pro Einrichtung betreute Zahl an Kindern leicht um ca. 1% von 62,7 auf 62 Kinder gefallen. Tageseinrichtungen öffentlicher Träger waren 2006 gemessen an der Zahl betreuter Kinder demnach größer als Einrichtungen freier Träger und dieser Größenunterschied hat bis 2014 von 7,3 auf 12,4 Kinder pro Einrichtung um 70% zugenommen. Bei diesen Vergleichen sollte immer der Umstand Beachtung finden, dass der Umfang der Betreuungszeiten der einzelnen Kinder sehr unterschiedlich sein kann und nicht davon auszugehen ist, dass über die gesamte Öffnungszeit einer Tageseinrichtung alle dort angemeldeten Kinder anwesend sind. Krankheits- und Urlaubszeiten der Kinder können die Anwesenheit ebenfalls reduzieren. Die Anzahl der angemeldeten Kinder pro Tageseinrichtung ist daher nur ein grober Indikator für die Menge der dort gleichzeitig betreuten Kinder.

2.1.1.2 Personal in Tageseinrichtungen

Tabelle 2.3 gibt einen Überblick über das pädagogische Personal in deutschen Tageseinrichtungen. Hier hat zwischen 2006 und 2014 ein enormes Wachstum stattgefunden, was mit der gestiegenen Anzahl an Einrichtungen einherging.

Im Vergleich zu 2006 waren 2014 154.818 zusätzliche pädagogische Betreuerinnen und Betreuer in deutschen Tageseinrichtungen tätig. Das entspricht einem Anstieg von 48%, der insbesondere in Einrichtungen für Kinder aller Altersgruppen (0 bis unter 14 Jahre) stattgefunden hat. Relativ betrachtet lag das Wachstum in Einrichtungen für Kinder von 0 bis unter 3 Jahren mit 326% weit vor dem der anderen beiden Einrichtungstypen. Einzig in der Gruppe der Einrichtungen für Kinder von 2 bis unter 8 Jahren wurde 2014 weniger pädagogisches Personal beschäftigt. Ebenso wie der Rückgang der Tageseinrichtungen für Kinder dieser Altersgruppe ist dies möglicherweise auf eine Umwidmung der betroffenen Einrichtungen für andere Altersgruppen zurückzuführen.

Tabelle 2.3: Pädagogisches Personal in Deutschland nach in der Einrichtung betreuten Altersgruppen und Trägern

von ... bis unter ... Jahre	Insgesamt			Öffentliche Träger			Freie Träger		
	2006	2014	Wachstum '06 bis '14	2006	2014	Wachstum '06 bis '14	2006	2014	Wachstum '06 bis '14
0 - 3	2.589	11.020	326%	632	2.934	364%	1.957	8.086	313%
2 - 8 (ohne Schulkinder)	158.154	136.616	-14%	52.934	44.465	-16%	105.220	92.151	-12%
0 - 14	165.017	332.942	102%	66.005	112.584	71%	99.012	220.358	123%
Summe	**325.760**	**480.578**	**48%**	**119.571**	**159.983**	**34%**	**206.189**	**320.595**	**55%**

Quelle: Statistisches Bundesamt (2014a)

Tabelle 2.4: Durchschnittliche Anzahl an pädagogischem Personal pro Tageseinrichtung in Deutschland nach in der Einrichtung betreuten Altersgruppen und Trägern

von ... bis unter ... Jahre	Insgesamt			Öffentliche Träger			Freie Träger		
	2006	2014	Wachstum '06 bis '14	2006	2014	Wachstum '06 bis '14	2006	2014	Wachstum '06 bis '14
0 - 3	4,3	5,6	31%	6,4	6,6	3%	3,9	5,3	38%
2 - 8 (ohne Schulkinder)	6,2	7,5	21%	6,0	7,6	27%	6,2	7,4	19%
0 - 14	8,7	11,3	29%	8,9	11,6	30%	8,6	11,1	29%
Alle	**7,2**	**9,6**	**34%**	**7,3**	**10,0**	**37%**	**7,1**	**9,7**	**33%**

Quellen: Statistisches Bundesamt (2014a), eigene Berechnungen

Tabelle 2.4 bestätigt, was ein Vergleich der Wachstumszahlen von Tageseinrichtungen und pädagogischem Personal nahelegt: Die Zahl der pro Tageseinrichtung beschäftigten pädagogischen Kräfte ist deutlich gestiegen.

Kinderbetreuungseinrichtungen und betreute Kinder

2006 waren durchschnittlich 7,2 Betreuerinnen und Betreuer pro Tageseinrichtung tätig. 2014 lag diese Zahl bei 9,6, was etwa einer Steigerung von einem Drittel entspricht. Der Anstieg liegt, mit Ausnahme der Altersgruppe 0 bis unter 3 Jahre bei öffentlichen Trägern (+3%), bei allen Trägern und Altersgruppen zwischen 19% und 38%.[2]

Die überwältigende Mehrheit aller in Tageseinrichtungen Beschäftigter (inkl. Verwaltungspersonal, exkl. Personal im hauswirtschaftlichen oder technischen Bereich) hat einen pädagogischen, sozialen oder medizinischen Berufsabschluss (ohne Hochschulabschluss)[3] (Statistisches Bundesamt, 2014a). Der Anteil dieser Gruppe an allen in Tageseinrichtungen Beschäftigten (inkl. Verwaltungspersonal, exkl. Hauswirtschaft und Technik) lag 2006 bei 86,4% und 2014 bei 84,4% (ebd.). Von 307.380 Beschäftigten im Jahr 2006 ist diese Gruppe bis 2014 um 45% auf 445.145 Beschäftigte angewachsen (ebd.).

Die in Abbildung 2.1 dargestellte Entwicklung der anderen vier Gruppen verlief bei allen ebenfalls mit erheblichem Wachstum, das zwischen 51% (Verwaltungs- und Büroberufe) und 144% ((Sozial-)Pädagogischer Hochschulabschluss) lag, ohne jedoch die Dominanz der Beschäftigten mit pädagogischem, sozialem oder medizinischem Berufsabschluss (ohne Hochschulabschluss) merklich zu reduzieren. Die Gruppe derer, die sich noch in einer Ausbildung befinden oder ohne Ausbildung[4] beschäftigt werden, ist 2014 nach wie vor die zweitgrößte Beschäftigtengruppe, stellt knapp 7% aller Beschäftigten und liegt damit vor der Gruppe Beschäftigter mit Hochschulabschluss (4,6%) (Statistisches Bundesamt, 2014a). Im Bereich der deutschen Tageseinrichtungen liegt die Akademikerquote deutlich unter der der Gesamtbevölkerung, die 2013 bei 16% lag (Statistisches Bundesamt, 2014b).[5]

Die Quote der Frauen hingegen lag 2006 mit 97% weit über ihrem Bevölkerungsanteil (Tabelle 2.5). Die Zahl der beschäftigten Männer hat sich zwischen 2006 und 2014 mehr als verdoppelt, während das Wachstum bei den weiblichen Beschäftigten bei 46% lag. Die Frauenquote sank unwesentlich auf 95%.

---

[2] Eine auf den ersten Blick naheliegende Berechnung des Betreuungsschlüssels (pädagogisches Personal im Verhältnis zu betreuten Kindern) auf Basis der bisher vorgestellten Zahlen ist nicht möglich, da sowohl Betreuungs- als auch Arbeitszeiten berücksichtigt werden müssen.
[3] Zu dieser Gruppe gehören Erzieher/-innen, Heilpädagogen/-innen (Fachschule), Heilerzieher/-innen, Heilerziehungspfleger/-innen, Kinderpfleger/-innen, Familienpfleger/-innen, Assistenten/-innen im Sozialwesen, soziale und medizinische Helferberufe, sonstige soziale/sozialpädagogische Kurzausbildungen und Gesundheitsdienstberufe (Statistisches Bundesamt, 2014a).
[4] Beschäftigte ohne Berufsausbildung stellten sowohl 2006 als auch 2014 etwa ein Drittel der Gruppe „In Ausbildung/ohne Ausbildung" (Statistisches Bundesamt, 2014a).
[5] Anteil der Bevölkerung vom 15. bis zum 65. Lebensjahr mit Fachhochschul-, Hochschulabschluss oder Promotion. Der Akademikeranteil in Tageseinrichtungen lag 2013 bei 4,2% (Statistisches Bundesamt, 2014a).

Abbildung 2.1: Personal in Tageseinrichtungen in Deutschland nach Berufsabschlüssen (ohne pädagogische/soziale/medizinische Berufsabschlüsse)

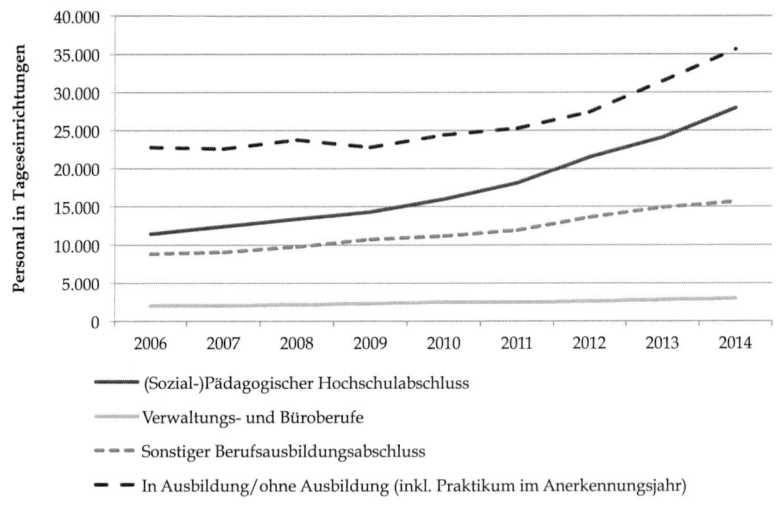

— (Sozial-)Pädagogischer Hochschulabschluss
— Verwaltungs- und Büroberufe
--- Sonstiger Berufsausbildungsabschluss
– – In Ausbildung/ohne Ausbildung (inkl. Praktikum im Anerkennungsjahr)

Quelle: Statistisches Bundesamt (2014a)

Tabelle 2.5: Personal in Tageseinrichtungen in Deutschland nach Alter und Geschlecht

von ... bis unter ... Jahre	Insgesamt			Frauen			Männer		
	2006	2014	Wachstum '06 bis '14	2006	2014	Wachstum '06 bis '14	2006	2014	Wachstum '06 bis '14
unter 20	10.489	14.159	35%	9.522	11.940	25%	967	2.219	129%
20 - 25	33.367	52.012	56%	31.620	48.013	52%	1.747	3.999	129%
25 - 35	78.497	125.210	60%	75.507	115.852	53%	2.990	9.358	213%
35 - 45	103.640	120.159	16%	100.499	115.027	14%	3.141	5.132	63%
45 - 55	104.627	137.651	32%	102.555	134.043	31%	2.072	3.608	74%
55+	25.090	78.227	212%	24.522	76.602	212%	568	1.625	186%
Summe	**355.710**	**527.418**	**48%**	**344.225**	**501.477**	**46%**	**11.485**	**25.941**	**126%**

Das hier aufgeführte Personal schließt pädagogisches, Verwaltungs- und Leitungspersonal in Tageseinrichtungen ein.
Quelle: Statistisches Bundesamt (2014a)

Tabelle 2.5 zeigt ebenfalls, dass in allen Altersgruppen Wachstum stattgefunden hat und die älteste Gruppe der Beschäftigten (55 und älter) absolut und relativ betrachtet das stärkste Wachstum zwischen 2006 und 2014 verzeichnete (212% oder 53.137 Beschäftigte). Rund ein Drittel der seit 2006 zusätzlich Beschäftigten gehört zur Gruppe der ältesten Beschäftigten. Die Ursache könnte insbesondere in natürlicher Alterung liegen.[6]

Blickt man auf den Beschäftigungsumfang des pädagogischen Personals, so wird ersichtlich, dass sich seit 2006 an der Verteilung der Wochenarbeitszeit wenig geändert hat (s. Tabelle 2.6). Nur etwa 41% sind mit 38,5 oder mehr Stunden voll beschäftigt und gerade einmal 3% des pädagogischen Personals arbeitet weniger als 10 Wochenstunden. 56% arbeiten zwischen 10 und 38,5 Stunden. Dies deutet drauf hin, dass der Ausbau der Betreuung, insbesondere im Bereich der Kinder unter 3 Jahren, ohne eine Ausweitung des Beschäftigungsumfangs des pädagogischen Personals vollzogen worden ist. Hier liegt allerdings nur dann eine mögliche Reserve für die Zukunft, wenn der Betreuungsumfang der Kinder (in Stunden) in Zukunft ausgebaut werden soll. Mehr Wochenarbeitsstunden einer pädagogischen Kraft, die bereits eine Gruppe betreut, erlauben nicht die Eröffnung einer neuen Gruppe, es sei denn, die Gruppen würden nacheinander betreut. Dies ist allerdings in den seltensten Fällen realistisch. Aus diesem Grund hat sich vermutlich zwischen 2006 und 2014 wenig an den Wochenarbeitszeiten verändert.

Tabelle 2.6: Pädagogisches Personal in Tageseinrichtungen nach Beschäftigungsumfang

	2006		2014	
von ... bis unter ... Wochenstunden	absolut	relativ	absolut	relativ
0 - 10[a]	53.359	15%	15.352	3%
10 - 21[a]			63.926	12%
21 - 32	101.869	29%	135.357	26%
32 - 38,5	54.656	15%	94.950	18%
38,5+	142.887	41%	212.958	41%
Insgesamt	352.771	100%	522.543	100%

a = 2006 ist zwischen den Kategorien Nebenberuflich (< 21 Wochenstunden) (12.046) und Teilzeit (< 21 Wochenstunden) (41.313) unterschieden worden. Beide sind hier zusammengefasst.
Quelle: Bertelsmann Stiftung (2015, 2014)

2.1.1.3 Tagespflege

Die Tagespflege ist in Deutschland die zweite Säule der öffentlich geförderten Kinderbetreuung. Tagesmütter und Tagesväter betreuen in der Regel in ihren

---

[6] Eine ausführliche Besprechung der Altersstruktur findet sich im Anhang.

eigenen (Wohn-)Räumlichkeiten eine kleine Gruppe von zwei bis höchstens fünf Kindern.[7]

Aus Tabelle 2.7 werden Alters- und Geschlechtsstruktur der deutschen Tagespflegepersonen deutlich. Die Zahl der Tagespflegepersonen in Deutschland ist mit 47% von 2006 bis 2014 in fast dem gleichen Maß gewachsen wie die Zahl des pädagogischen Personals in Tageseinrichtungen (Tabelle 2.3). Frauen dominieren auch hier mit einem seit 2006 gleich gebliebenen Anteil von 97%. Zugenommen haben insbesondere die Altersgruppen 30 bis 35 Jahre und 45 und älter. Im Gegensatz zum Personal in Tageseinrichtungen ist die Gruppe derjenigen unter 25 Jahren deutlich kleiner geworden.[8]

Tabelle 2.7: Tagespflegepersonen in Deutschland nach Alter und Geschlecht

von ... bis unter ... Jahre	Insgesamt			Frauen			Männer		
	2006	2014	Wachstum '06 bis '14	2006	2014	Wachstum '06 bis '14	2006	2014	Wachstum '06 bis '14
unter 20	154	63	-59%	139	58	-58%	15	5	-67%
20 - 25	993	660	-34%	955	627	-34%	38	33	-13%
25 - 30	2.442	2.516	3%	2.379	2.458	3%	63	58	-8%
30 - 35	3.782	5.380	42%	3.716	5.221	41%	66	159	141%
35 - 40	5.722	6.158	8%	5.590	5.986	7%	132	172	30%
40 - 45	5.824	6.661	14%	5.711	6.472	13%	113	189	67%
45 - 50	4.438	7.296	64%	4.315	7.092	64%	123	204	66%
50 - 55	3.152	6.895	119%	3.081	6.723	118%	71	172	142%
55 - 60	2.007	5.230	161%	1.943	5.068	161%	64	162	153%
60+	1.913	4.001	109%	1.803	3.799	111%	110	202	84%
Summe	30.427	44.860	47%	29.632	43.504	47%	795	1.356	71%

Quelle: Statistisches Bundesamt (2014a)

2.1.1.4 Betreute Kinder

In diesem Abschnitt wird zunächst ein Überblick über die Anzahl und die quantitative Veränderung der in Tageseinrichtungen und Tagespflege in Deutschland betreuten Kinder gegeben. Danach folgt eine Analyse der Betreuungsquoten und der Entwicklung des Betreuungsumfangs.

---

[7] Siehe Abschnitt 2.1.1.4 für weitere Informationen zu den betreuten Kindern.
[8] Eine ausführliche Besprechung der Altersstruktur findet sich im Anhang.

Kinderbetreuungseinrichtungen und betreute Kinder

Tabelle 2.8: In Tageseinrichtungen in Deutschland betreute Kinder nach Alter und Geschlecht (ohne Schulkinder und andere Kinder älter als 7 Jahre)

von ... bis unter ... Jahre	Insgesamt			Mädchen			Jungen		
	2006	2014	Wachstum '06 bis '14	2006	2014	Wachstum '06 bis '14	2006	2014	Wachstum '06 bis '14
0 - 3	253,9	561,6	121%	123,5	273,7	122%	130,4	287,9	121%
3 - 7 (ohne Schulkinder)	2.333,8	2.263,5	-3%	1.131,4	1.100,6	-3%	1.202,4	1.162,9	-3%
Summe	2.587,7	2.825,1	9%	1.254,9	1.374,3	10%	1.332,8	1.450,8	9%

Absolute Zahlenangaben in Tausend.
Quelle: Statistisches Bundesamt (2014a)

Die Zahl in deutschen Tageseinrichtungen betreuter Kinder bis 7 Jahre (ohne Schulkinder) ist zwischen 2006 und 2014 um 9% gewachsen und lag zuletzt bei 2,83 Millionen (Tabelle 2.8). Dieses Wachstum ist vollständig im Bereich der Kinder unter drei Jahren erfolgt, deren Gruppe 2014 um 307.675 Kinder (+121%) auf 561.569 Kinder angewachsen war. Gleichzeitig ist die Gruppe der Kinder zwischen drei und sieben Jahren sogar leicht um 3% (70.388 Kinder) geschrumpft. 2014 waren allerdings trotzdem nur etwa 20% der betreuten Kinder jünger als drei Jahre. Mädchen und Jungen blieben über den betrachteten Zeitraum in ihrem Zahlenverhältnis fast unverändert, wobei Jungen immer leicht in der Überzahl waren.[9]

Tabelle 2.9: In Tagespflege in Deutschland betreute Kinder nach Alter und Geschlecht bis 6 Jahre

von ... bis unter ... Jahre	Insgesamt			Mädchen			Jungen		
	2006	2014	Wachstum '06 bis '14	2006	2014	Wachstum '06 bis '14	2006	2014	Wachstum '06 bis '14
0 - 3	33.011	101.132	206%	15.919	48.843	207%	17.092	52.289	206%
3 - 6	11.971	23.536	97%	5.873	11.492	96%	6.098	12.044	98%
Summe	44.982	124.668	177%	21.792	60.335	177%	23.190	64.333	177%

Quelle: Statistisches Bundesamt (2014a)

In der Tagespflege bietet sich ein ähnliches Bild, allerdings fiel das Wachstum in beiden Altersgruppen deutlich stärker aus als bei Kindern, die in Tageseinrichtungen betreut werden (Tabelle 2.9). Die Zahl der in Tagespflege betreuten Kinder stieg gegenüber 2006 um 79.686 Kinder (+177%) an. Der

---

[9] Dies deckt sich mit der leichten Überzahl der Jungen in diesen Altersgruppen in der Gesamtbevölkerung (Stand 2011) (Statistisches Bundesamt, 2013a).

größte Teil des Wachstums entfiel auf die Altersgruppe 0 bis drei Jahre, die, anders als in Tageseinrichtungen, deutlich größer ist als die Gruppe der Drei- bis Sechsjährigen. Hier waren 2014 81% der Kinder jünger als drei Jahre.

Das Zahlenverhältnis von Mädchen und Jungen ist zwischen 2006 und 2014 annähernd gleich geblieben. Jungen waren stets leicht in der Überzahl. Verknüpft man die Zahl der betreuten Kinder mit der Zahl der Tagespflegepersonen aus Tabelle 2.7 so zeigt sich, dass die durchschnittliche Kinderzahl pro Tagespflegeperson von 1,5 im Jahr 2006 auf 2,8 im Jahr 2014 gestiegen ist. Ohne diesen Anstieg um 87% müsste entweder die Zahl der Tagespflegepersonen im Jahr 2014 um 85% größer sein (38.252 Personen) oder die Zahl der betreuten Kinder läge deutlich unter dem aktuellen Wert bei 67.290 Kindern. Hier wird sehr gut deutlich, welche Auswirkungen eine Anpassung des Betreuungsschlüssels auf die Größe des Betreuungsangebots haben kann. Da nach § 43 (3) SGB VIII bis zu fünf Kinder gleichzeitig von einer Tagespflegeperson betreut werden dürfen, besteht noch deutlich Raum für die Betreuung von mehr Kindern in der Tagespflege.[10] Die aktuell tätigen Tagespflegepersonen könnten mit einer Ausweitung auf fünf betreute Kinder fast 100.000 weitere Kinder betreuen. Dies entspräche einer Ausweitung der Betreuung in der Tagespflege um ca. 80%. Bezogen auf alle in Deutschland betreuten Kinder entspräche dies allerdings nur einem Anstieg um 3%.

Die Zahlen zu betreuten Kindern in Tageseinrichtungen und Tagespflege machen deutlich, wie gering der Beitrag zu den Betreuungsplätzen durch Tagespflegepersonen ausfällt. Er hat sich von 2006 bis 2014 zwar annähernd verdoppelt, lag dann aber trotzdem lediglich bei 4% aller betreuten Kinder. Dies zeigt, dass ein weiterer gravierender Ausbau der Tagesbetreuung nicht wesentlich durch Wachstum der Tagespflege zu erwarten ist.

Durch den mit der Verabschiedung des Kinderförderungsgesetz (KiföG) ab August 2013 eingeführten Rechtsanspruch auf einen Betreuungsplatz für jedes Kind, das älter als 12 Monate ist, standen Länder und Kommunen teilweise unter erheblichem Druck, neue Betreuungsplätze zu schaffen. Angestrebt wurde eine Betreuungsquote von 39% im Bundesdurchschnitt, wobei unabhängig von diesem Ziel laut § 24 (2) SGB VIII 100% der Kinder ab dem zweiten Lebensjahr ein Platz zusteht. Tabelle 2.10 stellt die Betreuungsquoten der

---

[10] Im Einzelfall kann die Erlaubnis zur Tagespflege auch für weniger oder mehr Kinder erteilt werden (§ 43 (3) SGB VIII).

Bundesländer in den Jahren 2007 und 2014 dar.[11] In den alten Bundesländern lagen die Betreuungsquoten für Kinder unter drei Jahren 2007 noch deutlich unter denen der neuen Länder. Hamburg war mit einer Quote von 22% ein positiver Ausreißer. Die anderen westlichen Länder kamen nicht über 12,4% hinaus. In den östlichen Ländern wies Sachsen mit 34,6% die niedrigste Quote auf, während die des Spitzenreiters Sachsen-Anhalt über 50% lag. Der Bundesdurchschnitt lag bei 15,5%.[12]

Tabelle 2.10: Betreuungsquoten für Tageseinrichtungen und Tagespflege

Land	Kinder unter 3 Jahren			Kinder von 3 bis unter 6 Jahren		
	2007 (%)	2014 (%)	Wachstum '07 bis '14	2007 (%)	2014 (%)	Wachstum '07 bis '14
Brandenburg	43,4	58,2	34%	94,4	96,1	2%
Sachsen-Anhalt	51,8	58,0	12%	93,0	95,4	3%
Mecklenburg-Vorpommern	44,1	56,4	28%	93,2	95,3	2%
Thüringen	37,5	52,4	40%	95,9	97,0	1%
Sachsen	34,6	49,8	44%	93,8	95,9	2%
Berlin	39,8	45,8	15%	92,3	94,2	2%
Hamburg	22,0	42,5	93%	81,2	90,1	11%
Rheinland-Pfalz	12,0	30,8	157%	94,7	97,7	3%
Schleswig-Holstein	8,2	30,4	271%	83,1	91,1	10%
Hessen	12,4	28,9	133%	91,1	93,3	2%
Niedersachsen	6,9	27,9	304%	83,8	93,7	12%
Baden-Württemberg	11,5	27,7	141%	93,4	94,7	1%
Bayern	10,7	27,1	153%	87,7	91,5	4%
Bremen	10,5	26,9	156%	85,4	90,5	6%
Saarland	12,1	26,9	122%	93,9	96,3	3%
Nordrhein-Westfalen	6,9	23,7	243%	85,8	92,5	8%
Deutschland	**15,5**	**32,3**	**108%**	**89,0**	**93,6**	**5%**
Früheres Bundesgebiet ohne Berlin	9,8	27,4	180%	88,1	93,1	6%
Neue Länder ohne Berlin	41,0	54,0	32%	94,0	96,0	2%

Sortiert nach Betreuungsquote der Kinder unter drei Jahren im Jahr 2014.
Quelle: Statistisches Bundesamt (2014a)

---

[11] In den Veröffentlichungen des Statistischen Bundesamts wird die Betreuungsquote sowohl 2014 als auch in den Veröffentlichungen der Vorjahre frühestens für das Jahr 2007 und nicht schon für das Jahr 2006 angegeben.
[12] 2013 lebten 80% aller Kinder von 0 bis unter 6 Jahren in den alten Bundesländern (Statistisches Bundesamt, 2015b). Daher sind die hohen Betreuungsquoten in den neuen Bundesländern kaum relevant für die gesamtdeutsche Betreuungsquote.

Bis 2014 sind die Betreuungsquoten aller Bundesländer, insbesondere aber der westlichen, gestiegen, so dass überall mindestens 23,7% (NRW) der Kinder unter drei Jahren ein Betreuungsplatz angeboten werden konnte. Die Betreuungsquoten der neuen Bundesländer liegen nach wie vor alle über denen der alten. Mit einer durchschnittlichen Wachstumsrate von 177% haben die westlichen Länder allerdings einen enormen Sprung gemacht. Der Bundesdurchschnitt wuchs auf 32,3% an.

Tabelle 2.11: Betreuungsquoten und –bedarf für Kinder unter 3 Jahren in Deutschland

Land	Betreuungsquote in % (2014)	Betreuungsbedarf in % (2013)	Differenz in Prozentpunkten
Hessen	28,9	41,8	12,9
Bremen	26,9	39,8	12,9
Saarland	26,9	38,9	12,0
Rheinland-Pfalz	30,8	42,6	11,8
Nordrhein-Westfalen	23,7	35,1	11,4
Baden-Württemberg	27,7	38,8	11,1
Niedersachsen	27,9	37,4	9,5
Schleswig-Holstein	30,4	39,3	8,9
Bayern	27,1	35,8	8,7
Berlin	45,8	53,1	7,3
Sachsen	49,8	55,1	5,3
Hamburg	42,5	47,6	5,1
Mecklenburg-Vorpommern	56,4	61,1	4,7
Sachsen-Anhalt	58,0	62,5	4,5
Thüringen	52,4	55,7	3,3
Brandenburg	58,2	61,3	3,1
Deutschland	**32,3**	**41,7**	**9,4**

Sortiert nach der Differenz in Prozentpunkten.
Quellen: Deutsches Jugendinstitut (2013), Statistisches Bundesamt (2014a)

Die durchschnittliche Betreuungsquote im Bund liegt auch nach dem Stichtag der Einführung des Rechtsanspruchs für Kinder unter drei Jahren unter dem anvisierten Ziel von 39%. Das Deutsche Jugendinstitut (DJI) befragte zwischen November 2012 und März 2013 im Auftrag des Bundesministeriums für Familie, Senioren, Frauen und Jugend bundesweit 13.471 Eltern mit Kindern unter drei Jahren nach ihrem Betreuungsbedarf für diese Kinder. Die Ergebnisse sind in Tabelle 2.11 zusammen mit den tatsächlichen Betreuungsquoten des Jahres 2014 dargestellt. Der ermittelte Betreuungsbedarf liegt für Deutschland inzwischen sogar bei 41,7%, also 9,4 Prozentpunkte über dem tatsächlich erreichten. 2012 hatte das DJI noch 39,4% als Bedarf ermittelt (DJI, 2014). Auf Ebene der Bundesländer klafften 2014 in den alten Ländern die größten Lücken. Spitzenreiter waren Hessen und Bremen mit jeweils 12,9 Prozentpunkten. Thüringen und Brandenburg wiesen mit 3,3 und 3,1 Prozentpunkten die kleinsten Lücken auf. Der Ausbau der Kinderbetreuung ist demnach noch lange nicht abgeschlossen, insbesondere in den westdeutschen Ländern nicht.

Abbildung 2.2: Betreuungsumfang in Tageseinrichtungen in Deutschland

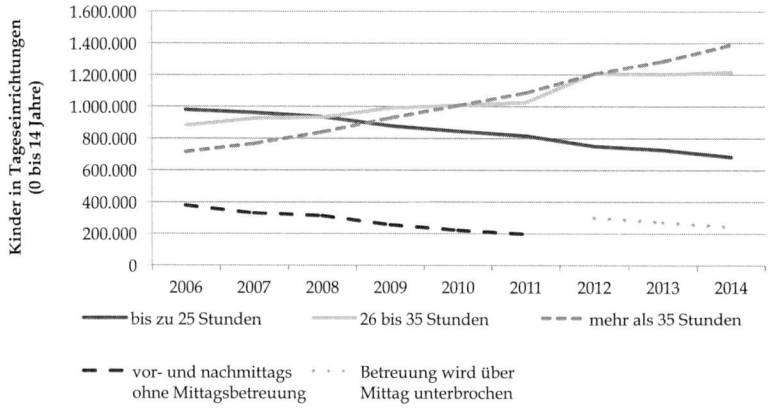

Bis einschließlich 2011 wurde der „Betreuungsumfang an den meisten Betreuungstagen" in den vier Kategorien „bis zu 5 Stunden", „mehr als 5 bis zu 7 Stunden", „Ganztagsbetreuung (mehr als 7 Stunden)" und „vor- und nachmittags ohne Mittagesbetreuung" erfasst. Unter der Annahme, dass die Betreuung an fünf Wochentagen erfolgte, wurden die Werte bis 2011 in die obigen Kategorien mit Stunden pro Woche überführt. Ab 2012 wurde die „vertraglich vereinbarte Betreuungszeit pro Woche" erfasst.
2012 wurde die Kategorie „Betreuung wird über Mittag unterbrochen" eingeführt und als Teilmenge der anderen Kategorien geführt. Alle Kinder in dieser Kategorie sind also bereits in einer der drei Stundenkategorien aufgeführt. Dies gilt nicht für die bis 2011 verwendete Kategorie „vor- und nachmittags ohne Mittagsbetreuung".
Quelle: Statistisches Bundesamt (2014a)

Die Betreuungsquote misst lediglich, wie vielen Kindern einer Altersgruppe ein Platz angeboten werden kann. Welchen Betreuungsumfang die einzelnen Plätze bieten, wird damit nicht offenbar. Abbildungen 2.2 und 2.3 stellen die Entwicklung des Betreuungsumfangs zwischen 2006 und 2014 für Tageseinrichtungen und Tagespflege grafisch dar. Auf Grund einer Änderung der

Datenerfassung nach 2011 sind die Daten vor und nach dem 01. Januar 2012 nur bedingt vergleichbar. Bis 2011 wurde der Betreuungsumfang an den meisten Tagen erfasst, ab 2012 die vertraglich vereinbarte Betreuungszeit pro Woche. Die Änderung der Erfassung hat zu gut sichtbaren Brüchen im Verlauf der einzelnen Kurven geführt. Dennoch lassen sich Entwicklungstrends aus den Abbildungen ablesen.

Abbildung 2.3: Betreuungsumfang in Tagespflege in Deutschland

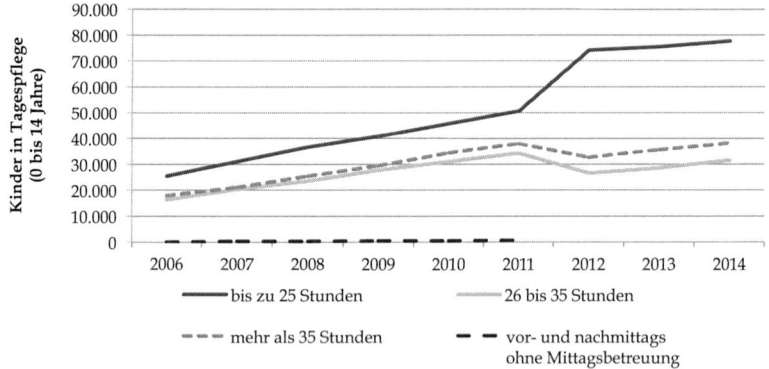

Bis einschließlich 2011 wurden Kinder „mit einer durchschnittlichen Betreuungszeit (pro Tag)" in den vier Kategorien „bis zu 5 Stunden", „mehr als 5 bis zu 7 Stunden", „mehr als 7 Stunden" und „vor- und nachmittags ohne Mittagsbetreuung" erfasst. Unter der Annahme, dass die Betreuung an fünf Wochentagen erfolgte, wurden die Werte bis 2011 in die dargestellten Kategorien mit Stunden pro Woche überführt. Ab 2012 wurde die „vertraglich vereinbarte[n] Betreuungszeit in Stunden pro Woche" erfasst. Eine separate Erfassung der Kinder ohne Mittagsbetreuung erfolgte ab 2012 nicht mehr.
Quellen: Statistisches Bundesamt (2014a, 2013b, 2012a, 2011a, 2010a, 2010b, 2010c, 2008a, 2008b)

In Tageseinrichtungen hat die Nutzung/Buchung des Betreuungsmodells von 35 und mehr Stunden bis 2011 und auch in den Jahren danach deutlich zugenommen. Analog dazu nahm die Nutzung/Buchung des Modells von bis zu 25 Stunden fortwährend ab. Die Nutzung des Modells mit 26 bis 35 Stunden stieg bis 2009 leicht an und blieb danach mehr oder weniger auf dem gleichen Niveau. Hier zeigt sich ein eindeutiger Trend zu umfangreicheren Betreuungsmodellen. Das Sondermodell der mittags unterbrochenen Betreuung wurde fortwährend weniger beansprucht.

In der Tagespflege ergibt sich ein anderes Bild. Bis 2011 nahm die Nutzung aller Zeitmodelle erheblich und mit annähernd gleichen Raten zu. Ab 2012 lagen die Wachstumsraten der Modelle mit mehr als 25 Stunden (8,8% und 8,2% p.a.) jedoch deutlich über der des Modells mit weniger als 25 Stunden (2,4% p.a.) (Statistisches Bundesamt, 2014a). Dennoch ist letzteres mit Abstand das am häufigsten implementierte, was seit 2012 durch die neue Erfassung der vertraglich vereinbarten statt der genutzten Betreuungszeit noch deutlicher zutage getreten ist. Der große Bruch in den Kurven nach 2012 legt übrigens die Vermutung nahe, dass viele Eltern mehr Stunden buchen, als sie tatsächlich nutzen. Dies mag einerseits darin begründet sein, dass Tagespflegepersonen keine individuelle Stundenbuchung zulassen, sondern nur Stundenpakete anbieten. Es könnte aber darüber hinaus daran liegen, dass Eltern einen gewissen Sicherheitspuffer dazu buchen, um auch in Notfällen die Betreuung ihrer Kinder sicher zu stellen.[13]

Das DJI hat in seiner Untersuchung 2013 auch erfragt, welche Betreuungszeitmodelle sich Eltern für ihre Kinder unter drei Jahren wünschen (DJI, 2014). Abbildung 2.4 zeigt, dass Wunsch und Wirklichkeit für keines der drei Zeitmodelle zur Deckung kommen. Am größten ist die Diskrepanz beim Modell „mehr als 35 Stunden", allerdings liegt hier der Anteil der Kinder, für die sich Eltern dieses Betreuungsmodell wünschen, deutlich unter dem Anteil, der es tatsächlich gebucht hat. Dies kann möglicherweise daran liegen, dass angebotene Betreuungszeitmodelle mit weniger Stunden nicht zum Betreuungsbedarf der Eltern passen. Wenn Eltern 35 Stunden Betreuung von 8 Uhr bis 15 Uhr benötigen, das angebotene 35 Stunden Modell aber von 7 Uhr bis 14 Uhr läuft, werden sie das Modell mit mehr als 35 Stunden buchen müssen, um die Betreuung bis 15 Uhr sicher zu stellen. Das bereits erwähnte Bedürfnis nach zusätzlicher Flexibilität könnte Eltern ebenfalls motivieren, mehr Stunden zu buchen, als sie normalerweise benötigen. Andere Erklärungen könnten sein, dass Eltern im Rahmen einer Befragung ihren tatsächlichen Betreuungsbedarf bewusst oder unbewusst unterschätzten, weil sie entweder einen Bedarf von mehr als 35 Stunden nicht als sozial adäquat ansahen oder tatsächlich im Moment der Befragung mit einem geringeren Bedarf rechneten.

Bei den anderen beiden Zeitmodellen mit weniger als 35 Stunden liegt jeweils der Anteil, der sich das Zeitmodell wünscht, über dem, der es tatsächlich gebucht hat. Dies ist mit Bezug auf das Modell „bis zu 25 Stunden" erstaunlich, da jeder Betreuungsplatz, der angeboten wird, wenigstens in diese Stundenbandbreite fallen muss und es daher unproblematisch sein sollte, Eltern ihren Wunsch zu erfüllen. Es ist jedoch durchaus möglich, dass Einrichtungen nicht gewillt sind, dieses Zeitmodell in ausreichendem Maße anzubieten, da gebuchte Modelle mit mehr Stunden in der Regel auch höhere öffentli-

---

[13] Emlen (1998) hat in einer Studie mit 862 Eltern im amerikanischen Oregon festgestellt, dass Familien ein Bedürfnis nach Flexibilität in den drei Bereichen Arbeit, Familie und Kinderbetreuung haben, um familiäre Notfälle und ungeplante Termine auffangen zu können.

che Zuschüsse für Personal und Ausstattung mit sich bringen. Hier könnte auch der Effekt des weiter oben beschriebenen Sicherheitsbedürfnisses der Eltern zutage treten, indem sie entgegen ihrem eigentlichen Wunsch ein Betreuungsmodell mit mehr Stunden buchen.

Abbildung 2.4: Anteile der Kinder unter drei Jahren für tatsächlich gebuchte und gewünschte Betreuungsmodelle in Tageseinrichtungen und Tagespflege in Deutschland

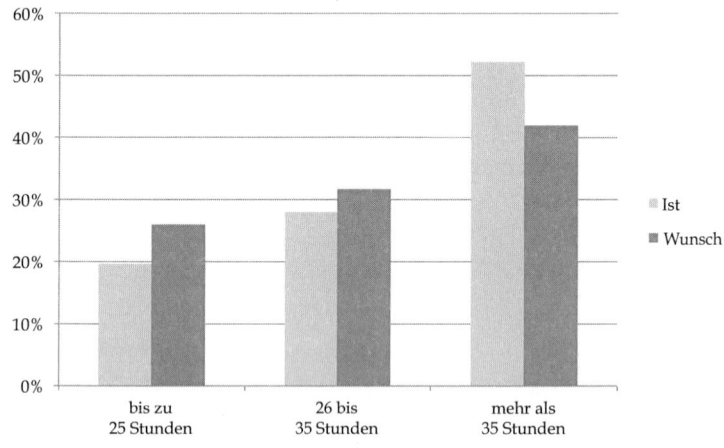

Ist-Werte sind von 2014 und Wunsch-Werte von 2013.
Quellen: DJI (2014), Statistisches Bundesamt (2014a)

Abbildung 2.4 macht in jedem Fall deutlich, dass sich die Mehrheit der Eltern von Kindern unter drei Jahren ein Betreuungsmodell mit mehr als 35 Stunden wünscht und dass das Angebot in Tageseinrichtungen und Tagespflege diesem Wunsch nachkommt, wenn ein Platz angeboten werden kann.

2.1.2 Ausgaben für frühkindliche Bildung in Deutschland

Die Ausgaben für frühkindliche Bildung in Deutschland liegen erst seit kurzem in einer detaillierten Fassung vor. Noch 2012 konstatierte das Statistische Bundesamt in einer Veröffentlichung zu Finanzen der Kindertageseinrichtungen in freier Trägerschaft: „Trotz des Wachstums und der Entwicklungen in den verschiedenen Stufen des Bildungssystems liegen innerhalb der nicht-staatlichen Bildungseinrichtungen lediglich für die Hochschulen derzeit belastbare Angaben zu den Einnahmen und Ausgaben vor." (Statistisches Bundesamt, 2012b, S. 7). Seit 2008 ist die Bundesrepublik allerdings durch die

Verordnung (EG) Nr. 452/2008 der EU dazu verpflichtet, jährlich Daten über alle Bildungseinrichtungen zu melden (Statistisches Bundesamt, 2012b). Der Bildungsfinanzbericht, den das Statistische Bundesamt jährlich im Auftrag des Bundesministeriums für Bildung und Forschung und der ständigen Konferenz der Kultusminister der Länder herausgibt, gibt in seiner Fassung von 2014 detailliert Auskunft über Ausgaben für den frühkindlichen Bildungsbereich in Deutschland. Daneben werden Daten zu Ausgaben und Einnahmen jährlich als Berichte der Ausgaben und Einnahmen der Kinder- und Jugendhilfe veröffentlicht. Private Ausgaben werden in beiden Berichten fast vollständig vernachlässigt, wenn sie nicht bei öffentlichen Einrichtungen anfallen. Insbesondere Elternbeiträge zur Betreuung werden für freie Träger nur in NRW durch die öffentliche Hand erhoben und an die Einrichtungen weitergegeben. Da die Elternbeiträge insofern in den anderen Bundesländern direkt an die freien Träger gehen, werden sie dort nicht in der Statistik der öffentlichen Ausgaben erfasst. Auf der Grundlage einer Studie des Statistischen Bundesamtes von 2010 liegt allerdings eine Schätzung des Finanzierungsanteils vor, der bei freien Trägern durch private Mittel abgedeckt wird (Statistisches Bundesamt, 2012b). Diese gestattet eine grobe Schätzung der privaten Finanzierungsbeiträge.

Bedauerlicherweise führen unterschiedliche Erhebungsmethoden zu Abweichungen zwischen den Ausgaben im Bildungsfinanzbericht und in den Berichten über Ausgaben und Einnahmen der Kinder- und Jugendhilfe (Statistisches Bundesamt, 2015c). Vergleiche oder Verknüpfungen zwischen beiden Datensätzen sind daher nur bedingt möglich.[14] Im Folgenden werden in Abschnitt 2.1.2.1 zunächst die Ausgaben nach dem Bildungsfinanzbericht 2014 dargestellt, gefolgt von den Ausgaben nach den Berichten zu Ausgaben und Einnahmen der Kinder- und Jugendhilfe in Abschnitt 2.1.2.2.

2.1.2.1 Ausgaben für frühkindliche Bildung in Deutschland nach dem Bildungsfinanzbericht

Die Ausgaben (öffentlich und privat) für Bildung, Forschung und Wissenschaft in Deutschland beliefen sich nach vorläufigen Berechnungen im Jahr 2012 auf 248,9 Milliarden Euro, wovon 178,4 Milliarden Euro (72%) auf den Bildungsbereich entfielen (Statistisches Bundesamt, 2014c). Die öffentlichen

---

[14] Eine detaillierte Untersuchung und Erklärung der Unterschiede in beiden Statistiken findet sich in Kolvenbach (2010).

Ausgaben für Kinderbetreuung[15] betrugen 2012 18,4 Milliarden Euro (10% der Bildungsausgaben) (ebd.).

Tabelle 2.12: Öffentliche Ausgaben für Kinderbetreuung in Deutschland nach Körperschaftsgruppen

	2005		2011		2012*		2013*		2014**	
	absolut	relativ	absolut	relativ	absolut	relativ	absolut	relativ	absolut	relativ
Bund und Länder	4.386,0	40,8	7.181,5	42,6	8.503,5	46,3	9.217,0	47,4	9.857,4	48,1
Gemeinden	6.363,1	59,2	9.675,8	57,4	9.859,4	53,7	10.237,5	52,6	10.647,0	51,9
Insgesamt	**10.749,1**	**100,0**	**16.857,3**	**100,0**	**18.362,9**	**100,0**	**19.454,5**	**100,0**	**20.504,4**	**100,0**

Absolute Werte in Millionen Euro, relative Werte in Prozent. Ausgaben, die aus dem 2007 vom Bund bereitgestellten und 2013 aufgestockten Sondervermögen Kinderbetreuungsausbau in Höhe von 2,63 Milliarden Euro getätigt wurden, sind nicht aufgeführt. * = Vorläufiger Wert; ** = Planungs-/Soll-Wert
Quelle: Statistisches Bundesamt (2014c)

Tabelle 2.13: Wachstum öffentlicher Ausgaben für Kinderbetreuung in Deutschland nach Körperschaftsgruppen

	2005 - 2011			2012*		2013*		2014**	
	absolut	relativ	CAGR	absolut	relativ	absolut	relativ	absolut	relativ
Bund und Länder	2.795,5	63,7	8,6	1.322,0	18,4	713,5	8,4	640,4	6,9
Gemeinden	3.312,7	52,1	7,2	183,6	1,9	378,1	3,8	409,5	4,0
Insgesamt	**6.108,2**	**56,8**	**7,8**	**1.505,6**	**8,9**	**1.091,6**	**5,9**	**1.049,9**	**5,4**

Absolute Werte in Millionen Euro, relative Werte in Prozent. Ausgaben, die aus dem 2007 vom Bund bereitgestellten und 2013 aufgestockten Sondervermögen Kinderbetreuungsausbau in Höhe von 2,63 Milliarden Euro getätigt wurden, sind nicht aufgeführt. * = Vorläufiger Wert; ** = Planungs-/Soll-Wert; CAGR = Compound Annual Growth Rate (Wachstum pro Jahr) in Prozent
Quelle: Statistisches Bundesamt (2014c), eigene Berechnungen

In den Tabellen 2.12 und 2.13 werden die öffentlichen Ausgaben und ihr Wachstum der Jahre 2005 und 2011 bis 2014 dargestellt. Bei den Werten für die Jahre 2012 und 2013 handelt es sich um vorläufige, im Jahr 2014 um Planungs- oder Soll-Werte (Statistisches Bundesamt, 2014c). Innerhalb der gesamten Periode zwischen 2005 und 2014 haben sich die öffentlichen Ausgaben für Kinderbetreuung mit einem Wachstum von 90,8% fast verdoppelt. Der Bund und die Bundesländer haben dazu mit einem Wachstum ihrer Ausgaben um 124,7% (5,47 Milliarden Euro), relativ und absolut betrachtet einen erheblich größeren Anteil beigetragen als die Gemeinden und Zweckverbände mit einem Wachstum ihrer Ausgaben um lediglich 67,3% (4,28 Milliarden Euro). Berücksichtigt man außerdem noch, dass das vom Bund 2007 bereitge-

---

[15] Kinderbetreuung umfasst hier Kinderkrippen, Kindergärten, Kinderhorte und Tagesbetreuung von Kindern (inkl. Tagespflege) (Statistisches Bundesamt, 2014c). Nicht enthalten sind Ausgaben, die aus dem 2007 vom Bund bereitgestellten Sondervermögen Kinderbetreuungsausbau in Höhe von 2,15 Milliarden Euro getätigt worden sind (ebd.).

Ausgaben für frühkindliche Bildung in Deutschland

stellte und 2013 aufgestockte Sondervermögen Kinderbetreuungsausbau in Höhe von insgesamt 2,63 Milliarden Euro (2007: 2,15 Milliarden Euro, 2013: weitere 0,58 Milliarden Euro) in den hier dargestellten Haushaltszahlen nicht abgebildet wird, steigt der Anteil von Bund und Ländern noch einmal erheblich an und liegt insgesamt bei 7,62 Milliarden Euro (+174,4%) (Statistisches Bundesamt, 2014c). Im Dezember 2014 erfolgte eine weitere Aufstockung des Sondervermögens des Bundes um 0,55 Milliarden Euro (Bundesanzeiger, 2014).

Der Anstieg der Ausgaben ist 2013 und 2014 gegenüber dem Anstieg des Jahres 2012 jeweils um mehr als ein Drittel gefallen. Gegenüber dem durchschnittlichen Jahreswachstum in den Jahren 2005 bis 2011 zeigt sich 2013 und 2014 ebenfalls eine erhebliche Reduzierung um 24% (2013) bzw. 31% (2014).[16] Dieser Abfall in den Zuwachsraten deutet an, dass Bund, Länder und Gemeinden den Ausbau der Kinderbetreuung nicht im bisherigen Tempo weiter betreiben wollen oder können. Mit Blick auf den 2013 etablierten Rechtsanspruch auf einen Betreuungsplatz und die nach wie vor bestehende Differenz zwischen dem Betreuungsbedarf der Eltern für Kinder unter drei Jahren (2013) und der entsprechenden Betreuungsquote (2014) von fast zehn Prozentpunkten (Tab. 2.11) ist diese Reduzierung der Wachstumsraten nicht nachvollziehbar. Insbesondere dann nicht, wenn man bedenkt, dass der bisher erreichte Anstieg der Betreuungsquote für unter Dreijährige von insgesamt 16,8 Prozentpunkten sieben Jahre dauerte und der Staat 2014 einen Überschuss von 18 Milliarden Euro (0,6% des BIP) erwirtschaftete (Statistisches Bundesamt, 2015d)[17]. Die zu schließende Lücke ist noch groß, die gesetzliche Verpflichtung dazu eindeutig und der finanzielle Spielraum sollte vorhanden sein.

Von 2007 bis 2014 erfolgte eine Steigerung der Betreuungsquote um insgesamt 21,4 Prozentpunkte (16,8 Prozentpunkte bei Kindern unter drei Jahren und 4,6 Prozentpunkte bei Kindern von drei bis sechs Jahren). Pro Jahr entsprach das durchschnittlich 3,06 Prozentpunkten. Von 2005 bis 2014 sind die öffentlichen Ausgaben für Kinderbetreuung um insgesamt 12,39 Milliarden

---

[16] Es handelt sich hier um vorläufige Zahlen, die allerdings teilweise durch die Statistik der Kinder- und Jugendhilfe endgültig bestätigt werden (siehe Abschnitt 2.1.2.2). Die Ausgaben nach der Statistik der Kinder- und Jugendhilfe weisen für die Jahre 2011 und 2012 einen deutlichen Rückgang der Wachstumsraten aus, während die des Jahres 2013 mit 13% wieder deutlich über dem des Jahres 2010 und der Vorjahre liegt. Das Wachstum scheint nach 2012 wieder zugelegt zu haben.
[17] Selbst wenn die finanzielle Lage in einigen Gemeinden schlechter sein sollte, bleibt die gesetzliche Verpflichtung, die der Bund erlassen hat. Über den Verzicht auf einen Teil der Umsatzsteuer beteiligt sich der Bund bereits ab 2014 an den Betriebskosten der Einrichtungen mit jährlich 770 Millionen Euro (Statistisches Bundesamt, 2012b). Diese Beteiligung ließe sich beispielsweise ausweiten.

Euro gestiegen (inkl. Sondervermögen Kinderbetreuungsausbau). Pro Jahr entsprach das einer Steigerung um 1,38 Milliarden Euro. Mit Hilfe zweier Annahmen lässt sich der weitere finanzielle Bedarf schätzen. Erstens nimmt man an, dass der Anstieg der öffentlichen Ausgaben vollständig dem Ausbau der Betreuungskapazitäten geschuldet war, die Ausbaukosten für Kinder aller Altersgruppen gleich hoch sind und der Betreuungsbedarf der Eltern konstant bleibt. Zusätzlich geht man für dieses Gedankenexperiment davon aus, dass sich das durchschnittliche Wachstum der Betreuungsquote in den Jahren nach 2006 nicht wesentlich von dem der Jahre 2005 und 2006 unterschied.[18] Dann müssten weitere 4,24 Milliarden Euro aufgewendet werden, um die Lücke von 9,4 Prozentpunkten zwischen Betreuungsbedarf und Betreuungsquote bei Kindern unter drei Jahren zu schließen.

Es ist davon auszugehen, dass dieser Wert das notwendige Minimum zusätzlicher Ausgaben repräsentiert, da zum einen der Ausbau teurer und die laufenden Kosten von Betreuungsplätzen für Kinder unter drei Jahren höher sind als bei Kindern, die drei Jahre und älter sind.[19] Ferner ist der Betreuungsbedarf von 2012 bis 2013 um 2,3 Prozentpunkte auf 41,7% gestiegen (DJI, 2014) und es deutet nichts drauf hin, dass damit das Maximum erreicht ist. Zu Beginn des angestrebten Ausbaus ging die Bundesregierung sogar von einem noch erheblich niedrigeren Betreuungsbedarf in Höhe von 35% aus, der später auf 39% angehoben und inzwischen auf Basis der Erhebungen des DJI von 2013 erneut nach oben korrigiert werden muss (ebd.). Betreuungsquoten von 50% und mehr in allen neuen Bundesländern (ohne Berlin), die noch unter dem lokalen Bedarf von durchschnittlich 59% liegen, und der Umstand, dass die alten Bundesländer mit einem maximalen Bedarf von 42,6% weit davon entfernt sind (Tab. 2.11), sind weitere Hinweise auf einen zukünftig höheren Bedarf an Betreuungsplätzen für Kinder unter drei Jahren.

2.1.2.2 Ausgaben für frühkindliche Bildung in Deutschland nach Berichten zu Ausgaben und Einnahmen der Kinder- und Jugendhilfe

Tabellen 2.14 und 2.15 stellen die Ausgaben für Kinderbetreuung und ihre Veränderung in den Jahren 2007 bis 2013 dar. Der private Anteil der Finanzie-

---

[18] Diese Annahme ist erforderlich, da sich die vorliegenden Daten zu Ausgaben und Betreuungsquoten auf unterschiedlich lange Zeiträume beziehen.
[19] Die Betreuung von Kindern unter drei Jahren erfordert in der Regel größere Räumlichkeiten (z.B. einen zusätzlichen Ruheraum bei Ganztagsbetreuung in NRW und Niedersachsen (LVR und LWL, 2012; Verordnung über Mindestanforderungen an Kindertagesstätten (1. DVO-KiTaG) vom 28. Juni 2002) und mehr Personal pro Kind (siehe 2.1.2.3).

rung freier Träger lag nach einer Untersuchung des Statistischen Bundesamtes für das Jahr 2010 bei 26% und ist auf dieser Grundlage für die anderen Jahre in gleicher Höhe angenommen worden (Statistisches Bundesamt, 2012b). Beide Tabellen weisen die Summe der Ausgaben jedoch auch ohne den privaten Anteil aus.

Tabelle 2.14: Ausgaben für Kinderbetreuung in Deutschland nach Quellen und Einrichtungsarten

	2007	2008	2009	2010	2011	2012	2013
Öffentliche Finanzierung von Tageseinrichtungen	13.091,7	14.227,8	15.180,0	16.681,5	17.647,5	18.740,0	21.176,8
davon Zuschüsse an freie Träger	6.494,0	6.958,7	7.681,2	8.628,1	9.138,2	9.828,5	11.158,6
Private Finanzierung freier Träger	2.281,7	2.444,9	2.698,8	3.031,5	3.210,7	3.453,3	3.920,6
Öffentliche Finanzierung von Tagespflege	220,0	270,6	339,6	451,2	542,6	638,3	742,8
Insgesamt	**15.593,4**	**16.943,4**	**18.218,3**	**20.164,1**	**21.400,8**	**22.831,6**	**25.840,3**
Insgesamt ohne Privat	13.311,7	14.498,5	15.519,5	17.132,6	18.190,1	19.378,3	21.919,7

Werte in Millionen Euro. Der private Finanzierungsanteil der freien Träger lag 2010 bei 26%. Dieser Wert bildet die Grundlage zur Berechnung des Anteils in den anderen Jahren.
Quellen: Statistisches Bundesamt (2015c, 2014d, 2013c, 2012b, 2012c, 2011b, 2010d, 2009)

2013 lagen die Ausgaben insgesamt bei 25,84 Milliarden Euro. Lediglich 2,9% dieser Ausgaben flossen in die Tagespflege. Der Anteil der Tagespflege ist damit sehr klein, hat sich seit 2007 aber immerhin verdoppelt.

Die gesamten Ausgaben für Kinderbetreuung pro Jahr sind von 2007 bis 2013 um beachtliche 10,25 Milliarden Euro (+66%) gestiegen. 2010 und 2013 waren mit 10,7% und 13,7% die stärksten Wachstumsjahre, während 2011 und 2012 vergleichsweise geringe Wachstumsraten von 6,1% und 6,7% aufwiesen. Daraus lässt sich noch kein zukunftsweisender Trend ablesen. Erst zukünftige Daten werden zeigen, ob das Wachstum im zweistelligen Bereich der Jahre 2010 und 2013 oder im geringeren der Jahre dazwischen fortgesetzt wird.

Wie bereits in Abschnitt 2.1.2.1 erläutert, erfordert der schnelle Ausbau der Betreuung zur Deckung des tatsächlichen Betreuungsbedarfs noch mehrere Milliarden Euro zusätzlicher Ausgaben pro Jahr. Übertragen auf die hier vorgestellte Statistik der Kinder- und Jugendhilfe ergibt sich ein zusätzlicher Bedarf von mindestens 4,32 Milliarden Euro zur Schließung der Lücke von 9,4 Prozentpunkten zwischen Betreuungsbedarf und Betreuungsquote, wenn die privaten Ausgaben nicht berücksichtigt werden. Dies deckt sich fast mit der Schätzung auf Basis des Bildungsfinanzberichts in Höhe von 4,24 Milliarden

Euro. Unter Berücksichtigung der privaten Ausgaben werden mindestens 5,13 Milliarden Euro zusätzlich benötigt.[20]

Tabelle 2.15: Wachstum der Ausgaben für Kinderbetreuung nach Quellen und Einrichtungsarten

	2008		2009		2010		2011		2012		2013	
	absolut	%	absolut	%	absolut	%	absolut	%	absolut	%	absolut	%
Öffentliche Finanzierung von Tageseinrichtungen	1.136,1	8,7	952,1	6,7	1.501,5	9,9	966,0	5,8	1.092,5	6,2	2.436,8	13,0
davon Zuschüsse an freie Träger	464,7	7,2	722,5	10,4	946,9	12,3	510,0	5,9	690,4	7,6	1.330,0	13,5
Private Finanzierung freier Träger	163,3	7,2	253,9	10,4	332,7	12,3	179,2	5,9	242,6	7,6	467,3	13,5
Öffentliche Finanzierung von Tagespflege	50,7	23,0	68,9	25,5	111,6	32,9	91,5	20,3	95,7	17,6	104,5	16,4
Insgesamt	**1.350,0**	**8,7**	**1.274,9**	**7,5**	**1.945,8**	**10,7**	**1.236,7**	**6,1**	**1.430,8**	**6,7**	**3.008,6**	**13,2**
Insgesamt ohne Privat	1.136,1	8,7	952,1	6,7	1.501,5	9,9	966,0	5,8	1.092,5	6,2	2.436,8	13,0

Absolute Werte in Millionen Euro. Der private Finanzierungsanteil der freien Träger lag 2010 bei 26%. Dieser Wert bildet die Grundlage zur Berechnung des Anteils in den anderen Jahren.
Quellen: Statistisches Bundesamt (2015c, 2014d, 2013c, 2012b, 2012c, 2011b, 2010d, 2009), eigene Berechnungen

Mit und ohne privaten Finanzierungsanteil liegen die Ausgaben für Kinderbetreuung deutlich über denen, die der Bildungsfinanzbericht ausweist. Im Jahr 2011 beträgt die Abweichung insgesamt 4,54 Milliarden Euro. Ohne private Ausgaben sind es noch 1,33 Milliarden Euro. Dies beruht z.B. auf unterschiedlichen Quellen, die durch unterschiedliche Zuordnung der Ausgaben und differierende Meldezeitpunkte unterschiedliche Ergebnisse liefern (Kolvenbach, 2010). In beiden Fällen wird jedoch gut sichtbar, in welcher Größenordnung sich der finanzielle Aufwand der Kinderbetreuung in Deutschland bewegt und wie enorm das Wachstum der letzten sieben bis zehn Jahre ausgefallen ist. Trotzdem werden mindestens vier bis fünf zusätzliche Milliarden aufgewendet werden müssen, um wenigstens den aktuellen Betreuungsbedarf mit dem heutigen Angebot in Deckung zu bringen.

---

[20] Die Betreuungsquote ist zwischen 2007 und 2013 durchschnittlich um 3,1 Prozentpunkte pro Jahr gewachsen (U3: 2,3 p.a., 3-6: 0,8 p.a.) (Statistisches Bundesamt, 2014a). Die Steigerung der Ausgaben lag im selben Zeitraum bei durchschnittlich 1,71 Milliarden Euro p.a. (insgesamt) bzw. bei 1,44 Milliarden Euro p.a. (ohne private Finanzierungsmittel) (Tab. 2.14).

Ausgaben für frühkindliche Bildung in Deutschland

2.1.2.3 Ausgaben pro Kind und Platz

Die Vollkosten pro Platz, also sämtliche öffentlich und privat aufgewendeten Mittel zur Betreuung eines Kindes, liegen lediglich als Durchschnittswerte für die gesamte Bundesrepublik vor, da die Heterogenität der gesetzlichen Anforderungen, der lokalen Lohn- und Preisniveaus und der Kosten zwischen den Bundesländern und Gemeinden in Deutschland sehr groß ist. Eine Untersuchungsgruppe der OECD hat diese große Heterogenität bei Standards und Vorgaben grundlegender Strukturen im frühkindlichen Bildungsbereich (z.b. Gruppengrößen, Betreuer-Kind-Relationen, etc.) zwischen den Bundesländern 2004 bestätigt und als nicht nachvollziehbar kritisiert (OECD, 2004a).

Grundsätzlich muss bei der Berechnung der Betreuungskosten zwischen zwei Ansätzen unterschieden werden. Bei den Betreuungskosten pro Kind werden die Kosten pro betreutem Kind ermittelt, wobei die zeitliche Dimension der Betreuung außer Acht gelassen wird. Deutlich aussagekräftiger sind die Betreuungskosten pro Vollzeitbetreuungsäquivalent[21], die durch Berücksichtigung der Betreuungszeit pro Tag oder Woche erheblich mehr Informationen bieten.

In einer Untersuchung der Finanzen der Kindertageseinrichtungen in freier Trägerschaft hat das Statistische Bundesamt für das Jahr 2010 beide Werte ermittelt.[22] Für die Kosten pro Kind wurden die Ausgaben öffentlicher Einrichtungen im Jahr 2009 zum Vergleich herangezogen.[23] Bei beiden Trägern (öffentlich und frei) lagen die Kosten pro Kind auf einem einheitlichen Niveau. Für ein Kind unter drei Jahren mussten beide Trägertypen jeweils 9.500 Euro im Jahr (792 Euro pro Monat) aufwenden (Statistisches Bundesamt, 2012b). Für ein Kind im Alter von drei Jahren bis zum Schuleintritt waren es bei öffentlichen Trägern 6.100 Euro (508 Euro pro Monat) und bei freien Trägern 5.900 Euro im Jahr (492 Euro pro Monat) (ebd.). Diese Durchschnittswerte beziehen sich lediglich auf die Flächenländer der Bundesrepublik[24] und lassen die Stadtstaaten mit deutlich höheren Kostensätzen außer Acht, so dass

---

[21] Ein Vollzeitbetreuungsäquivalent entspricht hier 8 Stunden am Tag oder 40 Stunden in der Woche (Statistisches Bundesamt, 2012b).
[22] An der Untersuchung beteiligten sich insgesamt 1.797 Kindertageseinrichtungen in freier Trägerschaft mit 124.564 betreuten Kindern (106.002 Vollzeitbetreuungsäquivalente) (Statistisches Bundesamt, 2012b).
[23] Die entsprechenden Werte der freien Träger aus dem Jahr 2010 wurden um die Inflation auf das Niveau von 2009 bereinigt (Statistisches Bundesamt, 2012b).
[24] Der Bericht weist zwar darauf hin, gibt jedoch leider keinen Hinweis darauf, warum die Ausgaben in den Stadtstaaten nicht vergleichbar sind (Statistisches Bundesamt, 2012b).

der gesamtdeutsche Durchschnitt noch über den genannten Werten lag (ebd.).[25]

Die Kosten pro Vollzeitbetreuungsäquivalent liegen in der Untersuchung des Statistischen Bundesamtes leider nur für die freien Träger vor. Diese lagen 2010 für Kinder unter drei Jahren bei 10.900 Euro im Jahr (908 Euro pro Monat) und für Kinder zwischen drei Jahren und dem Schuleintritt bei 7.300 Euro im Jahr (608 Euro pro Monat) (Statistisches Bundesamt, 2012b). Die Stadtstaaten wurden bei der Errechnung dieser Werte berücksichtigt, so dass es sich hier um gesamtdeutsche Durchschnittswerte handelt (ebd.). Die Betreuung eines Kindes unter drei Jahren kostete demnach 2010 fast 50% mehr als die Betreuung eines älteren Kindes bis zum Schuleintritt. Diese Mehrkosten entstanden hauptsächlich durch höhere Personalkosten, die um 2.400 Euro (42%) pro Jahr über denen der älteren Kinder lagen und 33 Prozentpunkte des Gesamtunterschiedes ausmachten (Tabelle 2.16). Die um 800 Euro (73%) pro Jahr höheren Sachausgaben entstanden erfahrungsgemäß durch einen erhöhten Verbrauch pflegerischer Mittel (z.B. Windeln, Einweghandschuhe, Desinfektionsmittel, etc.).

Tabelle 2.16: Ausgaben für Kinderbetreuung in Tageseinrichtungen freier Träger pro Vollzeitbetreuungsäquivalent (VZB) 2010

	Personalausgaben		Lfd. Sachausgaben		Investitionen		Gesamte Ausgaben	
	absolut	relativ	absolut	relativ	absolut	relativ	absolut	relativ
Kinder unter 3 Jahren	8.100	74,3	1.900	17,4	900	8,3	10.900	100
Kinder von 3 Jahren bis zum Schuleintritt	5.700	78,1	1.100	15,1	500	6,8	7.300	100

Absolute Werte in Euro pro Jahr, relative Werte in Prozent. VZB = Betreuungsplatz mit 8 Stunden pro Tag oder 40 Stunden pro Woche.
Quelle: Statistisches Bundesamt (2012b)

2.1.3 Direkt und indirekt abhängige Arbeitsplätze

2.1.3.1 Direkt abhängige Arbeitsplätze

Mit direkt von der Kinderbetreuung abhängigen Arbeitsplätzen sind solche gemeint, die zur Bereitstellung der Betreuung notwendig sind, also alle in Kindertageseinrichtungen oder ihrer Verwaltung tätigen Personen (inkl. Per-

---

[25] Für die freien Träger hat das Statistische Bundesamt diese gesamtdeutschen Werte ermittelt. Für ein Kind unter drei Jahren lag der Kostensatz 2010 bei 9.900 Euro im Jahr (inflationsbereinigt (2009): 9.791 Euro) und für ein Kind zwischen drei Jahren und dem Schuleintritt bei 6.100 Euro im Jahr (inflationsbereinigt (2009): 6.033 Euro) (Statistisches Bundesamt, 2012b; Inflationsrate 2009: 1,1% (Statistisches Bundesamt, 2015e)). Die Berücksichtigung der Stadtstaaten führt in diesem Fall also zu einer Steigerung der Durchschnittskosten um 2% bis 3%.

Direkt und indirekt abhängige Arbeitsplätze

sonal im hauswirtschaftlichen und technischen Bereich) sowie alle Tagespflegepersonen. In Tabelle 2.17 sind die tätigen Personen in Tageseinrichtungen und die Tagespflegepersonen in ihrer absoluten Anzahl und als Anteil an allen Erwerbstätigen in der Bundesrepublik für die Jahre 2006 und 2010 bis 2014 dargestellt.

Tabelle 2.17: Tätige Personen in Tageseinrichtungen und Tagespflege in Deutschland und ihr Anteil an den Erwerbstätigen

	2006		2010		2011		2012		2013		2014	
	absolut	AE	absolut	AE	absolut	AE	absolut	AE	absolut	AE	absolut	AE
Tätige Personen in Tageseinrichtungen	415,0	1,0	489,7	1,2	512,9	1,2	544,0	1,3	575,9	1,4	609,9	1,4
darunter:												
mit 38,5 oder mehr Wochenstunden	147,1	0,4	172,1	0,4	166,5	0,4	173,4	0,4	179,5	0,4	192,6	0,5
mit 32 bis 38,5 Wochenstunden	57,3	0,1	72,6	0,2	76,7	0,2	82,2	0,2	87,0	0,2	93,5	0,2
mit weniger als 32 Wochenstunden	210,6	0,5	245,0	0,6	269,7	0,6	288,4	0,7	309,4	0,7	323,8	0,8
Tagespflegepersonen	30,4	0,1	40,9	0,1	42,7	0,1	43,4	0,1	44,0	0,1	44,9	0,1
Insgesamt	**445,4**	**1,1**	**530,6**	**1,3**	**555,6**	**1,3**	**587,5**	**1,4**	**619,9**	**1,5**	**654,8**	**1,5**

Absolute Werte in tausend Personen, relative Werte in Prozent. AE = Anteil an Erwerbstätigen in der Bundesrepublik (Inlandskonzept).
Quellen: Statistisches Bundesamt (2015f, 2014a, 2013b, 2012a, 2011a, 2010a, 2010c, 2007)

Im Bereich der Kindertagesbetreuung waren 2014 in Deutschland 654.800 Personen oder 1,5% aller Erwerbstätigen beschäftigt. Die überwältigende Mehrheit von 93% ging ihrer Tätigkeit im Bereich der Tageseinrichtungen nach. Lediglich 32% dieser Gruppe arbeiteten 38,5 oder mehr Stunden pro Woche. Die Mehrheit von 53% arbeitete weniger als 32 Stunden in der Woche. An dieser Verteilung hat sich seit 2006, als mit 35% nur geringfügig mehr Erwerbstätige in der Kinderbetreuung 38,5 oder mehr Stunden pro Woche arbeiteten, wenig verändert. Weniger als 32 Stunden pro Woche wurden 2006 von 51% der Beschäftigten geleistet. Von 2006 bis 2014 hat demnach eine geringfügige Verschiebung zu kürzeren Wochenarbeitszeiten stattgefunden.

Die Anzahl aller in der Kinderbetreuung tätigen Personen ist von 2006 bis 2014 um 209.400 (47%) angestiegen. Vor dem Hintergrund des Kinderbetreuungsausbaus ist dieser große Zuwachs nachvollziehbar. Die Verteilung des Wachstums war, relativ betrachtet, fast gleich (+47% in Tageseinrichtungen, +48% in Tagespflege).

Das außerordentlich große Beschäftigungswachstum in der Kinderbetreuung zeigt sich auch daran, dass der Anteil an den Erwerbstätigen trotz eines generellen Wachstums bei den Erwerbstätigen von 7,7% innerhalb von nur acht Jahren um 27% von 1,1% (2006) auf 1,5% (2014) zunahm.

2.1.3.2 Indirekt abhängige Arbeitsplätze

Mit indirekt von der Kinderbetreuung abhängigen Arbeitsplätzen sind diejenigen gemeint, die erst durch die Betreuung von Kindern ermöglicht werden. In der Regel handelt es sich hier um die Eltern der Kinder, die durch die Betreuung einer eigenen Beschäftigung nachgehen können.

Die Verfügbarkeit von Kinderbetreuung[26] hat unterschiedlichen Untersuchungen zufolge Auswirkungen auf die Erwerbstätigkeit von Eltern in Deutschland, insbesondere von Müttern. Wrohlich (2007) errechnete beispielsweise auf Basis des Sozio-oekonomischen Panels des Deutschen Instituts für Wirtschaftsforschung (DIW) in Berlin für die Jahre 2001 bis 2003, dass eine Ausweitung der Betreuungskapazitäten für Kinder unter drei Jahren auf 100% zu einer Steigerung der Erwerbstätigkeit von allen Müttern um 1,4 Prozentpunkte führen würde. Bei Müttern, deren Kinder jünger als drei Jahre sind, läge die Steigerung bei 2,5 Prozentpunkten (ebd.). In beiden Fällen sind die prognostizierten Effekte zwar positiv, aber relativ klein. Stöbe-Blossey (2004) ermittelte in einer Befragung von 1.232 Müttern mit 1.985 Kindern in NRW 2003 jedoch, dass 65,6% der Mütter, die gerne mehr arbeiten wollten, dies auf Grund fehlender Kinderbetreuung nicht konnten. Eine Untersuchung auf Basis des Mikrozensus 2005 durch das Statistische Bundesamt deutet ebenfalls auf einen erheblich größeren Einfluss der Verfügbarkeit von Kinderbetreuung auf die Erwerbstätigkeit von Müttern hin. Für 1,77 Millionen (42%) der 4,22 Millionen erwerbslosen Mütter und Väter mit wenigstens einem Kind unter 15 Jahren war fehlende Kinderbetreuung der Hauptgrund der Erwerbslosigkeit (Statistisches Bundesamt, 2006). Für jeweils 15% waren die angebotenen Betreuungszeiten nicht ausreichend oder die Betreuung zu teuer und für weitere 12% waren Kinderbetreuungsdienste nicht verfügbar oder zu schlecht (ebd.).

Betrachtet man die erwerbstätigen Mütter der Untersuchung des Statistischen Bundesamtes, so zeigt sich, dass die Nutzung von professionellen Kin-

---

[26] Verfügbarkeit hat bei Kinderbetreuung mindestens zwei Dimensionen, die zwischen Familien sehr unterschiedlich gewichtet sein können. Zum einen bestimmt das zeitliche Betreuungsangebot ob ein Platz für Eltern in Frage kommt. Zum anderen müssen die Betreuungskosten vom Haushaltseinkommen gedeckt werden. Eine weitere Dimension ist z.B. das Vertrauen in die Betreuungseinrichtung (siehe Abschnitte 3.1.2 und 3.2 für weitere Details zu Angebot und Nachfrage im Kinderbetreuungsmarkt).

Direkt und indirekt abhängige Arbeitsplätze

derbetreuungsdiensten 2005 vom Alter der Kinder abhängig war (Statistisches Bundesamt, 2006).[27] Während bei Kindern unter drei Jahren lediglich 25,7% der berufstätigen Mütter auf professionelle Kinderbetreuung zurückgriffen, waren es bei Kindern zwischen drei und sechs Jahren mit 52,1% etwa doppelt so viele. Die anderen Mütter deckten die Betreuung durch den Partner oder Verwandte, Nachbarn und Freunde ab. In der Untersuchung des DJI zu den Kinderbetreuungsbedürfnissen von Eltern des Jahres 2013 gaben 62,3% der voll-berufstätigen Mütter (≥ 35 Stunden pro Woche) mit Kindern unter drei Jahren einen professionellen Betreuungsbedarf von mehr als 35 Stunden in der Woche und weitere 9,2% einen Bedarf von 25 bis 35 Stunden an (DJI, 2014). Bei Müttern in Teilzeit (25 – 34 Wochenstunden) waren es immerhin noch 41,3%, die einen Ganztagsplatz mit mehr als 35 Stunden benötigten, und 22,3% dieser Gruppe suchten einen Platz mit 25 bis 35 Stunden pro Woche.

2013 lebten in Deutschland 4,43 Millionen Kinder, die sich noch nicht in schulischer Ausbildung befanden, und eine Familie hatte im Durchschnitt 1,61 minderjährige Kinder (Statistisches Bundesamt, 2013d). Damit lag die Zahl der Familien mit Kindern, die noch nicht in schulischer Ausbildung waren, bei mindestens 2,77 Millionen[28] Die tatsächliche Anzahl wird größer gewesen sein, da davon auszugehen ist, dass viele dieser Kinder ältere Geschwister in schulischer Ausbildung hatten und daher nicht alle durchschnittlichen 1,61 Kinder bei diesen Familien in die Gruppe der noch nicht in schulischer Ausbildung befindlichen gefallen sein werden. Es handelte sich allerdings höchstens um 4,43 Millionen betroffene Familien. In der Regel sollte zur Betreuung der Kinder ein erwachsenes Familienmitglied ausreichen und das andere Elternteil könnte, falls die Eltern nicht getrennt leben, arbeiten. Damit wären 2013 mindestens 2,77 Millionen, höchstens 4,43 Millionen, Mütter und Väter vom Erwerbsleben ausgeschlossen gewesen, wenn sie keine Kinderbetreuungslösung hatten oder ihre Tätigkeit die gleichzeitige Betreuung der eigenen Kinder gestattete.[29] Bezogen auf die Zahl der Erwerbspersonen 2013

---

[27] Aus der Untersuchung wird nicht ersichtlich, was diesen Unterschieden zugrunde lag. Es könnten z.B. altersabhängige Betreuungspräferenzen der Eltern oder das 2005 erheblich geringere Platzangebot für Kinder unter drei Jahren verantwortlich gewesen sein.
[28] Natürlich besteht die Möglichkeit, dass die durchschnittliche Anzahl minderjähriger Kinder bei diesen Familien mit besonders jungen Kindern größer war als bei allen Familien minderjähriger Kinder. Damit läge die Mindestanzahl betroffener Familien unterhalb von 2,77 Millionen. Davon ist allerdings nicht in relevantem Umfang auszugehen, da die durchschnittliche Anzahl minderjähriger Kinder in den 15 Jahren vor 2013 fast kontinuierlich von 1,65 auf 1,61 sank und bisher keine Änderung des Trends erkennbar wurde (Statistisches Bundesamt, 2013d). Daher liegt die Annahme, dass die durchschnittliche Kinderzahl bei den besonders jungen Familien geringer als 1,61 ist, sogar näher.
[29] Es spielt hier keine Rolle, wie viele Mütter und Väter sich freiwillig gegen eine Erwerbstätigkeit entschieden haben. An dieser Stelle soll vielmehr dargestellt werden, wie viele Erwerbspersonen von Kinderbetreuung abhängig sind, wenn alle in der Lage sein sollen, frei zu wählen, ob sie arbeiten wollen oder nicht.

entsprach dies einem Anteil von 6,2% bis 10% (Statistisches Bundesamt, 2015g).

Die Verfügbarkeit von Kinderbetreuung, egal in welcher Form sie angeboten wird, betrifft in Deutschland einen erheblichen Teil der Erwerbspersonen. Es sind nicht allein die 654.800 Beschäftigten, die als Erzieherinnen und Erzieher, Kinderpflegerinnen und Kinderpfleger, Hausmeisterinnen und Hausmeister, Reinigungs- oder Verwaltungskräfte 2014 für eine professionelle Kinderbetreuung sorgten. Zusätzlich waren 2013 zwischen 2,77 Millionen und 4,43 Millionen Mütter und Väter betroffen, die ohne Betreuung ihrer Kleinkinder nicht am Erwerbsleben teilnehmen konnten, so sie es denn wollten.[30]

2.2 (Längsschnitt-)Studien zu Auswirkungen frühkindlicher Bildung

Die Auswirkungen frühkindlicher Bildung auf Kinder sind in verschiedenen Studien, insbesondere in den USA, detailliert untersucht worden. Die Ergebnisse sind trotz der teilweise jahrelangen Untersuchungshorizonte nicht eindeutig und leider in vielen Fällen nicht auf die deutsche Situation übertragbar. Trotzdem ist ein Überblick über die größten Studien und Projekte hilfreich, um die bisherigen Ergebnisse der Forschung einordnen und die Komplexität und den Aufwand der Untersuchungen verstehen zu können. In den folgenden Abschnitten werden einige der bekanntesten und größten Studien zu Auswirkungen frühkindlicher Bildung kurz vorgestellt und die Grenzen der Übertragbarkeit von Ergebnissen auf die deutsche Kinderbetreuung aufgezeigt. Auf die Ergebnisse der Studien wird später in Abschnitt 2.3 eingegangen.

2.2.1 *High/Scope Perry Preschool Study, USA*

Das High/Scope Perry Preschool Program wurde zwischen 1962 und 1967 für Kinder mit hohem Risiko eines späteren Schulabbruchs (niedriger sozioökonomischer Status und niedriger IQ) in der Stadt Ypsilanti im amerikanischen Bundesstaat Michigan angeboten (Schweinhart et al., 1985). Insgesamt bestand die Stichprobe aus 123 afro-amerikanischen Kindern aus Familien mit niedrigem Einkommen (ebd.). 58 dieser Kinder partizipierten im Alter von drei bis vier Jahren für jeweils zwei Jahre (Oktober bis Mai) an einem intensi-

---

[30] Die Zahl der Beschäftigten ist natürlich abhängig von der Anzahl betreuter Kinder. 2014 lag das Verhältnis beider Gruppen bei 4,5 Kindern pro Beschäftigter oder Beschäftigtem (Tageseinrichtungen und Tagespflege) (vgl. Tabellen 2.8, 2.9 und 2.17). Grob geschätzt müssten demnach ca. 330.000 weitere Kräfte eingestellt werden, um statt der 2,95 Millionen Kinder des Jahres 2014 4,43 Millionen Kinder zu betreuen.

ven Vorschulprogramm mit 2,5 Betreuungsstunden pro Tag an fünf Tagen in der Woche.[31] Der Betreuungsschlüssel lag bei 1 zu 5 oder 1 zu 6, es gab ein festes Curriculum und jede Familie wurde wöchentlich für 1,5 Stunden durch eine Betreuerin oder einen Betreuer zu Hause besucht. Die anderen 65 Kinder der Kontrollgruppe erhielten kein gesondertes Vorschulprogramm. Die Bildung der Gruppen erfolgte randomisiert. Die Datenerhebung in den Bereichen Bildung, wirtschaftlicher Erfolg, Kriminalität, familiäre Beziehungen und Gesundheit erfolgte bei den Kindern und ihren Familien jährlich, während die Kinder zwischen drei und elf Jahre alt waren und danach mit 14, 15, 19, 27 und 40 Jahren (Schweinhart et al., 2005). Über alle Erhebungen fehlen lediglich 6% der Daten (ebd.).

2.2.2 Abecedarian Program, USA

Das Abecedarian Program wurde in den siebziger und achtziger Jahren für Kinder der Jahrgänge 1972 bis 1977 in Chapel Hill, North Carolina, USA, angeboten (Barnett & Masse, 2007). 112 Kinder, die meisten waren Afro-Amerikaner aus wirtschaftlich schwachen Familien und wiesen ein hohes Risiko intellektueller und sozialer Unterentwicklung auf, wurden im Alter von sechs bis zwölf Wochen per Zufall einer Behandlungs- oder einer Kontrollgruppe zugeordnet. Die Behandlungsgruppe wurde vom Alter der Auswahl bis zum Schulbeginn intensiv in einer Kindertageseinrichtung mit Betreuungsschlüsseln von 1 zu 3 (null bis zwei Jahre) oder 1 zu 6 (älter als zwei Jahre) betreut. Die Einrichtung hatte 50 Wochen im Jahr an jeweils fünf Tagen von 7:30h bis 17:30h geöffnet, es gab einen kostenlosen Hol- und Bring-Dienst, die Kinder wurden medizinisch betreut und es wurde auf eine reichhaltige Ernährung geachtet. Die Kinder der Kontrollgruppe erhielten die gleiche medizinische und ernährungstechnische Betreuung. 104 der 112 Kinder konnten bis zum Alter von 21 Jahren befragt werden (Barnett & Masse, 2007).

2.2.3 Chicago Child-Parent Centers (CPC), USA

Die Chicago Child-Parent Centers (CPCs) nahmen ihre Arbeit 1967 in elf öffentlichen Schulen in armen Nachbarschaften in Chicago, IL, USA, auf (Heckman und Masterov, 2007). Bis 1978 stand das Vorschulprogramm drei- und vierjährigen Kindern der teilnehmenden Schulen halbtags für 9 Monate

---

[31] Lediglich die erste Kohorte begann das Programm mit vier Jahren und nahm nur ein Jahr lang teil (Schweinhart et al., 1985).

im Jahr offen, danach kamen ein Ganztagskindergarten für Fünf- und Sechsjährige und eine Nachmittagsbetreuung für Kinder bis einschließlich der dritten Klasse (8 oder 9 Jahre alt) dazu. Der Betreuungsschlüssel lag in der Vorschule (drei und vier Jahre) bei 1 zu 8,5 und danach bei 1 zu 12,5. Die Klassengrößen lagen mit 25 Kindern deutlich unter denen anderer Schulen mit 35 oder mehr Kindern und es standen Hilfslehrer und zusätzliche Lehrmaterialien zu Verfügung. Kinder nahmen das Programm bis zu sechs Jahre in Anspruch. Reynolds et al. (2001) untersuchten die langfristigen Folgen des Vorschulprogramms anhand einer Stichprobe von 1.539 Kindern des Geburtsjahrgangs 1980, von denen 93% Afro-Amerikaner und 7% lateinamerikanischer Abstammung waren. Alle Kinder besuchten in den Jahren 1985 und 1986 das Kindergartenprogramm eines der inzwischen 25 CPCs (Reynolds et al., 2001). Im Gegensatz zur Kontrollgruppe (N = 550) besuchte die Behandlungsgruppe (N = 989) vor dem Kindergarten im Alter von drei bis vier Jahren ein Vorschulprogramm der CPCs. Beide Gruppen besuchten im Alter von fünf bis sechs Jahren den Kindergarten durchschnittlich ein Jahr lang, wobei 60% der Behandlungs- und 100% der Kontrollgruppe das Ganztagsangebot nutzten. Im Alter von 20 Jahren konnten Daten zu Bildung und Kriminalität von insgesamt 1.281 der Kinder gesammelt werden (837 Kinder der Behandlungs- und 444 Kinder der Kontrollgruppe) (Reynolds et al., 2001).

2.2.4 Head Start, USA

Head Start ist das mit Abstand größte Programm zur Bildungsförderung armer Kinder in den USA. Grundlage war der im Januar 1964 durch Präsident Johnson erklärte Krieg gegen Armut (War on Poverty) (U.S. Department of Health and Human Services, 2015a). Aus zwei achtwöchigen Testprogrammen in den Jahren 1965 und 1966 unter dem Namen Project Head Start hat sich ein national in allen Bundesstaaten etabliertes Programm entwickelt, in dem seit 1965 mehr als 30 Millionen Kindern betreut worden sind. Aktuell nehmen pro Jahr mehr als eine Millionen Kinder teil. Das Programm betreut Kinder und ihre Familien unter anderem mit Angeboten zu Bildung, Gesundheit und Ernährung von der Schwangerschaft bis zum Schuleintritt mit sechs Jahren (U.S. Department of Health and Human Services, 2015b). Early Head Start wendet sich an Kinder vor dem dritten Lebensjahr und bietet wenigstens sechs Betreuungsstunden pro Tag an. Head Start, das sich an drei- bis vierjährige Kinder richtet, bietet Halb- oder Ganztagsbetreuung an. Darüber hinaus werden optional wöchentliche Familienbesuche durch Head Start Mitarbeiterinnen und Mitarbeiter durchgeführt. Ziel ist, die Schulbereitschaft der Kinder und ihrer Familien zu fördern. Die Auswirkungen von Head Start sind in vielen Studien untersucht worden, z.b. durch Currie und Thomas (1995) und Puma et al. (2012).

2.2.5 NICHD Study of Early Child Care and Youth Development (SECCYD), USA

Die Study of Early Child Care and Youth Development (SECCYD) des Eunice Kennedy Shriver National Institute of Child Health and Human Development Early Child Care Research Network (NICHD ECCRN) begann 1991 mit der Auswahl von Müttern durch Krankenhausbesuche, kurz nachdem sie an einem von zehn ausgewählten Orten in den USA ein Kind zur Welt gebracht hatten (Vandell et al., 2010). Von den 8.986 gebärenden Müttern wurden 1.364 in die Stichprobe aufgenommen.[32] Die Wissenschaftler sammelten Daten der Kinder im Alter von 1, 6, 15, 24, 36 und 54 Monaten sowie im Kindergarten, den Klassen eins bis sechs und zuletzt im Alter von 15 Jahren. Bis zum Ende der Untersuchung nahmen 958 Jugendliche teil, die sich in vier Punkten signifikant von den vorher Ausgeschiedenen unterschieden. Ausgeschiedene Jugendliche waren häufiger männlich (56% ggü. 50%), waren mit 4,5 Jahren in einem Mathematiktest schlechter gewesen (97,8 ggü. 102,5 Punkten) und hatten schlechter ausgebildete Mütter (13,4 ggü. 14,3 Jahre Ausbildung), die sie schlechter betreuten (-.25 ggü. -.02 Punkte auf einer standardisierten Elternbetreuungsskala). Im Fokus der Untersuchung standen die Auswirkungen früher Kinderbetreuung auf kognitive und sozial-emotionale Entwicklungen der Kinder.

2.2.6 Cost, Quality, and Outcomes in Child Care Centers Study, USA

Die Cost, Quality, and Outcomes Study begann 1993 mit der zufälligen Auswahl von 401 Kindertageseinrichtungen in den amerikanischen Bundesstaaten Kalifornien, Colorado, Connecticut und North Carolina (Peisner-Feinberg et al., 1999a). Nachdem intensiv Daten zur Qualität und den Betreuungskosten in jeweils zwei Gruppen der Einrichtungen gesammelt worden waren, wurden aus 183 dieser Gruppen 826 Kinder ausgewählt und vom Ende des

---

[32] 3.142 Mütter mussten wegen unterschiedlicher Kriterien vorab ausgeschlossen werden (z.B. fehlende Englischkenntnisse oder Umzugspläne) und 1.353 konnten nach zwei Wochen nicht mehr kontaktiert werden oder wollten nicht partizipieren (Vandell et al., 2010). Aus den übrigen 4.491 wurden zufällig 1.364 Mütter für die Studie ausgewählt (ebd.).

vorletzten Jahres der Vorschule über vier Jahre bis zum Ende der zweiten Klasse untersucht. Die Kinder waren zu Beginn der Studie ungefähr vier Jahre alt und besuchten Gruppen von mittlerer Qualität mit durchschnittlich 4,26 von 7 erreichbaren Punkten auf der Early Childhood Environment Rating Scale (ECERS) nach Harms und Clifford (1980) (Peisner-Feinberg et al., 1999a).

2.2.7 Effective Pre-School, Primary and Secondary Education (EPPSE) Projekt, England

Das Effective Pre-School, Primary and Secondary Education (EPPSE) Projekt wurde von 1997 bis 2014 als Langzeitstudie mit fast 2.600 Kindern (ca. 80% der ursprünglichen Stichprobe) zwischen drei und 16 Jahren in England durchgeführt (Sylva et al., 2014). Ziel der Studie war die Erforschung des Einflusses der Persönlichkeit, der Familie, des Home Learning Environment (HLE), der Vorschule, der Schule und der Nachbarschaft auf akademische Erfolge und soziales Verhalten. Die Stichprobe bestand aus national repräsentativ ausgewählten Kindern aus 141 Vorschulen mit sechs unterschiedlichen Vorschultypen in fünf Regionen Englands. Die „home" Gruppe, 300 Kinder aus der ursprünglichen Stichprobe von 3.172 Kindern, hatte keine Vorschule besucht und begann ihre formale Bildungskarriere später als die anderen Kinder im Alter von vier oder fünf Jahren in der Grundschule (Reception).

2.2.8 European Child Care and Education Study, Österreich, Deutschland, Spanien

Die European Child Care and Education Study (ECCE) der European Child Care and Education Study Group wurde in den Jahren 1994/1995 und 1998 in Österreich, Deutschland und Spanien durchgeführt (Tietze et al., 1999). 1994/1995 nahmen 778 Kinder im Alter von vier Jahren teil (144 in Österreich, 396 in Deutschland und 238 in Spanien). Vier Jahre später, im Alter von 8 Jahren, nahmen noch 586 Kinder teil (107 in Österreich, 306 in Deutschland und 173 in Spanien).[33] Die untersuchten Einrichtungen und Kinder waren zufällig ausgewählt worden. Ziel war die Untersuchung des Einflusses unterschiedlicher Faktoren (z.B. Bildungsqualität der Familie oder einer frühkindlichen Bildungseinrichtung) auf die kognitive und sozial-emotionale Entwicklung der Kinder.

---

[33] Die ausgeschiedenen Kinder unterschieden sich nicht signifikant von den verbliebenen (Tietze et al., 1999).

2.2.9 Übertragbarkeit von Studienergebnissen

Die Ergebnisse der vorgestellten und der meisten anderen Studien zu Auswirkungen frühkindlicher Bildung lassen sich nicht ohne weiteres generalisieren. Barnett und Masse (2007) weisen in diesem Zusammenhang darauf hin, dass zunächst genaue Informationen vorliegen müssten, in welchem Umfang Variationen der Behandlung, der Teilnehmer und des breiteren sozialen und ökonomischen Kontextes Einfluss auf die Ergebnisse haben.[34] Allein der letzte Aspekt ist von einer derartigen Komplexität, dass keine Studie sämtliche Einflussfaktoren separat erfassen und exakte Variationsparameter zur Übertragung auf einen anderen sozialen und ökonomischen Kontext liefern kann. Belsky et al. (2007) konstatieren schon mit Blick auf die Interpretation gefundener Effekte, dass es unmöglich ist, alle wichtigen Kontrollvariablen oder alternativen Einflussquellen aufzunehmen. Daher werden Ergebnisse zu den Effekten frühkindlicher Bildung nie zweifelsfrei generalisierbar sein. Für belastbare Politikempfehlungen sind Studien unerlässlich, deren Stichproben bezüglich der Teilnehmer und ihres sozialen, ökonomischen und kulturellen Umfelds so nah wie möglich an der betroffenen Grundgesamtheit sind.

Um belastbare Aussagen zu Auswirkungen frühkindlicher Bildung in Deutschland treffen zu können, bedürfte es demnach vorrangig repräsentativer deutscher Studien. Diese fehlen allerdings in ausreichendem Maße, wie verschiedene Autoren (z.B. Dohmen, 2005; Röhr-Sendlmeier, 2007; Tietze, 2008; Wößmann, 2008) seit längerem betonen. Es mangelt insbesondere an groß angelegten Langzeitstudien, wie sie mehrfach in den USA durchgeführt wurden (Dohmen, 2005), und der Messung des Einflusses frühkindlicher Bildung auf qualitative (kognitive und nicht-kognitive Fähigkeiten) anstatt auf quantitative Bildungsmaße (z.B. besuchte weiterführende Schulform) (Schlotter & Wößmann, 2010).[35]

Auf Grund des Mangels an deutschen Studien und der Dauer, die den notwendigen Langzeitstudien immanent ist, werden bis auf weiteres Studien aus dem Ausland als Anhaltspunkte dienen müssen. Insbesondere bei den amerikanischen Studien müssen dabei zwei besondere Aspekte berücksichtigt werden, die die von Barnett und Masse (2007) angesprochenen Bereiche Behandlung und Teilnehmer betreffen. Erstens sind die meisten erfolgreichen amerikanischen Programme sehr intensiv und umfassend organisiert und nicht mit

---
[34] Auch die OECD, die ein großes Interesse an Vergleichen zwischen Ländern hat, hat 2006 vor einer einfachen Übertragung der Ergebnisse wissenschaftlicher Untersuchungen aus anderen Kontexten, Ländern oder Kulturen gewarnt (OECD, 2006).
[35] Die Relevanz qualitativer Bildungsmaße wird in Abschnitt 2.3 besprochen.

normaler deutscher Kinderbetreuung vergleichbar (Schlotter & Wößmann, 2010). Zweitens zielen fast alle untersuchten Programme auf die Förderung extrem benachteiligter Kinder ab (High/Scope Perry Preschool Program, Abecedarian Program, CPC, Head Start) (ebd.). Sie eignen sich kaum zur Bewertung durchschnittlicher deutscher Kinderbetreuung. Allerdings können sie wenigstens grobe Hinweise liefern, welche Leistungen durch eine intensive Betreuung und Unterstützung benachteiligter Kinder langfristig für die Kinder, ihre Familien und die Gesellschaft erbracht werden können.

2.3 Auswirkungen frühkindlicher Bildung nach Fähigkeitsbereichen

Mit den im vorigen Abschnitt genannten Einschränkungen bei der Übertragbarkeit auf die deutsche Situation sollen in diesem Abschnitt Auswirkungen frühkindlicher Bildung beleuchtet werden. Dazu werden in Abschnitt 2.3.1 zunächst die Auswirkungen auf kognitive Fähigkeiten dargestellt, gefolgt von der Vorstellung der Auswirkungen auf nicht-kognitive oder sozial-emotionale Fähigkeiten in Abschnitt 2.3.2.

2.3.1 Kognitive Fähigkeiten

Kognitive Fähigkeiten im engeren Sinne und in Abgrenzung zu sozial-emotionalen oder nicht-kognitiven Fähigkeiten werden häufig durch Intelligenz, gemessen mit einem Intelligenztest, abgebildet.[36] In den meisten Studien zu Auswirkungen unterschiedlicher Faktoren auf die Entwicklung von Kindern werden kognitive Fähigkeiten allerdings mit akademischen Leistungen gleichgesetzt. Poropat (2009) errechnete in einer Meta Analyse von 80 wissenschaftlichen Beiträgen mit mehr als 100 untersuchten Stichproben zur Bedeutung von Intelligenz und des Fünf-Faktoren-Modells (FFM oder Big Five)[37] für akademische Leistungen, dass die Korrelation von Intelligenz mit akademischen Leistungen bei $\rho = .25$ ($p < .001$) lag. Lediglich die partielle Korrelation (bereinigt um den Effekt der Intelligenz) von Gewissenhaftigkeit mit akademischen Leistungen lag auf dem gleichen Niveau von $\rho_g = .24$ ($p < .001$) (Poropat, 2009). Mit Ausnahme eines Faktors war sie damit mehr als doppelt so groß wie die einzelnen Korrelationen der vier anderen Faktoren des FFM.

---

[36] Siehe Borghans et al. (2008) für eine ausführliche Diskussion des Konstrukts IQ und des Spektrums, welches Intelligenztests messen (insbesondere Abschnitt III. Measurement and Methodological Issues).
[37] Das Fünf-Faktoren-Modell beinhaltet die fünf Faktoren Neurotizismus, Extraversion, Offenheit, Gewissenhaftigkeit und Verträglichkeit und soll damit die wesentlichen Dimensionen der menschlichen Persönlichkeit abbilden. Barrick und Mount (1991) geben zu Beginn Ihres Aufsatzes einen kurzen Überblick über die Entstehung und Interpretation der Big Five.

Intelligenz allein ist demnach nicht mit akademischer Leistungsfähigkeit gleichzusetzen, spielt aber mit Gewissenhaftigkeit die größte Rolle. Auch Heckman und Masterov (2007) verweisen auf die Unterschiede zwischen akademischen Leistungen und dem IQ. Wenn im Folgenden in Studien und in dieser Arbeit kognitive Fähigkeiten, Intelligenz und akademische Leistungen gleichgesetzt werden, ist dies weniger erkenntnistheoretischen Ergebnissen denn praktischen Zwängen geschuldet. Nicht für alle Studien liegen Intelligenztests der Probanden vor, so dass stattdessen akademische Leistungen als Instrumente dienen. Diese sind deutlich häufiger in großen Datensätzen über lange Zeiträume verfügbar. Akademische Leistungssteigerungen können damit zwar nicht mit Sicherheit allein auf Steigerungen der Intelligenz zurückgeführt werden, jedoch sind sie in jedem Fall ein messbares und darüber hinaus wünschenswertes Resultat. Daher verhindert die Verwendung dieses Instrumentes nicht die Bewertung der Bedeutung von Kinderbetreuung. Es sollte lediglich beachtet werden, dass die Ursache nicht immer allein Veränderungen der Intelligenz zugeordnet werden kann.

2.3.1.1 Relevanz kognitiver Fähigkeiten

Kognitive Fähigkeiten spielen in vielen Bereichen des Lebens eine wichtige Rolle. Auf individueller Ebene sagten sie in Studien bessere Noten und beruflichen Erfolg vorher und spielten als Prädiktoren bei Gesundheit und Kriminalität eine präventive Rolle. Aus Sicht der Gesellschaft zeigten sich nützliche Effekte für das Wachstum einer Volkswirtschaft. Im Folgenden werden die einzelnen Zusammenhänge anhand ausgewählter Studien kurz dargestellt. In Abschnitt 2.4 folgen weitere Ergebnisse zu individueller und gesellschaftlicher Rendite kognitiver Fähigkeiten.

Heckman et al. (2011) nutzten ein Modell, welches nicht nur die direkten Vorteile eines Bildungsabschlusses berücksichtigte, sondern auch die indirekten, die durch die Eröffnung höherer Weiterbildungsmöglichkeiten entstehen (z.B. der Besuch eines College nach dem High School Abschluss). In Verbindung mit einer Stichprobe von 2.242 Männern aus dem 1979 National Longitudinal Survey of Youth (NLSY79)[38] fanden die Autoren einen signifikanten Zusammenhang zwischen kognitiven Fähigkeiten und Ergebnissen in der Armed Services Vocational Aptitude Battery (ASVAB), einem Testblock der

---

[38] Für die NLSY79 wurden repräsentativ ausgewählte Jugendliche in den USA im Alter zwischen 14 und 21 Jahren 1979 erstmals und danach fortwährend im Ein- oder Zweijahresrythmus interviewt (NLS, 2015a). Die aktuellste Erhebung stammt aus dem Jahr 2012 und beinhaltet mehr als 70% der ursprünglichen Teilnehmer (NLS, 2015b).

amerikanischen Streitkräfte, dem Notendurchschnitt und allen Weiterbildungsentscheidungen (Heckman et al., 2011). Außer bei denjenigen, die das College zwar besucht, aber nicht abgeschlossen hatten, waren kognitive Fähigkeiten signifikante Prädiktoren für die Arbeitsmarktpartizipation, die Wahrscheinlichkeit, einen Büroberuf („white-collar employment") auszuüben und für die Löhne der Männer in der Stichprobe (ebd.). Insbesondere bei niedrigem Bildungsabschluss bestand ein signifikanter Zusammenhang zwischen kognitiven Fähigkeiten und physischer und mentaler Gesundheit (ebd.; Heckman et al., 2013).

Mit einem vergleichbaren Modell und einer größeren Stichprobe von 6.111 Männern und Frauen der NLSY79 konnten Heckman, Stixrud und Urzúa (2006, 2015) ähnliche Ergebnisse publizieren. Kognitive Fähigkeiten waren in der Untersuchung z.B. signifikant positive Prädiktoren für Löhne, die Wahrscheinlichkeit mit 30 Jahren beschäftigt zu sein, einer Bürobeschäftigung nachzugehen („white-collar employment"), mit 30 einen College-Abschluss geschafft zu haben und als Frau mit 18 nicht alleinerziehende Mutter zu sein (Heckman et al., 2006, 2015). Höhere kognitive Fähigkeiten hatten darüber hinaus z.B. einen signifikant negativen Effekt auf die Wahrscheinlichkeit, mit 30 Jahren keinen High School Abschluss zu haben, mit 18 täglich zu rauchen oder als Mann im Gefängnis gewesen zu sein (ebd.). Schmidt und Hunter (2004) wiesen mit Blick auf eine Vielzahl entsprechender Veröffentlichungen ebenfalls auf die positive Wirkung kognitiver Fähigkeiten auf den beruflichen Erfolg hin.

Hanushek und Wößmann (2008) verglichen die Ergebnisse der Studien von Lazear (2003), Mulligan (1999) und Murnane et al. (2000), die sich alle national repräsentativer Stichproben in den USA bedient hatten, zur Korrelation von Mathematikergebnissen am Ende der High School mit Löhnen. Standardisierte Ergebnisse zeigten, dass ein Anstieg der Ergebnisse im Mathematiktest um eine Standardabweichung zu durchschnittlich 12% mehr Einkommen pro Jahr führte (Hanushek & Wößmann, 2008). Aus ihrem Aufsatz wird ebenfalls ersichtlich, welche Bedeutung kognitive Fähigkeiten für das Wirtschaftswachstum von Volkswirtschaften gehabt haben und dass in diesem Zusammenhang die reine Dauer der Schulbildung keine Rolle spielte. Hanushek und Wößmann (2008) bedienten sich zur Ermittlung des Zusammenhangs zwischen kognitiven Fähigkeiten und dem durchschnittlichen Wirtschaftswachstum einer Erweiterung des Bildungsdatensatzes von Cohen und Soto (2007) (durchschnittlicher Schulbesuch in Jahren der Bevölkerung zwischen 15 und

Kognitive Fähigkeiten 43

64), der Penn World Tables von Heston et al. (2002) (reales BIP pro Kopf von 1960 bis 2000 (Version 6.1)) und eines Datensatzes mit Ergebnissen internationaler akademischer Leistungstests in 50 Ländern. In einer linearen Regressionsanalyse mit der durchschnittlichen Wachstumsrate des BIP pro Kopf und Jahr als abhängiger Variable verdreifachte sich die erklärte Varianz (R^2) fast von .25 auf .73, als die durchschnittlichen Testergebnisse in Mathematik und Naturwissenschaften zu einer Basisspezifikation mit BIP pro Kopf und durchschnittlichen Schuljahren des Jahres 1960 hinzugefügt wurden (Hanushek & Wößmann, 2008). Gleichzeitig wurde der Koeffizient der durchschnittlichen Schuljahre im linearen Regressionsmodell auf nahe Null reduziert und insignifikant, während der Koeffizient der Variable für kognitive Fähigkeiten (Testergebnisse) bei 1,98 ($p < .01$) lag.[39] Die erklärte Varianz stieg weiter auf .78 und der Koeffizient für kognitive Fähigkeiten blieb mit 1,27 ($p < .01$) groß, als die Variablen Offenheit und Schutz gegen Enteignung mit in die Gleichung aufgenommen wurden.[40] Weitere Robustheitstests bestätigten diese Ergebnisse, auch für die Subperioden 1960 bis 1980 und 1980 bis 2000. Hanushek und Wößmann (2009) stellten in einer Erweiterung ihrer Untersuchung fest, dass sich der lineare Koeffizient kognitiver Fähigkeiten in den Jahren 1980 bis 2000 gegenüber den zwei Vordekaden auf 3,0 ($p < .01$) verdoppelt hatte.

Besonders interessant ist der Vergleich von Ländern mit sehr unterschiedlichem Einkommen pro Kopf. Die Bedeutung kognitiver Fähigkeiten in Ländern mit einem Pro-Kopf-Einkommen, das 1960 unterhalb des Stichprobenmedians lag, war zwischen 1960 und 2000 fast doppelt so groß wie in Ländern mit einem 1960er-Pro-Kopf-Einkommen oberhalb des Medians (Hanushek & Wößmann, 2008). Der Unterschied war auf dem 5%-Niveau signifikant und zeigt, dass die Förderung kognitiver Fähigkeiten in Entwicklungsländern deutlich wichtiger für wirtschaftliches Wachstum war als in entwickelten Ländern, wobei sie auch dort wesentlich zum Wachstum beitragen konnte.

Die Ergebnisse von Hanushek und Wößmann (2008) bestätigten frühere Untersuchungen durch Hanushek und Kimko (2000) und Lee und Lee (1995). Neben dem leicht nachvollziehbaren Ergebnis, dass nicht die Dauer des Schulbesuchs, sondern die währenddessen und außerhalb erworbenen kognitiven Fähigkeiten relevant für das Wachstum des Pro-Kopf-Einkommens sind,

---

[39] Eine Erhöhung der durchschnittlichen Testergebnisse um eine Standardabweichung sagte hier demnach eine Steigerung der durchschnittlichen Wachstumsrate des BIP pro Kopf von 1,98 Prozentpunkten über einen Zeitraum von 40 Jahren voraus (Hanushek & Wößmann, 2008).
[40] Die Aufnahme weiterer Variablen zu Fertilität und Geographie (z.B. Landanteil in den Tropen) ändert nichts an den Ergebnissen (Hanushek & Wößmann, 2008).

zeigen die Studien, dass die internationalen Leistungstests (z.B. PISA oder TIMSS) über einen langen Zeitraum in der Lage waren und es noch sind, tatsächlich volkswirtschaftlich relevante Fähigkeiten zu messen.

Auf Grund der großen Bandbreite an positiven Wirkungen kognitiver Fähigkeiten dürfte eine Förderung derselben im individuellen und gesellschaftlichen Interesse liegen. In den folgenden Abschnitten wird anhand der drei Parameter „Alter bei Besuch", „Dauer des Besuchs" und „Qualität der Betreuung" die Bedeutung frühkindlicher Bildung für kognitive Fähigkeiten dargestellt.

2.3.1.2 Die Rolle des Alters beim Erwerb kognitiver Fähigkeiten

In diesem Abschnitt werden ausgewählte Studien zur Bedeutung des Alters auf die Förderung kognitiver Fähigkeiten vorgestellt. Das Gros der wissenschaftlichen Autoren, die sich mit der Frage des idealen Zeitpunkts zum Förderungsbeginn kognitiver Fähigkeiten beschäftigen, benennt die frühe Kindheit vor Beginn der Grundschulzeit als besten Zeitpunkt für die Förderung.

Die English and Romanian Adoptees Study (ERA) erlaubte die Untersuchung der Unterschiede kognitiver Förderung bereits innerhalb der ersten 12 Lebensmonate (Beckett et al., 2006). Der Fall des Ceauşescu Regimes Ende der Achtziger Jahre in Rumänien bot die Chance für ein natürliches Experiment, da zu diesem Zeitpunkt eine relativ große Zahl rumänischer Waisenkinder aus staatlichen Waisenhäusern als Adoptivkinder in englische Familien aufgenommen worden waren. Die Waisenkinder waren in den staatlichen Häusern Rumäniens extrem schlechten Förder- und Betreuungsbedingungen ausgesetzt gewesen. Die Autoren verglichen die kognitiven Fähigkeiten von 128 Kindern dieser Gruppe im Alter von elf Jahren mit ihren Fähigkeiten im Alter von sechs Jahren. Sie unterschieden zwischen drei Gruppen der Kinder nach Adoptionsalter: Adoption vor dem 6., nach dem 5. und vor dem 24. und zwischen dem 24. und dem 43. Lebensmonat. Als Vergleichsgruppe dienten 50 englische Waisenkinder, die innerhalb des Vereinten Königreichs vor ihrem 6. Lebensmonat adoptiert worden waren. Die Ergebnisse zeigen, dass die kognitiven Fähigkeiten der Kinder, die vor dem 6. Lebensmonat adoptiert worden waren, mit elf Jahren noch signifikant besser ausgebildet waren als die der später adoptierten Kinder. Der Unterschied der früh adoptierten rumänischen Kinder zu den Waisenkindern aus dem Vereinten Königreich war schon mit sechs Jahren klein und nicht signifikant und dies hatte sich mit elf Jahren nicht geändert. Die am frühesten adoptierten Kinder erreichten im Durch-

Kognitive Fähigkeiten 45

schnitt einen Punktwert von 101 Punkten auf einer verkürzten Version der Wechsler Intelligence Scale for Children (WISC III^{UK})[41] und der Abstand zu den beiden Gruppen, die bei der Adoption älter waren, betrug durchschnittlich 15 bis 18 Punkte (Beckett et al., 2006). Bemerkenswert ist ferner, dass zwischen dem sechsten und elften Lebensjahr nur bei den Kindern, die nach dem 24. Lebensmonat adoptiert worden waren, eine weitere Annäherung an die kognitiven Fähigkeiten der jüngsten Kinder stattgefunden hatte. Eine weitergehende Analyse unter Ausschluss der Kinder, die nach dem 6. Lebensmonat adoptiert worden waren und deren kognitive Fähigkeiten zu denen der schlechtesten 15% gehörten, erbrachte allerdings insignifikante Korrelationen zwischen dem Adoptionsalter und den kognitiven Fähigkeiten mit sechs und elf Jahren. Diese Gruppe der extrem benachteiligten Kinder scheint die vorherigen Ergebnisse wesentlich beeinflusst zu haben. Kognitive Deprivation über den sechsten Lebensmonat hinaus hatte in dieser Untersuchung demnach nur für die am stärksten betroffenen Kinder nachhaltige negative Folgen bis ins elfte Lebensjahr. Ferner scheint die Dauer der Deprivation nach dem sechsten Monat keine Rolle mehr gespielt zu haben, da auch in jüngerem Alter adoptierte Kinder in gleichem Maße in der Entwicklung ihrer kognitiven Fähigkeiten eingeschränkt worden waren wie die älteren. Für die besonders betroffenen Kinder in der Studie hatten bereits sechs bis zwölf Monate extrem schlechter Betreuungsbedingungen langfristige negative Folgen für ihre kognitiven Fähigkeiten.

Andersson (1992) konnte in einer Untersuchung mit 128 schwedischen Kindern ebenfalls langfristige Effekte von Förderung im ersten Lebensjahr finden. Kinder, die vor dem zwölften Lebensmonat professionell in einer Kinderbetreuungseinrichtung oder in Tagespflege betreut worden waren, hatten mit 13 Jahren noch signifikant bessere Schulergebnisse als Kinder, die erst später eine externe Betreuung erfahren hatten. Dagegen zeigte eine Meta Analyse von insgesamt 69 Studien zu Auswirkungen von früher Berufstätigkeit von Müttern,[42] dass eine Berufstätigkeit im ersten Lebensjahr einen negativen Effekt auf akademische Testleistungen der Kinder hatte (Lucas-Thompson et al., 2010). Der Effekt war allerdings mit einer Größe von $r = -.023$ ($p < .05$) sehr klein.[43] Der Effekt früher Berufstätigkeit auf den IQ war mit $r = -.016$ zwar ne-

---

[41] Die Autoren nutzten vier Subskalen aus dem WISC III^{UK}: Vocabulary, similarities, block design und product assembly (Becket et al., 2006).
[42] In den untersuchten Studien war eine Berufstätigkeit der Mutter nicht zwangsläufig mit einer externen Kinderbetreuung verbunden (Lucas-Thompson et al., 2010).
[43] Lucas-Thompson et al. (2010) gaben die Zusammenhänge mit Hilfe des Effektstärkemaßes r an. Nach Cohen (1988) handelt es sich bei Werten bis $r = |.10|$ um kleine Effekte.

gativ, aber ebenfalls klein und insignifikant. Der Beginn der Berufstätigkeit im zweiten oder dritten Lebensjahr hatte einen ebenfalls kleinen aber signifikant positiven Effekt auf akademische Testleistungen von r = .028 (p < .05), während der Beginn der Berufstätigkeit im zweiten Lebensjahr einen etwas größeren, signifikanten Effekt von r = .06 (p < .005) auf den IQ der Kinder hatte. Aus der Meta Analyse ist nicht ersichtlich, in welchem Alter akademische Tests und Messungen des IQ durchgeführt wurden.

Eine Untersuchung von Cunha, Heckman und Schennach (2010a) setzte etwas später an, weist aber in die gleiche Richtung. Die Autoren schätzten anhand einer Stichprobe 2.207 erstgeborener weißer Kinder der Children of the NLSY79 Studie (CNLSY79)[44] den Effekt elterlicher Förderung auf kognitive und sozial-emotionale Fähigkeiten in unterschiedlichen Lebensphasen (Cunha et al., 2010a).[45] Die erste Phase begann mit der Geburt und endete im Alter von fünf bis sechs Jahren. Die zweite Phase begann im Alter von fünf bis sechs Jahren und endete im Alter von 13 bis 14 Jahren. Die folgenden Koeffizienten beziehen sich auf die Anzahl abgeschlossener Schuljahre im Alter von 19. Ein Koeffizient von .5 übersetzt sich also in ein zusätzlich abgeschlossenes halbes Schuljahr pro Einheit der betroffenen unabhängigen Variable. Für kognitive Fähigkeiten war die Förderung in der ersten Phase mit einem Koeffizienten von .124 (p < .01) im Mittel deutlich wirkungsvoller als in der zweiten (.049; p < .01) (Cunha et al., 2010a). Gleichzeitig verdoppelte sich in Phase 2 die Eigenproduktivität, also der positive Effekt bereits vorhandener kognitiver Fähigkeiten auf das Wachstum derselben, von .384 (p < .01) auf .770 (p < .01). Frühe Förderung vor dem fünften oder sechsten Lebensjahr war nicht nur wirkungsvoller als eine spätere Förderung, sie ermöglichte auch einen schnelleren Ausbau kognitiver Fähigkeiten in den Jahren danach. Je mehr ein Kind schon wusste, desto besser und schneller lernte es.

Eine frühere Untersuchung von Cunha und Heckman (2008a) kam zu einem ähnlichen Ergebnis, wobei die erste Altersstufe den Übergang vom sechsten/siebten zum achten/neunten Lebensjahr markierte. Stufe 2 war der Übergang vom achten/neunten zum zehnten/elften Lebensjahr und Stufe 3 entsprechend vom zehnten/elften zum zwölften/dreizehnten. Die untersuchte Stichprobe wurde wiederum der CNLSY79 entnommen und beinhaltete 1.053 männliche, weiße Kinder. Die folgenden Koeffizienten beziehen sich auf

---

[44] Bei den Children of the NLSY79 handelt es sich um Kinder weiblicher Teilnehmer der NLSY79, die ab 1986 alle zwei Jahre untersucht wurden (Cunha et al., 2010a). Die Kinder waren zu Beginn der Studie zwischen 0 und 14 Jahre alt (ebd.).
[45] Cunha et al. (2010a) schätzten ihr Modell mit Hilfe einer parametrischen Maximum Likelihood Estimation.

Kognitive Fähigkeiten 47

Testergebnisse der Kinder in zwei Tests des Peabody Individual Achievement Tests (PIAT) (Mathematics und Reading Recognition). Der PIAT Reading Recognition misst die Fähigkeiten eines Kindes, Wörter zu erkennen und richtig auszusprechen. Die Förderung durch Eltern in Stufe 1 war erheblich effektiver als eine spätere Förderung (Stufe 1: .11; Stufe 2 und 3: .04; p jeweils kleiner als .01) (Cunha & Heckman, 2008a). Die Eigenproduktivität war über alle Stufen signifikant, sehr hoch und mit Werten zwischen .88 und .92 nahezu identisch.[46] Beide Studien zeigen, dass die Wirkung der Förderung kognitiver Fähigkeiten mit zunehmendem Alter abnahm und gleichzeitig die Eigenproduktivität ab dem Grundschulalter erheblich größer war als zuvor. Wie bereits erwähnt, lassen sich die Ergebnisse jedoch nicht ohne Bedenken auf andere Populationen übertragen.

Eine aktuelle Untersuchung von 4.802 Kindern aus dem Sozialpädiatrischen Entwicklungsscreening für Schuleingangsuntersuchungen (SOPESS) fand positive Effekte eines früheren Kindergarteneintritts in Deutschland (Groos & Jehles, 2015). Die Kinder waren zwischen 2010 und 2013 in Mühlheim an der Ruhr eingeschult worden. Das SOPESS enthält Ergebnisse ihrer Schuleingangsuntersuchungen zu selektiver Aufmerksamkeit, Zahlen- und Mengenvorwissen, Visuomotorik[47], visueller Wahrnehmung, Sprache und Körperkoordination.[48] Darüber hinaus bietet der Datensatz Informationen zum genauen Kindergarteneintrittsalter und zum sozio-ökonomischen Hintergrund der Kinder (z.B. Bildung der Eltern, Migrationshintergrund, Bezug von Sozialhilfe). Anhand logistischer Regressionsanalysen mit den vorhandenen Kontrollvariablen zum sozio-ökonomischen Status untersuchten die Autoren unter anderem, welche Rolle das Kindergarteneintrittsalter für die Ergebnisse des SOPESS spielte.[49] Dabei wurden die schlechtesten zehn Prozent in einem Test als auffällig klassifiziert, der Rest als unauffällig. Insbesondere beim Sprachtest hatte ein Kindergarteneintritt vor dem vierten Lebensjahr signifikant po-

---

[46] Die höhere Wirksamkeit früher Förderung blieb erhalten, wenn die Autoren ihr Modell mit den logarithmierten Einkünften eines Kindes der Studie zwischen 23 und 29 Jahren als abhängige Variable schätzten (Cunha & Heckman, 2008a). Der Koeffizient der elterlichen Förderung lag in Stufe 1 bei .0056 (p < .01) und in Stufen 2 und 3 bei jeweils .002 (jeweils p < .10) (ebd.). Die Eigenproduktivität nahm allerdings erheblich ab, von .022 (p < .01) über .008 (p < .05) auf .0005 (insignifikant) (ebd.). Die Autoren weisen an dieser Stelle darauf hin, dass die verwendete Stichprobe sehr speziell sei, da alle Kinder von sehr jungen Müttern stammten und daher der Effekt auf die Einkünfte nicht generalisiert werden könne (ebd.). Sie spezifizierten weder in ihrem Aufsatz noch im Web Appendix (Cunha & Heckman, 2008b) die genaue Zusammensetzung ihrer Stichprobe.
[47] Visuomotorik steht für die Koordination von Hand und Auge und ist eine wichtige Voraussetzung des Schriftspracherwerbs (Groos & Jehles, 2015).
[48] Validierung und Normierung des SOPESS wurden 2008 und 2009 mit 13.000 Schulanfängern durchgeführt (Petermann, 2009).
[49] Die Autoren unterschieden zwischen einem Eintrittsalter unter drei Jahren (43,3% der Kinder), einem zwischen drei und vier Jahren (49%) und einem über vier Jahren (7,6%) (Groos & Jehles, 2015).

sitive Auswirkungen. Die Odds Ratio (OR) des Eintritts nach dem vierten Lebensjahr lag bei 2,56 (p < .01), was bedeutet, dass Kinder, die nach dem vierten Lebensjahr mit dem Besuch eines Kindergartens begonnen hatten, 2,56 mal häufiger auffällige Ergebnisse im Sprachtest aufwiesen als Kinder, die früher mit dem Kindergartenbesuch begonnen hatten. Die OR für einen Kindergarteneintritt zwischen dem dritten und dem vierten Lebensjahr lag bei 1,82 (p < .01)[50] und die gesamte Varianzaufklärung bei 43,2%. Für den Visuomotoriktest betrug die OR des Eintritts mit vier oder mehr Jahren 1,5 (p < .05) und die Varianzaufklärung der Regression lag bei 14,9%. Für Sprachkenntnisse und den Schriftspracherwerb stellte damit ein Kindergarteneintritt nach dem dritten oder vierten Geburtstag bei den Kindern der Studie ein wesentliches Hindernis dar. Odds Ratios der anderen Altersgruppen und Tests wiesen p-Werte größer als .05 aus. Inwiefern die Stichprobe repräsentativ ist und die Ergebnisse auf andere Teile Deutschlands übertragbar sind, lässt sich auf Grundlage der von den Autoren vorgestellten Daten nicht sicher konstatieren. Der Anteil an Kindern mit Migrationshintergrund, eine wesentliche Variable des sozio-ökonomischen Hintergrunds, lag mit 46,8% auf jeden Fall deutlich über dem deutschen Durchschnittswert des Jahres 2013 von 35% (Familien mit Migrationshintergrund und dem jüngsten Kind zwischen null und zehn Jahren; Statistisches Bundesamt, 2014e). Die Anteile von Eltern mit hoher Bildung (Abitur oder Hochschulstudium, 47,2% der Eltern) und von Familien, die Arbeitslosengeld II (ALG II) oder Sozialgeld bezogen (25,6%) (Groos & Jehles, 2015), scheinen ebenfalls relativ hoch gewesen zu sein. 2013 hatten in Deutschland lediglich 31,6% der Haupteinkommensbezieher in Privathaushalten eine Fachhochschul- oder Hochschulreife und lediglich 9,6% der Bezugspersonen von Familien mit Kindern unter 18 Jahren bezogen ihr Haupteinkommen aus ALG I, Leistungen nach Hartz IV (z.B. ALG II) oder Sozialhilfe (Statistisches Bundesamt, 2014e).

Ergebnisse einer Studie der Kinder des Infant Health and Development Program (IHDP) zeigen, dass Unterschiede in kognitiven Fähigkeiten der Kinder sich erstens sehr gut durch den Bildungsabschluss der Mutter vorhersagen ließen und zweitens die unterschiedlichen IQ-Niveaus ab dem fünften Lebensjahr nahezu unverändert blieben.[51] Das IHDP wurde als randomisierte klinische Studie zwischen 1985 und 1988 durchgeführt (Promising Practices

---

[50] Für sich genommen spricht dies nicht zwingend für den Vorteil eines früheren Eintritts, da die Vergleichsgruppe alle Kinder beinhaltet, die nicht drei Jahre alt waren, also auch ältere Kinder. Da die OR des Eintritts nach dem vierten Lebensjahr allerdings ebenfalls größer als 1 ist, ist davon auszugehen, dass ein Kindergarteneintritt vor dem dritten Lebensjahr gegenüber einem späteren Eintritt vorteilhaft war.
[51] Heckman (2008) zitiert Ergebnisse aus einer unveröffentlichten Studie von Brooks-Gunn et al. (2006).

Kognitive Fähigkeiten 49

Network (PPN), 2015). Die Stichprobe bestand aus 985 Kindern, deren Geburtsgewicht unter 2,5kg lag und die bereits nach einer Schwangerschaft von 37 Wochen geboren worden waren. Ein Drittel der Kinder und ihre Familien wurden innerhalb des Programms auf drei Arten unterstützt: Wöchentliche Besuche zu Hause zur Unterstützung der Eltern und Förderung der Kinder durch Spiele und Aktivitäten im ersten Lebensjahr, danach bis zum 36. Lebensmonat Besuche alle zwei Wochen, externe Kinderbetreuung an fünf Wochentagen für wenigstens vier Stunden am Tag vom 12. bis zum 36. Lebensmonat und ebenfalls vom 12. bis zum 36. Lebensmonat alle zwei Monate ein Elterngruppentreffen mit Informationen und Austausch zu Kindererziehung, Gesundheit und Sicherheit. Die Kinder wurden bis zum 18. Lebensjahr untersucht. Die Ergebnisse von Brooks-Gunn et al. (2006) machen für die Kinder der Studie deutlich, dass Veränderung des IQ nach dem fünften Lebensjahr nicht mehr messbar waren.[52] Ob dies an mangelnder Förderung oder an einer mit dem Alter grundsätzlich abnehmenden Beeinflussbarkeit des IQ liegt, ist zumindest den von Heckman (2008) zitierten Teilen nicht zu entnehmen.[53]

Eine Förderung kognitiver Fähigkeiten in besonders frühen Jahren erscheint ratsam. Dabei steht an dieser Stelle der Zeitpunkt des Förderungsbeginns, nicht der Modus im Vordergrund. Wie die vorgestellten Studien zeigen, kann eine qualitativ hohe Förderung kognitiver Fähigkeiten gleichermaßen im Elternhaus und in einer professionellen Betreuungseinrichtung erfolgen.

2.3.1.3 Die Rolle der Dauer der Förderung beim Erwerb kognitiver Fähigkeiten

Dauer und Alter bei Förderungsbeginn lassen sich in der Regel schlecht trennen. In beiden Fällen wird in den meisten Studien eine Intervention als Startzeitpunkt verwendet, normalerweise der Beginn professioneller Kinderbetreuung oder, wie in der ERA Studie, der Zeitpunkt einer Adoption. Da Kinder selten nach dem Eintritt in professionelle Kinderbetreuung eine längere Betreuungspause vor dem Schulbeginn einlegen und Adoptivkinder analog dazu die Adoptionsfamilie nicht wieder verlassen, liegt in den meisten Fällen eine hohe Korrelation zwischen dem Beginn der Förderung und ihrer Dauer vor. Je länger die Dauer, desto früher war der Beginn. In einigen Untersu-

---

[52] Vorsprünge der Behandlungsgruppe lagen zwar im Alter von drei Jahren vor, waren im Alter von fünf Jahren aber nicht mehr messbar (PPN, 2015).
[53] Dass 40% der Mütter der IHDP Studie keinen High School Abschluss hatten, könnte für geringe elterliche Förderung sprechen (PPN, 2015).

chungen wird dennoch explizit die Dauer der Kinderbetreuung und nicht das Alter bei Betreuungsbeginn als Variable verwendet. Insbesondere bei internationalen Studien, die Kinder verschiedener Länder und damit meist unterschiedlicher Schulsysteme mit divergierenden Zeitpunkten der Einschulung untersuchen, gibt die Dauer der Kinderbetreuung in Monaten oder Jahren keinen zuverlässigen Aufschluss über den genauen Beginn der Betreuung. Aus diesem Grund werden die Ergebnisse dieser Studien hier getrennt von denen zum Alter bei Betreuungsbeginn vorgestellt. Falls nicht anders dargestellt, bezieht sich der Terminus „Dauer" auf die Gesamtdauer des Besuchs (in Monaten oder Jahren) und nicht auf die tägliche Dauer (in Stunden).

Schütz, Ursprung und Wößmann (2008) untersuchten den Zusammenhang zwischen der Dauer der frühkindlichen Betreuung und den durchschnittlichen Ergebnissen von Schülern in Mathematik und Naturwissenschaften. Sie bedienten sich der Daten der Third International Mathematics and Science Study (TIMSS) von 1995 und der Nachfolgestudie TIMSS-Repeat des Jahres 1999. Die Autoren nutzten Daten von Achtklässlern, die meisten davon 13 Jahre alt, aus der gepoolten TIMSS/TIMSS-Repeat Datenbank mit Daten von mehr als 300.000 Schülern aus 54 Ländern. In allen Ländern waren die gleichen Testfragen gestellt worden und die Auswahl der teilnehmenden Schulen erfolgte nach repräsentativen Kriterien. Deutsche Schüler hatten bei TIMSS/TIMSS-Repeat einen Durchschnittspunktwert von 517,5 erreicht und die Differenz zwischen dem besten und dem schlechtesten Teilnehmerland lag bei 269,3 Punkten (Singapur lag mit 613,4 an der Spitze und Marokko mit 344,1 am Ende des Ländervergleichs) (Schütz et al., 2008). In einer Regressionsanalyse mit dem Testergebnis als abhängiger Variable und verschiedener Kontrollvariablen (z.B. Alter der Schüler, Geschlecht, Migrationsstatus, Anzahl der Bücher im Haushalt (Instrument für den familiären Hintergrund)) war der Koeffizient der Dauer der Vorschulbetreuung (jeweils Landesdurchschnitt in Jahren) signifikant positiv (34,22; $p < .01$). Lediglich der Koeffizient der Anzahl der Bücher im Haushalt war größer (82,14; $p < .01$). Der Koeffizient des Interaktionsterms Dauer * Bücher war signifikant negativ (-8,14; $p < .01$), was darauf hindeutet, dass ein längerer Vorschulbesuch der Bedeutung des familiären Hintergrunds entgegenwirkte. Bei der gemessenen Bedeutung des familiären Hintergrunds auf die Testergebnisse nahm Deutschland unter allen 54 teilnehmenden Ländern den fünften Platz ein. Lediglich in England, Taiwan, Schottland und Ungarn spielte er eine größere Rolle. Insbesondere hierzulande sollte demnach eine Ausweitung der Dauer der Kinder-

Kognitive Fähigkeiten   51

betreuung im Hinblick auf die Benachteiligung von Kindern aus bildungsfernen Familien von Interesse sein, um der Dominanz des familiären Hintergrunds bei den Schulleistungen entgegenzuwirken.

Abbildung 2.5: Vorschulbesuchsquote und familiärer Hintergrund

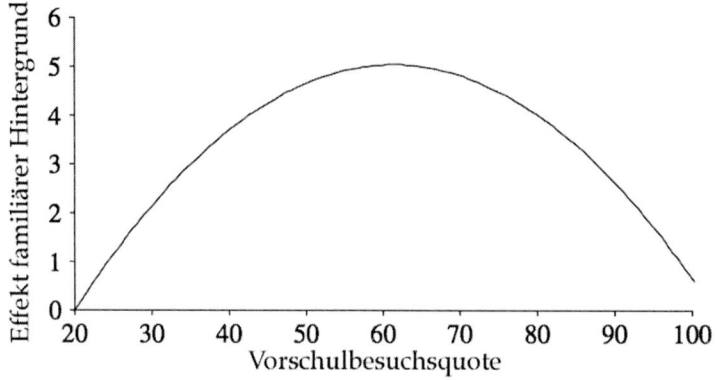

Bedeutung der Anzahl der Bücher im Haushalt (Instrument für den familiären Hintergrund) für die Testergebnisse in TIMSS/TIMSS-Repeat in 53 Ländern in Abhängigkeit von der Vorschulbesuchsquote.
Quelle: Schütz et al. (2008), Figure 1

Ein weiteres interessantes Ergebnis der Untersuchung von Schütz et al. (2008) ist der Zusammenhang der vorschulischen Besuchsquote[54] und des familiären Hintergrunds, dargestellt in Abbildung 2.5. Von einer Besuchsquote von 20% bis zu einer Besuchsquote von 61% steigt der Effekt des familiären Hintergrunds auf die kognitiven Fähigkeiten ungefähr um den Faktor Fünf an. Erst ab einer höheren Besuchsquote nimmt er wieder ab und tendiert schließlich gegen .5, wenn die Besuchsquote sich 100% nähert. Die Autoren führen diesen Zusammenhang auf eine Selbstselektion der Familien zurück. Bei einer geringen Vorschulbesuchsquote gingen vermutlich insbesondere Kinder mit bildungsnahen Eltern in Betreuungseinrichtungen. Dann bliebe ein möglicher kompensatorischer Effekt außerfamiliärer Förderung für Kinder bildungsferner Eltern aus. Der Vorsprung der anderen Kinder, die durch ihre Familie bereits besser gefördert werden, wüchse sogar durch die ihnen zusätzlich zu Teil werdende Förderung. Erst wenn der Vorschulbesuch zur gesellschaftlichen Norm geworden wäre und Kinder aus allen Bildungsschichten professionelle Betreuung und Förderung erführen, nähme die Bedeutung des familiären Hintergrunds für die Testergebnisse der späteren

---

[54] Anteil der Kinder im Vorschulalter, der eine Vorschuleinrichtung besucht.

Schüler wieder ab (Schütz et al., 2008). Eine Ausweitung der Besuchsquote von 60% auf 100% würde im Durchschnitt aller Teilnehmerländer zu einer Reduzierung des Effekts des familiären Hintergrunds um 25% führen (ebd.). Aktuell ist die deutsche Besuchsquote bei Kindern unter drei Jahren mit 32,3% noch weit von diesem Bereich entfernt, wohingegen mit 93,6% der Kinder zwischen drei und sechs Jahren fast alle in dieser Altersgruppe in Deutschland professionell[55] betreut werden (Statistisches Bundesamt, 2014a). Für alle Kinder unter sechs Jahren liegt Deutschland mit einer Betreuungsquote von 65,6% gerade am Anfang des Bereichs, in dem die Bedeutung des familiären Hintergrunds abnimmt, so dass eine weitere Ausweitung der Betreuungsquote bei Kindern unter drei Jahren für die Förderung kognitiver Leistungen ratsam erscheint.

Im Gegensatz zu den TIMSS Daten enthält der Datensatz des Programme for International Student Assessment (PISA) aus dem Jahr 2003 individuell erhobene Daten zur Dauer des Vorschulbesuchs (Schlotter & Wößmann, 2010). Schlotter und Wößmann (2010) nutzten einen PISA-Datensatz von Wößmann et al. (2009) mit mehr als 200.000 15-jährigen Schülern aus den OECD-Ländern, von denen 46 unterschiedliche Variablen zu individuellen Merkmalen vorlagen (inkl. familiärem Hintergrund, schulischen Ressourcen und Rahmenbedingungen des Schulsystems). Bezüglich der Dauer hatten die Schüler angegeben, ob sie eine vorschulische Bildungseinrichtung bis zu einem Jahr oder länger als ein Jahr besucht hatten. In Regressionsanalysen über die OECD Länder mit fixen Ländereffekten und allen 46 Kontrollvariablen ergaben sich signifikant positive Zusammenhänge zwischen einer Besuchsdauer von mehr als einem Jahr und den PISA-Ergebnissen in Mathematik (5,52; $p < .01$), Naturwissenschaften (4,35; $p < .01$) und Lesen (4,32; $p < .01$). Die aufgeklärte Varianz lag in allen drei Analysen zwischen 36% und 41%. Wenn die Autoren die Analysen auf Deutschland beschränkten, war die Bedeutung des Kindergartenbesuchs sogar erheblich größer. Ein Kindergartenbesuch von mehr als einem Jahr trug in Deutschland 18,28 Punkte ($p < .01$) zu den Ergebnissen in Mathematik, 17,24 ($p < .01$) zu denen in Naturwissenschaften und 8,44 ($p < .01$) zu denen beim Lesen bei.[56] In allen drei Analysen für Deutschland lag die aufgeklärte Varianz bei 56%.

---

[55] In Tagespflege oder Tageseinrichtungen.
[56] Deutschland hatte 2003 in allen drei Bereichen einen Durchschnittspunktwert von 499 (OECD, 2004b). Die durchschnittliche Bandbreite der Ergebnisse lag bei 175 Punkten; das beste OECD-Land hatte im Durchschnitt 547 Punkte und das schlechteste 372 (ebd.).

Kognitive Fähigkeiten

In Deutschland scheint der Zusammenhang zwischen der Dauer des Vorschulbesuchs und den Testergebnisse beim Lesen erheblich geringer gewesen zu sein. Dies wurde in einer weiteren Untersuchung von Schlotter und Wößmann (2010) bestätigt. In einer linearen Regressionsanalyse mit den Leseleistungen von Viertklässlern, die 2001 an der Internationalen Grundschul-Lese-Untersuchung (IGLU) teilgenommen hatten, als abhängiger Variable, war der Koeffizient der Dauer des Vorschulbesuchs insignifikant, wenn Kontrollvariablen für Migrationsstatus und Haushaltseinkommen zusätzlich zu anderen Schülermerkmalen in das Modell aufgenommen wurden (Schlotter & Wößmann, 2010). Ohne die Kontrollvariablen für Migrationsstatus und Haushaltseinkommen war der Koeffizient der Dauer des Vorschulbesuchs signifikant und positiv, was erneut den Einfluss des sozio-ökonomischen Hintergrunds in Deutschland belegt.

Auch Büchner und Spieß (2007) befassten sich in ihrer Untersuchung mit den Auswirkungen der Dauer des Vorschulbesuchs in Deutschland. Sie untersuchten anhand eines Probit Modells[57] und einer Stichprobe von 168 Schülern der Geburtsjahrgänge 1984 bis 1990 die Bedeutung der Kindergartenbesuchsdauer für die Wahrscheinlichkeit, mit 14 Jahren eine Hauptschule zu besuchen (Büchner & Spieß, 2007). Die Stichprobe entstammte dem Soziooekonomischen Panel (SOEP) und es lagen individuelle Daten der Kinder und ihrer Elternhäuser im Alter von 14 Jahren vor (z.B. Geschlecht des Kindes, Anzahl der Geschwister, Migrationsstatus der Mutter, Bildungshintergrund beider Eltern, Haushaltseinkommen, Größe des Heimatortes). Die Besuchsdauer des Kindergartens wirkte signifikant negativ (-.30; p < .05) auf die Wahrscheinlichkeit, eine Hauptschule zu besuchen. Mit dem Bildungsabschluss des Vaters ergab sich ebenfalls ein signifikant negativer Zusammenhang, wenn er an einer Universität erworben worden war (-1,36; p < .05).

Die Dauer des Vorschulbesuchs spielte ebenfalls bei den Kindern der EPPSE Studie[58] in England eine signifikant positive Rolle (Sylva et al., 2014). Im Alter von 16 Jahren, am Ende der Key Stage 4 (KS4), war die Dauer des Vorschulbesuchs (zwei oder drei Jahre Teil- oder Vollzeit) ein signifikant positiver Prädiktor für eine Reihe akademischer Leistungen. In Regressionsanalysen positiv beeinflusst waren der Gesamtpunktwert des General Certificate of

---

[57] Koeffizienten des Probit Modells erlauben ohne weitere Berechnungen keine Aussagen zur genauen Größe eines Effekts (vgl. Stock & Watson, 2012, S. 429-433). Da das Modell einen nicht-linearen Zusammenhang wiedergibt, muss die Wahrscheinlichkeit für das Eintreten der abhängigen Variable für jede mögliche Änderung einer unabhängigen Variable berechnet werden. Richtung und Signifikanz lassen sich allerdings ablesen und interpretieren.
[58] Siehe Abschnitt 2.2.7 für Details zur EPPSE Studie.

Secondary Education (GCSE)[59] (Effektstärke[60] = .38), die Anzahl an GCSEs (.24), der Punktwert des GCSE in Englisch (.28) und der in Mathematik (.30). Die Autoren kontrollierten für wesentliche weitere Einflussfaktoren wie z.B. den sozio-ökonomischen Status, das Familieneinkommen oder die Gesundheit der Kinder.

In allen vorgestellten Studien waren eindeutig positive Effekte der Dauer des Vorschulbesuchs in Bezug auf kognitive Fähigkeiten nachweisbar, auch in Deutschland. Hierzulande scheint allerdings der sozio-ökonomische Status erheblich stärkere Bedeutung zu haben als die Dauer des Vorschulbesuchs. Die Ergebnisse von Schütz et al. (2008) zeigen allerdings durch eine Steigerung der Besuchsquote einen Weg auf, den negativen Einfluss eines bildungsfernen Elternhauses in Deutschland zu reduzieren.

2.3.1.4 Die Rolle der Qualität der Förderung beim Erwerb kognitiver Fähigkeiten

Die Qualität frühkindlicher Förderung lässt sich grundsätzlich in zwei Bereiche einteilen. Zum einen handelt es sich dabei um die Strukturqualität, die direkt und objektiv messbare Aspekte beinhaltet (Sylva et al., 2006). Dazu gehören z.B. der Betreuungsschlüssel oder die Abschlüsse des Betreuungspersonals (ebd.). Der zweite Bereich ist die Prozessqualität, die weniger objektiv messbar ist (ebd.). Beispiele sind die Art der Interaktion zwischen Betreuungspersonal und Kindern oder die Art der zur Verfügung stehenden Spiel- und Lernressourcen. Bekannte Instrumente zur Messung der Prozessqualität sind die Caregiver Interaction Scale (CIS; Arnett, 1989) und die Early Childhood Environment Rating Scale, Revised Edition (ECERS-R; Harms, Clifford & Cryer, 1998) sowie nationale Adaptionen der ECERS-R (z.B. die Kindergarten Skala (KES-R) von Tietze et al., 2007). Die ECERS-R besteht aus sieben Skalen[61] mit insgesamt 43 Items, die nach einer mindestens zweistündigen Observation und einem Interview in der Einrichtung mit Werten von 1 bis 7 bewertet werden (Sylva et al., 2006).

Grundsätzlich hängt die Bewertung der Betreuungsqualität immer von den Zielen des Bewertenden ab. Cryer (1999) weist beispielsweise zu Recht darauf

---

[59] Schüler in England können am Ende der KS4 GCSE in verschiedenen Fächern erwerben (Sylva et al., 2014). GCSE in Englisch, Mathematik, Naturwissenschaften und Religion sind Pflicht, andere Fächer können gewählt werden (ebd.).
[60] Sylva et al. (2014) berechneten die Effektstärken als Veränderung relativ zur Standardabweichung eines Prädiktors.
[61] Die Skalen der ECERS-R sind Space and Furnishing, Personal Care Routines, Language-Reasoning, Activities, Interaction, Program Structure und Parents and Staff (Sylva et al., 2006).

hin, dass die relevante Frage zur Bewertung einer Betreuung sich auf die Resultate beziehen müsse und sich erst nach der Feststellung der Beziehung zwischen Betreuungsparametern und den gewünschten oder unerwünschten Resultaten eine Qualitätsnorm aufstellen lasse. Bei den meisten etablierten Ratingskalen steht die Fähigkeit der Kinder, in der Schule gute Leistungen zu erbringen, im Vordergrund, da davon ausgegangen wird, dass in der Schule erfolgreiche Kinder auch in der Gesellschaft erfolgreich sein werden (Cryer, 1998). Insofern wären besonders Längsschnittstudien über den Schulabschluss der Kinder hinaus von Interesse, da sie eine Überprüfung dieser Annahme gestatteten. Leider konnte bislang keine Studie gefunden werden, die dies in Kombination mit den etablierten Ratingskalen leistet.

Strukturqualität ist zwar weitestgehend objektiv und eindeutig messbar, allerdings bleibt das Betreuungspersonal als subjektive Komponente. Bei einem Universitätsabschluss ist in der Regel davon auszugehen, dass eine Erzieherin oder ein Erzieher tiefergehende theoretische Kenntnisse zur Entwicklung eines Kindes erworben hat als eine Betreuungsperson mit einem Lehrabschluss oder ohne Ausbildung. Jedoch ist die Betreuung von Kindern eine Tätigkeit, die neben theoretischem Verständnis insbesondere soziale Fähigkeiten im Umgang mit Kindern, Eltern und Kollegen erfordert. Trotzdem konnten Schlotter und Wößmann (2010) auf der Basis des internationalen PISA-Schülerdatensatzes einen signifikant positiven Effekt der Hochschulausbildung im Vorschulbereich auf die PISA-Testleistungen nachweisen, wenn der Kindergartenbesuch länger als ein Jahr gedauert hatte (5,47 PISA-Punkte; $p < .01$). Im Bereich kognitiver Fähigkeiten scheint sich eine akademische Ausbildung des Betreuungspersonals also auszuzahlen und trotz des auf den ersten Blick breiteren Anforderungsprofils in der Kinderbetreuung als relevanter Qualitätsparameter für kognitive Förderung annehmbar zu sein.

Die Güte der Messung der Prozessqualität und die Aussagekraft der Messergebnisse hängen stark vom Instrument und vom Anwender ab. Kulturelle Unterschiede können dazu führen, dass eine Skala, die in einem anderen Land entwickelt wurde, die Qualität einer Einrichtung falsch wiedergibt, weil sie einen anderen Kontext voraussetzt. Woodhead (1998) zeigt anhand einiger Beispiele, dass Betreuungsqualität je nach sozio-kulturellem Umfeld sehr unterschiedlich definiert werden kann und die Abweichung von amerikanischen Mainstream-Vorstellungen nicht zwangsläufig schlechtere Resultate hervorbringt. Grundlegende Rechte und Bedürfnisse der Kinder dürfen natürlich nicht zur Disposition gestellt werden, jedoch führt bei allen darüber hinaus gehenden Zielen in der Regel mehr als ein Weg zur Erfüllung (Woodhead, 1998). Ebenso ist es möglich, dass verschiedene Anwender der Skalen in derselben Einrichtung zu unterschiedlichen Ergebnissen kommen, da die Skalen subjektiver Einschätzungen bedürfen. Schließlich basieren alle Einschätzungen auf Momentaufnahmen, die innerhalb weniger Stunden oder eines Tages entstehen und nicht notwendigerweise repräsentativ für die durchschnittliche Qualität einer Einrichtung sind.

Diese Limitationen können zu Fehleinschätzungen von Betreuungsqualität führen und dadurch kann in statistischen Analysen der Effekt der Betreuungsqualität über- oder unterschätzt werden. Bei der Interpretation von Ergebnissen zur Prozessqualität muss diese Möglichkeit der Verzerrung berücksichtigt werden. Im Folgenden werden einige Studien vorgestellt, die den Effekt der Betreuungsqualität auf kognitive Fähigkeiten untersucht haben. Ihre Ergebnisse deuten darauf hin, dass Qualität einen moderat positiven Effekt hat, jedoch mit länderspezifischen Unterschieden.

In einer der bekanntesten Langzeitstudien, der High/Scope Perry Preschool Study in Ypsilanti, MI, USA, zog die Qualität der Vorschulbetreuung langfristige Effekte bis ins 40. Lebensjahr der Teilnehmer nach sich (Schweinhart et al., 2005). Wie bereits in Abschnitt 2.2.1 beschrieben, wurden die Kinder der Interventionsgruppe sehr intensiv und aller Wahrscheinlichkeit nach wesentlich besser betreut als die Kinder der Kontrollgruppe (ebd.). Im Alter von 40 Jahren hatte ein signifikant größerer Anteil der Teilnehmer der Interventionsgruppe einen High School Abschluss (77% ggü. 60%), insbesondere unter den Frauen (88% ggü. 46%). In Intelligenz- und Sprachtests war die Interventionsgruppe zwar lediglich bis ins Alter von sieben Jahren besser, dafür zeigte sie signifikant bessere Ergebnisse in Schulleistungstests im Alter von neun, zehn und vierzehn Jahren sowie in Lese- und Schreibtests im Alter von 19 und 27 Jahren. Allerdings bleibt zu berücksichtigen, dass alle Kinder aus erheblich benachteiligten Elternhäusern stammten und vor Programmbeginn einen niedrigen IQ hatten. Es handelte sich also nicht um eine repräsentative Stichprobe.

Das einer Kinderbetreuung zu Grunde liegende Curriculum, in Deutschland häufig auch als pädagogisches Konzept bezeichnet, kann einen wesentlichen Einfluss auf die langfristigen Erfolge der Betreuung haben und ist daher ebenfalls als Qualitätsfaktor zu sehen. Schweinhart und Weikart (1997) verglichen drei unterschiedliche Betreuungsmodelle bzw. -philosophien (Direct Instruction, High/Scope und Nursery School) und fanden teilweise erhebliche

Kognitive Fähigkeiten 57

Unterschiede in der Entwicklung der Kinder mit 23 Jahren. Die Modelle unterschieden sich hauptsächlich in der Initiative, die den Kindern und ihren Betreuern zugestanden wurde (Schweinhart & Weikart, 1997). Im Direct Instruction Modell (DI) nach Bereiter und Engelmann (1966) ging die Initiative für Aktivitäten hauptsächlich vom Betreuungspersonal aus und der Fokus lag fast ausschließlich auf akademischen Fähigkeiten (Schweinhart & Weikart, 1997).[62] Das Nursery School Modell (NS) zielte eher auf die Entwicklung sozial-emotionaler Fähigkeiten der Kinder ab, indem es ihnen die Initiative für Aktivitäten zugestand, wobei durchaus gutes Benehmen und die Einhaltung gewisser Regeln und Grenzen erwartet wurde (ebd.). Im High/Scope Modell (HS), entwickelt durch Weikart et al. (Weikart, Rogers, Adcock & McClelland, 1971; Hohmann, Banet & Weikart, 1979; Hohmann & Weikart, 1995), war die Initiative von Kindern und Betreuungspersonal gleichermaßen erwünscht[63] (Schweinhart & Weikart, 1997). Das Betreuungspersonal bereitete Themenbereiche im Gruppenraum vor und sorgte für Schlüsselerfahrungen in der Entwicklung der Kinder. Die Kinder planten eigene Aktivitäten in kleinen oder großen Gruppen, führten sie aus und bewerteten sie im Anschluss.

Die Autoren untersuchten eine Stichprobe mit 68 Kindern aus Ypsilanti, Michigan, USA, die zwischen 1967 und 1969 drei Jahre alt wurden und, ähnlich den Kindern der High/Scope Perry Preschool Studie, aus Familien mit niedrigem sozio-ökonomischen Status kamen und mit drei Jahren einen niedrigen IQ zwischen 60 und 90 auf der Stanford-Binet Skala (Form L-M; Terman & Merrill, 1960) erzielten (Schweinhart & Weikart, 1997). Die Kinder wurden einer der drei Gruppen zufällig zugeordnet[64] und lediglich zwischen der HS- und der NS-Gruppe gab es einen signifikanten, jedoch wichtigen Unterschied. Mütter der NS-Gruppe hatten signifikant länger die Schule besucht (HS = 9 Jahre; NS = 10,8 Jahre; $p < .05$). Dieser Unterschied war zwar bei der Untersuchung der Kinder im Alter von 23 Jahren nicht mehr signifikant, sollte bei der Interpretation von unterschiedlichen Entwicklungen beider Gruppen jedoch berücksichtigt werden. Im Bereich kognitiver oder akademischer Fähigkeiten gab es zwischen den Gruppen lediglich zwei signifikante Unterschiede: Im Alter von 23 strebten Teilnehmer der HS-Gruppe signifikant mehr Ausbil-

---

[62] Die einzigen Materialien im Gruppenraum waren Handbücher des Betreuungspersonals und Arbeitshefte der Kinder (Schweinhart & Weikart, 1997).
[63] Das High/Scope Curriculum orientiert sich stark an den Theorien von Jean Piaget und John Dewey (Hohmann & Weikart, 1995). Beide sahen Lernen als einen Prozess, der wesentlich aus eigenen Erfahrungen durch Interaktion mit der Umwelt und den daraus abgeleiteten Erkenntnissen bestand (ebd.).
[64] Nach der zufälligen Zuordnung wurden einige Kinder neu verteilt, damit die Gruppen eine ähnliche Zusammensetzungen an ethnischen Gruppen, Jungen und Mädchen und IQ hatten (Schweinhart & Weikart, 1997).

dungsjahre an als die Teilnehmer der DI-Gruppe (16,3 (entspricht 4-Jahres-College) ggü. 14,1 (2-Jahres-College); $p < .05$) und Teilnehmer der HS-Gruppe hatten signifikant mehr Förderunterricht („compensatory education" (Nachhilfe)) gehabt als Mitglieder der NS-Gruppe (0,6 ggü. 0 Jahre; $p < .01$). Es ist interessant, dass die Kinder der DI-Gruppe, deren Betreuung auf akademische Leistungen ausgerichtet war, einen niedrigeren Abschluss anstrebten als die Kinder der HS-Gruppe. Die Unterschiede zwischen den Gruppen werden ausgeprägter, wenn man die sozial-emotionale Entwicklung betrachtet (siehe Abschnitt 2.3.2.4).

In der englischen EPPSE Studie wurde neben dem Effekt der Dauer des Vorschulbesuchs (siehe Abschnitt 2.3.1.3) auch die Bedeutung der Qualität untersucht (Sylva et al., 2014). Gemessen wurde die Betreuungsqualität mit Hilfe der ECERS-R nach Harms und Clifford (1998) und der ECERS-E nach Sylva et al. (2003). Die gemessene Qualität war in Regressionsanalysen ein signifikanter Prädiktor für den Gesamtpunktwert des General Certificate of Secondary Education (GCSE) (Effektstärke = .37), die Anzahl an GCSEs (.20), den Punktwert des GCSE in Englisch (.31) und den in Mathematik (.26). Die gemessenen Effektstärken lagen in der gleichen Größenordnung wie die der Dauer des Vorschulbesuchs.

Für die amerikanische Cost, Quality, and Outcomes Study wurde die Betreuungsqualität der Vorschule mit vier verschiedenen Instrumenten gemessen (Peisner-Feinberg et al., 1999b). Die Wissenschaftler verwendeten die ECERS (Harms & Clifford, 1980), die Caregiver Interaction Scale (CIS; Arnett, 1989), das UCLA Early Childhood Observation Form (ECOF; Stipek et al., 1992) und die Adult Involvement Scale (AIS; Howes & Stewart, 1987). Die CIS sollte die Einfühlsamkeit der Betreuungsperson erfassen, das ECOF die Betreuungsart (didaktisch bis kindzentriert) und die AIS das Eingehen der Betreuungsperson auf einzelne Kinder. Die Interrater-Reliabilitäten lagen für alle Skalen mindestens bei .81. Auf Grund der hohen Korrelationen der Ergebnisse der Qualitätsmessungen berechneten die Wissenschaftler mit Hilfe einer Faktorenanalyse einen Gesamtindex der Betreuungsqualität. Dieser basierte auf den Items eines Faktors, der für 68 % der Gesamtvarianz verantwortlich war.

Im ersten Jahr der Studie war die Korrelation des Gesamtqualitätsindex mit Ergebnissen der Kinder im Peabody Picture Vocabulary Test-Revised (PPVT-

R; Dunn & Dunn, 1981)[65] und in den Woodcock-Johnson Tests of Achievement-Revised für Buchstaben-Wort-Erkennung[66] und Mathematik (WJ-R; Woodcock & Johnson, 1990) signifikant positiv (Peisner-Feinberg et al., 1999b). Sie lag für den PPVT-R bei .28 ($p < .001$), für den WJ-R Buchstaben-Wort-Erkennungstest bei .18 ($p < .001$) und für den WJ-R Mathematiktest bei .17 ($p < .001$). Vier Jahre später, am Ende der zweiten Klasse, lagen nach wie vor signifikant positive Korrelationen des Gesamtqualitätsindex aus dem ersten Jahr mit dem PPVT-R (.14; $p < .05$) und dem WJ-R Mathematiktest (.17; $p < .01$) vor. Somit war am Ende der zweiten Klasse noch ein signifikanter, moderater Effekt der Betreuungsqualität der Vorschule auf Vokabular und Mathematikfähigkeiten der Kinder der Studie nachweisbar.

Diese Ergebnisse wurden von den Autoren durch lineare Regressionsanalysen mit den verschiedenen Testergebnissen als abhängige und dem Gesamtqualitätsindex sowie Kontrollvariablen zum sozio-ökonomischen Status der Kinder als unabhängige Variablen bestätigt (Peisner-Feinberg et al., 1999b). Am Ende der zweiten Klasse waren die Koeffizienten des Gesamtqualitätsindex signifikant positiv in den Regressionsanalysen mit den Ergebnissen des PPVT-R (1,20; $p < .001$) und des WJ-R Mathematiktests (.74; $p < .001$) als abhängigen Variablen. Teilweise erheblich größere Bedeutung hatten allerdings das Alter der Kinder (PPVT-R: 2,38; $p < .001$; WJ-R Mathematik: 17,88; $p < .001$), die Ethnizität (PPVT-R: 12,05; $p < .001$; WJ-R Mathematik: 7,32; $p < .001$) und die Nähe zwischen Betreuungsperson und Kind in der Vorschule[67] (PPVT-R: 2,78; $p < .001$; WJ-R Mathematik: 1,77; $p < .05$). Auch in dem Modell des WJ-R Buchstaben-Wort-Erkennungstest waren die Koeffizienten des Alters der Kinder und des sozio-ökonomischen Hintergrunds signifikant und teilweise sehr groß (z.B. Alter: 29,63; $p < .001$), während die Koeffizienten des Gesamtqualitätsindex und der Nähe zwischen Betreuungsperson und Kind in der Vorschule klein und insignifikant waren.

Auf Basis der NICHD Stichprobe von 1.364 Kindern aus den USA untersuchten Vandell et al. (2010) die Bedeutung der Vorschulqualität für die kognitiven Fähigkeiten mit 15 Jahren. Die kognitiven Fähigkeiten der Kinder wurden mit Hilfe von vier Tests der Woodcock-Johnson Psycho-Educational Battery-Revised (WJ-R; Woodcock & Johnson, 1989) untersucht (Picture Voca-

---

[65] Der PPVT-R misst das Vokabular von Kindern mit Hilfe von Bildern, die Kinder gesprochenen Worten zuordnen sollen (Peisner-Feinberg et al., 1999b).
[66] Beim Subtest des WJ-R für Buchstaben-Wort-Erkennung müssen Kinder unter anderem Bilder und Symbole einander zuordnen und Buchstaben und Wörter erkennen (Peisner-Feinberg et al., 1999b).
[67] Die Nähe zwischen Betreuungsperson und Kind hatten die Wissenschaftler anhand der Student-Teacher Relationship Scale (STRS; Pianta, 1992) erfasst (Peisner-Feinberg et al., 1999b).

bulary, Verbal Analogies, Passage Comprehension und Applied Problems) (Vandell et. al., 2010). Die Qualität der Betreuung wurde mit Hilfe des Observational Record of the Caregiving Environment (ORCE; NICHD, 2002b) bei jedem Kind mit 6, 15, 24, 36 und 54 Monaten erfasst (Vandell et al., 2010). In einem Strukturgleichungsmodell mit Kontrollvariablen zu individuellen Merkmalen der Kinder (z.B. Geschlecht, Ethnizität) und ihres sozioökonomischen Hintergrunds (z.B. Bildung der Mutter in Jahren, Einkommen des Haushalts) konnten die Autoren signifikant positive Pfadkoeffizienten zwischen den beiden Variablen Betreuungsqualität und quadrierter Betreuungsqualität und dem Konstrukt Cognitive Academic (die vier Tests des WJ-R) nachweisen. Die Effektstärken[68] waren mit .09 (Qualität; p < .001) und .07 (Qualität^2; p < .01) klein, hatten aber im Gegensatz zu den Variablen Betreuungsdauer in Stunden und Betreuungstyp signifikante Bedeutung für die kognitiven Fähigkeiten der Kinder. Der positive Effekt der quadrierten Betreuungsqualität wies darauf hin, dass der Zusammenhang mit steigender Qualität zunahm (Vandell et al., 2010). Tatsächlich hatte erst eine mittlere bis hohe Qualität einen dauerhaften Effekt auf die kognitiven Fähigkeiten der Kinder in der Stichprobe.

Auch Burger (2010) fand in einer Meta Analyse mit 32 Studien zu 23 Betreuungsprojekten in Europa, den USA, Asien und Kanada eine Abhängigkeit der kognitiven Fähigkeiten von der Betreuungsqualität. Die Mehrheit der Studien kam zu dem Ergebnis, dass Kinderbetreuung kognitive Fähigkeiten fördern kann, wobei allerdings die Qualität der Betreuung entscheidend für den Erfolg war (Burger, 2010). Meist waren kurzfristige Effekte größer als langfristige, die bei der Mehrheit der Studien wenigstens bis zum Alter von sechs bis acht Jahren gemessen wurden.

In der ECCE Studie, einer der wenigen mit deutschen Kindern, konnten Tietze et al. (1999) in Deutschland jedoch keine nennenswerten Effekte frühkindlicher Betreuungsqualität auf kognitive Fähigkeiten nachweisen. Die Qualität der Betreuung wurde von den Wissenschaftlern auf drei Ebenen erfasst: Prozessqualität, Strukturqualität und Bildungsorientierung. Die Prozessqualität wurde mit Hilfe der ECERS, der CIS und des Observation Scheme for Activities in Preschools (OAP; Palacios & Lera, 1991) gemessen. Die beiden anderen Ebenen erfassten die Autoren mit Hilfe standardisierter Interviews. Zur Ermittlung der kognitiven Fähigkeiten der Kinder im Alter

---

[68] Effektstärken wurden von den Autoren wie folgt berechnet: Pfadkoeffizient multipliziert mit der Standardabweichung des Prädiktors geteilt durch die Standardabweichung der Zielvariable (analog zu Cohen's d) (Vandell et al., 2010).

Kognitive Fähigkeiten

von acht Jahren verwendeten die Autoren fünf Tests des WJ-R (Reading Comprehension, Calculation, Applied Problems, Science, Social Studies) und den PPVT-R. In einer hierarchischen Regressionsanalyse flossen außerdem noch verschiedene Kontrollvariablen der Kinder, ihrer Elternhäuser und der Grundschulen ein.[69]

Im Gegensatz zu Österreich und Spanien erklärte in Deutschland die Qualität der Kinderbetreuung keinen nennenswerten zusätzlichen Varianzanteil der Ergebnisse des PPVT-R (3,6; p < .10) und des WJ-R (3,0; insignifikant), nachdem zuvor Alter und Geschlecht des Kindes (PPVT-R: 4,4; p < .05; WJ-R: 10,7; p < .05) sowie die Betreuungsqualität in der Familie während der Vorschulzeit (PPVT-R: 17,9; p < .05; WJ-R: 16,5; p < .05) in das Modell aufgenommen worden waren (Tietze et al., 1999). Insgesamt konnte das Modell in Deutschland 43,7% (PPVT-R) bzw. 47,2% (WJ-R) der Varianz erklären. In Österreich und Spanien waren Alter und Geschlecht der Kinder ohne signifikante Bedeutung für die Varianz der Testergebnisse und die Betreuungsqualität in der Familie in der Vorschulzeit hatte eine größere Bedeutung als in Deutschland.[70] Mit einer insignifikanten Ausnahme in Spanien konnte die Betreuungsqualität der Kinderbetreuung aber einen wesentlichen Beitrag zur Varianz der Ergebnisse des PPVT-R (Österreich: 15,1; p < .05; Spanien: 3,7; insignifikant) und des WJ-R (Österreich: 11,4; p < .10; Spanien: 8,8; p < .05) leisten. Lediglich in Deutschland war die Qualität der Vorschulbetreuung kein Faktor, der durch einen eigenen nennenswerten Effekt auf kognitive Fähigkeiten dem des Elternhauses entgegenwirken konnte. Ein Grund könnte sein, dass deutsche Einrichtungen hauptsächlich als Betreuungs- und nicht als Bildungseinrichtungen konzipiert sind (Röhr-Sendlmeier, 2007; Schlotter & Wößmann, 2010). An diesem Punkt wird deutlich, dass in der Untersuchung nationale Kontrollgruppen ohne Kindergartenbesuch fehlten.[71] Dann hätte die auf Grund der deutschen Ergebnisse naheliegende Frage, ob Kinderbetreuung vor der Grundschule überhaupt einen sinnvollen Beitrag zum Erwerb kognitiver Fähigkeiten leisten kann, beantwortet werden können.

In einer weiteren deutschen Studie mit Kindergartenkindern, die vom letzten Kindergartenjahr bis zum zweiten Grundschuljahr begleitet wurden, fan-

---

[69] Folgende Blöcke sind in angegebener Reihenfolge in die Regression aufgenommen worden: General characteristics of child, child care quality in the family (pre-school period), child care quality in the early childhood program (ECP), developmental status at age 4 in developmental domains of interest, educational quality in the family (school period), educational quality in primary school classroom, contextual conditions of family and institutional settings (ECP, primary school), characteristics of macro system (Tietze et al., 1999).
[70] Betreuungsqualität der Familie in der Vorschulzeit in Österreich: PPVT-R: 20,4 (p < .05); WJ-R: 24,7 (p < .05) (Tietze et al., 1999). In Spanien: PPVT-R: 25,5 (p < .05); WJ-R: 32,6 (p < .05) (ebd.).
[71] Spieß, Büchel und Wagner (2003) führen dies ebenfalls als Kritikpunkt an der ECCE Studie an.

den sich immerhin kurzfristige Effekte einer Intervention zur Stärkung der phonologischen Bewusstheit (Röhr-Sendlmeier & Rauch-Redeker, 2009). An der Längsschnittstudie mit einer Trainings- und schließlich drei Kontrollgruppen nahmen im zweiten Schuljahr 186 Kinder teil.[72] Die Kinder der Trainingsgruppe wurden in ihrem letzten Kindergartenjahr einmal pro Woche nach der Heifer-Methode gefördert, die mit Hilfe der Verknüpfung von Lauten und Farben die phonologische Bewusstheit und Buchstabenkenntnis fördern soll (Röhr-Sendlmeier & Krag, 2007; Heifer, 2004). Die phonologische Bewusstheit im engeren Sinn (Lautdiskriminierung und -manipulation) war bei den geförderten Kindern von der Mitte des letzten Kindergartenjahres bis in die Mitte des ersten Schuljahres signifikant besser ausgeprägt als bei den Kindern der ersten Kontrollgruppe und in der Grundschule auch besser als bei denen der zweiten Kontrollgruppe (Röhr-Sendlmeier & Rauch-Redeker, 2009).[73] In Bezug auf die phonologische Bewusstheit im weiteren Sinn (Unterscheidung und Kombination von Silben) übertrafen die geförderten Kinder die ersten beiden Kontrollgruppen vom Beginn des ersten Schuljahres bis zu dessen Ende mit signifikant besseren Ergebnissen. Die Buchstabenkenntnis der geförderten Kinder war während des letzten Kindergartenjahres und zu Beginn des ersten Schuljahres signifikant besser als die der ersten Kontrollgruppe (Kindergarten und Grundschule) und die der zweiten Kontrollgruppe (Grundschule). Mitte des ersten Schuljahres unterschieden sich die drei Gruppen nicht mehr signifikant in ihrer Buchstabenkenntnis. In Pseudowörterdiktaten und der Hamburger Schreibprobe waren die Kinder der Trainingsgruppe spätestens zum Ende der ersten Klasse den beiden ersten Kontrollgruppen nicht signifikant überlegen. Auch gehörten die geförderten Kinder in der zweiten Klasse nicht überzufällig häufig zum besten Leistungsdrittel. Die Intervention hatte für die geförderten Kinder langfristig keine Vorteile in den gemessenen Bereichen.

Die Förderung phonologischer Bewusstheit und der Buchstabenkenntnis ist allerdings trotzdem durchaus sinnvoll. Regressionsanalysen zeigten, dass die

---

[72] Bei den Kindern der ersten Kontrollgruppen handelte es sich um Kinder, die im Kindergarten bezogen auf die Variablen Alter, Geschlecht, Migrationshintergrund, Lese-Rechtschreib-Anregungen im Elternhaus, kognitive Fähigkeiten, visomotorische Wahrnehmung, phonologische Bewusstheit und Buchstabenkenntnis vor der Intervention vergleichbar mit den Kindern der Trainingsgruppe waren (Röhr-Sendlmeier & Rauch-Redeker, 2009). Die zweite Kontrollgruppe setzte sich aus ebenfalls vergleichbaren Mitschülerinnen und -schülern der Trainingsgruppe in der ersten Klasse zusammen und die dritte Kontrollgruppe bildeten weitere Mitschülerinnen und -schüler der Trainingsgruppe, die im zweiten Schuljahr in die Untersuchung aufgenommen wurden (ebd.).

[73] Die phonologische Bewusstheit (eng und weit) und die Buchstabenkenntnis wurden durch das standardisierte Verfahren „Rundgang durch Hörhausen" (Martschinke, Kirschock & Frank, 2004) erfasst (Röhr-Sendlmeier & Krag, 2007).

phonologische Bewusstheit im engen Sinn zu Beginn der ersten Klasse ein signifikanter Prädiktor der Schreibfähigkeit in der zweiten Klasse war (Röhr-Sendlmeier & Rauch-Redeker, 2009). Die Auswirkungen auf Kinder mit auffälliger Entwicklung (im negativen Sinne) bzw. mangelnder Förderung im Elternhaus sind möglicherweise länger anhaltend als die gemessenen Auswirkungen auf die entwicklungspsychologisch unauffällige Stichprobe der durchgeführten Studie (ebd.). Ferner gaben Lehrer in einer Untersuchung von Renger (2007, zitiert durch Röhr-Sendlmeier & Rauch-Redeker, 2009) an, dass durch die Heifer-Methode geförderte Kinder Lernprozesse der ganzen Klasse verbessert hätten. Eine Kinderbetreuungseinrichtung kann mit Hilfe z.B. der Heifer-Methode also durchaus einen sinnvollen Beitrag zur kognitiven Förderung leisten.

In allen vorgestellten und in vielen weiteren Studien lassen sich positive Effekte der Qualität vorschulischer Betreuung auf die kognitive Entwicklung der betreuten Kinder nachweisen. Die Effektstärken sind zwar lediglich klein bis moderat, aber teilweise mit lang anhaltender Wirkung. Die vorliegenden Ergebnisse für deutsche Vorschulbetreuung sind leider nicht ausreichend, um eindeutige Aussagen treffen zu können. Hier bedarf es unbedingt weiterer Studien, am Besten mit einem längsschnittlichen Ansatz. Wie bereits zu Beginn dieses Abschnitts erwähnt, stellt neben dem Mangel an deutschen Längsschnittstudien die Quantifizierung der Qualität ein weiteres Problem dar. In der EPPSE Studie wurde beispielsweise ein langfristig signifikanter Effekt der Betreuungsqualität, gemessen mit der ECERS-R Skala (Harms, Clifford & Cryer, 1998), auf akademische Leistungen insignifikant, als die Qualität als Ergebnis der ECERS-E Skala (Sylva et al., 2003) in die gleiche Analyse einging (Sylva et al., 2014). Zukünftige empirische Untersuchungen werden ohne quantitative Bewertungsskalen nicht in der Lage sein, das ursprünglich qualitative Konzept der Betreuungsqualität zu berücksichtigen. Ihre Limitationen sollten allerdings bei der Interpretation der Resultate immer berücksichtigt werden.

2.3.1.5 Weitere Faktoren beim Erwerb kognitiver Fähigkeiten

In den vorherigen Abschnitten ist deutlich geworden, dass Betreuungsalter, -dauer und -qualität beim Erwerb kognitiver Fähigkeiten teilweise von anderen Einflussfaktoren außerhalb der frühkindlichen Betreuung dominiert werden. Insbesondere in Deutschland scheint der sozio-ökonomische Status der Kinder einen weit größeren Einfluss zu haben. In diesem Abschnitt sollen anhand ausgewählter Studien weitere Faktoren neben der frühkindlichen Bildung vorgestellt werden, die den Erwerb kognitiver Fähigkeiten beeinflussen können.

Cunha et al. (2010a) wiesen in ihrer bereits vorgestellten Studie (CNLSY79, Abschnitt 2.3.1.2) nach, dass sozial-emotionale Fähigkeiten eines Kindes selbst oder seiner Mutter einen positiven Effekt auf den Erwerb kognitiver Fähigkeiten hatten. Der entsprechende Koeffizient[74] der sozial-emotionalen Fähigkeiten des Kindes bis zum fünften oder sechsten Lebensjahr (Phase 1) lag bei .071 (p < .01) (Cunha et al., 2010a). Später, im Alter bis 13 oder 14 Jahre (Phase 2), lag der Koeffizient dann allerdings lediglich bei .009 (p < .10). Erheblich größer waren die Koeffizienten mütterlicher sozial-emotionaler Fähigkeiten. Für die Phase von der Geburt bis zum fünften oder sechsten Lebensjahr lag der Koeffizient bei .368 (p < .01) und danach bis zum Alter von 13 oder 14 Jahren bei .099 (p < .01).[75] Kognitive Fähigkeiten der Mutter[76] hatten hingegen erheblich weniger Bedeutung, die allerdings später zunahm (Phase 1: .054; p < .01; Phase 2: .072; p < .01).

In einer Untersuchung der NICHD Studie aus den USA hatten Mütter ebenfalls die größte Bedeutung für die kognitive Entwicklung ihrer Kinder (NICHD, 2002a). Die Qualität der mütterlichen Betreuung war mit Hilfe der folgenden drei Instrumente erfasst worden: Mütterliche Sensibilität, gemessen von Beobachtern während strukturierter Spieleinheiten mit 6, 15, 24, 36 und 54 Monaten, der Home Observation for the Measurement of the Environment (HOME; Caldwell & Bradley, 1984), gemessen mit 6, 15, 36 und 54 Monaten, und der Erziehungseinstellung der Mutter, erfasst mit einem Fragebogen als das Kind einen Monat alt war (NICHD, 2002a). Kognitive Fähigkeiten der Kinder spiegelten die Ergebnisse sieben unterschiedlicher Tests wider.[77] In einem Strukturgleichungsmodell mit Kontrollvariablen zum sozio-

---

[74] Wie bereits in Abschnitt 2.3.1.2 geschildert, schätzten Cunha et al. (2010a) die Ergebnisse mit einer parametrischen Maximum Likelihood Estimation und die Koeffizienten geben den Effekt eines Prädiktors auf die Anzahl an abgeschlossenen Schuljahren eines Kindes im Alter von 19 Jahren an. Ein Koeffizient von 1 steht für ein zusätzlich abgeschlossenes Schuljahr pro Einheit des zugehörigen Prädiktors (Cunha et al., 2010a).
[75] Sozial-emotionale Fähigkeiten der Mütter der CNLSY79 wurden mit Hilfe mehrerer Skalen erfasst (NLS, 2015c), wovon hier zwei Eingang in die Analyse von Cunha et al. (2010b) fanden. Zum einen handelt es sich um die Rosenberg Self-Esteem Skala (Rosenberg, 1965) und die Rotter-Locus of Control Skala (Rotter, 1966) (Cunha et al., 2010b; NLS, 2015c). Mit der Rosenberg Self-Esteem Skala wird das Selbstwertgefühl erfasst und die Rotter-Locus of Control Skala soll messen, inwieweit eine Person glaubt, Ereignisse, die sie betreffen, beeinflussen zu können.
[76] Die kognitiven Fähigkeiten der Mütter wurden mit Hilfe der Armed Services Vocational Aptitude Battery (ASVAB) erfasst (Cunha et al., 2010b, NLS, 2015d).
[77] Vier der Tests waren Teile der WJ-R (Incomplete Words, Memory, Letter Word Identification und Applied Problems) (Woodcock & Johnson, 1990), weitere zwei Teile entstammten der Preschool Language Skala (Auditory Competence und Expressive Language) (Zimmerman, Steiner & Pond, 1992) und der siebte Test war Teil des Continuous Performance Task (omission errors) (Rosvold et al., 1956) (NICHD, 2002a).

Kognitive Fähigkeiten 65

ökonomischen Status (Bildung der Mutter, Verhältnis des Familieneinkommens zum finanziellen Bedarf (income-to-needs ratio)) hatte die Qualität der mütterlichen Betreuung mit einem Koeffizienten von .46 ($p < .001$) die größte Bedeutung für das Konstrukt der kognitiven Fähigkeiten des Kindes. Der Bildungshintergrund der Mutter hatte einen geringeren Koeffizienten von .15 ($p < .01$) und die income-to-needs ratio einer Familie hatte mit .10 ($p < .01$) denselben Effekt wie die Qualität externer Kinderbetreuung[78].

In einer Untersuchung des Children of NLSY-Datensatzes[79] durch Heckman und Masterov (2007) wurde die Bedeutung kognitiver Fähigkeiten der Mutter erneut deutlich. Unterschiede der Kinder bei Ergebnissen des PIAT-Mathematiktests, die im Alter von sechs, acht, zehn und zwölf Jahren bei einer Gruppierung nach Einkommensquartilen der Elternhäuser deutlich zutage traten, verschwanden fast vollständig, nachdem die Testergebnisse um die drei Faktoren Ausbildung der Mutter, Ergebnisse der Mutter im Armed Forces Qualification Test (AFQT) und der Klassifikation des Zuhauses als „Broken Home" korrigiert worden waren (Heckman & Masterov, 2007).[80] Ohne die Korrektur betrug die Differenz zwischen Kindern aus dem niedrigsten und dem höchsten Einkommensquartil zwischen ca. 15 und ca. 20 Punkten bei einer erreichten Höchstpunktzahl von ungefähr 63 Punkten. Je höher das Einkommensquartil, desto höher waren die Testergebnisse.

Diese große Bedeutung des sozio-ökonomischen Status, insbesondere der Ausbildung der Mutter, zeigte sich ebenfalls in einer britischen Untersuchung von Feinstein (2003). Zu 1.292 Kindern der britischen Birth Cohort Survey (BCS) von 1970 lagen altersgemäße Testdaten kognitiver Fähigkeiten im Alter von 22, 42, 60 und 120 Monaten vor (Feinstein, 2003).[81] Da Testergebnisse zu unterschiedlichen Alterszeitpunkten nicht direkt vergleichbar waren, nutzte Feinstein (2003) den Rang jedes Kindes innerhalb einer Altersgruppe als Proxy für dessen kognitive Fähigkeiten. Als Bezugspunkte für die Rangordnung dienten das schlechteste (Rang 1) und das beste Kind (Rang 100). Der

---

[78] Die Qualität der externen Kinderbetreuung war ein Konstrukt aus acht qualitativen Bewertungen, die aus dem Observational Record of the Caregiving Environment (ORCE; NICHD, 1996) gewonnen worden waren (NICHD, 2002a). Vier bezogen sich auf das Betreuungspersonal (sensitivity to nondistress, detachment, stimulation of cognitive development, intrusiveness) und vier auf das Betreuungsumfeld (chaos, overcontrol, positive emotional climate, negative emotional climate) (ebd.).
[79] Heckman und Masterov (2007) geben in ihrer Veröffentlichung keine weitere Auskunft über den Datensatz. Es kann aber davon ausgegangen werden, dass der CNLSY79 gemeint ist.
[80] Auch an dieser Stelle fehlen genaue Angaben der Autoren zu den verwendeten Variablen. Beim AFQT handelt es sich in der Regel um das Ergebnis von vier Teilen der Armed Services Vocational Aptitude Battery (ASVAB) (arithmetic reasoning, mathematics knowledge, paragraph comprehension, word knowledge) (ASVAB, 2015).
[81] Alle Kinder lebten in Elternhäusern mit beiden Eltern, so dass die Stichprobe nicht gänzlich repräsentativ war (Feinstein, 2003).

sozio-ökonomische Status setzte sich aus den beruflichen Tätigkeiten der Eltern zusammen.[82] Abbildung 2.6 zeigt, wie sich die Position von Kindern vier unterschiedlicher Gruppen innerhalb der Rangliste kognitiver Fähigkeiten über die Zeit veränderte. Die Gruppen unterschieden sich in ihrem sozio-ökonomischen Status (niedrig und hoch) und dem Leistungsquartil, in dem sie sich im Alter von 22 (A) oder 42 Monaten (B) befanden.

Abbildung 2.6: Entwicklung in der Rangordnung kognitiver Testergebnisse nach sozio-ökonomischem Status (SoS) und Rangquartil (Q) mit 22 (A) und 42 (B) Monaten

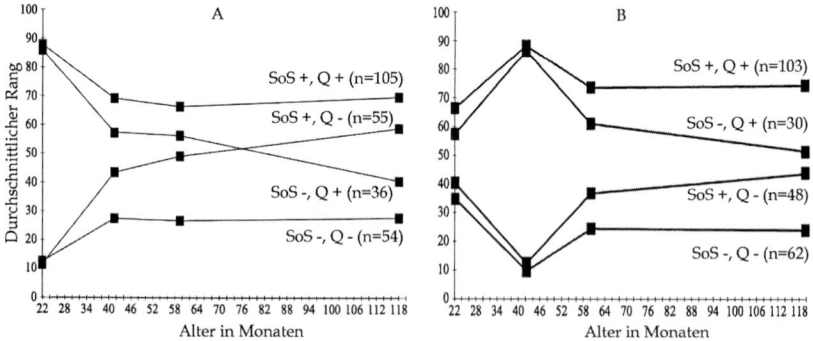

Der sozio-ökonomische Status wurde durch die berufliche Tätigkeit der Eltern bestimmt. Die Gruppen mit mittlerem sozio-ökonomischen Status und/oder Einstufung in die mittleren Quartile werden hier nicht aufgeführt. Die Quartilszugehörigkeit wurde für Teil A mit 22 Monaten und für Teil B mit 42 Monaten bestimmt. SoS +/- = Sozio-ökonomischer Status hoch/niedrig; Q +/- = Rangquartil kognitiver Test hoch/niedrig.
Quelle: Feinstein (2003), Figure 2 und Figure 3

Die Abbildung zeigt, dass Kinder mit niedrigem sozio-ökonomischen Status Rückstände gegenüber anderen Kindern mit 22 oder 42 Monaten bis zum 10. Lebensjahr nicht aufholten, wohingegen dies Kindern mit hohem sozio-ökonomischem Status besser gelang. Kinder mit niedrigem sozio-ökonomischem Status und einer Einstufung im hohen Quartil mit 22 Monaten wurden bis zum zehnten Lebensjahr trotz der besseren kognitiven Ausgangslage noch von Kindern mit hohem sozio-ökonomischen Status überholt, die mit 22 Monaten weit entfernt im niedrigen Quartil starteten. Anders sieht es aus, wenn die Quartilszugehörigkeit mit 42 Monaten die Gruppen bestimmt. Danach änderte sich an den relativen Positionen nichts mehr und Kinder mit

---

[82] Für den sozio-ökonomischen Status (SoS) wurden folgende drei Gruppen gebildet: Hoher SoS („father in professional/managerial occupation and mother similar or registered housewife"; n = 307), niedriger SoS („father in semi-skilled or unskilled manual occupation and mother similar or housewife"; n = 171) und mittlerer SoS (alle außerhalb der hohen und der niedrigen Gruppe; n = 814) (Feinstein, 2003, S. 84).

hohem sozio-ökonomischem Status entwickelten sich zwar besser als Kinder mit niedrigem sozio-ökonomischem Status, konnten aber, anders als bei der Quartilszuordnung mit 22 Monaten, bis zum zehnten Lebensjahr diejenigen mit niedrigem sozio-ökonomischem Status und hohem Quartil nicht übertreffen.

Die relativen Ergebnisse kognitiver Tests schienen im Alter von 42 Monaten verlässlichere Vorhersagen über die langfristige Entwicklung bis ins zehnte Lebensjahr zuzulassen, wobei die Ergebnisse mit 22 Monaten durchaus ebenfalls bis ins zehnte Lebensjahr signifikante Unterschiede innerhalb der sozioökonomischen Status-Gruppen erklärten (Feinstein, 2003). Ferner scheint der sozio-ökonomische Status wesentlich für langfristige Unterschiede zwischen den kognitiven Fähigkeiten der Kinder verantwortlich gewesen zu sein. Dass dabei insbesondere der Bildungshintergrund der Mütter eine große Rolle spielte, wies Feinstein (2003) mit einer linearen Regression verschiedener SoS-Variablen (z.B. sozio-ökonomischer Status des Vaters, sozio-ökonomischer Status der Mutter, berufliche Qualifikationen beider Eltern, Anzahl der Geschwister) auf die Rangplätze der Kinder nach. Bis zum zehnten Lebensjahr nahm der Effekt der Qualifikation der Mutter auf den Rangplatz ihres Kindes stetig zu und die höchste Qualifikationsstufe (Hochschulabschluss) hatte unter allen Variablen die größten Koeffizienten (Feinstein, 2003). Außer in der untersten Qualifikationsstufe waren alle Koeffizienten wenigstens auf dem 1%-Niveau signifikant.

Der sozio-ökonomische Status spielte auch in der Untersuchung von Groos und Jehles (2015) eine wesentliche Rolle für die Ergebnisse der Schuleingangsuntersuchungen von 4.802 Kindern in Mühlheim an der Ruhr (siehe Abschnitt 2.3.1.2). Bildungsjahre der Eltern standen über alle fünf Untersuchungen hinweg in einem signifikant positiven Zusammenhang zu den Ergebnissen der Schuleingangsuntersuchungen, insbesondere beim Sprachtest (Odds Ratio = .68; p < .01)[83]. Umgekehrt führte in allen Modellen der Bezug von Sozialgeld zu mehr auffälligen Kindern (Odds Ratios zwischen 1,25 (Zählen) und 1,43 (Visuomotorik); p-Wert (Zählen) < .1; p-Wert (Visuomotorik) < .01; restliche p-Werte < .05). Der Migrationshintergrund spielte lediglich beim Sprachtest eine signifikante, dafür umso größere Rolle. Die OR für einen türkischen Migrationshintergrund lag bei 6,93 (p < .01) und die für einen anderen Migrationshintergrund bei 4,29 (p < .01). Die Mitgliedschaft in einem

---

[83] Odds Ratios von weniger als 1,0 bedeuten in dieser Analyse, dass Kinder weniger häufig auffällig waren (zu den schlechtesten 10% im Test gehörten) (siehe Abschnitt 2.3.1.2; Groos & Jehles, 2015).

Sportverein hatte interessanterweise signifikant positive Effekte auf Sprach- und Zähltest (.48 und .66; p jeweils kleiner als .01), nicht aber auf die Körperkoordinationsfähigkeiten der Kinder.

Röhr-Sendlmeier (2009) kam in einer Untersuchung von über 300 westdeutschen Kindern in der siebten und achten Klasse am Gymnasium zu dem Ergebnis, dass die Berufstätigkeit der Mütter signifikante Bedeutung für die Englischleistungen der Kinder hatte. Dabei hatte sie Mütter und Väter unterschiedlichen Berufstätigkeits- („nicht erwerbstätig", „nicht in akademischem Beruf erwerbstätig" oder „in akademischem Beruf erwerbstätig") und Bildungsgruppen („kein Abitur", „Abitur" oder „Studium") zugeordnet und in einer zweifaktoriellen Varianzanalyse den Effekt auf die Englischnoten der Kinder untersucht. Mit steigenden Anforderungen im Fach Englisch und im ausgeübten Beruf stieg der Effekt der Berufstätigkeit der Mütter. Im Gegensatz zur Berufstätigkeit stellte der Bildungshintergrund der Mütter keinen signifikanten Faktor dar, ebenso wenig wie Berufstätigkeit oder Bildung der Väter.

Anhand einer größeren und heterogeneren Stichprobe konnten Bergold, Röhr-Sendlmeier, Heuser, Bieling und Burdorf (2014) Auswirkungen mütterlicher Berufstätigkeit und Bildung auf die Schulleistungen und die Berufswahlbereitschaft[84] von Neunt- und Zehntklässlern aus NRW und Rheinland-Pfalz feststellen. Für die Untersuchung konnten die Autoren auf Daten von 741 Mutter-Kind Dyaden und von 564 Vätern der teilnehmenden Kinder, insgesamt also von mehr als 2.000 Personen, zurückgreifen (Bergold et al., 2014). 304 Kinder besuchten eine Hauptschule, 301 eine Realschule und 136 ein Gymnasium. Bezogen auf Berufstätigkeit und Migrationshintergrund waren die Mütter in der Studie annähernd repräsentativ für die Grundgesamtheit von Müttern mit Kindern in der Schule.[85] In einer multivariaten Kovarianzanalyse (MANCOVA) mit der Leistungsmotivation der Mütter und dem Alter der Schüler als Kovariate untersuchten die Autoren die Zusammenhänge zwischen Bildung und Berufstätigkeit der Mütter (unabhängige Variablen) und der Leistungsmotivation, dem schulischen Selbstkonzept, der Berufswahlbereitschaft und der Durchschnittsnote der Schüler (abhängige Variab-

---

[84] Fähigkeit, sich mit der beruflichen Arbeitswelt auseinanderzusetzen und sich ihr anzupassen (Röhr-Sendlmeier & Kröger, 2014).
[85] Die Verteilung schulischer und beruflicher Bildungsabschlüsse unter den Müttern der Stichprobe entsprach in etwa der Verteilung unter Müttern oder Vätern minderjähriger Kinder der bundesdeutschen Bevölkerung (Bergold et al., 2014; vgl. Statistisches Bundesamt, 2014f, S. 81). Bergold et al. (2014) weisen darauf hin, dass sowohl in der entsprechenden Elternkohorte der Grundgesamtheit als auch in ihrer Stichprobe die Männer in der Regel besser ausgebildet waren als ihre Frauen.

len). Je höher die Schulbildung einer Mutter, desto besser war die Durchschnittsnote ihrer Tochter oder ihres Sohnes ($F_{(3, 602)}$ = 4,10, p = .007, η^2 = .020). Die berufliche Bildung der Mütter hatte signifikant positive Bedeutung für die Berufswahlbereitschaft der Kinder ($F_{(3, 602)}$ = 4,03, p = .007, η^2 = .020). Weitere Analysen ergaben, dass diese Zusammenhänge insbesondere für Haupt- und Realschüler gegeben waren.

Die vorgestellten Studien belegen erneut, dass der sozio-ökonomische Status des Elternhauses ein wesentlicher Faktor bei der Entwicklung kognitiver Fähigkeiten von Kindern ist. Insbesondere die Mütter scheinen durch sozial-emotionale Fähigkeiten, Bildung und Berufstätigkeit Unterschiede zwischen den Kindern zu befördern. Väter spielen seltener eine Rolle, wobei sie natürlich den sozio-ökonomischen Status insgesamt mitbestimmen.

Zusammenfassend lässt sich für die Bedeutung frühkindlicher Betreuung für kognitive Fähigkeiten festhalten, dass durchaus Effekte nachweisbar waren, wenn auch häufig in moderatem Ausmaß. Ein früher Betreuungsbeginn, mindestens vor dem sechsten Lebensjahr, eher noch innerhalb des ersten Lebensjahres, wirkte sich in den meisten Studien positiv auf die Entwicklung kognitiver Fähigkeiten aus (Andersson, 1992; Beckett et al., 2006; Cunha et al., 2010a; Groos & Jehles, 2015). Lediglich Lucas-Thompson et al. (2010) konnten in ihrer Meta-Analyse bei einer Rückkehr der Mutter ins Berufsleben innerhalb des ersten Lebensjahres einen kleinen negativen Effekt entdecken, bestätigten danach aber positive Effekte. Analog zu den positiven Befunden beim Betreuungsalter wirkte in der Regel auch eine längere Betreuungsdauer (in Monaten) positiv (Schlotter & Wößmann, 2010; Schütz et al., 2008; Sylva et al., 2014) und die Betreuungsqualität war ebenfalls ein positiver Faktor bei der Entwicklung kognitiver Fähigkeiten (Burger, 2010; Peisner-Feinberg et al., 1999b; Röhr-Sendlmeier & Rauch-Redeker, 2009; Schweinhart et al., 2005; Schweinhart & Weikart, 1997; Sylva et al., 2014; Tietze et al., 1999; Vandell et al., 2010).

2.3.2 Sozial-emotionale Fähigkeiten

Sozial-emotionalen oder nicht-kognitiven Fähigkeiten werden die psychologischen Charakteristika eines Individuums zugeordnet, die Interaktionen mit anderen und eigene Emotionen steuern. Intelligenz wird in den meisten Artikeln, die dieser Arbeit zu Grunde liegen, theoretisch getrennt betrachtet, wobei dies empirisch nicht immer sauber zu bewerkstelligen ist (vgl. Heckman, 2011). So wie bei der Messung von Intelligenz der Einfluss sozial-emotionaler

Fähigkeiten nicht gänzlich ausgeschlossen werden kann, sind Testergebnisse zu sozial-emotionalen Fähigkeiten nicht frei vom Einfluss der Intelligenz eines Individuums. Dies stellt hier allerdings kein Hindernis dar, da erstens grundsätzlich positive Entwicklungen in kognitiven und sozial-emotionalen Fähigkeiten durch Kinderbetreuung erwünscht sind und aus diesem Grund eine genaue Aufteilung des Effekts zwar höchst interessant, aber nicht zwingend erforderlich ist. Zweitens wurden innerhalb der vorgestellten Studien in der Regel dieselben Messinstrumente für alle Probanden angewendet, so dass die Entwicklung innerhalb der Stichproben vergleichbar bleibt. Ferner wurde in einigen Studien neben den sozial-emotionalen Fähigkeiten der IQ erfasst, wodurch Veränderungen der Intelligenz parallel zu Veränderungen sozial-emotionaler Fähigkeiten berücksichtigt werden können. In den folgenden Abschnitten wird analog zu den vorausgegangenen zunächst die Relevanz sozial-emotionaler Fähigkeiten besprochen (Abschnitt 2.3.2.1), gefolgt von den Rollen des Alters bei Betreuung (2.3.2.2), der Dauer einer Betreuung (2.3.2.3) und der Qualität der Betreuung (2.3.2.4) sowie der Bedeutung anderer Faktoren für sozial-emotionale Fähigkeiten (2.3.2.5).

2.3.2.1 Relevanz sozial-emotionaler Fähigkeiten

Schon Alfred Binet, Entwickler des Binet-Simon-Tests zur Messung kindlicher Intelligenz, war sich Anfang des 20. Jahrhunderts bewusst, dass akademische Leistungen nicht allein der Intelligenz eines Kindes entspringen: „[Performance in school] admits of other things than intelligence; to succeed in his studies, one must have qualities which depend on attention, will, character; for example a certain docility, a regularity of habits, and especially continuity of effort. A child, even if intelligent, will learn little in class if he never listens, if he spends his time in playing tricks, in giggling, is playing truant." (Binet & Simon, 1916). Der Effekt sozial-emotionaler Fähigkeiten ist jedoch nicht auf akademische Leistungen beschränkt. In verschiedenen Studien fanden sich beispielsweise Auswirkungen auf Einkommen, beruflichen Erfolg, Gesundheit, Kriminalität, und gesellschaftliche Partizipation von Probanden. Im Folgenden werden einige davon vorgestellt.

Bei der Interpretation der folgenden Ergebnisse sollte beachtet werden, dass auf den ersten Blick kleine bis moderate Effektgrößen zwischen .10 und .40 in der psychologischen Forschung und anderen Disziplinen, die den Menschen erforschen (z.B. Medizin), durchaus normal sind (Meyer et al., 2001; Roberts et al., 2007). Roberts et al. (2007) führen ferner aus, dass auch kleine

Effekte von großer Relevanz sein können, weil sie z.B. auf lange Sicht Einfluss nehmen (z.B. Bildungsentscheidungen) oder bei großen Gruppen eine nennenswerte Zahl fataler Szenarien verhindern (z.B. Herzinfarkte oder Schlaganfälle).

Ähnlich wie in der Meta Analyse von Poropat (2009) konnten Almlund et al. (2011) einen wesentlichen Zusammenhang zwischen dem Big Five Faktor Gewissenhaftigkeit und Schulleistungen nachweisen. Die Autoren untersuchten im deutschen Sozio-oekonomischen Panel die Wellen der Jahre 2004 bis 2008 auf Auswirkungen der Big Five und Intelligenz auf die Anzahl erfolgreich abgeschlossener Schuljahre (Almlund et al., 2011). Der Regressionskoeffizient des Faktors Gewissenhaftigkeit war größer als der flüssiger oder kristalliner Intelligenz und mindestens 3,5 mal so groß wie die der anderen Big Five.

Auch Heckman und Masterov (2007) wiesen darauf hin, dass sozial-emotionale Fähigkeiten bei akademischen Leistungstests eine Rolle spielen. IQ Testergebnisse von Interventions- und Kontrollgruppe im High/Scope Perry Preschool Program fielen während und kurz nach der Intervention zwar zu Gunsten der Interventionsgruppe aus (Heckman & Masterov, 2011). Sie näherten sich aber bis zum zehnten Lebensjahr wieder einander an und lagen schließlich auf einem Niveau, wobei die Interventionsgruppe die größten Einbußen bei den Ergebnissen zu verzeichnen hatte (ebd.). Die Kinder der Interventionsgruppe erzielten trotz gleichen IQs jedoch auch nach dem zehnten Lebensjahr signifikant bessere Ergebnisse in akademischen Leistungstests, verbrachten weniger Zeit im Sonderunterricht und schlossen signifikant häufiger erfolgreich die High School ab (ebd.). Ferner waren die Kinder der Interventionsgruppe mit 40 Jahren signifikant häufiger beruflich beschäftigt (76% ggü. 62%), verdienten signifikant mehr ($20.800 ggü. $15.300 durchschnittliches Jahreseinkommen) und ihre Kriminalitätsrate war signifikant niedriger (36% ggü. 52% mehr als fünfmal festgenommen und 28% ggü. 52% jemals zu Gefängnisstrafen verurteilt) (Schweinhart et al., 2005). Da sich die IQs der Gruppen nach dem zehnten Lebensjahr nicht mehr wesentlich unterschieden und der sozio-ökonomische Status der Teilnehmer in ihrer Jugend sehr ähnlich war, werden Unterschiede in sozial-emotionalen Fähigkeiten eine wesentliche Rolle gespielt haben (Heckman & Masterov, 2007).

In einer Meta Analyse von 117 Studien zur Bedeutung der Big Five für den beruflichen Erfolg war ebenfalls Gewissenhaftigkeit mit deutlichem Abstand der einflussreichste Faktor (Barrick & Mount, 1991). Die Autoren verwendeten insgesamt 162 Stichproben, bildeten fünf Berufsgruppen und errechneten die Korrelationen der Persönlichkeitsfaktoren mit objektiven und subjektiven Erfolgsparametern. Auf Gewissenhaftigkeit mit einem durchschnittlichen Korrelationskoeffizienten von .22 über alle fünf Berufsgruppen folgte mit großem Abstand Extraversion (.13) und darauf Neurotizismus (.08), Verträglichkeit (.07) und Offenheit (.04). Extraversion und Offenheit wiesen allerdings mit Gewissenhaftigkeit vergleichbar hohe Korrelationskoeffizienten mit Trainingsleistungen auf, einer Untergruppe der beruflichen Erfolgsparameter. Die Koeffizienten lagen bei .26 (Extraversion), .25 (Offenheit) und .23 (Gewissenhaftigkeit). Gewissenhaftigkeit spielte in dieser Analyse insgesamt die größte Rolle, wobei in einzelnen Bereichen andere Faktoren durchaus auf gleichem Niveau lagen. Die Bedeutung sozial-emotionaler Fähigkeiten für den beruflichen Erfolg konnte jedenfalls nachgewiesen werden.

Heckman (2008) bestätigte anhand der Einkommensunterschiede zwischen High School Absolventen und Personen mit GED ebenfalls, dass sozial-emotionale Fähigkeiten im Berufsleben eine wesentliche Rolle spielen. In den USA wird ein GED als Äquivalent zu einem High School Abschluss betrachtet und kann durch Bestehen eines Tests erworben werden, wenn die reguläre Schulbildung vor Erwerb des High School Abschlusses beendet wurde (Heckman, 2008). Personen mit GED haben also nachträglich bewiesen, dass sie die akademischen Leistungen von High School Absolventen erbringen können. Ihre kognitiven Fähigkeiten, gemessen mit dem Armed Forces Qualification Test, unterschieden sich auch kaum (Heckman, 2008; Heckman, Hsee & Rubinstein, 2001). Trotz ähnlicher kognitiver Fähigkeiten verdienten Personen mit GED allerdings nicht soviel wie High School Absolventen (ohne einen weiterführenden College Abschluss), sondern erwirtschafteten Einkünfte vergleichbar mit denen von High School Abbrechern ohne GED (Heckman, 2008; Heckman & LaFontaine, 2006, 2008). Heckman (2008) führte diesen Unterschied auf geringere sozial-emotionale Fähigkeiten zurück.

Roberts et al. (2007) fanden in ihrer Meta Analyse von Langzeitstudien signifikante Korrelationen zwischen drei der Big Five und der Wahrscheinlichkeit einer Scheidung. Die Koeffizienten von Neurotizismus (.17), Verträglichkeit (-.18) und Gewissenhaftigkeit (-.13) übertrafen alle deutlich den des sozioökonomischen Status (-.05) (Roberts et al., 2007). In allen Fällen gaben die Autoren zu bedenken, dass die von ihnen untersuchten Studien zu sozioökonomischem Status in der Regel auf erheblich größere und repräsentative Stichproben zurückgreifen konnten, was bei den Studien zu Persönlichkeitsmerkmalen in der Regel nicht der Fall war. Dennoch fanden sich über mehrere Studien hinweg Korrelationen zwischen sozial-emotionalen Fähigkeiten und der Scheidungswahrscheinlichkeit.

Eine erhebliche Bandbreite an Auswirkungen unterschiedlicher sozialemotionaler Fähigkeiten konnten auch Heckman et al. (2011) in einer Stichprobe der NLSY79 finden. Sie betrachteten lediglich männliche Teilnehmer und konnten auf eine Stichprobe von 2.242 Teilnehmern zurückgreifen (Heckman et al., 2011). Mit ihrem Modell bildeten die Autoren die Auswirkungen kognitiver und sozial-emotionaler Fähigkeiten auf Bildungsentscheidungen, beruflichen Erfolg, physische und psychische Gesundheit und soziale Indikatoren ab. Dabei untersuchten sie die Auswirkungen auf jeder Stufe einer möglichen Bildungslaufbahn, also z.B. für einen High School Absolventen, einen College Absolventen oder einen Teilnehmer mit GED als letztem Abschluss. Wie bereits vorher durch Heckman (2008) berichtet, lagen die kognitiven Fähigkeiten von GEDs auf dem Level von High School Absolventen, ihre sozial-emotionalen Fähigkeiten allerdings auf dem Niveau von High School Abbrechern. GEDs waren außerdem die einzige Gruppe, für die sozialemotionale Fähigkeiten weder den Schulnotenschnitt noch weitere Bildungsentscheidungen (z.B. den Besuch eines College) vorhersagten. Ferner hatten sozial-emotionale Fähigkeiten signifikante Auswirkungen auf Alkoholismus bei College Studenten (ohne Abschluss) und College Absolventen sowie auf Adipositas bei College Studenten. Wenn die Autoren unterschiedliche Bildungsabschlüsse bei der Analyse außer Acht ließen, fanden sie signifikante Auswirkungen sozial-emotionaler Fähigkeiten auf die Scheidungswahrscheinlichkeit und die Wahlbeteiligung bei den Teilnehmern.

Die Auswirkungen sozial-emotionaler Fähigkeiten auf die Gesundheit konnten auch Kubzansky et al. (2009) nachweisen. Sie untersuchten eine Stichprobe von 569 Teilnehmern der Providence Kohorte des National Collaborative Perinatal Project (NCPP), welches in den späten Fünfziger Jahren in den USA durchgeführt worden war. Die Teilnehmer waren im Alter von sieben Jahren durch Psychologen intensiv in 15 Verhaltensbereichen getestet worden. Davon fanden drei Eingang in die Studie von Kubzansky et al. (2009). Der erste war Attention, welcher als Konzentrationsfähigkeit auf eine Aufgabe und Durchhaltefähigkeit beim Lösen von Problemen definiert war. Distress-Proneness stand für gefühlsgeleitete, negative Reaktionen und Behavioral Inhibition für Schüchternheit, Zurückgezogenheit und Kommunikationsprobleme der Kinder. Im Alter von 35 Jahren machten die Teilnehmer Angaben zu ihrer Gesundheit während der letzten zwölf Monate und gaben an, ob bei ihnen in der Vergangenheit bereits eine schwere Krankheit (Herzleiden, Diabetes, Krebs, Asthma, Arthritis, Schlaganfall, blutendes Geschwür, Tuberkulose oder Hepatitis) diagnostiziert worden war.

In linearen Regressionsanalysen mit Kontrollvariablen zu Geschlecht, Ethnizität, sozio-ökonomischem Hintergrund bei Geburt, einem Dummy für eine Lernbehinderung und der Gesundheit im Kindesalter hatten Attention und Distress-Proneness im Alter von sieben Jahren signifikante Vorhersagekraft für die generelle Gesundheit und die Anzahl an bisher diagnostizierten schweren Krankheiten mit etwa 35 Jahren (Kubzansky et al., 2009). Attention war positiv mit der Gesundheit assoziiert (.12; $p < .05$) und dazu passend negativ mit der Anzahl an schweren Krankheiten (-.09; $p < .01$). Bei Distress-Proneness hingegen ergab sich ein gegenteiliges Bild: Negativer Koeffizient im Modell mit der Gesundheit (-.15; $p < .07$) und positiver im Modell mit der Anzahl schwerer Krankheiten (.07; $p < .1$). Behavioral Inhibition hatte keinerlei signifikante Bedeutung und die einzige sonstige Variable mit signifikanten Koeffizienten war das Geschlecht, dessen Koeffizienten in allen Regressionsanalysen zur Gesundheit zwischen -.27 und -.26 (p jeweils kleiner als .01) und in allen Analysen zur Anzahl schwerer Krankheiten zwischen .20 und .21 (p jeweils kleiner als .01) lagen. Frauen hatten also in der Regel eine schlechtere Gesundheit und mehr diagnostizierte schwere Krankheiten angegeben.

Bei der Einordung der Ergebnisse von Kubzansky et al. (2009) spielt natürlich eine Rolle, dass die Teilnehmer mit 35 Jahren selbst Auskunft über ihre Gesundheit gaben und damit die Gefahr einer subjektiven Einfärbung der Ergebnisse besteht. Allerdings bliebe selbst dann mindestens ein nachweisbarer Effekt sozial-emotionaler Fähigkeiten im Alter von sieben Jahren auf die selbst wahrgenommene Gesundheit mit 35 Jahren und bei den diagnostizierten schweren Krankheiten liegt darüber hinaus eine subjektive Verfälschung fern. Es könnte höchstens sein, dass Teilnehmer trotz Beschwerden nicht zum Arzt gegangen sind und die Symptome einer schweren Krankheit verdrängt haben. Dies ist bei Betrachtung der Liste der in der Untersuchung als schwer klassifizierten Krankheiten allerdings auf Dauer kaum vorstellbar.

2.3.2.2 Die Rolle des Alters beim Erwerb sozial-emotionaler Fähigkeiten

Ebenso wie bei kognitiven Fähigkeiten spielt das Alter bei der Entwicklung sozial-emotionaler Fähigkeiten eine wichtige Rolle. Allerdings sind die Ergebnisse nicht so eindeutig, wie bei Studien zu kognitiven Fähigkeiten. Kinder scheinen zwar in jungen Jahren von der Förderung ihrer sozialemotionalen Fähigkeiten zu profitieren, die Effekte sind aber selten groß und teilweise kleiner als z.b. in der Grundschulzeit (Cunha et al., 2010a). Die Untersuchung sozial-emotionaler Fähigkeiten bringt als Herausforderung mit sich, dass es eine Vielzahl messbarer Verhaltensweisen gibt und dadurch kaum eine Studie in der Lage ist, den Gesamtkomplex sozial-emotionaler Fähigkeiten zu untersuchen. Studien zu kognitiven Fähigkeiten können sich hingegen auf den IQ oder akademische Leistungen konzentrieren. Im Folgenden werden einige Studien zur Rolle des Alters auf die Entwicklung sozialemotionaler Fähigkeiten vorgestellt.

In einer der seltenen deutschen Untersuchungen zu dem Thema bediente sich Schlotter (2011) einer Stichprobe von 875 Kindern aus dem Kinderpanel des Deutschen Jugendinstituts. Die Kinder wurden zwischen Oktober 1996 und September 1997 geboren und 97% besuchten vor der Schule einen Kindergarten. Es lagen Daten zum sozio-ökonomischen Hintergrund, dem Kindergarteneintrittsmonat und -jahr und der Dauer des Kindergartenbesuchs vor und die Mütter machten Angaben zu den Fähigkeiten der Kinder, im Alter von fünf bis sechs Jahren Freundschaften zu schließen und sich durchzusetzen. In multivariaten Analysen[86] mit Kontrollvariablen zu sozioökonomischem Status, Geschlecht und der Dauer des Kindergartenbesuchs hatte ein früheres Kindergarteneintrittsalter signifikant positive Auswirkungen auf beide Fähigkeiten. Jeder Monat, den Kinder früher in den Kindergarten gingen, erhöhte die Wahrscheinlichkeit, von der eigenen Mutter die Fähigkeit, leicht Freundschaften schließen zu können, attestiert zu bekommen, um 5,6 Prozentpunkte (p < .01) und die Wahrscheinlichkeit eines hohen Durchsetzungsvermögens (ebenfalls konstatiert durch die Mutter) um 4,4 Prozentpunkte (p < .05).

Den Erfolg des amerikanischen Early Head Start Programms für die Förderung sozial-emotionaler Fähigkeiten von Kindern unter drei Jahren konnten Love et al. (2005) in einer Untersuchung von 3.001 Familien bestätigen. Early Head Start bietet Familien mit niedrigem Einkommen Kinderbetreuungsmöglichkeiten bis zum Alter von drei Jahren an (Love et al., 2005). Die angebotenen Leistungen sind denen des Head Start Programms sehr ähnlich, nur auf jüngere Kinder ausgerichtet. Über 17 Early Head Start Center aus unterschiedlichen Regionen der USA wurden Teilnehmer gewonnen und zufällig

---

[86] Für die abhängige Dummyvariable „Freundschaft" verwendete Schlotter (2011) eine Probit Regression und für die Variable „Durchsetzungsfähigkeit" mit vier Kategorien eine Maximum Likelihood Schätzung.

der Interventions- (n = 1.513) und der Kontrollgruppe (n = 1.488) zugeordnet. Teilnehmer der Kontrollgruppe durften keine Early Head Start Angebote nutzen, durchaus aber andere Betreuungsdienstleistungen. Teilnehmer der Interventionsgruppe nahmen Early Head Start Angebote im Durchschnitt zwischen 20 und 23 Monate in Anspruch. Entwicklungsmessungen wurden am Ende des Programms, die Kinder waren im Durchschnitt 37,4 Monate alt, durchgeführt. Zu diesem Zeitpunkt füllten die Eltern der Kinder unter anderem eine Subskala der Child Behavior Checklist (CBCL; Achenbach & Rescorla, 2000) mit 19 Items zu aggressivem Verhalten aus (Love et al., 2005). Darüber hinaus werteten die Autoren eine per Video aufgezeichnete, semistrukturierte Spielsituation zwischen einem Elternteil und dem Kind mit Blick auf die Aufmerksamkeitsspanne und –qualität des Kindes und seinen Interaktionsgrad mit dem Elternteil aus. Die Ergebnisse der Interventionsgruppe waren signifikant besser, allerdings mit relativ geringen Unterschieden. Das Verhalten der Kinder wurde von ihren Eltern als weniger aggressiv bewertet (10,6 ggü. 11,3 Punkte; p < .05)[87] und sowohl die gemessene Aufmerksamkeit (5,0 ggü. 4,8; p < .01) als auch die Interaktion mit dem Elternteil wurden besser bewertet (4,8 ggü. 4,6; p < .01)[88]. Die Effektgrößen (Effekt/Standardabweichung der Kontrollgruppe) lagen bei -.11 (aggressives Verhalten), .16 (Aufmerksamkeit) und .20 (Elterninteraktion). Auch wenn die Effektgrößen klein sind, zeigen sie doch schon früh im Leben der Kinder signifikante Entwicklungsunterschiede auf. Insgesamt fanden die Love et al. (2005) zusätzlich zu den sozial-emotionalen weitere signifikante Vorteile der frühen Teilnahme an Early Head Start für die Entwicklung kognitiver Fähigkeiten und die Qualität der elterlichen Betreuung.

In ihrer Untersuchung der Children of the NLSY79 Studie (CNLSY79; siehe Abschnitt 2.3.1.2) fanden Cunha et al. (2010a) einen wesentlich stärkeren Nutzen elterlicher Förderung in der zweiten Phase der Untersuchung, in der die Kinder zwischen 6 und 14 Jahre alt waren. In Phase 1 (Geburt bis fünf oder sechs Jahre) lag der Koeffizient[89] der Förderung sozial-emotionaler Fähigkeiten bei .021 (p < .05) und später bei .055 (p < .01). Eine Förderung in Phase 2 war demnach erheblich wirkungsvoller als in Phase 1. Die Eigenproduktivi-

---

[87] Die Skala zu aggressivem Verhalten hatte ein Maximum von 38 Punkten (Love et al., 2005).
[88] Die Skalen für Aufmerksamkeit und Elterninteraktion reichten von eins bis sieben (Love et al., 2005).
[89] Die Koeffizienten geben den Effekt eines Prädiktors auf die Anzahl an abgeschlossenen Schuljahren eines Kindes im Alter von 19 Jahren an. Ein Koeffizient von 1 steht für ein zusätzlich abgeschlossenes Schuljahr pro Einheit des zugehörigen Prädiktors (Cunha et al., 2010a).

Sozial-emotionale Fähigkeiten

tät[90] stieg ebenfalls an, wenn auch nicht in gleichem Maße. In Phase 1 lag ihr Koeffizient bei .526 (p < .01) und in Phase 2 bei .748 (p < .01). Im Gegensatz zu kognitiven Fähigkeiten wurde es mit zunehmendem Alter der Kinder also leichter, ihre sozial-emotionalen Fähigkeiten zu fördern. Trotzdem war eine frühe Förderung nicht vergebens, insbesondere weil die spätere Entwicklung gut darauf aufbauen konnte.

Anders als bei kognitiven Fähigkeiten, bei denen sie geringe negative Effekte mütterlicher Berufstätigkeit im ersten Lebensjahr auf akademische Testleistungen gefunden hatten[91], fanden Lucas-Thompson et al. (2010) in ihrer Meta-Analyse keine entsprechenden signifikanten Effekte für sozial-emotionale Fähigkeiten. Der Effekt mütterlicher Berufstätigkeit war in den ersten sechs Lebensjahren unabhängig vom genauen Zeitpunkt der Wiederaufnahme. Hier ist allerdings zu beachten, dass in der Analyse die Berufstätigkeit der Mutter nicht zwangsläufig mit einer Fremdbetreuung des Kindes verbunden war (Lucas-Thompson et al., 2010).

2.3.2.3 Die Rolle der Dauer der Förderung beim Erwerb sozial-emotionaler Fähigkeiten

Anders als in Abschnitt 2.3.1.3 zur Rolle der Dauer der Förderung beim Erwerb kognitiver Fähigkeiten beziehen sich die folgenden Untersuchungen nicht auf die gesamte Betreuungsdauer (in Monaten oder Jahren), sondern auf die Betreuungsdauer in Stunden pro Woche. Dies ist einem Mangel an entsprechenden Studien zur gesamten Betreuungsdauer geschuldet.

Belsky et al. (2007) nutzten die Stichprobe von 1.346 Kindern der NICHD Studie, um unter anderem die Auswirkungen der Dauer von externer Kinderbetreuung[92] (in Stunden pro Woche) auf die sozial-emotionale Entwicklung zu untersuchen. Der Untersuchungszeitraum erstreckte sich von der Geburt bis zum zwölften Lebensjahr (6. Klasse) der Kinder und die sozial-emotionale Entwicklung war durch Einschätzungen der Lehrer erfasst worden. Lehrer bewerteten ihre Schüler in den fünf Bereichen Soziale Fähigkeiten, Verhaltensprobleme, Konflikte mit Lehrer/in, Arbeitsgewohnheiten und sozial-emotionale Fähigkeiten.[93] In einer hierarchischen, linearen Regressions-

---

[90] Eigenproduktivität ist der Effekt bereits vorhandener sozial-emotionaler Fähigkeiten auf die Entwicklung neuer sozial-emotionaler Fähigkeiten (Cunha et al., 2010a).
[91] Siehe Abschnitt 2.3.1.2.
[92] Externe Betreuung umfasste in der Untersuchung jegliche Art nicht-mütterlicher Betreuung, die mindestens zehn Stunden in der Woche genutzt worden war, also auch Betreuung durch den Vater oder Großeltern (Belksy et al., 2007).
[93] Siehe Belsky et al. (2007), S. 687 für eine genaue Beschreibung der verwendeten Instrumente.

analyse fanden die Autoren lediglich für Verhaltensprobleme und Konflikte mit Lehrer/in signifikante Koeffizienten, die allerdings klein waren und mit zunehmendem Alter insignifikant wurden. Der Koeffizient des Interaktionsterms zwischen Betreuungsstunden[94] und Alter der Kinder lag für Verhaltensprobleme bei -.012 ($p < .001$) und für Konflikte mit Lehrer/in bei -.009 ($p < .001$). Mit zunehmendem Alter der Kinder nahmen also die durch Lehrer berichteten Verhaltensprobleme ab. Beide Koeffizienten waren im Alter von 54 Monaten signifikant positiv, in der 6. Klasse dann jedoch negativ und nicht mehr signifikant. Einzige Ausnahme war die Betreuung in Kindertagesstätten (center care). Kindern, die bis zum 54. Lebensmonat mehr Zeit in Kindertagesstätten verbracht hatten, attestierten Lehrer bis in die 6. Klasse hinein mehr Verhaltensprobleme als Kindern, die weniger Zeit in Kindertagesstätten verbracht hatten. Der Koeffizient lag bei 2,87 ($p < .05$) und der entsprechende Interaktionsterm mit dem Alter war insignifikant. Die Effektgröße betrug in der 6. Klasse .08.[95]

In einer weiteren Analyse des NICHD Datensatzes konnten van IJzendoorn et al. (2003) ebenfalls negative Effekte externer Betreuung im frühen Kindesalter finden (Linting & van IJzendoorn, 2009). Der wesentliche Unterschied in ihrer Untersuchung war die Definition externer Kinderbetreuung (ebd.). Anders als in den meisten NICHD Studien, in denen auch Betreuung durch den Vater oder durch Großeltern als externe Kinderbetreuung zählte, definierten sie externe Kinderbetreuung einmal als nicht-elterliche Betreuung, ohne Betreuung durch die Väter, und einmal als nicht-familiäre Betreuung, ohne Betreuung durch Väter oder Großeltern. Die Autoren konnten den in der NICHD Studie (NICHD, 2002b) gefundenen Effekt auf Verhaltensprobleme und Aggression im Alter von 54 Monaten zwar nur für nicht-familiäre Betreuung bestätigen, der Koeffizient war mit .25 aber größer als in der NICHD Studie (.16; $p < .01$; NICHD, 2002b).[96]

Die in den Studien zum NICHD Datensatz gefundenen Effekte der Betreuungsdauer auf sozial-emotionale Fähigkeiten waren klein und wurden fast alle mit zunehmendem Alter der Kinder insignifikant. Einzig die in Kinderta-

---

[94] Es handelte sich hier um die geschätzten Betreuungsstunden im Alter von 27 Monaten (Belsky et al., 2007).
[95] Die Autoren berechneten die Effektgröße als Produkt des geschätzten Koeffizienten mit der Standardabweichung der zugehörigen unabhängigen Variable, geteilt durch die Standardabweichung der abhängigen Variable (Belsky et al., 2007).
[96] Linting und van IJzendoorn (2009) stellen die Ergebnisse aus dem unveröffentlichten Aufsatz von van IJzendoorn et al. (2003) dar. Dabei fehlen Angaben zu Signifikanz, Effektgröße und verwendeten Kontrollvariablen. Da die Autoren allerdings auf unterschiedliche statistische Vorgehensweisen zur Absicherung des Ergebnisses von van IJzendoorn et al. (2003) verweisen, ist davon auszugehen, dass alle relevanten Kontrollvariablen des NICHD Datensatzes zum Einsatz kamen und es sich um statistisch signifikante Ergebnisse handelt.

gesstätten verbrachte Zeit hatte nachhaltige Auswirkungen, die mit zunehmendem Alter nicht insignifikant wurden (Belsky et al., 2007). Weitere nennenswerte Studien außerhalb des NICHD Datensatzes zur Rolle der Dauer frühkindlicher Betreuung für sozial-emotionale Fähigkeiten sind mir nicht bekannt und Belsky (2009) zog ebenfalls in Zweifel, ob andere Datensätze es überhaupt gestatten, solche Untersuchungen durchzuführen, da die entsprechenden Daten zur Betreuungsdauer und den sozial-emotionalen Entwicklungen fehlten. Dabei wirft er außerdem eine interessante Hypothese auf. Es könne sein, dass mit zunehmendem Alter der Kinder nicht die Verhaltensprobleme und die Aggressivität der länger extern betreuten Kinder abnahmen, sondern vielmehr durch Einflussnahme dieser Gruppe die Verhaltensprobleme und die Aggressivität der anderen, zuvor wenig oder gar nicht extern betreuten Kinder, zunahm und daher keine messbaren Unterschiede mehr auftraten (Belsky, 2009). Dann wären die Effekte größer als bisher empirisch nachgewiesen und externe Kinderbetreuung würde sogar die Kinder negativ betreffen, die sie kaum oder gar nicht in Anspruch genommen haben (ebd.). Da der NICHD Datensatz allerdings keine Daten zu den Schulklassen und ihrer Zusammensetzung enthält, lässt er eine Überprüfung der Hypothese nicht zu (ebd.).

Linting und van IJzendoorn (2009) bestätigen dies in ihrer Diskussion der Hypothese von Belsky (2009) und weisen ferner darauf hin, dass der NICHD Datensatz zwar groß, in Bezug auf Betreuungsqualität und sozioökonomischen Hintergrund der Kinder jedoch nicht repräsentativ ist. Geringe Betreuungsqualität ist im Datensatz kaum vertreten und der sozioökonomische Status der meisten Kinder liegt über dem des Bevölkerungsdurchschnitts (Linting & van IJzendoorn, 2009). Ebenso unterscheidet sich die Kinderbetreuung in den USA häufig von der in anderen Ländern, insbesondere die durchschnittliche Betreuungsdauer von 37 Stunden pro Woche (ebd.). Es bedarf also dringend weiterer Untersuchungen, um die langfristigen Effekte der Betreuungsdauer auf sozial-emotionale Fähigkeiten von Kindern quantifizieren zu können.

2.3.2.4 Die Rolle der Qualität der Förderung beim Erwerb sozial-emotionaler Fähigkeiten

Die einfache Frage, ob Kinderbetreuung per se gut oder schlecht für die Entwicklung sei, hat Belsky (2009) bereits als veraltet bezeichnet. Vielmehr sind die genauen Betreuungsbedingungen und die dahinter liegenden Wirkungsmechanismen von Interesse (Belsky, 2009). Der Verlust eines Elternteils oder Armut führen ebenfalls nicht zwangsläufig zu mentalen Fehlentwicklungen bei Kindern (Rutter, 2002). Entscheidend ist vielmehr, ob die Betreuungsqualität der Eltern oder das Familienleben negativ von diesen Ereignissen bzw. Rahmenbedingungen betroffen sind (ebd.). Man kann daher annehmen, dass auch bei Kinderbetreuung die Qualität bei der Entwicklung sozial-emotionaler Kompetenzen eine Rolle spielt und externe Betreuung nicht per se problematisch oder hilfreich ist. Die folgenden Studien unterstützen diese These, wobei nach wie vor noch viel Raum für weitere Untersuchungen bleibt.

In der bereits in Abschnitt 2.3.1.5 näher erläuterten NICHD Studie (NICHD, 2002a) fanden die Autoren signifikante Effekte der Betreuungsqualität auf die sozial-emotionalen Fähigkeiten der Kinder (bewertet durch ihre Betreuer). In beiden Strukturgleichungsmodellen, das erste mit der Ausbildung des Betreuungspersonals und das zweite mit dem Betreuungsschlüssel als Variable der Strukturqualität, waren die Pfadkoeffizienten von der Betreuungsqualität zu den sozial-emotionalen Kompetenzen signifikant positiv und lagen bei .15 ($p < .001$) (NICHD, 2002a). Die Ausbildung des Betreuungspersonals hatte einen signifikant positiven Effekt auf die Betreuungsqualität (.19; $p < .001$) und ihr indirekter Effekt über die Betreuungsqualität lag bei .017 ($p < .01$). Der Pfadkoeffizient des Betreuungsschlüssels zur Betreuungsqualität war signifikant negativ (-.10; $p < .01$)[97] und der indirekte Effekt über die Betreuungsqualität betrug -.004 ($p < .05$). Beide waren demnach in der Studie wesentliche Faktoren der Betreuungsqualität, die wiederum eine signifikant positive Bedeutung für sozial-emotionale Fähigkeiten hatte.

In der Studie von Schweinhart und Weikart (1997) zu Auswirkungen unterschiedlicher Curricula in der Kinderbetreuung (siehe Abschnitt 2.3.1.4) fanden die Autoren insbesondere Gruppenunterschiede im sozial-emotionalen Bereich. Mitglieder der Direct Instruction (DI) Gruppe waren häufiger überhaupt (47% ggü. jeweils 6%) und dann signifikant länger (1,1 ggü. jeweils 0,1 Jahre; $p < .01$) emotional verstört gewesen als Mitglieder der anderen beiden Gruppen (Schweinhart & Weikart, 1997). Mit 23 Jahren lebten sie außerdem signifikant seltener mit einem Ehepartner zusammen als Teilnehmer der High/Scope (HS) Gruppe (0% ggü. 31%; $p < .05$)[98], hatten signifikant seltener als Freiwillige gearbeitet (11% ggü. 43% (HS) und 44% (Nursery School (NS));

---

[97] Mehr Kinder pro Betreuungsperson führten also zu schlechterer Qualität.
[98] Diesen Aspekt muss man nicht zwangsläufig negativ bewerten, immerhin waren die Teilnehmer erst 23 Jahre alt.

p < .05), nannten signifikant mehr Irritationsquellen in ihrem Leben (12 Items, z.B. Vorgesetzte, Polizei, Gerichte, Familienmitglieder) als Teilnehmer der HS-Gruppe (2 ggü. 0,4; p < .05), waren signifikant häufiger von ihrem Arbeitsplatz suspendiert worden als die NS-Gruppe (27% ggü. 0%; p < .05), signifikant häufiger für Diebstähle verhaftet worden als Teilnehmer der HS-Gruppe (0,9 mal ggü. 0 mal; p < .01), signifikant häufiger wegen Straftaten verhaftet worden als die Mitglieder der anderen beiden Gruppen (0,9 mal ggü. 0,2 (HS) und 0,3 mal (NS); p < .05) und mit 15 Jahren hatten sie signifikant mehr Vergehen begangen (Skala mit 18 Items) als die HS-Gruppe (14,9 ggü. 5,9; p < .05).[99] Teilnehmer der HS-Gruppe hatten mit 23 signifikant häufiger an der letzten Präsidentschaftswahl teilgenommen als Teilnehmer der anderen beiden Gruppen (62% ggü. 21% (DI) und 22% (NS); p < .05), allerdings war ihr durchschnittlicher Rangplatz bei der Anzahl an Vergehen mit 23 Jahren signifikant höher als bei Mitgliedern der NS-Gruppe (31,8 ggü. 18,7; p < .05). Insbesondere das DI-Curriculum, welches sich vor allem auf die intellektuelle und kaum auf die sozial-emotionale Förderung konzentrierte, scheint im Vergleich mit den anderen beiden Curricula langfristige Nachteile für die betreuten Kinder und die gesamte Gesellschaft zu haben (Kriminalität, Wahlbeteiligung, freiwillige Hilfe). Die Studienergebnisse weisen wenigstens für die Stichprobe eindeutig nach, dass das Curriculum einen wesentlichen Qualitätsparameter darstellt, der langfristige Auswirkungen hat.

Die Betreuungsqualität, gemessen durch die ECERS, hatte auch in der EPPSE-Studie einen langfristigen, positiven Effekt auf die sozial-emotionale Entwicklung der untersuchten Kinder (Sylva et al., 2014). Die Autoren hatten mit Hilfe eines Lehrerfragebogens zum Verhalten der Schüler im Alter von 16 Jahren und einer anschließenden Faktorenanalyse vier Dimensionen sozialen Verhaltens identifiziert und untersucht. Zwei der Dimensionen waren positiv besetzt (Selbstregulierung und pro-soziales Verhalten) und zwei negativ (Hyperaktivität und asoziales Verhalten). In Regressionsanalysen mit zahlreichen Kontrollvariablen zum sonstigen Hintergrund der Kinder fanden die Autoren kleine, signifikant positive Vorteile hoher gegenüber niedriger Qualität auf pro-soziales Verhalten (Effektstärke[100] = .16) und Hyperaktivität (-.20).[101]

---
[99] In der High/Scope Perry Preschool Studie gaben die Teilnehmer der Kontrollgruppe mit 15 Jahren im Durchschnitt lediglich 7,1 Vergehen an, so dass es für die Teilnehmer der DI-Gruppe mit Blick auf die Zahl der Vergehen womöglich besser gewesen wäre, gar keine Kinderbetreuung zu erhalten als die nach dem DI-Curriculum (Schweinhart & Weikart, 1997).
[100] Veränderung eines Prädiktors relativ zu seiner Standardabweichung (Sylva et al., 2014).
[101] Die Angabe zur Selbstregulierung ist nicht ganz eindeutig. Sylva et al. (2014) sprechen auf Seite 90 ihres Berichts davon, dass die gefundenen signifikanten Effekte alle durchgehend bessere sozial-emotionale Entwicklungen vorhersagten, geben allerdings für Selbstregulierung eine negative Effektstärke von -.14 an. Da

Im Rahmen der ECCE Studie fanden Tietze et al. (1999) in Deutschland jedoch kaum einen zusätzlichen Effekt der Qualität externer Kinderbetreuung auf sozial-emotionale Fähigkeiten von achtjährigen Kindern, nachdem in einem hierarchischen Regressionsmodell vorher Alter und Geschlecht des Kindes sowie die Betreuungsqualität in der Familie als Variablenblöcke aufgenommen worden waren. Die Autoren nutzten zur Erfassung der Sozialkompetenzen der Kinder die Vineland Adaptive Behavior Scale (VABS) und das Classroom Behavior Inventory (CBI) und für die Erfassung der Einstellung der Kinder zu ihrer Schulsituation die Young Children's Feelings About School Measure (FAS). VABS und CBI lagen jeweils in zwei Versionen vor, eine zur Erfassung des Verhaltens in der Schule (ausgefüllt von der Lehrerin/dem Lehrer) und eine zur Erfassung des Verhaltens zu Hause (ausgefüllt durch die Mutter). Die zusätzlich erklärte Varianz in den Ergebnissen war in Österreich bei den Familienversionen von VABS und CBI signifikant und relativ groß (13,1% und 14,9%, p jeweils kleiner als .05). Die vorher durch die Betreuungsqualität in der Familie erklärte Varianz lag auf ähnlichem Niveau. In Deutschland war die zusätzlich durch die Qualität der Kinderbetreuung erklärte Varianz jedoch lediglich für die Schulversion des CBI signifikant und mit 3,7% (p < .05) relativ gering (Tietze et al., 1999). Im spanischen Modell war keiner der zusätzlichen Varianzanteile wenigstens auf dem 5%-Niveau signifikant. Die Unterschiede zwischen den Ländern sind bemerkenswert und unterstreichen erneut, dass Studienergebnisse nur mit äußerster Vorsicht auf andere Regionen oder Populationen übertragen werden können. Die österreichischen Ergebnisse zeigen allerdings, dass die Qualität der Kinderbetreuung einen wesentlichen Beitrag zur Entwicklung sozial-emotionaler Fähigkeiten leisten kann, wobei aus den Ergebnissen nicht ersichtlich ist, ob höhere Qualität zu besseren Ergebnissen führte.

Für die Jahre 1993 und 1994 untersuchte Tietze (1998) mit einer Querschnittsanalyse ebenfalls den Effekt der Betreuungsqualität auf sozialemotionale Fähigkeiten von Kindern im Alter von vier bis fünf Jahren in Deutschland. Die Stichprobe umfasste 422 Kinder aus 103 Betreuungsgruppen aus NRW, Rheinland-Pfalz, Baden-Württemberg, Berlin und Brandenburg. In Bezug auf die Art der besuchten Kinderbetreuungseinrichtung, das Haushaltsnettoeinkommen, den Familienstand (alleinerziehend oder nicht) und der Erwerbstätigkeit der Eltern war die Stichprobe annähernd repräsentativ

---

die Autoren vorher an anderen Stellen ihrer Veröffentlichung eine höhere Selbstregulierung als positiv bezeichneten, ist an dieser Stelle das Ergebnis zweideutig. Eine Kontaktaufnahme mit einer der Autorinnen per E-Mail erbrachte keine zufriedenstellende Erklärung.

Sozial-emotionale Fähigkeiten 83

für Deutschland. Die pädagogische Qualität der Kinderbetreuungseinrichtungen wurde auf den Ebenen Orientierungsqualität, Strukturqualität und Prozessqualität erfasst. Die sozial-emotionalen Fähigkeiten der Kinder wurden mit Hilfe der VABS (Sparrow et al., 1984) und der Skala zur Erfassung des Sozialverhaltens von Vorschulkindern (SESV; Tietze et al., 1981) mit einer Erweiterung (SESV-E)[102] jeweils einmal bei den Müttern und einmal bei einer Betreuungsperson abgefragt (Tietze, 1998).[103] Damit lagen insgesamt vier Bewertungen der sozial-emotionalen Entwicklung der Kinder vor: VABS-Familie, VABS-Einrichtung, SESV-E-Familie und SESV-E-Einrichtung. In einer hierarchischen Regressionsanalyse folgte der Variablenblock zur pädagogischen Qualität (Orientierungs-, Struktur- und Prozessqualität) auf die Blöcke zu Kindesmerkmalen (Alter und Geschlecht, 1. Block) und zur pädagogischen Qualität in der Familie[104] (2. Block). Lediglich für die in den Betreuungseinrichtungen erhobenen sozial-emotionalen Fähigkeiten der Kinder konnte die pädagogische Qualität der Einrichtungen zusätzlich zu den Anteilen der ersten beiden Blöcke einen signifikanten Beitrag zur Varianzaufklärung beisteuern (7,1% (VABS) und 7,7% (SESV-E); p jeweils kleiner als .05). In beiden Modellen lag die insgesamt erklärte Varianz unter einem Drittel (VABS = 29,5%, SESV-E = 20,2%), obwohl weitere Variablen zu Familie und Betreuungseinrichtung (Anzahl Vorschulkinder in der Einrichtung, Sozialstruktur des Wohngebiets, Spielorte im Wohnungsumfeld, Trägerschaft der Einrichtung) sowie ein Ost-West-Dummy mit einflossen. Im Vergleich zur ECCE Studie war der Effekt der Qualität auf die Bewertung sozial-emotionaler Fähigkeiten der Kinder durch ihre Betreuerinnen oder Betreuer zwar deutlich größer, die daraus folgende Interpretation von Tietze (1998), bessere Qualität hätte positive Auswirkungen auf die sozial-emotionale Entwicklung der Kinder gehabt, lassen die angegebenen Daten allerdings nicht zu. Die Ergebnisse der hierarchischen Regressionsanalysen geben keinen Hinweis darauf, in welche Richtung der Effekt der pädagogischen Qualität verlief. Die zusätzlich aufgeklärte Varianz zeigt lediglich, dass Unterschiede zwischen den Kindern zu einem

---

[102] Der Skala sind einige Fragen aus dem Classroom Behavior Inventory (CBI; Schäfer & Edgerton, 1976) hinzugefügt worden (Tietze, 1998).
[103] Siehe Tietze (1998), Kapitel 8.2 (S. 294-301), für Details zu den verwendeten Instrumenten.
[104] Die pädagogische Qualität in der Familie setzte sich ebenfalls aus den drei Bereichen Orientierungsqualität (Entwicklungserwartungen und Erziehungseinstellungen der Mutter), Strukturqualität (Bildungsstatus der Mutter, Kinder im Haushalt, Zimmer pro Person) und Prozessqualität (HOME nach Caldwell und Bradley (1984) und AKFRA-G) zusammen (Tietze, 1998). AKFRA-G ist eine Modifikation der AKFRA Skala von Tietze und sollte mit 11 Items die Häufigkeit der Aktivitäten der Kinder im Haushalt messen, die besonders der elterlichen Interaktion bedürfen (ebd.). Die interne Konsistenz lag lediglich bei .65 (ebd.).

Anteil von 7,1% bis 7,7% durch Unterschiede der Betreuungsqualität erklärt werden konnten.

Wie einleitend bereits erwähnt, gibt es erste Hinweise, dass Qualität bei der Kinderbetreuung Effekte auf die sozial-emotionale Entwicklung hat. Wie stark diese ausfallen und welche konkreten Bedingungen besonders gut oder besonders schlecht sind, muss allerdings noch weiter erforscht werden. Der Betreuungsschlüssel, die Ausbildung des Betreuungspersonals und das Curriculum scheinen lohnende Untersuchungsparameter zu sein. Studien außerhalb von Interventionsprogrammen, die durch besonders umfangreiche und qualitativ gute Betreuung herausstechen, fehlt in der Regel eine ausreichende Bandbreite an Betreuungsqualität, d.h. die Qualitätsunterschiede sind nicht gravierend bzw. es befinden sich für eine Untersuchung zu wenig extrem schlechte oder extrem gute Einrichtungen in den Stichproben.

2.3.2.5 Weitere Faktoren beim Erwerb sozial-emotionaler Fähigkeiten

Neben dem Betreuungsalter, der Betreuungsdauer und der Betreuungsqualität gibt es andere, teilweise erheblich bedeutendere Faktoren bei der Entwicklung sozial-emotionaler Fähigkeiten. Diese werden anhand der Ergebnisse einschlägiger Studien im Folgenden dargelegt.

Die Qualität der mütterlichen Betreuung hatte in der NICHD Studie (NICHD 2002a) beispielsweise eine stärkere Bedeutung als die Qualität externer Betreuung. In beiden untersuchten Strukturgleichungsmodellen fanden die Autoren signifikante Effekte der mütterlichen Betreuungsqualität[105] auf die sozial-emotionale Entwicklung der Kinder (NICHD, 2002a). Die Pfadkoeffizienten lagen mit jeweils .20 (p < .001) über denen der externen Betreuung von jeweils .15 (p < .001) (ebd.).

In der EPPSE Studie war das heimische Umfeld in früher Kindheit ebenfalls ein signifikanter Prädiktor[106] für die sozial-emotionale Entwicklung der Kinder mit 16 Jahren (Sylva et al., 2014). Hohe oder sehr hohe Werte im Early Years Home Learning Environment (HLE) Index gingen gegenüber sehr niedrigen Werten (< 14) mit besseren Bewertungen des Verhaltens der Kinder einher. Für hohe Werte (25-32) stellten die Autoren in ihren Regressionsanalysen signifikant positive Effekte auf Selbstregulierung (Effektstärke = .19) und prosoziales Verhalten (.23) fest. Sehr hohe Werte (33-45) sagten neben Selbstregu-

---

[105] Die Betreuungsqualität der Mütter wurde mit Hilfe der Bewertung strukturierter Spielsituationen, einem Fragebogen zur Erziehungseinstellung und der HOME Skala nach Caldwell und Bradley (1984) erfasst (NICHD, 2002a).
[106] Alle signifikanten Angaben bei Sylva et al. (2014) sind, falls nicht anders erwähnt, auf dem 5%-Niveau signifikant.

lierung (.29) und pro-sozialem Verhalten (.21) noch Hyperaktivität (-.23) signifikant vorher. Weitere signifikante Faktoren waren Verhaltensprobleme in früher Kindheit, der sozio-ökonomische Status und die Ausbildung der Eltern, als die Kinder drei bis fünf Jahre alt waren, sowie der Familienstatus mit 16 Jahren. Zwei oder mehr Verhaltensprobleme in früher Kindheit waren mit signifikant schlechteren Bewertungen der Selbstregulierung (-.44), des pro-sozialen Verhaltens (-.33) und der Hyperaktivität (.38) verbunden. Hatten die Eltern im Alter des Kindes zwischen drei und fünf Jahren den zweitniedrigsten sozio-ökonomischen Status inne[107], hatte dies im Vergleich mit dem höchsten Status erhebliche, signifikant negative Auswirkungen auf alle vier sozial-emotionalen Dimensionen: Selbstregulierung (-.61), pro-soziales Verhalten (-.51), Hyperaktivität (.56), asoziales Verhalten (.54). Ein Hochschulabschluss wenigstens eines Elternteils im Alter der Kinder zwischen drei und fünf Jahren hatte gegenüber keinerlei Ausbildung beider Eltern ebenfalls signifikant positive Auswirkungen auf die Bewertung der Selbstregulierung (.44), des pro-sozialen Verhaltens (.35), der Hyperaktivität (-.33) und des asozialen Verhaltens (-.32) mit 16 Jahren. War das verantwortliche Elternteil alleinlebender Single (nicht geschieden und nicht verwitwet), so stellte dies für das Kind signifikante Nachteile gegenüber Kindern verheirateter und zusammen lebender Eltern dar (Sylva et al., 2014). Die Bewertung ihrer Selbstregulierung (-.25), ihres pro-sozialen Verhaltens (-.28), ihrer Hyperaktivität (.24) und ihres asozialen Verhaltens (.21) fielen durchweg schlechter aus. Die vorgestellten Effektstärken der EPPSE Studie lagen immer wenigstens auf dem Niveau der Effektstärken der Betreuungsqualität (siehe Abschnitt 2.3.2.4), meist sogar deutlich darüber.

Taylor et al. (2004) untersuchten ebenfalls die Auswirkungen des familiären Umfelds in früher Kindheit auf die physische und psychische Gesundheit von Probanden im Alter von 18 bis 25 Jahren[108]. Ziel war die Untersuchung der Bedeutung einer sogenannten „risikoreichen Familie" („risky family"), also eines familiären Umfelds geprägt von Konflikten, Aggression, Vernachlässigung und ohne liebevolle Zuneigung. Den Autoren ging es dabei nicht um die Untersuchung von Fällen extremer Vernachlässigung oder Misshandlung, sondern von dysfunktionalen Familien, die sich durchaus noch im Rahmen des Normalen und Üblichen der Gesellschaft befanden. Dazu fragten Taylor

---

[107] Der niedrigste sozio-ökonomische Status („not working/never worked") hatte keinen signifikanten Effekt auf die vier sozial-emotionalen Dimensionen (Sylva et al., 2014).
[108] Die Größe der Stichprobe wird in der Veröffentlichung von Taylor et al. (2004) nicht genannt. Probanden in medizinischer oder psychologischer Behandlung wurden von der Untersuchung ausgeschlossen (ebd.).

et al. (2004) bei den Probanden per Fragebogen und Interviews das frühe Familienumfeld ab, setzten sie unter Laborbedingungen einem akuten Stresstest aus, maßen währenddessen Herzschlag und Blutdruck und sammelten vorher, direkt danach und 30 Minuten später Speichelproben zur Ermittlung der Cortisolniveaus. Cortisolniveaus sind abhängig vom Stress, den ein Individuum erfährt, und steigen mit zunehmendem Stress an. Mit Hilfe eines Strukturgleichungsmodells ermittelten sie dann die Auswirkungen eines risikoreichen frühen Familienumfelds.[109] Ein niedriger sozio-ökonomischer Status beförderte ein risikoreiches Familienumfeld signifikant (-.33; $p < .05$) und risikoreiche Familien führten signifikant häufiger zu Depression und Angstzuständen (anxiety) (.26; $p < .05$). Auf den Faktor Feindseligkeit hatte das risikoreiche Familienumfeld keinen signifikanten Effekt. Depression und Angstzustände führten zu signifikant höheren Basisniveaus an Cortisol (.34; $p < .05$) und ein höheres Basisniveau senkte sowohl das gemessene Spitzenniveau (-.19; $p < .05$) als auch das Cortisolniveau 30 Minuten nach dem Stresstest signifikant ab (-.54; $p < .05$). Für Probanden, die unter mehr Depressionen und Angstzuständen litten, waren höhere Cortisolniveaus also die Norm (Taylor et al., 2004). Zusätzlicher Stress führte für sie allerdings zu geringeren Anstiegen als bei anderen Probanden und ihr Cortisolniveau war auch 30 Minuten nach dem Stresstest noch erheblich niedriger. Möglicherweise führte ein dauerhaft höheres Stressempfinden zu einer höheren Stresstoleranz und damit zu geringeren Ausschlägen der Cortisolwerte.

In einem zweiten Strukturgleichungsmodell analysierten Taylor et al. (2004) außerdem noch die Auswirkungen auf Gesundheit und Beziehungen der Probanden zu anderen Menschen, beides erfasst durch Angaben der Probanden.[110] Die Bedeutung des sozio-ökonomischen Status blieb identisch und die Pfadkoeffizienten von einer risikoreichen Familie zu Depressionen (.20; $p < .05$) und Angstzuständen (.28; $p < .05$) waren erneut signifikant. Das risikoreiche Familienumfeld hatte zwar selbst keinen signifikanten Effekt auf die Gesundheit, jedoch war der Pfadkoeffizient von Depressionen zur Gesundheit signifikant negativ (-.17; $p < .05$). Angstzustände hatten einen noch wesentlich größeren, signifikant negativen Effekt auf die Beziehungen zu anderen Menschen (-.61; $p < .05$). Es ist bemerkenswert, wie früh die gesundheitlichen Unterschiede bereits zutage traten (Taylor et al., 2004). Immerhin waren die Teil-

---

[109] Die Autoren berechneten verschiedene Fit-Indizes, die alle eine gute Modellpassung bestätigten ($\chi^2_{(11)}$ = 5,68, p < .89; Bentler-Bonett Normed Fit Index = .98; Bentler-Bonett Nonnormed Fit Index = 1; CFI = 1 (Taylor et al., 2004).
[110] Die berechneten Fit-Indizes des Modells waren ebenfalls sehr gut ($\chi^2_{(8)}$ = 3,63, p < .89; Bentler-Bonett Normed Fit Index = .98; Bentler-Bonett Nonnormed Fit Index = 1; CFI = 1 (Taylor et al., 2004).

nehmer nicht älter als 25 Jahre. Eine risikoreiche Familie in früher Kindheit scheint bei den Probanden der Studie zu nachhaltigen Beeinträchtigungen der psychischen und sozialen Entwicklung sowie der Gesundheit geführt zu haben (ebd.).

In der bereits in Abschnitt 2.3.1.2 angeführten Meta-Analyse von Lucas-Thompson et al. (2010) zu Auswirkungen der Berufstätigkeit von Müttern fanden die Autoren bei einer Moderatorenanalyse ebenfalls weitere Faktoren, die die sozial-emotionale Entwicklung der Kinder vorhersagten. In Studien, deren Stichproben hauptsächlich aus Alleinerziehenden bestanden, ging eine Berufstätigkeit des alleinerziehenden Elternteils mit signifikant weniger Verhaltensproblemen und Externalisierungsverhalten einher als Arbeitslosigkeit (Lucas-Thompson et al., 2010). Dies unterstützt die sogenannte Kompensationshypothese, nach der die Berufstätigkeit zusätzliche finanzielle Ressourcen generiert, die eine bessere Kindheit ermöglichen und dadurch die zeitweise fehlende Betreuung durch das Elternteil kompensieren (ebd.). In Studien mit Familien, in denen beide Elternteile im Haushalt lebten, hatte die Berufstätigkeit der Mütter allerdings ebenfalls signifikant positive Effekte auf das Internalisierungsverhalten der Kinder (ebd.). In gemischten Stichproben mit Alleinerziehenden und Haushalten mit zwei Elternteilen trat bei Berufstätigkeit der Mutter hingegen signifikant mehr Externalisierungsverhalten bei den Kindern auf (ebd.).

Ein weiteres spannendes Ergebnis der Meta-Analyse ist die Relevanz der Art der Messung des sozial-emotionalen Verhaltens. Lediglich wenn das Externalisierungsverhalten durch Lehrpersonen bewertet worden war, fanden die Autoren signifikant negative Effekte der mütterlichen Berufstätigkeit (Lucas-Thompson et al., 2010). Andere Quellen in den Studien waren die Kinder selbst, ihre Eltern oder geschulte Beobachter. Da es in vielen Studien durchaus gängige Praxis ist, Lehrerinnen und Lehrer nach dem Verhalten ihrer Schüler zu befragen (z.B. Belsky et al., 2007; Tietze et al., 1999; Tietze, 1998;), sollte dieser Befund besonders berücksichtigt werden. Es ist durchaus möglich, dass Lehrerinnen und Lehrer ihre Schülerinnen und Schüler richtig einschätzen. Allerdings besteht bis zum Beweis des Gegenteils der berechtigte Zweifel, ob alle dazu in der Lage sind. Es scheint ratsam, geschulte und ausgebildete Beobachter zur Bewertung sozial-emotionalen Verhaltens heranzuziehen. Natürlich steigt damit der Aufwand einer Studie erheblich und geschulte Beobachter werden nicht zwangsläufig zuverlässigere Bewertungen abgeben (siehe z.B. die erwähnten Limitationen der Qualitätsskalen in Abschnitt 2.3.1.4). Ihre Einschätzungen basierten allerdings auf nahezu einheitlichen Erwartungen und Interrater-Reliabilitäten wären messbar. Insofern wäre wenigstens eine einheitliche Erfassung des sozial-emotionalen Verhaltens ohne mögliche Verzerrungen durch unterschiedliche Bewertungsrationale der Lehrerinnen und Lehrer möglich.

Positive Effekte mütterlicher Berufstätigkeit konnten auch Röhr-Sendlmeier et al. (2012) nachweisen. Sie untersuchten eine Stichprobe von fast 3.000 Personen - 985 Kinder und ihre Eltern - aus dritten, vierten und sechsten Klassen in Grund-, Haupt-, Realschulen und Gymnasien in NRW und Baden Württemberg. Die Autoren fragten bei den Müttern sozio-demographische Merkmale, tatsächlichen und gewünschten Beschäftigungsumfang, das eigene Wohlbefinden und den Erziehungsstil der Mutter sowie die sozial-emotionalen Kompetenzen der Kinder ab (Röhr-Sendlmeier et al., 2012). Zur Erfassung der sozial-emotionalen Fähigkeiten der Kinder bedienten sich die Autoren der zwei Subskalen Peer Relations und Self-Management/Compliance der Home & Community Social Behavior Scales (HCSBS; Merrell & Caldarella, 2008). Die Väter füllten Fragebögen zum soziodemographischen Hintergrund, zum eigenen Wohlbefinden und zur Aufteilung der Haushaltsaufgaben zwischen Mutter und Vater aus und die Kinder wurden zu ihrem Selbstkonzept und ihrer Empathiefähigkeit befragt. Die Korrelationen zwischen dem Wohlbefinden der Mutter und den durch die Mutter bewerteten sozial-emotionalen Kompetenzen der Kinder waren durchweg signifikant[111] positiv und lagen zwischen .248 und .326. Zwischen dem Umfang der Berufstätigkeit und den sozial-emotionalen Kompetenzen der Kinder ergab sich hingegen kein signifikanter Zusammenhang. Wichtiger scheint die Kongruenz zwischen gewünschtem und tatsächlichem Beschäftigungsumfang gewesen zu sein, da Mütter bei höherer Kongruenz ein höheres Wohlbefinden angaben und ihr Wohlbefinden positive Auswirkungen auf die sozial-emotionalen Kompetenzen der Kinder hatte (Röhr-Sendlmeier et al., 2012).

Erneut scheint der sozio-ökonomische Hintergrund der Kinder eine mindestens ebenso wichtige Rolle für ihre sozial-emotionale Entwicklung zu spielen wie die Kinderbetreuung. Häufig war der gemessene Effekt auch erheblich stärker. Das familiäre Umfeld, die Berufstätigkeit der Mutter und das Bildungsniveau beider Eltern sind Faktoren, die bei der Untersuchung des Ein-

---

[111] Nach einer Bonferroni-Korrektur zur Verhinderung der Alpha-Fehler Kumulierung mit einem kritischen p-Wert von .0027 (Röhr-Sendlmeier et al., 2012).

Sozial-emotionale Fähigkeiten

flusses frühkindlicher Bildung auf sozial-emotionale Fähigkeiten von Kindern berücksichtigt werden sollten. Gleichzeitig scheinen sie wichtige Hebel darzustellen, um positiv auf die Entwicklung Einfluss zu nehmen. Es fehlen allerdings noch weitere Studien, insbesondere in Deutschland, bis sich die Effekte frühkindlicher Bildung und Betreuung besser feststellen lassen.

Zusammenfassend lässt sich in Bezug auf die Entwicklung sozial-emotionaler Fähigkeiten festhalten, dass ein früher Betreuungsbeginn positiv gesehen wird (Cunha et al., 2010a[112]; Love et al., 2005; Schlotter, 2011) und eine frühe Berufstätigkeit keine signifikant negativen Effekte nach sich zog (Lucas-Thomspon et al., 2010). Belsky et al. (2007) sprechen sich auf Grund ihrer Ergebnisse gegen eine lange Betreuungsdauer in Kindertagesstätten aus, wobei Linting und van IJzendoorn (2009) darauf hinweisen, dass der verwendete Datensatz aus den USA nicht repräsentativ gewesen sei und die durchschnittliche Betreuungsdauer in den USA mit 37 Stunden pro Woche sehr hoch ist. Die Betreuungsqualität wirkte sich in zwei Studien positiv aus (NICHD, 2002a; Sylva et al., 2014) und hatte in zwei weiteren immerhin signifikante Bedeutung, wobei die Richtung aus den Daten nicht hervorging (Tietze, 1998; Tietze et al., 1999). Das zugrundeliegende Curriculum führte ebenfalls zu signifikanten Unterschieden (Schweinhart & Weikart, 1997). Die Auswirkungen der Betreuungsqualität in Deutschland sind nicht eindeutig aus den Studien zu entnehmen. Tietze et al. (1999) fanden zwar relativ große Effekte in Österreich, in Deutschland war allerdings nur ein minimaler Effekt messbar. Tietze (1998) wiederum konnte einen größeren Effekt der Betreuungsqualität auf die sozial-emotionale Entwicklung deutscher Kindergartenkinder nachweisen. Es bleibt nach wie vor viel Raum für weitere Studien.

2.4 Rendite frühkindlicher Bildung

In Abschnitt 2.3 ist ersichtlich geworden, dass es viele Anzeichen positiver Auswirkungen frühkindlicher Bildung und Betreuung gibt. Einige der gefundenen Effekte sind zwar lediglich klein bis moderat, allerdings lässt sich ihre Bedeutung teilweise bis ins Erwachsenenalter nachweisen. Auf Basis der gefundenen Ergebnisse haben einige Autoren versucht, die Rendite von Interventions- und Förderprogrammen oder regulärer frühkindlicher Betreuung zu bestimmen.

---

[112] Cunha et al. (2010a) raten zwar wegen des größeren Fördereffekts bei kognitiven Fähigkeiten vor dem sechsten Lebensjahr zu einer Konzentration auf dieselben, der gefundene Fördereffekt für sozial-emotionale Fähigkeiten in dieser Zeit war allerdings ebenfalls positiv.

Frühkindliche Bildung wirkt auf vielen Ebenen, so dass eine vollständige Quantifizierung ihrer Auswirkungen vermutlich nicht gelingen kann. Welchen finanziellen Nutzen stiftet beispielsweise eine höhere Wahlbeteiligung und wie ist der genaue Einfluss auf die schulische und berufliche Laufbahn der Kinder der heute betreuten Kinder, also der nächsten Generation, die durch verbesserte Lebensbedingungen ihrer Eltern sicherlich ebenfalls profitieren wird? Alle in diesem Abschnitt vorgestellten Ergebnisse sind daher unvollständige und aus diesem Grund in der Regel konservative Schätzungen des wahren Nutzens frühkindlicher Betreuung (vgl. Heckman & Masterov, 2007).

Ähnlich wie bei der Übertragung der Studienergebnisse aus unterschiedlichen Regionen der Welt ist auch bei den Renditeschätzungen Vorsicht geboten. Zum Beispiel bestehen 88% der Rendite des amerikanischen High/Scope Perry Preschool Programms aus Einsparungen bei der Kriminalitätsbekämpfung (Schweinhart et al., 2005). Es ist fraglich, ob diese Einsparungen im selben Umfang in anderen Regionen oder Volkswirtschaften zu erwarten wären. Selbst innerhalb der USA lassen sie sich nicht immer übertragen. Barnett und Masse (2007) schrieben dem Abecedarian Programm beispielsweise keinerlei Vorteile durch Verhinderung von Kriminalität zu. Dies lag vornehmlich daran, dass die örtliche Kriminalitätsrate ohnehin sehr niedrig war (Barnett & Masse, 2007). Es gilt also auch hier, dass bei der Übertragung von Ergebnissen der Kontext gründlich berücksichtigt werden muss und vorzugsweise Studien innerhalb desselben Landes herangezogen werden sollten.

In den Abschnitten 2.3.1.1 und 2.3.2.1 sind bereits einige Vorteile höherer kognitiver und sozial-emotionaler Fähigkeiten vorgestellt worden. Mit Blick auf die Rendite frühkindlicher Bildung ist einer der relevantesten Beiträge die langfristige Stärkung des Wirtschaftswachstums einer Volkswirtschaft. Hanushek und Wößmann (2009) konnten eindrucksvoll belegen, dass Ergebnisse internationaler Leistungstests von Schülern (z.B. TIMSS und PISA) die Varianzaufklärung ihrer Wachstumsmodelle von 25% auf 73% nahezu verdreifacht und gute Testergebnisse deutlich höheres Wirtschaftswachstum einer Volkswirtschaft vorhersagten.[113] Insbesondere Entwicklungsländer profitierten in der betrachteten Periode zwischen 1960 und 2000 von höheren Testleistungen ihrer Schüler (Hanushek & Wößmann, 2008). Bessere Testergebnisse in TIMSS- und PISA-Untersuchungen wiederum wurden eindeutig durch eine

---

[113] Ähnliche Ergebnisse finden sich bei Hanushek und Kimko (2000), Hanushek und Wößmann (2009) und Lee und Lee (1995). Siehe Abschnitt 2.3.1.1.

längere Kindergartenbesuchsdauer vorhergesagt (Schlotter & Wößmann, 2010; Schütz et al., 2008).

Abbildung 2.7: Ertragsrate eines zusätzlich in Bildung investierten Euros nach Bildungsabschnitten

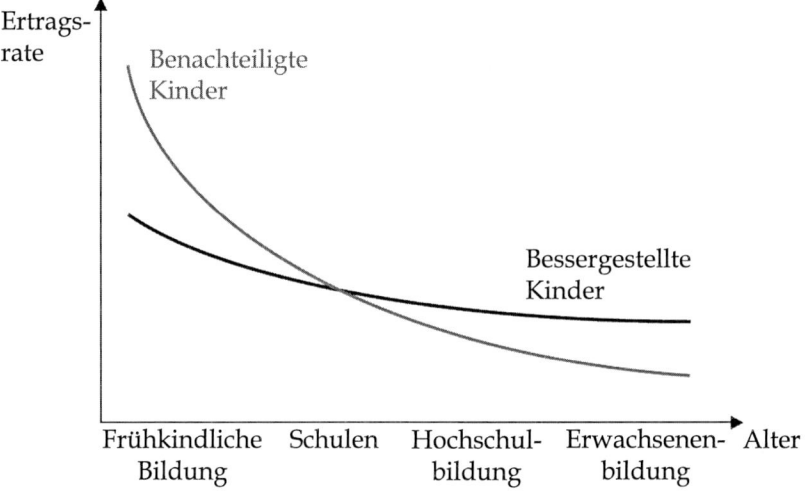

Quelle: Wößmann (2008a)

Wößmann (2008b) fasste die für die Renditebetrachtung wesentlichen Überlegungen und Ergebnisse, aufbauend auf empirischen Studien, der Humankapitaltheorie und einem ähnlichen Schaubild von Cunha et al. (2006), grafisch zusammen. Abbildung 2.7 zeigt den Verlauf der Ertragsraten von Investitionen in Bildung für sozial benachteiligte und sozial bessergestellte Kinder. Der Humankapitaltheorie folgend nimmt der Ertrag für alle Kinder mit zunehmendem Alter ab, da die Vorteile spät erworbener Bildung nur für den zukünftigen Rest des Lebens wirken können und daher weniger ertragreich sein werden als frühere Bildungssteigerungen (Wößmann, 2008a). Dies deckt sich auch mit den empirischen Befunden von Cunha et al. (2010a) und Cunha und Heckman (2008a), dass Kinder mehr lernen, wenn sie bereits mehr wissen.[114] Weitere Vorteile früher Förderung sind bereits in den voranstehenden Abschnitten dargestellt worden. Cunha und Heckman (2006) wiesen darüber hinaus nach, dass Bildungsinterventionen bei Jugendlichen 35% bis 50% mehr kosten als bei Kindern zwischen drei und sechs Jahren, wenn sie das selbe Re-

---

[114] Der Effekt trat sowohl bei kognitiven, als auch bei sozial-emotionalen Fähigkeiten auf (siehe Abschnitte 2.3.1.2 und 2.3.2.2).

sultat liefern sollen.[115] Dass sozial benachteiligte Kinder stärker von einer frühen Förderung abhängig sind, da ihr sozio-ökonomischer Status sie von Geburt an benachteiligt, ist ebenfalls den bisher präsentierten Studien zu entnehmen (z.B. Cunha et al., 2010a; Feinstein, 2003; Groos & Jehles, 2015; Sylva et al., 2014).

Auch wenn alles auf die Gültigkeit des in Abbildung 2.7 dargestellten Verlaufs hindeutet, fehlt bis heute eine ausreichende Anzahl an Studien, die dies für den frühkindlichen und den Grundschulbereich in Deutschland bestätigen (vgl. Wößmann, 2008a). EU und OECD haben diese sogenannte Lebenszyklusperspektive aus Abbildung 2.7 allerdings schon zur Grundlage ihrer Politik(empfehlungen) gemacht (OECD, 2006; Wößmann, 2008a). Die OECD (2006) bemängelt z.B. die Tendenz vieler Bildungssysteme, erst dann zu handeln, wenn Defizite bei Schülern offensichtlich werden, anstatt präventiv dagegen vorzugehen. In Deutschland wurde im Vergleich zu anderen OECD-Ländern 2011 relativ wenig von der öffentlichen Hand für Vorschulbetreuung ausgegeben (gemessen als Anteil des BIP pro Kopf) (OECD, 2015; vgl. Wößmann, 2008a). Diese relativ zum OECD Durchschnitt geringen Ausgaben zogen sich durch alle folgenden Schulformen bis einschließlich der Sekundarstufe I (OECD, 2015). Erst in der Sekundarstufe II und im tertiären Bereich stiegen die Ausgaben relativ zum BIP pro Kopf auf das Niveau des OECD Durchschnitts oder darüber (ebd.). Im Vergleich zu anderen OECD Ländern und im Vergleich zwischen den Bildungsstufen wurde 2011 in Deutschland ein deutlich stärkeres Gewicht auf Bildungseinrichtungen am Ende der Bildungslaufbahnen gelegt als auf die der ersten Jahre. Die Ausgaben für tertiäre Bildung betrugen beispielsweise mehr als das Doppelte der Ausgaben für die Vorschulerziehung. Diese Ausgabenpolitik verläuft vollkommen konträr zu den in Abbildung 2.7 dargestellten Ertragsraten.

In den USA ist die Forschungslage aktuell ohne Zweifel besser. Die dort durchgeführten und untersuchten Förderprogramme konnten beeindruckende Renditen hervorbringen. Sie werden in unterschiedlichen Studien inflationsbereinigt auf bis zu 16% pro Jahr geschätzt (Heckman & Masterov, 2007; Heckman, et al., 2010; Rolnick & Grunewald, 2003; Schweinhart et al., 2005). Heckman und Masterov (2007) gaben auf Basis der Daten von Barnett (2004) an, dass das High/Scope Perry Preschool Programm bis zum 27. Lebensjahr der Teilnehmer mit jedem investierten Dollar einen Nutzen von 9,11 Dollar

---

[115] Heckman (2008) gibt diese Ergebnisse aus einem unveröffentlichten Manuskript von Cunha und Heckman (2006) wieder.

kreierte und die Chicago Child Parent Center (CPC) pro investiertem Dollar einen Nutzen von 7,77 Dollar.[116] Selbst ohne den, insbesondere beim Perry Programm, erheblichen Anteil der Einsparungen auf Grund gesunkener Kriminalität stifteten die Programme einen Nutzen von 3,42 Dollar (Perry) und 5,79 Dollar (CPC) pro investiertem Dollar. Bis zum 40. Lebensjahr stieg das Verhältnis von Nutzen zu Kosten beim Perry Programm auf 16,14:1 Dollar bzw. auf 4,84:1 Dollar ohne Kriminalität (Schweinhart et al., 2005).[117] Barnett und Masse (2007) berechneten für das Abecedarian Programm einen Nutzen von 3,64 Dollar pro investiertem Dollar (ohne Einsparungen bei der Kriminalität).[118] Höhere Löhne der Teilnehmerinnen und Teilnehmer und ihrer Kinder und eine Reduzierung der Notwendigkeit von zusätzlichem Förderunterricht und der Sozialhilfeansprüche waren die Hauptfaktoren der positiven Rendite (Heckman & Masterov, 2007; Heckman, et al., 2010; Rolnick & Grunewald, 2003; Schweinhart et al., 2005). Beim Abecedarian Programm kamen noch die Löhne der Mütter, die durch die Betreuung arbeiten konnten, und Vorteile durch weniger Raucher und eine bessere Gesundheit der Teilnehmer als wesentliche Faktoren hinzu (Barnett & Masse, 2007). Die angeführten Untersuchungen zeigen eindeutig, dass die frühkindlichen Förderprogramme sich auch finanziell gelohnt haben.

Auch außerhalb der USA zeigen Studien das enorme Potential von frühkindlicher Betreuung auf. Müller Kucera und Bauer (2000) untersuchten z.B. für die Stadt Zürich das Kosten-Nutzen-Verhältnis sämtlicher öffentlicher und privater Kinderbetreuungseinrichtungen in der Stadt. 1999 wurden dort 3.500 Kinder in 102 Einrichtungen betreut (Müller Kucera & Bauer, 2000). Durch die Berechnung der Kosten eines Wegfalls dieser Betreuungsmöglichkeiten für die betreuten Kinder, die Eltern der betreuten Kinder, die Arbeitgeber der Eltern und die Steuerzahlerinnen und Steuerzahler berechneten die Autoren den Wert der Betreuung und stellten ihn den Bereitstellungskosten in Höhe von 39 Millionen Franken gegenüber. Davon trugen die Eltern 20 Millionen Franken, 18 Millionen Franken steuerte die Stadt Zürich bei und eine Millionen Franken stammte von Dritten (z.B. Unternehmen). Es lagen 2.500 anonymisierte Elternbeitragsvereinbarungen (EBV) und 156 Datensätze von Arbeitnehmerinnen und Arbeitnehmern mit Kindern zwischen Null und sechs Jahren aus der Schweizerischen Arbeitskräfteerhebung (SAKE) der Jah-

---

[116] Angaben jeweils in Dollarwerten von 2004, abgezinst mit 3% (Heckman & Masterov, 2007).
[117] Heckman et al. (2010) errechneten bei einem Zinssatz von 3% ein Nutzenverhältnis von 4,2:1 (ohne Kriminalität).
[118] Angabe in Dollarwerten von 2002, abgezinst mit 3% (Barnett & Masse, 2007). Für Zinssätze von 5% und 7% ergaben sich Nutzenverhältnisse von 2,1:1 und 1,37:1 (ebd.).

re 1997-1999 vor. Gegenüber einer Situation ohne die vorhandene Betreuung ermittelten die Autoren im Status Quo höhere Wochenarbeitszeiten der betroffenen Eltern zwischen 7 und 17 Stunden, es befanden sich 350 zusätzliche Haushalte über dem Existenzminimum und die Löhne waren höher, da Eltern keine langen Elternpausen nehmen mussten und dadurch ihre Berufserfahrung größer war. Der Nutzen der Kinderbetreuung lag für alle Beteiligten zwischen 137 und 158 Millionen Franken, was einem Gesamtnutzenverhältnis von 3,5:1 bis 4:1 entsprach (Müller Kucera & Bauer, 2000). Für Steuerzahlerinnen und Steuerzahler betrug das Verhältnis noch 1,6:1 bis 1,7:1, insbesondere auf Grund höherer Einkommenssteuereinnahmen von Betreuungspersonal und Eltern sowie Einsparungen bei Sozialhilfeleistungen. Die Bereitstellung der Kinderbetreuung lohnt sich sowohl für die betroffenen Kinder und Eltern als auch für die gesamte Stadt Zürich.

Fritschi und Oesch (2008) schätzten mit Hilfe einer Stichprobe aus dem Sozio-oekonomischen Panel (SOEP) den volkswirtschaftlichen Nutzen der Krippenbetreuung in Deutschland. Zunächst ermittelten sie für 1.032 zwischen 1990 und 1995 geborene Kinder die Wahrscheinlichkeit eines Gymnasialabschlusses nach dem Besuch einer Kinderkrippe.[119] 127 Kinder aus der Stichprobe besuchten eine Krippe und einen Kindergarten und 640 besuchten lediglich einen Kindergarten. 23 Kinder wurden nie außerhalb ihres Haushalts betreut und aus der Analyse ausgeschlossen, weil ihre Gruppe zu klein war. Bei den restlichen 242 fehlte die entsprechende Angabe zur Kinderbetreuung und sie wurden daher von Analysen mit der Variable „Kinderbetreuung" ausgeschlossen. 259 der Kinder besuchten später die Hauptschule, 252 die Realschule, 293 das Gymnasium und 95 entweder eine Förder- oder eine Gesamtschule, so dass die drei großen Schultypen in etwa gleich vertreten waren. In einer logistischen Regressionsanalyse identifizierten die Autoren den Bildungshintergrund der Eltern (Gymnasium, Realschule oder Hauptschule/kein Abschluss), den Migrationshintergrund und den Krippenbesuch der Kinder als wichtigste Faktoren, die die Wahrscheinlichkeit eines Gymnasialbesuchs erhöhten. Kinder, bei denen wenigstens ein Elternteil einen Gymnasialabschluss hatte, gingen 2,7 mal häufiger aufs Gymnasium als Kinder, bei denen wenigstens ein Elternteil einen Real- aber keines einen Gymnasialabschluss hatte (Odds Ratio = 2,685; $p < .05$). Kinder mit wenigstens einem Elternteil mit Realschulabschluss gingen sogar viermal häufiger auf ein Gymna-

---

[119] Da Tagesmütter bis 1995 im SOEP nicht separat ausgewiesen worden sind, können bis zu 20% der Kinder statt einer Krippe eine Tagesmutter oder einen Tagesvater besucht haben (Fritschi & Oesch, 2008).

sium als Kinder, deren Eltern höchstens einen Hauptschulabschluss oder keinen Abschluss hatten (OR = 4,016; p < .05). Kinder ohne Migrationshintergrund gingen 1,7 mal so häufig auf ein Gymnasium wie Kinder mit Migrationshintergrund (OR = 1,733; p < .05). Die große Bedeutung des sozioökonomischen Status konnte also auch in dieser Untersuchung bestätigt werden. Der positive Effekt eines Krippenbesuchs wurde allerdings ebenfalls evident. Kinder, die Krippe und Kindergarten besucht hatten, gingen zweimal so häufig aufs Gymnasium wie Kinder, die lediglich den Kindergarten besucht hatten (OR = 2,08; p < .05).

Fritschi und Oesch (2008) berechneten auf Grundlage ihrer Ergebnisse, dass die Wahrscheinlichkeit eines Gymnasialbesuchs für ein Kind durchschnittlich von 36,3% auf 50,2% anstieg, wenn es eine Krippe besuchte. Die Autoren schätzten, dass von den aufs Gymnasium eingeschulten Kindern 85% den Abschluss bewältigen würden. Wenn der Krippenbesuch also den Anteil der Kinder, die das Gymnasium besuchten, um 13,9 Prozentpunkte erhöhte und von diesen 85% einen Abschluss erlangen würden, steigerte der Krippenbesuch den Anteil der Gymnasialabsolventen um 11,8 Prozentpunkte (13,9 * 85% = 11,8) oder um 38,2%[120] (Fritschi & Oesch, 2008). Der Effekt des Krippenbesuchs war demnach von bemerkenswerter Größe.

Im nächsten Schritt schätzten die Autoren über das Einkommen der Kinder den volkswirtschaftlichen Nutzen der Krippenbesuche. Personen mit Gymnasialabschluss verdienten durchschnittlich 230.548 Euro mehr in ihrem Leben als Personen ohne (brutto; abdiskontiert auf das 16. Lebensjahr zu Preisen von 2005).[121] Unter der Annahme, dass diese Differenz sich auch in der Zukunft einstellen würde, ergab sich durch den Krippenbesuch der Kinder ein Bruttolebensmehreinkommen in Höhe von 27.091 Euro (Fritschi & Oesch, 2008).[122] Mit den von Arbeitgebern gezahlten Sozialabgaben erhöhte sich der Betrag

---

[120] Da 85% den Gymnasialabschluss schaffen, hätten ihn ohne Krippenbesuch 30,9% aller Kinder erreicht (36,3% * 85%). Eine Steigerung dieses Anteils um 11,8 Prozentpunkte entspricht also einem Anstieg von 38,2% (11,8/30,9).
[121] Fritschi und Oesch schätzten das durchschnittliche Mehreinkommen mit Hilfe von Daten des SOEP von 1996 bis 2005.
[122] Ohne Krippenbesuch schlossen 30,9% der Kinder das Gymnasium ab und 69,1% nicht (Fritschi & Oesch, 2008). Multipliziert mit den jeweiligen Lebenseinkommen von 679.594 Euro (mit Gymnasialabschluss) und 449.047 Euro (ohne Gymnasialabschluss) erzielte ein durchschnittliches Kind ein Lebenseinkommen von 520.286 Euro. Da mit Krippenbesuch 42,7% das Gymnasium abschlossen, erhöhte sich das durchschnittliche Lebenseinkommen auf 547.491 Euro (679.594 * 42,7% + 449.047 * 57,3% = 547.491). Die durch den Krippenbesuch verursachte Differenz für die Lebenseinkommen betrug demnach 27.205 Euro. Das selbe Ergebnis erhält man, wenn man die Differenz zwischen den Lebenseinkommen von Gymnasialabsolventinnen und -absolventen und Personen ohne Gymnasialabschluss mit 11,8% (der Prozentpunktdifferenz bei den Abiturabschlüssen mit und ohne Krippenbesuch) multipliziert (230.548 * 11,8% = 27.205). Dass Fritschi und Oesch (2008) stattdessen 27.091 Euro angeben, liegt vermutlich an Rundungsdifferenzen.

um 20,5%[123] auf 32.736 Euro. Abdiskontiert vom 16. auf das zweite Lebensjahr ergab sich bei einem angenommenen Realzinssatz von 3% ein Bruttonutzen des Krippenbesuchs von 21.642 Euro pro Kind. Abzüglich der durchschnittlichen Betreuungskosten von 8.026 Euro hatte der Krippenbesuch einen Nettonutzen von 13.616 Euro. Das Kosten-Nutzen-Verhältnis lag bei 1:2,7 und die entsprechende Rendite bei 7,3% pro Jahr (Fritschi & Oesch, 2008). Tatsächlich wird der Nutzen größer gewesen sein, da in dieser Berechnung lediglich das Lebensmehreinkommen der Kinder inklusive Steuern und Sozialabgaben, nicht aber Einsparungen bei Sozialabgaben und im Gesundheitswesen, weitere Einkommenseffekte durch eine mögliche Berufstätigkeit der Mütter der betreuten Kinder, zukünftige Einkommenseffekte der Kindeskinder oder mögliche Arbeitsmarkteffekte berücksichtig worden sind (vgl. Fritschi & Oesch, 2008). Die Kosten dürften jedoch ebenfalls unterschätzt worden sein, da eine längere Schulausbildung und die nach dem Gymnasialabschluss dann voraussichtlich vermehrt wahrgenommene Hochschulausbildung mehr gekostet haben. Löhne dürften sich ebenfalls verändern, wenn mehr Abiturienten und Akademiker auf den Arbeitsmarkt drängen. Ohne weitere Untersuchungen lässt sich daher nicht mit Sicherheit prognostizieren, in welcher Höhe das Verhältnis von Kosten und Nutzen langfristig stehen wird. Bisher zeichnet sich allerdings eine positive Tendenz ab.

Eine ähnliche Untersuchung durch Bock-Famulla (2015) ermittelte ein Kosten-Nutzen-Verhältnis von bis zu 1:3,8. Die Autorin untersuchte eine Teilstichprobe des westdeutschen SOEP von 1999 mit 249 Haushalten, in denen die Mutter berufstätig war und eine Stichprobe mit 300 Eltern aus Niedersachsen und NRW, die zu persönlichem Nutzen und Mehreinkommen durch Kinderbetreuung befragt worden waren. Die Betriebskosten der Einrichtungen basierten auf Daten von 500 Einrichtungen aus NRW und Angaben von vier Trägern aus Niedersachsen und NRW. Der Nutzen eines Betreuungsplatzes ergab sich aus den Kosten und nicht realisierten Erträgen (z.B. Löhnen), die durch seinen Wegfall entstanden wären. Bei einer Erwerbstätigenquote von 100% unter den Müttern stünden Platzkosten von durchschnittlich 5.000 Euro einem Nutzen von 19.000 Euro pro Platz gegenüber. Dies entspräche einem Kosten-Nutzen-Verhältnis von 1:3,8. Sänke die Erwerbstätigenquote der Mütter auf 70%, entstünde bei gleichen Kosten ein Nutzen in Höhe von 17.000 Euro, was einem Verhältnis von 1:3,4 entspräche.

---

[123] Höhe der Sozialabgaben aus dem Jahr 2005. Heute liegt der Arbeitgeberanteil bei ca. 21%, also unwesentlich darüber.

Wie bereits in Abschnitt 2.1.3 dargestellt, ist ein wesentlicher Teil der Erwerbstätigen in Deutschland von Kinderbetreuung abhängig. Neben 654.800 Beschäftigten in Tageseinrichtungen und Tagespflege im Jahr 2014 waren 2013 zwischen 2,77 Millionen und 4,43 Millionen Haushalte mit Kindern im nicht-schulpflichtigen Alter von Kinderbetreuung abhängig, wenn beide Elternteile einer Erwerbstätigkeit nachgehen wollten. Zusammengenommen entsprach dies etwa 7,7% bis 11,5% aller Erwerbstätigen. Der Ausbau der Kinderbetreuung hat zwischen 2006 und 2014 209.400 neue Stellen in Tageseinrichtungen und Tagespflege geschaffen. Diese Zahlen machen noch einmal deutlich, in welchen Dimensionen sich die direkten und aktuellen Auswirkungen allein auf dem Arbeitsmarkt bewegen und mit Hilfe der Daten zu den Kosten pro Platz (Abschnitt 2.1.2.3; Statistisches Bundesamt, 2012b) lässt sich das minimale Kosten-Nutzen-Verhältnis eines Betreuungsplatzes pro Arbeitsplatz in etwa abschätzen. Unter den Annahmen, dass ein Betreuungsplatz eine Berufstätigkeit jeweils einer Mutter oder eines Vaters erst ermöglicht und die Betreuungskosten vollständig durch den Bruttolohn der Mutter oder des Vaters des betreuten Kindes gedeckt werden müssten[124], wäre bei Kindern unter drei Jahren ein Beschäftigungsumfang von 13,4 Tagen (ca. 107 Stunden) pro Monat mit einer Bezahlung in Höhe des Mindestlohns von 8,50 Euro pro Stunde ausreichend, um die angenommenen Betreuungskosten von 908 Euro[125] zu decken. Bei Kindern zwischen drei und sechs Jahren wären sogar lediglich 9 Tage (ca. 72 Stunden) ausreichend, um die Betreuungskosten in Höhe von 608 Euro[126] zu decken. Jeder darüber hinaus gearbeitete Tag vergrößerte den Nutzen eines Betreuungsplatzes. Nimmt man weiter an, dass eine mögliche Tätigkeit auf 30 Stunden pro Woche begrenzt wäre, da pro Tag eine Stunde Fahrt zwischen Einrichtung und Arbeitsplatz und eine Stunde Mittagspause anfielen, läge der maximal monatlich zu erzielende Mindestlohn bei 1.122 Euro (22 Arbeitstage * 6 Stunden/Tag * 8,50 Euro/Stunde). Die Lohnkosten inklusive des Arbeitgeberanteils von ca. 21% lägen bei 1.358 Euro. Das Kosten-Nutzen-Verhältnis betrüge in diesem Mindestlohnszenario demnach 1:1,5 (U3-Betreuung) bzw. 1:2,23 (Betreuung 3-6). Volkswirtschaftlich betrachtet lohnt sich Kinderbetreuung also bereits bei Gehältern auf Niveau des derzeit geltenden Mindestlohns. Teilzeitbeschäftigte Frauen verdienten 2013

---

[124] Diese Beispielrechnung soll Nutzen und Kosten für die gesamte Volkswirtschaft darstellen, so dass nicht zwischen einzelnen Akteuren (z.B. Staat, Arbeitnehmer, Arbeitgeber) unterschieden wird.
[125] Monatliche Durchschnittskosten eines Vollzeitbetreuungsäquivalents für Kinder unter drei Jahren bei freien Trägern in Deutschland (siehe Abschnitt 2.1.2.3.; Statistisches Bundesamt, 2012b).
[126] Monatliche Durchschnittskosten eines Vollzeitbetreuungsäquivalents für Kinder zwischen drei und sechs Jahren bei freien Trägern in Deutschland (siehe Abschnitt 2.1.2.3.; Statistisches Bundesamt, 2012b).

im Durchschnitt 17,41 Euro brutto pro Stunde (Statistisches Bundesamt, 2014f).[127] Bei einer Beschäftigung von 30 Stunden pro Woche stiege das Kosten-Nutzen-Verhältnis der Kinderbetreuung damit im Durchschnitt auf 1:2,35 (U3) bzw. 1:3,51 (3-6).[128] Diese Berechnung ist sehr grob und soll eine detailliertere Analyse des Kosten-Nutzen-Verhältnisses eines Betreuungsplatzes nicht ersetzen.[129] Sie zeigt allerdings, dass unter der gängigen Annahme, eine Arbeitnehmerin oder ein Arbeitnehmer erwirtschafte mindestens die Lohnkosten ihrer oder seiner Stelle für ein Unternehmen, Kinderbetreuung möglicherweise schon wegen des erwirtschafteten Bruttolohns wirtschaftlich zu rechtfertigen sein könnte.

Eine weitere Untersuchung der Auswirkungen der Kinderbetreuung in Deutschland befasste sich mit den Effekten für Migranten in Westdeutschland (Becker & Tremel, 2006). Die Daten der untersuchten Kinder entstammten dem SOEP. Die Kinder waren zwischen 1984 und 1995 im Alter von drei bis sieben Jahren extern betreut worden und für die Jahre 1992 bis 2003 lagen Daten zu der von ihnen mit 14 Jahren besuchten Schulform vor. Auf Grund geringer Anzahl wurden Kinder von Migranten in Ostdeutschland nicht berücksichtigt. Für Westdeutsche, Migranten in Westdeutschland und Ostdeutsche wurden jeweils getrennte logistische Regressionsanalysen durchgeführt. Darin stellte sich lediglich für Migrantenkinder ein signifikanter Vorteil der Kinderbetreuung ein. Migranten, die als Kinder betreut worden waren, gingen 1,8 mal häufiger auf ein Gymnasium als Migrantenkinder ohne Kinderbetreuung (Odds Ratio = 1,82; p < .05).[130] Im Vergleich der (rein deskriptiven) Daten des SOEP zu den besuchten Schulformen zeigte sich allerdings, dass diese Steigerung lediglich dazu führte, dass Migrantenkinder mit Kindern ohne Migrationshintergrund und ohne Vorschulbetreuung fast gleichziehen konnten. Von den Vorschulkindern mit Migrationshintergrund gingen mit Vorschulbetreuung 21,6% auf ein Gymnasium, bei westdeutschen und ostdeutschen Kindern ohne Migrationshintergrund und ohne Vorschulbetreu-

---

[127] Hier gilt die Annahme, dass hauptsächlich Mütter betroffen wären (siehe z.B. Abschnitt 2.1.3.2).
[128] Angepasst um die durchschnittliche Inflationsrate für Bildungsdienstleistungen im Elementar- und Primarbereich lagen die Betreuungskosten freier Träger 2013 bei 978 Euro (U3) und 655 Euro (3-6) pro Monat (Statistisches Bundesamt, 2015h, 2012b).
[129] Neben den möglichen langfristigen Vorteilen frühkindlicher Bildung fehlen in der Betrachtung weitere Aspekte, wie z.B. die Ausbildungskosten oder der Wert der entgangenen Freizeit, die durch den Lohn ebenfalls kompensiert werden müssten.
[130] Die Insignifikanz der Effekte bei West- und Ostdeutschen Kindern führen Becker und Tremel (2006) darauf zurück, dass fast alle von ihnen als Kinder in irgendeiner Form extern betreut worden sind und daher die Gruppe der Kinder ohne Betreuung sehr klein war. Im SOEP waren bis 1999 einzelne Betreuungsformen nicht getrennt erfasst worden, so dass eine detailliertere Betrachtung nicht möglich war (Becker & Tremel, 2006).

ung waren es 25,4% und 23,5%. Die Wahrscheinlichkeit eines Gymnasialbesuchs war für Kinder ohne Migrationshintergrund nach dem Besuch einer Kinderbetreuungseinrichtung mit 42% (West) und 41,8% (Ost) etwa doppelt so hoch wie bei Kindern mit Migrationshintergrund (Becker & Tremel, 2006). Immerhin steigerte sich der Anteil der Gymnasiasten unter den Migrantenkindern durch Kinderbetreuung von 7,4% auf 21,6%. Auch wenn Kinderbetreuung in diesem Fall den Kindern mit Migrationshintergrund nicht die gleichen Chancen einräumen konnte, wie Kindern ohne Migrationshintergrund, führte sie doch zu einer bemerkenswerten Steigerung ihrer Gymnasialbesuchsquote (Becker & Tremel, 2006).

Für Deutschland werden dringend weitere Längsschnittstudien zur Rendite von Kinderbetreuung benötigt. Gegenüber der Forschungslage in den USA besteht hier eindeutig Nachholbedarf. Auf Grund der teilweise beeindruckenden Ergebnisse bisheriger Untersuchungen dürfte eine entsprechende Analyse aller Voraussicht nach positive Effekte finden und die Lebenszyklusperspektive aus Abbildung 2.7 unterstützen.

3 Kinderbetreuungsmarkt in Deutschland

3.1 Marktstruktur

In Abschnitt 2.1 wurde bereits ein Überblick über die Größendimensionen und die Entwicklung des Kinderbetreuungsmarktes in Deutschland während der letzten Jahre gegeben. Ausgehend von der Vorstellung eines vollkommenen Marktes[131] werden in diesem Abschnitt die Merkmale des Kinderbetreuungsmarktes in Deutschland untersucht. Dabei muss berücksichtigt werden, dass bisher nur wenige Studien dazu vorliegen und die Analysen daher größtenteils auf Studien anderer Kinderbetreuungsmärkte und Annahmen beruhen. In Abschnitt 3.1.1 wird die Preisstruktur des Marktes untersucht. In Abschnitt 3.1.2 folgt die Darstellung der Beschaffenheit des Betreuungsangebots für Eltern und in Abschnitt 3.1.3 die Transparenz des Marktes bzw. die Informationslage seiner Teilnehmer. Abschnitt 3.1.4 handelt schließlich von den Transaktionskosten der Eltern.

Kinderbetreuung ist grundsätzlich eine Dienstleistung mit sehr vielen Dimensionen, die von Anbietern zu höchst unterschiedlichen Betreuungsangeboten oder –paketen geformt werden können (vgl. Walker, 1991). Öffnungszeiten, Preise, Ferienbetreuung, musikalische, mathematische, naturwissenschaftliche oder sportliche Förderung, der Betreuungsschlüssel, die Qualifikation des Personals, das Ernährungsangebot, Ausflüge und natürlich religiöse Orientierung sind nur einige der Parameter, deren vielfältige Kombinationsmöglichkeiten zu einer enormen Heterogenität der Angebote führen. Hinzu kommt, dass die Parameter unterschiedlich leicht erfassbar sind. Öffnungszeiten, Entfernung zum Wohnort und Preise lassen sich für Eltern gut vergleichen. Die Betreuungsqualität hingegen ist selbst für Experten nur mit erheblichem Aufwand feststellbar (siehe Abschnitte 2.3.1.4 und 2.3.2.4). Der theoretische Idealfall, in dem Eltern zwischen grundsätzlich vergleichbaren Angeboten mit geringen und vor allem ihnen bekannten Unterschieden wählen können, wird sich daher äußerst selten einstellen. Mögliche negative Externalitä-

---

[131] Vollständige Information für alle Marktteilnehmer; alle Marktteilnehmer sind Preisnehmer und wollen ihren Profit/Nutzen maximieren; keine Ein- oder Austrittsbarrieren; gleicher Zugang zu Produktionsressourcen; keine Externalitäten (positive oder negative Konsequenzen durch Markttransaktionen für Unbeteiligte; z.B. Gesundheitsschäden bei Anwohnern durch die Luftverschmutzung naher Fabriken (negativ) oder Produktverbesserungen eines Unternehmens durch die Forschungsergebnisse anderer Unternehmen (positiv).

ten[132] des Marktes sind ein weiteres Problem (Mocan, 2001; Walker, 1991). Falls schlechte Betreuung tatsächlich langfristige Kosten für die Gesellschaft verursacht, werden diese zum Zeitpunkt der Betreuungsplatzwahl bzw. der Entscheidung für oder gegen eine Betreuung nicht von den Anbietern und nur partiell von den Eltern berücksichtigt. Der Staat muss also eingreifen, um diese negativen Externalitäten zu verhindern und mögliche positive Externalitäten guter Betreuung zu ermöglichen. Aus diesem Grund ist es auch unabdingbar, durch Studien mehr über die Auswirkungen frühkindlicher Bildung in Deutschland zu erfahren, damit sinnvolle Eingriffe vorgenommen werden können.

3.1.1 Preise

Unter idealen Bedingungen besteht eine wesentliche Funktion von Preisen in ihrer Signalfunktion an Konsumenten bezüglich der Qualitätsunterschiede von Produkten oder Dienstleistungen (vgl. Simon, 1992, Kapitel 17.3). In einem vollkommenen Markt ist es Anbietern nicht möglich, Preise über ihren Kosten zu erzielen und lediglich höhere Qualität erlaubt die Durchsetzung höherer Preise. Die meisten Märkte sind unvollkommen und der Kinderbetreuungsmarkt ist keine Ausnahme. Eine seiner Unvollkommenheiten ist die Abwesenheit von Preissignalen (Cryer, Tietze & Wessels, 2002; Meyers & Jordan, 2006; Walker, 1991). 2014 waren lediglich 3% aller Kindertageseinrichtungen in privater Trägerschaft und nicht gemeinnützig, d.h. in der Regel agierten sie mit Gewinnerzielungsabsicht (Statistisches Bundesamt, 2014a). Die übrigen 97% waren entweder öffentliche Einrichtungen oder gemeinnützige Einrichtungen freier Träger (ebd.). 2010 deckten freie Träger 74% ihrer Ausgaben über öffentliche Zuschüsse (Statistisches Bundesamt, 2012b), so dass davon auszugehen ist, dass nahezu alle von ihnen Elternbeiträge in Abhängigkeit vom Einkommen erhoben haben.[133] Eltern sehen sich also bei nahezu allen Betreuungsangeboten subventionierten Preisen gegenüber, die sich durch die Vorgabe der einkommensabhängigen Staffelung innerhalb einer Kommune in der Regel nicht unterscheiden. Mit Blick auf die bereits dargestellten und durch den sozio-ökonomischen Status beförderten großen Unterschiede in deutschen Bildungsbiografien sind eine Subventionierung der Betreuungskosten und eine soziale Staffelung sinnvoll. Sie hebeln allerdings die

---

[132] Siehe vorherige Fußnote zu Externatlitäten.
[133] Nach § 90 SGB VIII sollen Kostenbeiträge der Eltern nach Einkommen, Familiengröße und/oder Betreuungsdauer gestaffelt werden, wenn ein öffentlich gefördertes Betreuungsangebot wahrgenommen wird.

Signalfunktion der Preise vollständig aus und erschweren es Eltern, Qualitätsunterschiede in Betreuungsangeboten zu erkennen.

Zwei weitere Probleme fehlender Preisunterschiede sind fehlende Signale an potentielle Anbieter (vgl. Walker, 1991) und fehlende Leistungsanreize für bestehende Anbieter. Wenn in einem Markt das Angebot knapp wird, also die Nachfrage das Angebot übersteigt, steigen in der Regel die Preise, da die Marktmacht der Anbieter gegenüber den Nachfragern zunimmt. Dies lockt neue Anbieter auf den Markt, die sich auf Grund der gestiegenen Preise Gewinne erhoffen. Diese Ausweitung des Angebots endet, wenn die überschüssige Nachfrage vollständig und kostendeckend bedient werden kann. Der neue Preis liegt dann wieder auf einem Niveau, das gerade die Deckung der Kosten der Anbieter erlaubt. Im deutschen Kinderbetreuungsmarkt gibt es keine Preissignale an Externe, die signalisieren, dass die Nachfrage das Angebot übersteigt, da die Preise von der öffentlichen Hand festgelegt werden. Außerdem ist ein Markt, der in diesem Umfang von öffentlichen Subventionen verzerrt wird, wenig attraktiv für Unternehmen, da sie sich ohne die immensen öffentlichen Zuschüsse einem kaum aufzuholenden Wettbewerbsnachteil gegenüber sehen. Insofern sind gesetzliche Bestimmungen, die Kindern Betreuungsplätze garantieren, notwendig, um das Angebot der Nachfrage anzupassen.[134]

Um das Instrument der Preissetzung beraubt, fehlt öffentlich subventionierten Einrichtungen die wirtschaftliche Motivation und die Möglichkeit, ihr Angebot zu optimieren. Höhere Angebotsqualität führt zu höheren Kosten, die bei gedeckelten Preisen jedoch nicht über das festgelegte Preisniveau hinaus erhöht werden können. Einrichtungen können also lediglich innerhalb des staatlich festgesetzten Budgets versuchen, ihre Qualität zu optimieren. Ist das Angebot regional knapp und die staatliche Kontrolle schlecht bzw. ohne spürbare Konsequenzen, erhöht sich für Anbieter der Qualitätsspielraum nach unten, da Eltern weniger Ausweichmöglichkeiten zur Verfügung stehen und sie daher schlechtere Angebote eher in Erwägung ziehen werden.

Fehlende Preissignale erschweren Eltern also die Unterscheidung der Betreuungsqualitäten, verhindern bei Knappheit eine schnelle Ausweitung des Angebots und können bei mangelnder staatlicher Kontrolle und mangelndem Angebot zu suboptimaler Betreuungsqualität führen. Wenn eine staatliche

---

[134] Zur Vermeidung negativer Externalitäten (z.B. Benachteiligung von Kindern aus sozio-ökonomisch schwächeren Haushalten, wenn sie keine oder sehr schlechte Kinderbetreuung wahrnehmen) wären weitere staatliche Eingriffe notwendig und gut zu rechtfertigen. Ob sie in der aktuell praktizierten Form sinnvoll sind, sollte jedoch weiter untersucht werden. Es bedarf ebenfalls weiterer Studien, ob und in welcher Art frühkindliche Bildung langfristige positive Effekte für Kinder in Deutschland mit sich bringt.

Subventionierung in dem derzeitigen Ausmaß gewünscht ist, sollte eine Knappheit bei den Betreuungsplätzen daher unbedingt vermieden werden. Eltern benötigen Ausweichmöglichkeiten, damit der Markt funktionieren kann.

3.1.2 Angebot

Einleitend wurde bereits geschildert, dass die Dienstleistung der Kinderbetreuung eine sehr komplexe und vielschichtige ist und Eltern daher nur in wenigen Ausnahmefällen annähernd gleiche Betreuungsangebote vergleichen können. Dies wäre an sich kein problematischer Zustand, wenn man davon ausgehen könnte, dass die Unterschiede im Angebot für Eltern nicht wichtig sind. Wie bei den meisten anderen Dienstleistungen ist diese Annahme allerdings unrealistisch. Die im Folgenden vorgestellten Publikationen belegen, dass es durchaus unterschiedliche Faktoren gibt, die Elternentscheidungen wesentlich beeinflussen und daher nicht jeder Betreuungsplatz für jede Familie gleichwertig ist. Es wird Plätze geben, die bestimmte Eltern aus Gründen der Entfernung, der Kosten, des pädagogischen Konzepts oder der Öffnungszeiten nicht buchen wollen oder können. Daraus folgt, dass die reine Platzzahl in einer Kommune oder einem Land keine zuverlässige Auskunft darüber geben kann, ob für alle suchenden Eltern ausreichend Plätze zur Verfügung stehen.

Ein prominentes Beispiel dafür war die gerichtliche Auseinandersetzung zwischen der Stadt Köln und einer Familie, die das Angebot der Stadt, eine Tagesmutter für die Betreuung ihres Kindes zu wählen, aus grundsätzlicher Abneigung gegen das Betreuungsmodell Tagespflege und wegen der als unzumutbar empfundenen Entfernung ablehnte (Oberverwaltungsgericht (OVG) NRW, 2013). Das Oberverwaltungsgericht bestätigte zwar grundsätzlich das Wahlrecht der Eltern nach § 5 SGB VIII, sah aber die Ablehnung der vorgeschlagenen Tagesmutter nicht als ausreichend begründet an und stellte darüber hinaus fest, dass Kindertagesstätten und Tagespflege gleichwertige Betreuungsformen seien. Ferner setzte es dem Wahlrecht eine Grenze, wenn es außerhalb der verfügbaren Betreuungsplätze ausgeübt werden sollte, da „§ 5 Abs. 1 Satz 1 SGB VIII keinen Anspruch auf die Schaffung neuer Dienste und Einrichtungen schafft." (OVG NRW, 2013, Absatz 11). Über die Zumutbarkeit der Entfernung zu einem Betreuungsplatz müsse im Einzelfall entschieden werden (OVG NRW, 2013). Das OVG NRW (2013) folgte damit nicht der Einschätzung des Verwaltungsgerichts (VG) Köln, dass pauschal eine maximale Entfernung von fünf Kilometern in städtischen Ballungsräumen als zumutbar erachtete. Es erkannte allerdings an, dass die Entfernung zwischen Wohnort und Betreuungsplatz eine wesentliche Rolle spielen kann. Da das Urteil die Wahlfreiheit der Eltern auf bereits existierende und gleichzeitig freie Betreuungsplätze beschränkt und Eltern nun nachvollziehbar begründen müssen, warum ein angebotener Platz für ihr Kind unzumutbar ist, werden einige Eltern Kompromisse eingehen müssen. Es ist äußerst fraglich, ob Eltern, die einen angebotenen Platz ablehnen, weil sie nicht mit dem pädagogischen Konzept übereinstimmen oder weil sie beim pädagogischen Personal ein schlechtes Gefühl haben, in Zukunft einen anderen Platz bei ihrer Kommune einfordern könnten oder vor Gericht Recht bekämen. Wahrscheinlicher ist in diesen Fällen das Ausweichen auf private Lösungen oder die eigene Betreuung.

Dass viele Eltern bei der Wahl einer Kinderbetreuungslösung Kompromisse eingehen, konnte Emlen (1998) in einer Studie mit 862 Eltern aus Oregon, USA, bestätigen. Er untersuchte darin, welche Aspekte der Kinderbetreuung Eltern wichtig waren und wie sie die Qualität ihrer aktuellen Betreuungslösung einschätzten. Obwohl 84% der Eltern angaben, bei erneuter Auswahl die selbe Einrichtungen zu wählen, konnten nur 68% der Aussage zustimmen, dass die Einrichtung genau die richtige für ihr Kind sei. 32% aller Eltern hielten die aktuelle Einrichtung also nicht für die beste Betreuungsmöglichkeit, aber lediglich 16% hätten dieser Einschätzung bei erneuter Wahl Konsequenzen folgen lassen. Dieses Ergebnis zeigt, dass einige der Eltern aus der Stichprobe bewusst einen Kompromiss zwischen ihrer Vorstellung einer idealen Kinderbetreuung und dem zur Verfügung stehenden Angebot geschlossen hatten.

Auf der Suche nach den Ursachen stellte sich Flexibilität in den drei Bereichen Arbeitsplatz, Familie und Kinderbetreuung als wesentlicher Faktor der Qualitätseinschätzungen der Eltern heraus (Emlen, 1998). Eltern benötigten Flexibilität, um auf unvorhergesehene Ereignisse reagieren zu können (z.B. Krankheiten, Unfälle, außerplanmäßige Autoreparaturen, Familienkrisen, Schulnotfälle, etc.) (ebd.). Waren dann beispielsweise die Arbeitszeiten nicht flexibel anpassbar, wurde die Flexibilität in den anderen beiden Bereichen gesucht. Bei hoher Flexibilität in allen drei Bereichen bewerteten Eltern in der Studie ihre Kinderbetreuung in der Regel als qualitativ hochwertig, während die Bewertungen bei niedriger Flexibilität in allen drei Bereichen erheblich schlechter ausfielen. Eine mögliche Interpretation ist, dass Eltern mit geringer

Flexibilität am Arbeitsplatz und in der Familie diesen Mangel durch mehr Flexibilität der Kinderbetreuungseinrichtung kompensieren wollten (Emlen, 1998). Da nicht alle Einrichtungen die notwendige Flexibilität anboten (z.B. durch lange Öffnungszeiten oder Ferienbetreuung), standen ihnen weniger Auswahlmöglichkeiten zur Verfügung und sie akzeptierten zu Gunsten der Flexibilität Abstriche bei der Qualität (ebd.). Selbst wenn in dieser Situation den suchenden Eltern ausreichend Betreuungsplätze zur Verfügung gestanden hätten, hätte sich aus dem Bedürfnis nach Flexibilität für die betroffenen Eltern möglicherweise ein Mangel an Plätzen ergeben (ebd.).

In einer Studie mit 633 amerikanischen Müttern mit Kindern in externer Betreuung konnten Peyton et al. (2001) den negativen Effekt der Berufstätigkeit auf die Wahlmöglichkeiten der Eltern bestätigen. In Vollzeit beschäftigte Eltern hatten Kinderbetreuung gegenüber weniger oder gar nicht beschäftigten Müttern signifikant seltener nach Qualitäts- als nach Praktikabilitätserwägungen ausgesucht und hatten signifikant häufiger ihre eigenen Präferenzen der Praktikabilität unterstellt. Geringes bis moderates Einkommen zwang Eltern ebenfalls signifikant häufiger, ihre Wahl nach Praktikabilität und nicht nach Qualität zu treffen. Auch Atkinson (1994) führte in einer Untersuchung von 982 amerikanischen Müttern aus ländlichen und urbanen Gegenden die in ländlichen Gegenden signifikant häufigere Wahl von Betreuung durch Verwandte auf geringere finanzielle Ressourcen ländlicher Familien zurück. In ländlichen Gegenden hatten Väter signifikant niedrigere Einkommen (die Einkommen der Mütter unterschieden sich kaum) und Familien hatten signifikant mehr Kinder (Atkinson, 1994). Erheblich geringere finanzielle Ressourcen pro Kind könnten also die bevorzugte Wahl von Verwandten erklären (ebd.). Ein geringeres Angebot an alternativen Betreuungsformen (z.B. Kindertageseinrichtungen) auf dem Land wäre eine andere Erklärung (Atkinson, 1994), wobei das geringere Angebot möglicherweise der geringeren Kaufkraft geschuldet war. Das Einkommen hat eindeutig Einfluss auf die Wahlmöglichkeiten der Eltern, insbesondere wenn Kinderbetreuung, wie in den USA, nicht flächendeckend subventioniert wird.

Hank und Kreyenfeld (2003) verweisen ebenfalls auf die mögliche Diskrepanz zwischen der Anzahl verfügbarer und tatsächlich nutzbarer Betreuungsplätze. Neben Entfernung, Flexibilität, Öffnungszeiten und Qualität spielt ihrer Meinung nach das altersbezogene Angebot eine weitere Rolle. Für Eltern, die einen Platz für ihr einjähriges Kind haben, könnte die Betreuungsfrage bis zum Schulbeginn noch nicht endgültig abgeschlossen sein, wenn die

Angebot 107

Einrichtung Kinder nur bis zum dritten Lebensjahr betreut oder sich die angebotenen Betreuungszeiten zwischen den Altersgruppen stark unterscheiden. Sie müssten sich dann rechtzeitig erneut auf die Suche nach einem Platz machen. Familien mit mehr als einem Kind ist mit Blick auf eine Berufstätigkeit beider Eltern erst dann geholfen, wenn alle Kinder einen Betreuungsplatz haben (vgl. Hank & Kreyenfeld, 2003). Die Plätze sollten möglichst in derselben Einrichtung sein oder nah beieinander liegen, um morgens und nachmittags sehr lange Wege zu vermeiden. Ferner wird im Falle mehrerer Kinder das Kind mit den kürzesten Betreuungszeiten die maximal mögliche Berufstätigkeit der Mutter oder des Vaters bestimmen, wenn keine Zusatzlösung (z.B. ein Au-Pair) gefunden werden kann oder sich beide Elternteile Bringen und Abholen sinnvoll teilen können.

Eine ähnliche Relevanz hatte die Flexibilität der Eltern bzw. die Möglichkeit, auf Umweltbedingungen (z.B. Arbeitszeiten) Einfluss zu nehmen, bei Pungello und Kurtz-Costes (1999). Sie gingen dabei von der Hypothese sogenannter Correlated Constraints aus (Cairns, McGuire & Gariépy, 1993; Gariépy, 1995), nach der Individuen nicht nur ihr Verhalten den Umweltbedingungen anpassen, sondern wenn möglich durch ihr Verhalten die Umweltbedingungen so verändern, dass sie mit ihren Präferenzen übereinstimmen. Je mehr Kontrolle eine Mutter also über die dafür relevanten Umweltbedingungen hat, desto eher kann sie eine Kinderbetreuungslösung finden, die ihren Vorstellungen entspricht. Auch Meyers und Jordan (2006) sind der Ansicht, dass amerikanische Eltern mit niedrigem sozio-ökonomischem Status eventuell häufiger informelle Betreuungslösungen („informal care") aus ökonomischen Zwängen wählen und nicht, weil sie ihren Präferenzen entspricht. Flexibilität ist wichtig, um die eigenen Präferenzen bestmöglich verwirklichen zu können, und eine größtmögliche Kongruenz zwischen gewünschtem und tatsächlichem Umfang einer Berufstätigkeit von Müttern kann sich sogar positiv auf die sozial-emotionale Entwicklung ihrer Kinder auswirken (Röhr-Sendlmeier et al., 2012; siehe Abschnitt 2.3.2.5).

Grundsätzlich ist also ein vielfältiges Angebot zu begrüßen, da es Eltern mit unterschiedlichen Anforderungen und Präferenzen eher nützen kann als ein uniformes Angebot mit ähnlichen Parametern über alle Einrichtungen. Diese Vielfalt sollte allerdings nicht zu Lasten der Betreuungsqualität gehen. In einer Untersuchung des deutschen Kinderbetreuungssystems sah beispielsweise eine Untersuchungsgruppe der OECD (2004a) keinen Sinn darin, dass es zwischen den Bundesländern so große Unterschiede bei grundlegenden Qualitätsstandards wie z.B. Gruppengröße oder Betreuungsschlüssel gab. Die Autoren gaben zu bedenken, dass Qualitätsunterschiede zwischen den Ländern unterschiedliche Entwicklungsmöglichkeiten und Bildungschancen der Kinder zur Folge haben können und dies nicht im nationalen Interesse liegen dürfte (OECD, 2004a). Auch das Bundesministerium für Familie, Senioren, Frauen und Jugend (BMFSFJ) hielt 2003 unterschiedliche Standards zwischen Bundesländern nicht mehr für zeitgemäß und zentrale Regelsetzungen für effizienter (BMFSFJ, 2003).

Die Einführung und Durchsetzung von Mindeststandards durch den Staat sind grundsätzlich eine mögliche Lösung zur Sicherstellung einheitlicher Mindestqualität, wenn sich ohne Eingriff eine suboptimale Qualität durchsetzt. Dies könnte z.b. dann der Fall sein, wenn Eltern nicht in der Lage sind, gute Qualität zu erkennen oder höhere Qualität so teuer wäre, dass viele Eltern sich eine Betreuung nicht mehr leisten könnten. Ist der Markt ansonsten nicht reguliert und die Preise also flexibel, kann dies allerdings paradoxerweise zu einer Abnahme des durchschnittlichen Qualitätsniveaus führen (Blau, 1991). Dieser Fall kann eintreten, wenn Eltern die Qualitätsvorgaben des Staates nicht wertschätzen und nicht bereit sind, für ihre Einhaltung mehr zu bezahlen (ebd.).[135] Anbieter, die die Vorgaben umsetzten, würden keine höheren Preise bei den Eltern durchsetzen können, da diese die Veränderungen nicht als Zugewinn an Betreuungsqualität ansehen würden (ebd.). Daraufhin würden einige Anbieter aus dem Markt gedrängt und es blieben die, die dank des verknappten Angebots und der dann gestiegenen Preise die Kosten für die Einhaltung der Mindeststandards decken könnten. Je nachdem, wie groß Not und Anzahl der Eltern ohne Betreuung wäre, könnte sich ein illegaler Betreuungsmarkt außerhalb der Mindeststandards etablieren (Blau, 1991). Abhängig von der Größe beider Märkte und der Diskrepanz zwischen ihren Betreuungsqualitäten könnte die durchschnittliche Betreuungsqualität für alle betreuten Kinder nach der Einführung der Mindeststandards niedriger sein als davor (ebd.). In Deutschland hätte eine Erhöhung der Mindeststandards über das bisherige Durchschnittsniveau ohne Anpassung der staatlich gewährten Subventionen ähnliche Auswirkungen, da die Elternbeiträge zur Deckung der höheren Kosten steigen müssten. Das Ausmaß der Abwanderung in die Illegalität hinge unter anderem auch davon ab, wie wirkungsvoll Qualitätskontrollen wären.

---

[135] Hier wird davon ausgegangen, dass die Qualitätsvorgaben über den bisher geltenden Standards liegen, der durchschnittliche Anbieter seine Qualität erhöhen muss und dies mehr kostet (vgl. Connelly, 1991, bzgl. hoher Qualität und Kosten).

Kreyenfeld et al. (2001) gaben mit Blick auf die Unterschiede zwischen deutschen Bundesländern zusätzlich zu bedenken, dass die zentrale Planung durch den Staat erstens leicht an den Bedürfnissen der Eltern vorbeigehen kann und zweitens enorme Kosten verursacht, die zum einen durch die Planung selbst und zum anderen durch Kontrollen zur Durchsetzung der staatlich vorgegebenen Planungsziele und Qualitätsstandards entstehen. Die Autoren schlagen zur Verbesserung ein Gutscheinmodell vor, in dem Eltern Betreuungsgutscheine vom Staat bekämen, die sie bei der Einrichtung ihrer Wahl gegen Betreuung eintauschen könnten. Der Träger der Einrichtung wiederum könnte den Gutschein beim Staat gegen Geld eintauschen, um die Betreuungskosten zu decken (Kreyenfeld et al., 2001). Der Staat würde Mindestqualitätsstandards vorgeben und ihre Einhaltung kontrollieren (ebd.). Die Autoren gehen davon aus, dass dadurch das Angebot besser und flexibler auf die Bedürfnisse der Eltern reagieren würde und der Staat durch die entfallenen Planungskosten Geld sparte. Dieses Ergebnis wird sich allerdings nur dann einstellen, wenn tatsächlich die Anzahl der Anbieter und Plätze ausreichend ansteigt, um die Anbieter zu Wettbewerb um Eltern und Betreuungsgutscheine zu zwingen. Andernfalls würden lediglich die Mindeststandards des Staates erfüllt und Eltern müssten auf Grund mangelnder Wahlmöglichkeiten weiter Kompromisse eingehen. Zwei Dinge sprechen dafür, dass die Einführung von Gutscheinen allein nicht zu einer ausreichenden Ausweitung des Angebots führen würde. Zum einen sind die Markteintrittsbarrieren für neue Anbieter in Deutschland hoch. Die Räumlichkeiten müssen hohe Anforderungen erfüllen, um kindgerecht zu sein, so dass in der Regel teure Umbauten in einer bestehenden Immobilie oder die Errichtung eines Neubaus notwendig sind. Außerdem muss die Einrichtung für viele Eltern gut erreichbar sein, da die Entfernung bei zwei Anfahrten pro Betreuungstag eine wesentliche Rolle spielt.[136] Das Einzugsgebiet des Standorts sollte darüber hinaus so beschaffen sein, dass auch Jahre nach der Eröffnung noch Familien mit kleinen Kindern dort wohnen bzw. neue hinzuziehen, damit langfristig ausreichend Nachfrage nach Betreuungsplätzen herrscht. Ferner muss qualifiziertes und vertrauenswürdiges Personal gefunden und eingestellt werden und das Jugendamt muss eine Betriebserlaubnis nach § 45 SGB VIII erteilen. Die hohen Investitionen und der beträchtliche zeitliche Aufwand träfen im Falle echten Wettbewerbs auf ein größeres Auslastungsrisiko, so dass nicht sicher ist, ob

---

[136] Lange Anfahrtszeiten verkürzen faktisch die Öffnungszeiten für Eltern, da sie entsprechend früher aufbrechen müssen, um ihre Kinder zu bringen oder abzuholen. Sie gehen damit zu Lasten der Flexibilität der Kinderbetreuung (vgl. Emlen, 1998).

sich ausreichend neue Anbieter in den Markt wagen würden, wenn bestehende Anbieter ihr Angebot nicht schnell genug wechselnden Elternbedürfnissen anpassten. Gegen einen raschen Ausbau des Angebots nach der Einführung von Gutscheinen sprechen ferner die hohen Kosten guter Qualität bzw. die fehlende Fähigkeit oder Bereitschaft von Eltern, diese Kosten zu tragen (vgl. Connelly, 1991). Je nach Höhe der staatlichen Gutscheine bedürfte es entweder zahlungskräftiger Eltern, die die Mehrkosten höherer Qualität selbst übernehmen könnten oder die Anbieter wären in ihren Angebotsmöglichkeiten eingeschränkt, so dass sich die gewünschte Vielfalt bzw. die Passung zwischen den Bedürfnissen der Eltern und dem Angebot an Betreuung aus finanziellen Gründen nicht einstellen könnte. Grundsätzlich wäre ein Finanzierungssystem, welches den Wettbewerb fördert und dadurch die Angebotslage für Eltern flächendeckend verbessert, sehr zu begrüßen. Ob dies mit der Einführung von Gutscheinen allein zu erreichen ist, bleibt fraglich und sollte daher zunächst intensiver geprüft werden. Mit Blick auf die Markteintrittsbarrieren wäre es bereits hilfreich, wenn auch private Träger außerhalb der Gemeinnützigkeit staatliche Zuschüsse erhalten könnten, die staatliche Behörden nicht dazu befugten, in die Ausgestaltung des Angebots einzugreifen.[137] In NRW werden Einrichtungen beispielsweise nur gefördert, wenn sie Betreuungskapazitäten vorhalten, die sich mit der Bedarfsplanung der Jugendhilfe decken und Gruppenformen anbieten, die sich an den Vorgaben des Kinderbildungsgesetzes (KiBiz) orientieren (§ 18 Abs. 3 KiBiz). Sieht die Jugendhilfeplanung in einem Gebiet auf Grund geringerer Geburtenzahlen oder Umzügen in Zukunft weniger oder mehr Gruppen für Kinder einer Altersgruppe vor, so müssen geförderte Einrichtungen ihre Gruppenstruktur entsprechend anpassen. Dies kann durchaus sinnvoll sein. Problematisch wird es allerdings, wenn die Jugendhilfeplanung und die tatsächliche Nachfrage der Eltern auseinanderklaffen. Möglich ist dies z.B., wenn viele Eltern einer Einrichtung nicht in unmittelbarer Nähe wohnen, aber dort arbeiten und die Betreuung ihrer Kinder in der Nähe ihres Arbeitsplatzes wünschen. Diese Kinder lassen sich durch die Bedarfsplanung der Jugendhilfe kaum erfassen, da sie lediglich an ihrem Wohnort gemeldet sind. Eine dezentrale Steuerung des Angebots über die einzelnen Einrichtungen erscheint daher sinnvoller, als die in NRW

---

[137] Eine Beschneidung der Kontrolle der Betreuungsqualität durch den Staat ist damit nicht gemeint. Sie sollte immer möglich sein.

Angebot

aktuell praktizierte zentrale Planung, wenn schnell auf sich ändernde Nachfragesituationen reagiert werden soll.

Geförderte Einrichtungen dürfen in NRW außerdem keine Gewinne erwirtschaften und müssen überschüssige Mittel als Rücklage anlegen oder an den Staat zurückzahlen (§ 20a KiBiz). Sie erhalten Fördermittel vom Jugendamt und müssen einen festgelegten Trägeranteil[138] selbst erwirtschaften (§ 20 Abs. 1 KiBiz). Diese Kombination aus einer staatlichen Vorgabe der Angebotsstruktur und dem Verbot, Gewinne zu erwirtschaften, machen es für private Investoren unattraktiv, in den geförderten Kinderbetreuungsmarkt einzusteigen. Eine Partizipation ohne staatliche Förderung führte wegen der erheblich höheren Elternbeiträge zu einem großen Wettbewerbsnachteil gegenüber geförderten Trägern. Ohne die Mitwirkung privat-gewerblicher Träger ist die Zahl potentieller Anbieter jedoch erheblich reduziert und beschränkt sich auf gemeinnützige Vereine, Elterninitiativen, Religionsgemeinschaften und Kommunen. Dies kann in NRW durchaus politisch gewünscht sein, um z.B. zu verhindern, dass Steuermittel anteilig für Unternehmensgewinne im Kinderbetreuungsmarkt verwendet werden[139], führt aber zwangsläufig zu einer eingeschränkten Angebotspalette.

Das Angebot auf dem Kinderbetreuungsmarkt lässt sich aus unterschiedlichen Perspektiven bewerten, wobei letztendlich lediglich die der Eltern relevant ist. Ihnen allein obliegt es, eine Betreuungslösung für ihre Kinder auszuwählen und dabei die für sie wesentlichen Parameter ihrer individuellen Familiensituation zu berücksichtigen (vgl. Long et al., 1996). Ein Angebot, welches die Bedürfnisse der Eltern nicht berücksichtigt, wird nicht erfolgreich sein bzw. für die betroffenen Familien zu ineffizienten Lösungen führen. Im Sinne des Gemeinwohls kann es sinnvoll sein, dass der Staat die Betreuung subventioniert und Mindeststandards der Betreuungsqualität fest- und

---

[138] Die Förderhöhe richtet sich in NRW nach der Rechtsform des Trägers und den betreuten Kindern (§ 20 Abs. 1 KiBiz). Kirchliche Träger erhalten z.B. 88% der vorgesehenen Pauschalen pro Kind und müssen die übrigen 12% selbst beisteuern (ebd.). Von den Trägern erhobene Elternbeiträge dürfen allerdings nicht mehr als den gesetzlich vorgeschriebenen Trägeranteil und die Kosten des Mittagessens generieren (§ 23 KiBiz; LVR, 2015). Nur für Zusatzangebote, die allen Kindern einer Einrichtung zugute kommen, darf ein Träger weitere Mittel bei den Eltern einfordern (LVR, 2015).

[139] Da die bereitgestellte Betreuungskapazität und -qualität für Eltern und die Gesellschaft wesentlich sind und privat-gewerbliche Anbieter ohne die Möglichkeit, Gewinne zu erwirtschaften, nicht in den Markt eintreten werden, ist das faktische Verbot von Gewinnen nicht nachvollziehbar. Wenn ein privater Träger die festgelegte Betreuungsqualität nachweisbar sicherstellt, Elternbeiträge für sozial Schwache eine festgelegte Höhe nicht überschreiten und er dann weniger Mittel braucht, als vom Staat und den Eltern einzieht, ist dies aus ökonomischer Perspektive nicht verwerflich. Es könnte im Gegenteil dazu führen, dass sich der Wettbewerbsdruck zwischen den Einrichtungen erhöht und finanzielle Mittel effizienter eingesetzt werden. Wesentlich dafür ist eine wirksame Durchsetzung staatlich festgelegter Betreuungsstandards. Diese ist jedoch in jedem Falle wichtig, also kein Spezifikum eines Betreuungsmarktes, der Gewinne trotz staatlicher Förderung zulässt.

durchsetzt. Davon abgesehen sollte er darauf hinwirken, dass das Angebot möglichst vielfältig ist und Eltern die für sie notwendige Flexibilität einräumt (vgl. Emlen, 1998).

3.1.3 Transparenz

Transparenz ist ein wesentliches Element funktionierender Märkte, da es Anbietern und Nachfragern überhaupt erst ermöglicht, Produkte und Dienstleistungen miteinander zu vergleichen und Preise anhand des erwarteten Nutzens zu bewerten. Wie im vorherigen Abschnitt dargestellt, ist das Angebot im Kinderbetreuungsmarkt vielfältig und daher sollten Eltern in die Lage versetzt werden, Unterschiede zu erkennen. Andernfalls wäre es ihnen nicht möglich, die Betreuungskosten in eine realistische Relation zur erbrachten Leistung zu setzen. Es läge ein asymmetrisches Informationsverhältnis zwischen Anbietern und Nachfragern vor und dies würde teilweise zu Adverser Selektion[140] führen (vgl. Dohmen, 2005; Mocan, 2001; Walker, 1991). Nach Betreuungsbeginn bestünde die Gefahr von Moral Hazard und Hidden Action[141] (vgl. Walker, 1991). Die Auswirkungen werden deutlich, wenn man annimmt, dass Eltern die Unterschiede zwischen einer Betreuungseinrichtung mit schlechter und einer mit guter Betreuungsqualität gar nicht oder erst lange nach Betreuungsbeginn erkennen und beide Einrichtungen Betreuung zu denselben Preisen anbieten.[142] Die Unterschiede in der Betreuungsqualität sind derart, dass sie Entwicklungsnachteile der Kinder in der schlechten Einrichtung erwarten lassen. Der Preis liegt auf einem kostendeckenden Niveau für den Anbieter guter Qualität und der Anbieter mit schlechter Qualität wird entweder Überschüsse erwirtschaften oder er setzt seine Mittel erheblich ineffizienter ein, so dass er trotz schlechterer Qualität gleiche Kosten hat. Eltern,

---

[140] Adverse Selektion ist ein Resultat asymmetrischer Information. Auf Grund mangelnden Konsumentenwissens über die Qualität eines Gutes werden Anbieter guter Qualität vom Markt gedrängt, da sie ihre Güter nicht kostendeckend anbieten können. Konsumenten sind auf Grund der Unsicherheit über die Qualität nicht bereit, einen hohen Preis zu bezahlen. Im Fall vorgegebener Preise werden Anbieter nur bis zu dem Qualitätsniveau verdrängt, welches mit dem gegebenen Preis maximal realisierbar ist. Dennoch lohnt sich Qualität für Anbieter nur bis zu dem Punkt, an dem die Unterscheidung zu besseren Anbietern für Konsumenten unmöglich wird. Je intransparenter der Markt, desto mehr wird die durchschnittliche Qualität vom Optimum abweichen.
[141] Moral Hazard und Hidden Action drohen ebenfalls, wenn Informationsasymmetrie zwischen zwei Vertragspartnern vorliegt. Wenn Eltern für sie oder ihr Kind potentiell schädliche Handlungen der Betreuungseinrichtung nicht wahrnehmen können (Hidden Action), besteht die Gefahr, dass die Einrichtung dies zu ihren Gunsten und zum Nachteil der Familien ausnutzt (Moral Hazard).
[142] Der einheitliche Preis ist ein Spezifikum des betrachteten deutschen Kinderbetreuungsmarktes, dessen Preise bzw. Elternbeiträge in der Regel staatlich reguliert sind. Bei flexiblen Preisen ergäbe sich das klassische Lemon Problem nach George Akerlof (1970), bei dem Kunden im Gebrauchtwagenmarkt nur noch schlechte Autos (sog. Lemons) angeboten werden, wenn die Kunden die Qualität eines Gebrauchtwagens nicht erkennen können, der Markt für sie also intransparent ist.

die sich, ohne es zu wissen, für die schlechte Einrichtung entschieden haben, setzen ihre finanziellen Ressourcen ineffizient ein und durch die Entwicklungsnachteile ihrer Kinder sind langfristige Kosten für die Eltern, ihre Kinder und die Gesellschaft zu erwarten (vgl. OECD, 2006, und Abschnitte 2.3 und 2.4).

Diese Formen des Marktversagens sind bereits in vielen Studien und Publikationen mit Kinderbetreuungsmärkten in Verbindung gebracht worden, auch mit dem deutschen (z.B. Cryer et al., 2002; Dohmen, 2005; Emlen, 1998; Kreyenfeld & Wagner, 2000; Mocan, 2001; OECD, 2006; Spieß & Tietze, 2002; Walker, 1991). Das Problem asymmetrischer Information ergibt sich dabei insbesondere aus zwei Besonderheiten des Marktes. Zum einen sind Eltern zwar Kunden, nicht aber Konsumenten (vgl. Spieß & Tietze, 2002). Sie verbringen kaum Zeit in der Einrichtung ihrer Kinder und können daher Informationen lediglich aus zweiter Hand beziehen, so dass die Annahme nahe liegt, sie bekämen nicht ausreichend Informationen zur Bewertung der Betreuung (vgl. Cryer et al., 2002; Mocan, 2001; Peyton et al., 2001; Spieß & Tietze, 2002).

An sich sollte es sich bei Kinderbetreuung um ein klassisches Erfahrungsgut handeln. Bei Erfahrungsgütern kann die volle Kenntnis der Produktqualität erst mit der Benutzung erfahren werden (vgl. Sinn, 2003; Springer Gabler Verlag, 2015; Wied-Nebbeling, 2013, S. 281). Konsumenten erkennen dabei erst nach der Kaufentscheidung, ob ihre Qualitätseinschätzung für ein Produkt oder eine Dienstleistung korrekt war (ebd.). Möglicherweise findet bei Kinderbetreuung auch nach dem Kauf kein wesentlicher Informationszuwachs statt, so dass das Problem von Hidden Action bestehen bleibt. Sie wäre dann kein Erfahrungsgut oder nur zu einem geringen Grad. Spieß und Tietze (2002) sind der Meinung, Kinderbetreuung sei kein Erfahrungsgut. Bei Gütern, die keine Erfahrungsgütern seien, könnten „Nachfrager nur bedingt ihre schlechten Erfahrungen rückgängig machen, indem sie das Produkt z.B. zurückgeben oder umtauschen" (Spieß & Tietze, 2002, S. 141). Eltern könnten bei schlechten Erfahrungen die Einrichtung wechseln, die Kinder seien aber bereits belastet (Spieß & Tietze, 2002). Die Definition eines Erfahrungsgutes ist von den beiden Autoren in ihrer Veröffentlichung nicht explizit festgehalten worden. Es entsteht jedoch der Eindruck, dass sie von der oben genannten abweicht, da Spieß und Tietze (2002) mehrfach auf das Problem bleibender Erfahrungen nach Betreuungsbeginn und nicht auf das Problem mangelnder Informationen über die Betreuung vor ihrem Beginn verweisen. Auf Grund des anderen Verständnisses des Begriffs „Erfahrungsgut" stützt die Erklärung von Spieß und Tietze (2002) die These, Kinderbetreuung sei kein Erfahrungsgut im ökonomischen Sinne, nicht.

In der bereits vorgestellten Studie von Emlen (1998) änderten sich die Qualitätsbewertungen der Eltern aus Oregon nicht signifikant mit der Dauer des Besuchs, die im Durchschnitt bei zehn Monaten lag. Entweder sie gewannen zwar wesentliche neue Erkenntnisse, änderten aber ihre Bewertung deshalb nicht. Dann wäre Kinderbetreuung für die Eltern der Studie durchaus ein Erfahrungsgut gewesen. Es könnte aber auch sein, dass sich ihr Informationsstand nur unwesentlich änderte, so dass sie ihre Bewertung mangels neuer Erkenntnisse nicht anpassten. Eine weitergehende Untersuchung dieses Phänomens wäre sehr zu begrüßen, da ohne weitere Studien keine Bewertung der Entwicklung des Informationsniveaus von Eltern mit betreuten Kindern vorgenommen werden kann.

Die zweite Besonderheit des Marktes, die asymmetrische Information begünstigt, ist das fehlende pädagogische oder psychologische Fachwissen der meisten Eltern (vgl. Emlen, 1998; Kreyenfeld & Wagner, 2000; Meyers & Jordan, 2006; Mocan, 2001; Spieß & Tietze, 2002). In einer englischen Studie mit 217 Eltern von Kindern unter fünf Jahren gaben z.b. 92% der Eltern an, dass sie wüssten, was gute Qualität einer Betreuungseinrichtung ausmache (Long et al., 1996). Die Frage nach konkreten Qualitätsaspekten beantworteten allerdings nur 50% der Eltern. Dies ist nachvollziehbar, da selbst Experten bisher nicht in der Lage sind, die Wirkung einzelner Qualitätsparameter zuverlässig zu bestimmen. Unter vielen besteht jedoch mindestens grobe Einigkeit, was zu einer guten Betreuung gehört (siehe Abschnitte 2.3.1.4 und 2.3.2.4). Ferner haben Eltern in der Regel keinerlei Erfahrung mit der Betreuung größerer Gruppen von Kindern und möglicherweise sind sie in Anwesenheit ihres eigenen Kindes nicht zu einem neutralen Urteil fähig (Cryer et al., 2002).

Der Mangel an Fachwissen könnte ein Grund für die Unterschiede sein, die zwischen den Qualitätsbewertungen von Eltern und Experten auftraten, als diese in den folgenden zwei Studien verglichen wurden (vgl. Cryer & Burchinal, 1997; Cryer et al., 2002). Cryer und Burchinal (1997) befragten im Rahmen der Cost, Quality, and Child Outcomes in Child Care Centers Studie in den USA Eltern von 3.134 Kindern nach der Qualität unterschiedlicher Aspekte innerhalb ihrer Betreuungseinrichtungen. Für Eltern mit Kindern, die jünger als 30 Monate waren, verwendeten die Autoren die Infant/Toddler Environment Rating Scale (ITERS; Harms, Cryer & Clifford, 1990) und für Eltern älterer Kinder die Early Childhood Environment Rating Scale (ECERS; Harms & Clifford, 1980). Die Skalen der Eltern waren von Fachbegriffen befreit und die Items teilweise einfacher formuliert als in den Original-Skalen. Gleichzeitig bewerteten ausgebildete Beobachter die Qualität der betroffenen Gruppen in den Betreuungseinrichtungen anhand der Original-Skalen. Die Bewertungen der Eltern wichen für beide Altersgruppen signifikant von denen der professionellen Beobachter ab (p jeweils kleiner als .0001). Bei den jüngeren Kindern betrug die durchschnittliche Qualitätsbewertung der Eltern 6,07, während die Experten im Durchschnitt lediglich 3,47 von 7 möglichen Punkten vergaben. Die Differenz war bei den älteren Kindern zwar kleiner, aber immer noch erheblich. Eltern vergaben im Durchschnitt 6,03 Punkte, Experten lediglich 4,27. In einer Folgestudie mit 392 deutschen Eltern von Kindern zwischen drei Jahren und dem Schuleintritt ergab sich ein ähnliches Bild (Cryer et al., 2002). Die deutschen Eltern füllten ebenfalls eine Elternversion des ECERS (Tietze et al., 1997) aus und die betroffenen Einrichtungen wurden von geschulten Beobachtern bewertet. Die Korrelation zwischen den Ergebnissen lag lediglich bei .09 und war insignifikant (p = .094). Die Korrelation war größer und signifikant, als die aggregierten Elternwerte auf Ebene der Gruppen mit den Expertenwerten verglichen wurden. Mit .21 (p = .035) war der Korrelationskoeffizient allerdings nach wie vor klein, so dass auch in diesem Fall nicht von einer Übereinstimmung zwischen Eltern und Experten gesprochen werden kann (Cryer et al., 2002).

Auch Mocan (2001) untersuchte den Datensatz von Cryer und Burchinal (1997) mit 3.134 amerikanischen Eltern. Er wies nach, dass die Bewertungen der Eltern positiv mit der Expertenqualität zusammenhängen, was zeigt, dass sie durchaus in der Lage waren, Qualitätsmerkmale zu erkennen und zumindest grob richtig zu bewerten. Mocan (2001) brachte für die Unterschiede zwischen Eltern und Experten neben den beiden gerade vorgestellten Erklärungen (Intransparenz; Mangel an Fachwissen) zwei weitere ein. Einerseits könnte es sein, dass Eltern auf Grund ihrer häufigeren Besuche der betroffenen Einrichtungen akkuratere Bewertungen abgeben als die Experten. Für die verwendete Studie konnte er diese Hypothese allerdings nicht bestätigen. Ferner besteht die Möglichkeit, dass Eltern die Skalen nicht voll ausnutzen und die Bandbreite ihrer Bewertungen auf die obere Hälfte beschränken. Dann wären ihre Werte erst nach einer Transformation mit denen der Experten vergleichbar und durch die Verschiebung der Skala nach oben entstünde in gewisser Weise ein Deckeneffekt. Mocan (2001) fand tatsächlich Hinweise, dass dies auf die Stichprobe zutraf. Er bediente sich dazu einfacher Regressionsgleichungen, mit denen er den Zusammenhang zwischen Eltern- und Expertenbewertungen schätzte, wenn die Elternbewertungen grundsätzlich um ein bis vier Punkte nach oben verzerrt waren. In 70% der Fälle konnte er die Hypothese, dass beide Gruppen nach Berücksichtigung der unterschiedlichen Skalen gleiche Bewertungen abgeben, nicht ablehnen. Die Hypothese, dass Bewertungsdifferenzen zwischen Eltern und Experten lediglich durch individuelle Charakteristika und Umweltbedingungen der Eltern bestimmt werden, beide Gruppen Charakteristika der Einrichtungen also gleich rational bewerten, konnte Mocan (2001) allerdings nicht bestätigen. Ferner schienen die Eltern viele gut sichtbare Charakteristika der Einrichtungen als Qualitätsproxies zu verwenden, die tatsächlich keinen Einfluss auf die beobachtete Qualität hatten (z.b. Anteil weißer Kinder, Gruppengröße) und ignorierten dafür andere, die durchaus Hinweise auf die durch Experten bewertete Qualität gaben (z.B. staatliche Einrichtung, Betreuungsschlüssel) (Mocan, 2001). Eine weitere Erklärung der Bewertungsdifferenzen könnte sein, dass Eltern, die bereits eine Einrichtung für ihre Kinder ausgewählt haben, keine schlechten Bewertungen für diese Einrichtung abgeben, da sie andernfalls eigene Verantwortungslosigkeit durch die Wahl einer schlechten Einrichtung zugeben würden (Cryer et al., 2002).

Emlen (1998) konnte in seiner Untersuchung allerdings nachweisen, dass Eltern in der Lage sind, zwischen Einrichtungen unterschiedlicher Qualität zu differenzieren. Eltern, deren Kinder eine Kinderbetreuungseinrichtung von ausgewiesener pädagogischer Qualität besuchten, bewerteten die Fähigkeiten des Betreuungspersonals um 17% höher als die anderen Eltern, deren Kinder andere Einrichtungen besuchten (Emlen, 1998). Gleichzeitig bewerteten die Eltern anderer Einrichtungen die Items auf der Skala „high-risk care" für ihre Einrichtungen um 17% höher (also schlechter) als die Eltern der qualitativ hochwertigen Einrichtung. Die Unterschiede waren jeweils signifikant. Es gab Unterschiede zwischen beiden Elterngruppen bezüglich ihres Einkommens, dies war jedoch nicht mit den Qualitätsbewertungen korreliert. Trotzdem geht Emlen (1998) ebenfalls davon aus, dass die Eltern seiner Studie die Betreuungsqualität im Vergleich mit pädagogischen Experten überschätzt hätten. Er vermutet, dass dies zum einen auf dem fundamentalen Wissensvorsprungs der Experten basiert, der in den erheblichen Fortschritten pädagogischer und psychologischer Forschung begründet ist. Zum anderen sind Eltern in der Regel nicht in der Verwendung der Qualitätsskalen geschult und möglicherweise würden sie nach einer kurzen Unterweisung andere Bewertungen vergeben (Emlen,1998). Dann wären die Unterschiede, wenigstens teilweise, eventuell der Untersuchungsmethodik und nicht den unterschiedlichen Fähigkeiten der Qualitätsbewertung geschuldet (ebd.). Ohne weitere Untersuchungen lassen sich diese Vermutungen jedoch nicht seriös bewerten.

Der Kinderbetreuungsmarkt weist viele Merkmale auf, die Transparenz für Eltern, teilweise aber auch für Experten, erschweren. Eltern haben wenig Zeit für eigene Beobachtungen und ihnen fehlt in der Regel das Fachwissen pädagogischer oder psychologischer Experten. Insbesondere die Prozessqualität lässt sich nicht einfach anhand weniger objektiv vergleichbarer Merkmale erkennen, so dass jede einzelne Einrichtung bzw. sogar jede einzelne Gruppe genau untersucht werden muss. Es ist daher nicht überraschend, dass Eltern andere Qualitätsbewertungen abgeben als Experten. Möglicherweise sind Eltern jedoch besser informiert, als Experten es ihnen zutrauen, und setzen auf Grund einer anderen Perspektive andere Maßstäbe an (vgl. Cryer & Burchinal, 1997; Emlen, 1998). Eltern können, anders als Experten, das gesamte Umfeld des Kindes, all seine Aktivitäten und das Verhalten außerhalb der Einrichtung berücksichtigen (Emlen, 1998). Es bedarf noch weiterer Studien, insbesondere mit deutschen Eltern, um Eltern als Konsumenten von Kinderbetreuung besser zu verstehen. Die vorliegende Arbeit soll dazu einen Beitrag leisten, indem deutsche Eltern nach der Relevanz einzelner Aspekte der Kinderbetreuung und ihrer subjektiv empfundenen Informationslage befragt werden (siehe Abschnitt 3.2).

3.1.4 Transaktionskosten

Die Suche nach einem Betreuungsplatz kann Eltern viel Zeit kosten. Zwei Faktoren, die eine Suche in die Länge ziehen können, wurden in den vorherigen Abschnitten bereits kurz besprochen: ein Mangel an passenden Plätzen und fehlende Qualitätsinformationen. Intransparenz bzw. schwer zugängliche Informationen in anderen Bereichen können die Suchzeit ebenfalls verlängern. Beispiele sind möglicherweise schwer zugängliche Informationen zur pädagogischen Ausrichtung verschiedener Einrichtungen, zu Preisen, Öffnungszeiten, verfügbaren Plätzen, und eventuell auch zur richtigen Beantragung von staatlichen Betreuungszuschüssen. Wenn Eltern jede Einrichtung in ihrer Umgebung besuchen, um herauszufinden, ob sie für eine Betreuung grundsätzlich in Frage kommt, kostet sie das viel Zeit (vgl. Dohmen, 2005). Je länger Eltern sich mit der Suche nach einem Betreuungsplatz beschäftigen müssen und je höher ihre Opportunitätskosten[143] sind, desto höher werden ihre Transaktionskosten[144] sein. In der Regel geht Eltern bei der Suche hauptsächlich Zeit verloren, deren Wert sich individuell aus den Alternativen zur Nutzung dieser Zeit ergibt. Eine berufstätige Mutter, die eine neue Betreuungslösung für ihr Kind sucht, wird kostbare Freizeit und vielleicht sogar einen Teil ihrer Arbeitszeit mit der Suche verbringen oder sich an einen Vermittlungsdienst wenden und diesen gegebenenfalls bezahlen müssen. Mit steigenden Transaktionskosten steigt die Wahrscheinlichkeit, dass Eltern Qualitätskompromisse bei der Betreuung eingehen und z.b. eine als nicht optimal empfundene Einrichtung wählen, um ihre Suche beenden zu können, oder Unzufriedenheit in der aktuell genutzten Einrichtung lange tolerieren, bevor sie die Mühe einer neuen Suche auf sich nehmen. Die emotionale Belastung einer Eingewöhnung bzw. eines Einrichtungswechsels erhöht ebenfalls die Transaktionskosten. Dabei ist irrelevant, ob durch das Verlassen des gewohnten Betreuungsumfelds und die Eingewöhnung in das neue tatsächlich eine emotionale Belastung beim Kind und den Eltern entstehen wird. Ebenso wenig, wie sie die Suchzeit sicher prognostizieren können, werden Eltern die emotionalen Belastungen nicht immer korrekt abschätzen können. Sie werden vorab Erwartungswerte bilden und diese in ihre Überlegungen mit einbeziehen. Vergangene Erfahrungen dürften bei der Bildung der Erwartungswerte eine große Rolle spielen, so dass Eltern, die aus Unzufriedenheit mit einer Einrichtung, die sie nach langer Suche gefunden haben, wechseln wollen, vermutlich mit besonders hohen Transaktionskosten rechnen werden und dadurch eine neue Suche womöglich länger vermeiden als Eltern, die bei ihrer letzten Suche schnell erfolgreich waren. Für eine Untersuchung des Wahlverhaltens von Eltern könnte die Berücksichtigung vergangener Erfahrungswerte von großem Interesse sein.

Hohe Transaktionskosten führen zu suboptimalen und ineffizienten Marktallokationen, weil Eltern möglicherweise wegen prohibitiv hoher Suchkosten externe Kinderbetreuung gar nicht nutzen, nicht die für sie beste Einrichtung finden oder bewusst eine suboptimale Lösung dulden. Nach Meyers und Jordan (2006) führen insbesondere Informationsarmut und mangelnde Erfahrung der Eltern bei Markteintritt zu hohen Transaktionskosten. Natürlich sammeln sie bei der Suche und danach Erfahrungen und ihre Expertise

---

[143] Opportunitätskosten bezeichnen entgangene Erlöse bzw. entgangenen Nutzen alternativer Handlungsmöglichkeiten (z.B. entgangener Lohn einer Mutter, die ihr Kind selbst betreut).
[144] Transaktionskosten bezeichnen Aufwendungen, die zur Ermöglichung einer Markttransaktion (z.B. Kauf oder Verkauf einer Ware) notwendig sind (z.B. Zeit, die zur Suche nach Information über ein Produkt aufgewendet wird).

wächst, allerdings ist ihr Kind dann möglicherweise bereits zu alt und braucht keine Betreuung mehr oder Eltern scheuen eine weitere Suche (Meyers & Jordan, 2006). Um die Dauer der Suche zu verkürzen, können sich Eltern ihrer sozialen Netzwerke bedienen (ebd.). Diese können, je nach Größe, Zusammensetzung und Lokalität, die Suche nach einem Betreuungsplatz durch die Weitergabe von gesammelten Informationen und Erfahrungsberichten verkürzen. In Atkinsons (1994) Studie gaben z.b. mehr als 70% der fast eintausend befragten Mütter an, dass sie den Anbieter oder die Einrichtung, die sie gewählt hatten, vorher persönlich kannten oder durch ihr soziales Netzwerk darauf hingewiesen worden waren. Die 53 amerikanischen Mütter in einer Studie von Gilbert (1998) hatten 61% ihrer Betreuungslösungen über ihr Netzwerk gefunden. Ein wesentlicher Nebeneffekt der Nutzung dieses Informationskanals ist das soziale Filtern von Betreuungsangeboten (vgl. Meyers & Jordan, 2006; Gilbert, 1998). Auf der einen Seite können Empfehlungen Eltern helfen, auf der anderen Seite kann diese Art der Informationsbeschaffung dazu führen, dass Eltern ihre Auswahlmöglichkeiten einschränken, wenn sie keine anderen Kanäle nutzen (ebd.). Im Extremfall wird dadurch soziale Durchmischung verhindert, da Eltern lediglich den Informationshorizont ihres sozialen Umfelds nutzen.

Dass Eltern bei einem Mangel an offiziellen Informationsquellen informelle Alternativen zur Minderung ihrer Suchkosten nutzen, ist nachvollziehbar. In anderen Märkten sind allerdings entweder die Anbieter selbst oder andere Unternehmen bemüht, Qualitätsunterschiede für Nachfrager aufzudecken. Anbieter signalisieren mit Markennamen und Garantieversprechen, dass die Qualität ihrer Produkte der angepriesenen entspricht. Für Hotels oder Restaurants gibt es Reiseführer, Sternewertungen und Internetportale, die die Qualität des Angebots transparenter machen. Autos werden in Magazinen, Zeitungen und Fernsehbeiträgen ausgiebig getestet und die Stiftung Warentest untersucht laufend alle Arten von Produkten und Dienstleistungen. Im Betreuungsmarkt gibt es keinerlei vergleichbare Angebote, die flächendeckend die Qualität der Einrichtungen offenlegen. Dass Anbieter von Kinderbetreuung keinerlei Garantien anbieten und sich nicht um Zertifikate bemühen, kann verschiedene Gründe haben. Eventuell ist die Wettbewerbssituation so, dass sie keinerlei zusätzliche Qualitätssignale benötigen, um ihre Betreuungsplätze zu füllen. In Deutschland kommt hinzu, dass durch die nahezu flächendeckende Subventionierung der Betreuungskosten, die damit einhergehende Vorgabe der Elternbeiträge und einen angenommenen Mangel an passenden

Plätzen keine Marktvorteile durch höhere Qualität entstehen, da die Preise nicht mit der Qualität erhöht werden können und ausreichend Eltern die verfügbaren Plätze aus Mangel an Alternativen ohnehin buchen werden. Die bereits angesprochenen Unterschiede in der Qualitätswahrnehmung zwischen Eltern und pädagogischen Experten können ferner dafür sorgen, dass Eltern kein Interesse an pädagogisch fundierten Qualitätsbewertungen haben oder sie ihnen die eigene Recherche nicht entscheidend erleichtern würden, da sie andere Informationen suchen. Das würde Unternehmen zur Zertifizierung hindern, in den Markt einzutreten, da ihre Zertifikate nicht ausreichend von Eltern nachgefragt und auch Kinderbetreuungseinrichtungen aus gerade genannten Gründen nicht als zahlende Kunden in Frage kämen.[145] Die Rolle des Staates als vierter Akteur neben Anbietern, Zertifizierungsunternehmen und Eltern ist in den deutschen Bundesländern sehr unterschiedlich. In fast allen Landesgesetzen zur Kinderbetreuung und in § 22a SGB VIII ist von Maßnahmen zur Sicherung und Entwicklung der Qualität der Betreuung die Rede. Teilweise liegt die Verantwortung bei den Trägern der öffentlichen Jugendhilfe (Jugendämter), teilweise bei den Trägern selbst. In keinem Bundesland werden jedoch flächendeckende Ergebnisse der Qualitätsmessungen veröffentlicht.[146] Mögliche Ursachen dafür könnten sein, dass der Markt nicht als intransparent angesehen wird, die Kosten einer flächendeckenden Qualitätsprüfung durch Experten zu hoch sind oder eine Veröffentlichung der Ergebnisse politisch nicht gewollt ist. In Berlin sind Träger beispielsweise zwar verpflichtet, sich alle fünf Jahre einer externen Evaluierung zu unterziehen. Die Ergebnisse derselben verbleiben allerdings beim Träger, wenn er sie nicht

---

[145] Ein Beispiel eines nicht staatlichen Siegels ist das schweizer Siegel „QualiKita", das seit September 2013 angeboten wird (QualitKita, 2015). Es ist vom Universitären Zentrum für frühkindliche Bildung in Fribourg im Auftrag der Jacobs Foundation und dem Verband für Schweizer Kinderbetreuung, kibesuisse, entwickelt worden (ebd.). Das Verfahren ist kostenpflichtig (je nach Größe mindestens 1.740 bis 2.856 Schweizer Franken pro Jahr) und die Teilnahme freiwillig (ebd.). Bisher sind 54 Einrichtungen zertifiziert, was immerhin ungefähr der Hälfte aller Einrichtungen in Zürich entspricht (QualitKita, 2015; vgl. Müller Kucera & Bauer, 2000). Für eine Bewertung des Erfolgs der Zertifizierung und möglicher Ursachen bedarf es weiterer Untersuchungen des schweizer Betreuungsmarktes und der zertifizierten Einrichtungen. Der Anteil betreuter Kinder unter drei Jahren ist erheblich größer als in Deutschland. In der Schweiz wurden 2013 73,8% dieser Altersgruppe betreut (Bundesamt für Statistik, 2015). Dies ist ein Hinweis auf einen möglicherweise intensiveren Wettbewerb zwischen schweizer Einrichtungen und könnte die freiwillige Zertifizierung erklären.
[146] Spieß und Tietze (2002) legen Gründe für ein einheitliches Gütesiegel und seine möglichen Vorteile im Kindergartenbereich dar. Dieses ist allerdings bisher nicht verwirklicht worden und scheint auch politisch derzeit nicht geplant zu sein. Dohmen (2005) äußert sich teilweise kritisch zu den Überlegungen von Spieß und Tietze (2002) zu einem bundesweit einheitlichen Gütesiegel und gibt zu Recht zu bedenken, dass der Nettonutzen bisher nicht seriös abschätzbar ist und es außerdem selbst mit einem Gütesiegel ausreichender Wahlmöglichkeiten für Eltern bedarf, um nicht oder schlecht zertifizierte Einrichtungen zu Änderungen zu bewegen. Die prognostizierten Vorteile eines Gütesiegels basieren für den deutschen Kinderbetreuungsmarkt bisher hauptsächlich auf Annahmen und wenigen, nicht repräsentativen Studien (vgl. Dohmen, 2005).

freiwillig weitergibt oder veröffentlicht.[147] In NRW kann das Landesjugendamt eine externe Evaluierung eines Trägers nur mit seiner Zustimmung durchführen lassen (§ 11 Abs. 3 KiBiZ) und auch die Umsetzung der Ergebnisse der Nationalen Qualitätsinitiative im System der Tageseinrichtungen für Kinder (NQI) ist für Träger freiwillig (OECD, 2004a). Im Rahmen der NQI waren seit 1999 unter Zusammenarbeit des Bundes mit zehn Bundesländern unter anderem Methoden zur Evaluation entwickelt worden (OECD, 2004a; Roux & Tietze, 2007).

Insgesamt ist der deutsche Kinderbetreuungsmarkt aus entwicklungspsychologischer und ökonomischer Sicht nicht ausreichend erforscht, um die langfristigen Auswirkungen des aktuellen Kinderbetreuungssystems und die Marktmechanismen einwandfrei beurteilen zu können. Ein Aspekt, der besseres Verständnis bringen sollte, ist das Verhalten und die Perspektive der Eltern, die immerhin stellvertretend für ihre Kinder Betreuungseinrichtungen auswählen und den Umfang der Betreuung vereinbaren oder sich gegen eine Betreuung entscheiden. Ohne ein genaueres Verständnis ihrer Wünsche und Bedürfnisse können Veränderungen und Eingriffe im Kinderbetreuungsmarkt fehlschlagen, weil eine der wichtigsten Gruppe von Akteuren nicht ausreichend gehört worden ist.

3.2 Entscheidungsfaktoren bei der Wahl einer Einrichtung

Um die von Eltern getroffenen Wahlen von Betreuungseinrichtungen in Deutschland besser verstehen zu können, wurde zunächst auf der Grundlage bestehender Studien untersucht, welche Faktoren für hiesige Eltern wichtig sein könnten. In der eigenen Studie mit deutschen Eltern wurde im zweiten Schritt ermittelt, welche Informationen bei der Auswahl und der Bewertung von Betreuungseinrichtungen für Eltern eine Rolle spielen.

Mir ist keine Studie bekannt, die explizit das Wahlverhalten deutscher Eltern im Kinderbetreuungsmarkt untersucht hat. Cryer et al. (2002) verglichen in ihrer Studie allerdings die Bewertung der Items der ECERS zwischen amerikanischen und deutschen Eltern, die bereits Kinderbetreuung nutzten. Diese Studie gab erste Hinweise darauf, was deutschen Eltern wichtig sein könnte und der Vergleich mit den amerikanischen Eltern machte deutlich, dass weitestgehend Einigkeit zwischen Eltern beider Länder bestand (Cryer et al., 2002). Der Korrelationskoeffizient der durchschnittlichen Bewertung beider

---

[147] Dies bestätigte das für die Koordination der Evaluierungen zuständige Berliner Kita-Institut für Qualitätsentwicklung (BeKi) am 29.07.2015 telefonisch und am 06.08.2015 per E-Mail.

Länder lag bei .71, so dass wegen des Mangels an deutschen Studien der Rückgriff auf Untersuchungen mit amerikanischen Eltern sinnvoll erschien.

13 weitere Publikationen, die sich mit den für Eltern wichtigen Faktoren bei der Wahl oder Bewertung einer Betreuungseinrichtung befassten, bildeten die Grundlage der vorliegenden Untersuchung. Zehn der Publikationen berichteten über Studien mit Eltern in den USA[148], eine Studie untersuchte das Wahlverhalten englischer Eltern (Vincent et al., 2008) und zwei Publikationen gaben einen Überblick über die vorhandene Literatur zu dem Thema (Meyers & Jordan, 2006; Pungello & Kurtz-Costes, 1999). Die Mehrheit der Studien wurde in den Neunziger Jahren durchgeführt und die Stichprobengröße variierte zwischen 14 und 4.349 Teilnehmerinnen und Teilnehmern. Drei Studien hatten weniger als 60 Teilnehmerinnen und Teilnehmer, eine hatte 126, vier zwischen 355 und 914 und drei mehr als 3.000. Bei den kleineren Stichproben handelte es sich in der Regel um qualitative Analysen. Für den Zweck der Vorbereitung einer explorativen Studie mit deutschen Eltern waren allerdings auch diese Studien hilfreich, da sie Hinweise auf Entscheidungsfaktoren geben konnten, die in den größeren und damit zwangsläufig weniger detaillierteren Untersuchungen nicht erfasst worden waren.

Die eigene Berufserfahrung in der deutschen Kinderbetreuung floss ebenfalls in die Vorbereitung der Studie ein. Von Mitte 2010 bis Ende 2013 gründete und leitete ich einen privaten Kindergarten in Bonn, in dem bis zu 78 Kinder betreut wurden. In dieser Zeit führte ich Gespräche mit noch erheblich mehr Eltern, die auf der Suche nach einer Betreuungslösung zu uns kamen. Auf Grund des besonderen Angebots und der vergleichsweise hohen Elternbeiträge[149] nutzten vornehmlich berufstätige Eltern mit akademischem Hintergrund den Kindergarten. Insofern beziehen sich die gemachten Erfahrungen nicht auf eine Elterngruppe, die für die Grundgesamtheit aller deutschen Eltern mit Kindern im Betreuungsalter repräsentativ ist. Für die durchgeführte Studie waren die gesammelten Erfahrungen dennoch äußerst hilfreich und nahezu alle Entscheidungsfaktoren von Eltern, die mir begegnet waren, fanden sich in der Literatur zu dem Thema.

---

[148] Bei den amerikanischen Publikationen handelt es sich um die Studien von Cryer und Burchinal (1997), Davis und Connelly (2005), Ehrle et al. (2001), Emlen (1998), Fuller et al. (1996), Gilbert (1998), Kensinger Rose und Elicker (2008), Kim und Fram (2009), Peyton et al. (2001) und Uttal (1999).
[149] Der Kindergarten hatte ganzjährig zwischen 7:00h und 18:00h geöffnet, die Kinder wurden auf Englisch betreut und es lag keine finanzielle Förderung der öffentlichen Hand vor, da diese gemeinnützigen Trägern vorbehalten war. Mögliche Einschränkungen in der Angebotsgestaltung waren für uns ein Grund, aus dem eine Förderung leider nicht in Frage kam (vgl. Abschnitt 3.1.2). Eltern mussten also die vollen Betreuungskosten selbst tragen. In einigen Fällen übernahmen jedoch Arbeitgeber bis zur Hälfte der Betreuungskosten.

Tabelle 3.1 gibt einen Überblick über die identifizierten Faktoren, die für Eltern wichtig sein können. Die zweite Spalte gibt an, wie häufig die einzelnen Faktoren in den zugrunde gelegten Studien diskutiert worden sind, und die Spalten rechts davon zeigen, in welchen Studien eine Nennung erfolgte. In zwei Fällen erfolgte keine Nennung, allerdings sprach meine berufliche Erfahrung für eine Aufnahme in die Liste. Um den Faktoren eine sinnvolle Struktur zu geben und die unterschiedlichen Ebenen, die auf eine Entscheidung Einfluss nehmen können, darzustellen, wurden die Faktoren zunächst den beiden Ebenen „Einrichtung" und „Familie" zugeordnet. Einrichtungsbezogene Faktoren sind Teil des Angebots, das eine Einrichtung Eltern anbietet. Familienbezogene Faktoren bestimmen auf Basis der familiären Gegebenheiten voraussichtlich die Nachfrage der Eltern nach Betreuung und können von einer Einrichtung nicht beeinflusst werden.[150]

Einrichtungsbezogene Faktoren lassen sich weiter in die zwei Subgruppen struktureller und subjektiver Faktoren teilen. Strukturelle Faktoren sind gut greifbar und lassen sich objektiv zwischen Einrichtungen vergleichen. Familien können sie unterschiedlich bewerten, nicht aber unterschiedlich quantifizieren oder definieren. Das Betreuungsverhältnis mag beispielsweise zwar nicht immer transparent sein, es ist aber eindeutig bestimmbar. Subjektive Faktoren hingegen sind schlechter objektiv definierbar und sie können für zwei Familien in derselben Einrichtung vollkommen unterschiedlich ausfallen. Das Vertrauen gegenüber dem Anbieter kann beispielsweise bei verschiedenen Familien sehr unterschiedlich sein, je nachdem, wie sich der Anbieter der jeweiligen Familie gegenüber verhalten hat, wie schnell die Familie grundsätzlich Vertrauen fasst und welche Erfahrungen sie von anderen Familien bezüglich des Anbieters mitgeteilt bekommen hat.

---

[150] Möglicherweise könnte eine Einrichtung versuchen, auf Faktoren wie das Rollenbild der Eltern oder ihren sozialen oder intellektuellen Anspruch Einfluss zu nehmen, und es gibt vielleicht Eltern, die durch Einrichtungsbesuche ihre Vorstellungen ändern. Dies zu untersuchen ist allerdings nicht Teil dieser Arbeit und daher nehme ich vorerst an, dass das Gros der Eltern durch Betreuungseinrichtungen nicht wesentlich in seinen Wertvorstellungen beeinflusst wird. Abgesehen von der beschriebenen Zuordnung hätte eine andere Annahme keinen Einfluss auf die Untersuchung gehabt.

Tabelle 3.1: Häufigkeiten wesentlicher Faktoren bei der Wahl oder Bewertung von Kinderbetreuung durch Eltern in 13 Untersuchungen

	Σ	Cryer & Burchinal (1997)*	Davis & Connelly (2005)	Ehrle et al. (2001)	Emlen (1998)	Fuller et al. (1996)	Gilbert (1998)	Kensinger Rose & Elicker (2008)	Kim & Fram (2009)	Meyers & Jordan (2006)	Peyton et al. (2001)	Pungello & Kurtz-Costes (1999)	Uttal (1999)	Vincent et al. (2008)
Einrichtungsbezogene Faktoren bei der Auswahl														
Strukturelle Faktoren (objektiv vergleichbar)														
Preis/Subventionen	8		x			x		x	x	x	x			x
Sicherheit	7	x		x		x		x	x		x			x
Intellektueller Anspruch des Angebots (Vorschule)	6		x			x		x	x		x	x		
Sozialer Anspruch des Angebots (Werte, Regeln)	6		x			x		x	x		x	x		
Betreuungszeiten/Flexibilität	5	x	x		x			x	x		x			
Betreuungsverhältnis	5	x			x	x		x	x					x
Art und Umfang der durchgeführten Aktivitäten	5	x				x			x			x		x
Ausstattung	3	x				x					x			
Sauberkeit/Hygiene	2	x				x								
Ernährung	2	x				x								
Altersmischung/-spanne in einer Gruppe	1								x					
Qualifikation des Personals	1							x						
Kulturelle/soziale Zusammensetzung der Familien	1					x								
Kulturelle Zusammensetzung des Personals	1					x								
Häufigkeit des Personalwechsels	1					x								
Einbeziehung der Eltern in Aktivitäten (Zeitfaktor)	0													
Subjektive Faktoren (nicht objektiv vergleichbar)														
Nähe zwischen Personal und Kind	7				x			x	x	x	x	x		x
Empfehlungen/Informationen	4					x						x	x	
Vertrauen ggü. Anbieter/Personal	2					x				x				
Zufriedenheit des Kindes ("geht gerne hin")	1					x								

Fortsetzung auf nächster Seite

Tabelle 3.1 (Fortsetzung)

	Σ	Cryer & Burchinal (1997)*	Davis & Connelly (2005)	Ehrle et al. (2001)	Emlen (1998)	Fuller et al. (1996)	Gilbert (1998)	Kensinger Rose & Elicker (2008)	Kim & Fram (2009)	Meyers & Jordan (2006)	Peyton et al. (2001)	Pungello & Kurtz-Costes (1999)	Uttal (1999)	Vincent et al. (2008)
Zuverlässigkeit des Anbieters/Personals (Absprachen, Einhalten von Versprechen)	1													
Kommunikation von Anbieter/Personal mit Eltern	1					x								
Platzangebot für eigenes Kind	1										x			
Eingehen auf Sonderwünsche	0													
Familienbezogene Faktoren bei der Auswahl														
Praktische Faktoren (objektiv limitierend)														
Einkommen (Familie, Partner separat)	10		x		x			x	x	x	x	x		
Arbeitszeiten	7		x		x	x		x	x	x	x	x		
Entfernung der Einrichtung (Zuhause, Arbeitsplatz)	7		x			x	x	x	x	x	x			
Mobilität	2					x	x							
Anzahl naher Alternativen durch Verwandte	2		x										x	
Besondere Anforderungen durch das Kind (z.B. Entwicklungsrückstände, besondere Intelligenz)	1				x									
Emotionale/kulturelle Faktoren (subjektiv limitierend)														
Alter des Kindes	8		x	x		x		x	x	x	x	x	x	x
Sozialer Anspruch der Eltern (Werte, Regeln)	8		x			x		x	x	x	x	x	x	
Intellektueller Anspruch der Eltern für ihr Kind	7		x			x		x	x	x		x		x
Eigenes Rollenbild der Eltern	6					x	x	x	x	x		x		
Bildungshintergrund der Eltern	5			x				x	x			x	x	
Soziale Vorgaben/Normen (durch Umfeld/Familie)	4					x			x				x	
Anzahl eigener Kinder und deren Alter	1											x		

*Da die Untersuchung von Cryer et al. (2002) auf der von Cryer und Burchinal (1997) aufbaut, wird die Studie von Cryer et al. (2002) hier nicht separat aufgeführt.

Die Aufteilung der familienbezogenen Faktoren folgt einem ähnlichen Muster. Praktische Faktoren sind objektiv limitierend, d.h. sie werden mehr durch Tatsachen als durch Einstellungen beeinflusst und stellen unterschiedliche Familien vor ähnliche Herausforderungen. Sind z.B. die Arbeitszeiten beider Eltern lang bzw. streben beide lange Arbeitszeiten an, muss eine Betreuungslösung diese Arbeitszeiten abdecken. Die emotionalen oder kulturellen Faktoren werden eher durch Vorstellungen und Rollenbilder beeinflusst und sind somit subjektiv limitierend. Debattieren kann man über die Zuordnung der beiden Faktoren „Alter des Kindes" und „Anzahl eigener Kinder und deren Alter". Beide können sowohl objektiv als auch subjektiv limitierend wirken. Sind Plätze für Kinder einer bestimmten Altersgruppe knapp, kann das Alter des Kindes ein objektiv limitierender Faktor sein. Wünschen sich Eltern jedoch abhängig vom Alter unterschiedliche Betreuungsformen, kann es subjektiv limitierend sein. Da das Alter des Kindes in den meisten der vorgestellten Publikationen die gewünschte Betreuungsform der Eltern beeinflusste, sind beide Faktoren hier den subjektiv limitierenden zugeordnet worden.

Abbildung 3.1: Modell der Auswahlfaktoren von Eltern bei der Betreuungsplatzsuche

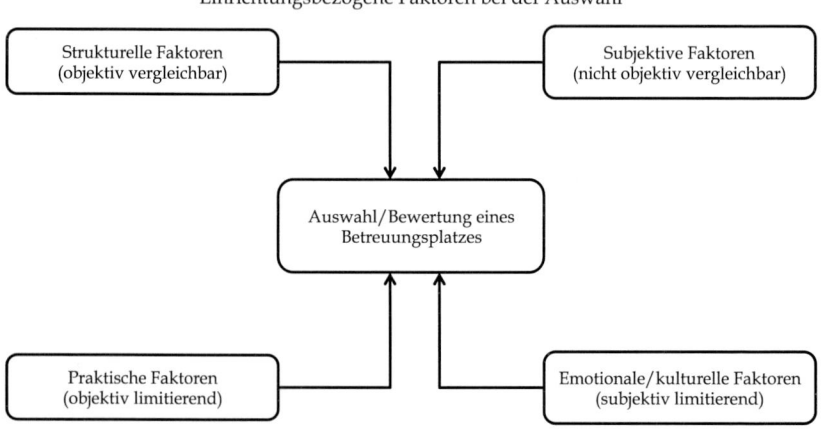

Abbildung 3.1 stellt die Aufteilung noch einmal schematisch dar. Natürlich bestehen Beziehungen zwischen den einzelnen Faktorengruppen. Preis und Einkommen oder der soziale Anspruch der Eltern und der der Einrichtung

sind nur zwei einfache Beispiele. Auch innerhalb der Faktorengruppen sind nicht alle Faktoren voneinander unabhängig, was bei weitergehenden Untersuchungen unbedingt berücksichtigt werden muss. Der Preis und das Betreuungsverhältnis stehen mit Sicherheit in einem Zusammenhang, da Personalkosten den größten Teil der Betreuungskosten darstellen (vgl. Statistisches Bundesamt, 2012b, und Abschnitt 2.1.2.3). Ebenso werden die sozialen Vorgaben durch das familiäre Umfeld einen Einfluss auf den sozialen Anspruch der Eltern haben. Aus Gründen der Übersichtlichkeit werden diese Beziehungen hier grafisch nicht dargestellt.

Um Eltern die selbstständige Auswahl eines Betreuungsplatzes zu erleichtern, was ein wesentliches Ziel dieser Arbeit war, sollte die Einrichtungs- oder Angebotsseite weiter untersucht werden. Mittelpunkt der Untersuchung war dabei folgende These:

„Der Informationsbedarf auf Seiten der Eltern und das verfügbare Informationsangebot bezüglich einzelner Kinderbetreuungseinrichtungen decken sich nicht."

Anders ausgedrückt: „Der deutsche Kinderbetreuungsmarkt ist für Eltern intransparent." Die bereits vorgestellten Überlegungen und Untersuchungen sowie die eigene Berufserfahrung legten diese These nahe. Zur Überprüfung wurden Eltern in ganz Deutschland nach der Wichtigkeit einzelner Informationen und nach ihrem Aufwand zur Informationsbeschaffung befragt. Anhand ebenfalls erfasster sozio-demographischer Variablen wurde dann in Regressionsanalysen untersucht, welche Variablen als Prädiktoren für die Bewertungen der Eltern und ihren Informationsstand anzusehen sind.

Der Aufbau der Untersuchung, der Datensatz und die Ergebnisse werden in den nächsten Abschnitten vorgestellt, die wie folgt aufgebaut sind: In Abschnitt 3.2.1 wird die Entwicklung des Fragebogens behandelt, in Abschnitten 3.2.2 und 3.2.3 werden der Datensatz und deskriptive Ergebnisse vorgestellt und eine Überprüfung der verwendeten Skalen vorgenommen und in Abschnitt 3.2.4 finden sich schließlich die durchgeführten Regressionsanalysen und ihre Ergebnisse.

3.2.1 Fragebogenentwicklung

Die Entwicklung des Elternfragebogens erfolgte unter Berücksichtigung der bereits genannten und zur Modellentwicklung verwendeten Publikationen.

Der Fragebogen wurde Eltern online über das Portal soscisurvey.de zur Verfügung gestellt. Vor der eigentlichen Studie fand ein Pretest über zwei Runden statt, an dem elf Eltern teilnahmen und Informationen zur Verständlichkeit und der Dauer des Ausfüllens zurückmeldeten. Von den Eltern kamen außerdem ein paar Vorschläge zur Aufnahme weiterer Fragen zu Betreuungsangeboten, die teilweise in den Fragebogen übernommen wurden.

3.2.1.1 Informationsbewertung und -beschaffungsaufwand

Zur Überprüfung der gerade vorgestellten These bedurfte es zweierlei Informationen. Zum einen war wichtig zu erfahren, welche Fragen Eltern zu einem Betreuungsangebot überhaupt als wichtig erachteten, und zum anderen, welchen Aufwand sie zur Beantwortung dieser Fragen betreiben mussten. Nur wenn eine Frage wichtig ist und der Aufwand ihrer Beantwortung hoch, liegt für Eltern Intransparenz vor. Unwichtige Fragen mit hohem Beantwortungsaufwand sind ebenso wenig problematisch wie wichtige Fragen, zu denen Eltern leicht Antworten finden können.

Die Abfrage der Bedeutung bzw. der Bewertung gestaltete sich wie folgt. Eltern wurden gebeten, sich vorzustellen, dass sie zwei Einrichtungen für eine Betreuung in Erwägung ziehen.[151] Ihnen wurden dann Fragen vorgelegt, die sie vor der Auswahl stellen könnten (z.B. „Wie viel kostet die Betreuung?") und sie sollten jede Frage auf einer Likert-Skala von 1 (unwichtig) bis 5 (sehr wichtig) bewerten. Abbildung 3.2 zeigt ein Beispiel.

Die Items waren bewusst als Fragen und nicht als Aussagen formuliert, um den Informationsbedarf und nicht ein Betreuungsideal zu erforschen (z.B. „Wie viel kostet die Betreuung?" statt „Niedrige Betreuungskosten sind mir..." oder „Wie viel Zeit verbringen die Kinder täglich draußen?" statt „Dass die Kinder täglich viel Zeit draußen verbringen ist mir..."). Bei fast allen Items hätte ansonsten ein solches Betreuungsideal zugrunde gelegt werden müssen und Eltern hätten mehr ihre Zustimmung oder Ablehnung zu diesem Ideal und weniger ihren Informationsbedarf dokumentieren können. Konkrete Aussagen hätten außerdem möglicherweise Eltern, die sich nicht mit den Aussagen hätten identifizieren können, eher zum Abbruch des Fragebogens bewegt.

---

[151] Die Vorgabe, dass Eltern zwischen zwei Einrichtungen entscheiden konnten, sollte verhindern, dass Eltern den Aufwand unterschätzen, weil sie davon ausgehen, dass sie nur Informationen zu einer Einrichtung sammeln müssen. Das Szenario sollte eine Situation mit echter Wahlmöglichkeit abbilden.

Fragebogenentwicklung

Abbildung 3.2: Auszug aus dem Elternfragebogen zur Bewertung einzelner Fragen bei der Auswahl einer Betreuungseinrichtung

A. Preise und Betreuungszeiten/Flexibilität

	Die Frage ist für mich...				
	unwichtig				sehr wichtig
	1	2	3	4	5
Wie viel kostet die Betreuung (inkl. aller Zusatzbeiträge)?	O	O	O	O	O
Welche Leistungen sind enthalten, welche sind nicht enthalten (z.B. Frühstück, Ausflüge, Ferienbetreuung, etc.)?	O	O	O	O	O
Wie viele Tage im Jahr und an welchen Tagen hat die Einrichtung geschlossen?	O	O	O	O	O
Welche Zeiten können gebucht werden?	O	O	O	O	O

Die Fragen zu einer Betreuungseinrichtung wurden anhand der zuvor identifizierten Faktoren entwickelt. Wie bereits erwähnt, stand dabei die Einrichtungsseite im Vordergrund und dort insbesondere die Gruppe der strukturellen Faktoren einer Einrichtung. Subjektive Faktoren sind bei der Einrichtungswahl vermutlich nicht weniger wichtig, sie lassen sich allerdings kaum vorab bestimmen. Um den Eltern die Auswahl zwischen verschiedenen Einrichtungen zu erleichtern, ist es naheliegend, zunächst die Bedeutung und Transparenz objektiv vergleichbarer Faktoren des Angebots zu untersuchen und letztere gegebenenfalls zu erhöhen. Sollte die These der Intransparenz bereits für die grundlegenden strukturellen Angebotseigenschaften von Kinderbetreuung bestätigt werden, so läge eindeutig ein Marktversagen vor, das jedoch durch mehr Informationen relativ einfach behoben werden könnte. Subjektive Faktoren zu erfassen und Eltern gegenüber transparent zu machen, wäre erheblich komplexer. Da sie für jede Familie unterschiedlich ausfallen können, lassen sie sich vor der Betreuung höchstens prognostizieren, nicht aber sicher bestimmen.

Zu den 16 identifizierten strukturellen Faktoren wurden folgende neun Skalen gebildet:

- Preise und Zeiten (PZ) (7 Fragen)
- Sicherheit und Ausstattung (SI) (12 Fragen)
- Sauberkeit und Hygiene (SH) (7 Fragen)
- Ernährung (ER) (7 Fragen)
- Betreuungsverhältnis und Altersmischung (BA) (7 Fragen)
- Betreuungspersonal (BP) (9 Fragen)
- Intellektueller Anspruch (IA) (7 Fragen)
- Sozialer Anspruch (SA) (6 Fragen)
- Aktivitäten und Elternbeteiligung (AE) (12 Fragen)

Zu jeder Skala wurden sechs bis zwölf Fragen formuliert, die für Eltern bei der Suche nach einem Betreuungsplatz relevant sein könnten. Dabei floss sowohl die ausgewertete Literatur als auch meine persönliche Erfahrung aus Elterngesprächen im Kindergarten mit ein. Nach dem Pretest änderte sich die Anzahl der Fragen nur minimal. Die Menge der Fragen pro Skala ist in der obigen Liste jeweils in Klammern aufgeführt. Der vollständige Fragebogen mit allen 74 Fragen findet sich im Anhang.

Um den Aufwand der Informationsbeschaffung zu erfassen, wurden Eltern für jede der neun Skalen nach ihrem subjektiv empfundenen Beschaffungsaufwand für die Fragen, die sie in der Skala mit 4 oder 5 (wichtig oder sehr wichtig) bewertet hatten, befragt (siehe Abbildung 3.3).[152] Hatten sie keine der Fragen mit 4 oder 5 bewertet, konnten sie dies beim Aufwand angeben.

Abbildung 3.3: Auszug aus dem Elternfragebogen zur Abfrage des Aufwands der Informationsbeschaffung

Bitte geben Sie nun an, wie Sie den Aufwand für die Beschaffung der Antworten einschätzen, die Sie auf dieser Seite mit 4 oder 5 bewertet haben. Sie benötigen die Antworten, wie beschrieben, für zwei Einrichtungen.

sehr niedrig				sehr hoch	Keine Frage mit 4 oder 5 bewertet.
O	O	O	O	O	O

---

[152] Die Erfassung des Informationsbeschaffungsaufwands pro Skala und nicht pro Frage folgte zweierlei Überlegungen. Erstens würden Eltern vermutlich den Aufwand der Informationsbeschaffung zu einer einzelnen Frage immer als relativ gering einschätzen. Da bei der Wahl jedoch häufig mehrere Fragen eine wichtige Rolle spielen, dürfte der Aufwand für alle wichtigen Fragen einer Skala ein realistischeres und differenzierteres Bild ergeben. Zweitens hätte sich die Dauer des Fragebogens erheblich erhöht, wenn Eltern zu jeder der 74 Fragen noch eine zusätzliche Aufwandsbewertung hätten abgeben müssen.

Fragebogenentwicklung 131

Nachdem Eltern alle Fragen der neun Skalen bewertet und jeweils den Aufwand pro Skala angegeben hatten, folgte eine Frage zum subjektiv empfundenen Aufwand für die Beschaffung der Antworten aller Fragen, die Eltern mit 4 oder 5 bewertet hatten (siehe Abbildung 3.4).

Für jeden vollständigen Datensatz lagen damit Informationen zur Bewertung aller Fragen zum Betreuungsangebot, Bewertungen zum Informationsbeschaffungsaufwand für alle als wichtig eingestuften Fragen jeder Skala und eine Bewertung des Gesamtaufwands der Informationsbeschaffung für die wichtigen Fragen aller Skalen vor. Eltern konnten außerdem den Nutzen acht verschiedener Informationsquellen auf einer Skala von 1 (nicht hilfreich) bis 5 (sehr hilfreich) bewerten (z.B. Ansprechpartner in der Einrichtung, pädagogische Konzepte oder Jugendämter) und weitere Quellen angeben, die sie ebenfalls bewerten konnten.

Abbildung 3.4: Auszug aus dem Elternfragebogen zur Abfrage des Gesamtaufwands der Informationsbeschaffung

Bitte geben Sie auf der folgenden Skala an, wie Sie den Gesamtaufwand für die Beschaffung <u>aller</u> für Sie wichtigen Antworten (Wertung 4 oder 5) bei 2 verschiedenen Einrichtungen einschätzen.

3.2.1.2 Soziodemographie und Präferenzen

Neben der Frage, welche Informationen deutschen Eltern wichtig sind, zielte die Studie außerdem auf die Untersuchung der Faktoren ab, die vermutlich Einfluss auf die Bewertungen der Eltern und den Aufwand der Informationsbeschaffung hatten. Basierend auf der Familienseite des entwickelten Wahlmodells wurden bei den Eltern über den Fragebogen folgende soziodemographische Informationen abgefragt:

- Suchstatus (Suche aktuell, geplant oder in der Vergangenheit)
- Betreuungsstatus
- Geschlecht Teilnehmer/in
- Alter Teilnehmer/in
- Muttersprache Teilnehmer/in
- Zeit in Deutschland
- Bildungsabschluss Teilnehmer/in

- Betreuungsgründe
- Geschlecht des betroffenen Kindes
- Kinderzahl im Haushalt
- Familienstand
- Einkommen Haushalt
- Einkommen Teilnehmer/in
- Arbeitszeit Teilnehmer/in bei Betreuung
- Arbeitszeit Partner/in bei Betreuung
- Bundesland
- Anzahl in Frage kommender Einrichtungen
- Erreichbarkeit in Frage kommender Einrichtungen
- Größe des persönlichen Netzwerks zur Hilfe bei einer Suche
- Zeit zum Suchen

Um mögliche Präferenzen abzubilden, wurden Eltern außerdem über das Wunschalter bei Betreuungsbeginn, die gewünschte Betreuungsform (Kindertagesstätte oder Tagespflege) und die gewünschte Anzahl an Betreuungsstunden pro Woche befragt. Eine Kontrollfrage zu Beginn des Fragebogens sollte sicherstellen, dass nur Eltern teilnahmen, die gerade eine Betreuungseinrichtung suchten, dies innerhalb der nächsten sechs Monate vorhatten oder innerhalb der letzten sechs Jahre bereits eine Suche durchgeführt hatten. Eltern, die keine dieser drei Angaben machten (Mehrfachnennungen waren möglich), wurden automatisch auf die letzte Seite des Fragebogens weitergeleitet.

3.2.2 Datensatz

Der Elternfragebogen war vom 11. Juni bis zum 31. Oktober 2014, also etwa 4,5 Monate, online verfügbar. In diesem Zeitraum haben 1.023 Teilnehmer einen Fragebogen angefangen. 450 brachen vor dem Erreichen der letzten Seite ab, die restlichen 573 füllten den Fragebogen bis zum Ende aus. Schließlich blieben 498 Datensätze für die weitere Analyse.[153] Von den Entfernten hatten 49 Teilnehmer weder aktuell, noch innerhalb der nächsten sechs Monate oder der letzten sechs Jahre einen Betreuungsplatz gesucht (Kontrollfrage), bei 23 fehlten mehr als 50% der Antworten, bei zwei zwischen 20% und 50% und bei einer Teilnehmerin war auf Grund der gemachten Angabe keine Zuordnung

---

[153] Der Datensatz steht für weitere wissenschaftliche Untersuchungen auf folgender Internetseite zur Verfügung: epp.uni-bonn.de (Menüpunkt „Examensarbeiten und Dissertationen", dann „Abgeschlossene Promotionen"; Stand: 24.04.2016).

des Bildungsabschlusses möglich. Da sie damit die Einzige in der Bildungskategorie „Sonstiger Abschluss" war und dies für die folgenden Regressionsanalysen problematisch gewesen wäre, ist ihr Datensatz ebenfalls ausgeschlossen worden.

Im Folgenden wird zunächst in Abschnitt 3.2.2.1 kurz das Fragebogenmarketing vorgestellt, gefolgt von einer Beschreibung der Stichprobe in den Abschnitten 3.2.2.2 und 3.2.2.3.

3.2.2.1 Fragebogenmarketing

Um möglichst viele betroffene Eltern zu erreichen, wurde auf mehreren Kanäle für die Befragung geworben. Zunächst wurde unter www.transparente-kita.de eine Homepage für die Studie programmiert. Auf der ersten Seite befand sich ein selbst kreiertes Logo, ein direkter Link zum Fragebogen mit einer knappen Beschreibung des Untersuchungsgegenstands, ein Bild von zwei kleinen Kindern, ein Link zum Lehrstuhl von Prof. Dr. Una Röhr-Sendlmeier mit dem Logo der Bonner Universität und die Möglichkeit, die Seite auf Facebook mit „Gefällt mir" für Freunde hervorzuheben. Auf Unterseiten fanden Besucher eine Beschreibung der Promotionsidee mit einem Bild von mir und verschiedene Bilder im Postkartenformat, die auf die intransparente Lage im Kinderbetreuungsmarkt hinwiesen und von den Besuchern mit anderen per E-Mail oder über soziale Netzwerke geteilt werden konnten. Später kam auf der ersten Seite der Link zu einem Blogeintrag hinzu, den ich als Gast in einem Elternblog verfassen durfte.[154] Ziel der Homepage war zum einen, einen einprägsameren Link zur Studie zu generieren. Dahinter stand die Idee, dass Eltern sich die Adresse transparente-kita.de leichter merken würden als den direkten Link des Fragebogens (soscisurvey.de/transparente-kita). Außerdem sollte die Homepage die Professionalität des Projekts unterstreichen, um ausreichend Eltern zu einer Teilnahme zu bewegen.

Neben der Homepage erstellte ich eine „Transparente Kita"-Seite auf Facebook, bat mein persönliches Netzwerk, diese mit „Gefällt mir" zu markieren, trat 131 Facebook-Elterngruppen bei und bat darin um Teilnahme. Ferner schrieb ich an 183 Elternblogs eine E-Mail, in der ich um Teilnahme und eine Verbreitung über ihren Blog oder andere Kanäle bat. Die Elternblogs hatte ich über eine Blog-Datenbank der Homepage mom.brigitte.de gefunden. Dort können Eltern Herzen an Blogs vergeben und ich wandte mich an die beliebtesten Blogs.

---

[154] http://herrundfraumueller.com/2014/07/01/gastbeitrag-die-transparente-kita/

Zur weiteren Verbreitung kontaktierte ich den Bundeselternbeirat und die Landeselternbeiräte, zu denen E-Mail Adressen im Internet auffindbar waren, per E-Mail. Ich wandte mich außerdem per E-Mail an Fernseh- und Rundfunkanstalten sowie Zeitungsredaktionen, Elternnetzwerke und –verteiler sowie die Ministerien für Bildung und Forschung und Familie, Senioren, Frauen und Jugend. Ob und in welchem Umfang die Kontaktierten der Bitte nach Teilnahme und weiterer Verbreitung folgten, lässt sich mangels Rückmeldungen nicht feststellen. Es gab allerdings unter anderem Hilfszusagen des Landeselternbeirats NRW, einiger Blogs und von den Medienanstalten machte z.B. MDR Info über einen Link neben einem Beitrag zum Rechtsanspruch auf einen Betreuungsplatz auf die Studie aufmerksam.

Über den Analytics Dienst von Google ließ sich ferner nachvollziehen, dass während des Untersuchungszeitraums 1.891 Nutzerinnen und Nutzer die Homepage transparente-kita.de besucht hatten. Die Zahl der Sitzungen lag bei 2.098, was bedeutet, dass einige wenige Nutzer mehrfach auf die Homepage zugegriffen hatten. 1.130 Sitzungen wurden über Facebook initiiert, 677 durch die direkte Eingabe der Internetadresse und immerhin 132 über den Gastbeitrag im Elternblog. An diesen Zahlen wird deutlich, dass Facebook ein wirkungsvolles Instrument bei der Anwerbung von Studienteilnehmern sein kann. Allerdings führten auch die anderen Werbekanäle sehr viele potentielle Teilnehmerinnen und Teilnehmer zu der Homepage.[155]

Dass das Marketing erfolgreich war, zeigen zum einen die 1.891 Besucher auf der Homepage transparente-kita.de und die 1.023 Fragebogenteilnehmerinnen und –teilnehmer. Zum anderen nahmen 71 % der Teilnehmerinnen und Teilnehmer der Stichprobe innerhalb der ersten vier Wochen teil. In dieser Zeit fanden fast alle Marketingaktionen statt.

3.2.2.2 Stichprobe

Vor weitergehenden Analysen wurden die Datensätze der Stichprobe auf Plausibilität geprüft, wenn möglich Angaben der Kategorien „Sonstiges" einer der anderen Kategorien der Variable zugeordnet und Zahlenangaben so angepasst, dass sie für SPSS lesbar wurden. Eine Teilnehmerin gab beispiels-

---

[155] Diese Analyse darf lediglich als grober Hinweis auf die Wirkung der Werbekanäle verstanden werden. Es ist auf Grundlage der Daten nicht nachvollziehbar, auf welchem Weg eine Nutzerin oder ein Nutzer zuerst von der Studie erfahren hat und welcher Hinweis ausschlaggebend für einen Besuch war. Es kann durchaus sein, dass er oder sie über Facebook von der Studie erfahren hat, aber die Seite später durch direkte Eingabe der Internetadresse aufgerufen hat. Außerdem befand sich in jeder Mail und in jedem Gruppeneintrag bei Facebook der direkte Link zum Fragebogen und diese Teilnehmer sind von Google Analytics nicht erfasst worden, wenn sie nicht außerdem die Homepage transparente-kita.de besuchten.

weise bei der Frage nach ihrem Geburtsjahr „nach 2000" an, was vor dem Hintergrund eines Realschulabschlusses, eines älteren Kindes und der Angabe, länger als 20 Jahre in Deutschland zu leben, höchst wahrscheinlich ein Irrtum war, so dass die Angabe in „nicht beantwortet" geändert wurde. Bei der Frage nach den Betreuungsgründen standen den Eltern vier Möglichkeiten zur Verfügung, von denen sie mehrere auswählen und beim letzten durch Texteingabe zusätzliche Informationen angeben konnten: „Zeit zum Arbeiten", „Gut für Kindesentwicklung", „Zeit für andere Dinge" und „Sonstige Gründe". In 14 Fällen fanden sich unter der letzten Kategorie Gründe, die einer oder mehreren der anderen zugeordnet werden konnten (z.b. „Ich MUSSTE wieder arbeiten!" zu der Kategorie „Zeit zum Arbeiten" oder „Soziale Entwicklung meines Kindes und Berufsbedingt" zu den Kategorien „Gut für Kindesentwicklung" und „Zeit zum Arbeiten"). Wenn Eltern Zeit fürs Studium als Betreuungsgrund angaben, wurde dies der Kategorie „Zeit zum Arbeiten" zugeordnet. Bei für SPSS nicht lesbaren Zahlenangaben wurde bei Angaben von Bandbreiten (z.B. „2-8" oder „25-35") jeweils der Mittelwert der Bandbreite verwendet. Bei der Frage nach Arbeitsstunden gaben sechs Eltern „40+" oder „50+" an. Diese Angaben wurden in „45" und „55" geändert.

In zwölf Fällen, in denen Teilnehmer keine Angabe zu ihrem Familienstand gemacht hatten, lag das Haushaltseinkommen in einer höheren Kategorie als das der Teilnehmerin oder des Teilnehmers. Daraufhin wurde die fehlende Angabe zum Familienstand in „Partnerschaft (z.B. Ehe)" geändert. Alle elf Fälle, in denen Teilnehmerinnen und Teilnehmer einen Bildungsabschluss unter „Anderer Abschluss" angaben, konnten einer der vorgegebenen Bildungskategorien zugeordnet werden (z.B. „Promotion" zu „Universität" oder „Meister" zu „Lehre/Berufsausbildung"). Eine vollständige Liste aller Änderungen befindet sich im Anhang. Um die Validität der Änderungen abzusichern, wurde ein zufällig ausgewähltes Drittel des Rohdatensatzes einem unbeteiligten Volkswirt vorgelegt und die von ihm vorgeschlagenen Anpassungen mit den zuvor vorgenommenen verglichen. Bis auf zwei Fälle lag vollständige Übereinstimmung vor.[156]

In Tabelle 3.2 werden die soziodemographischen Eigenschaften und Präferenzen der Teilnehmerinnen und Teilnehmer der Stichprobe dargestellt. In der zweiten Spalte finden sich die absoluten Häufigkeiten, in Spalte drei der

---

[156] Die Angabe „40+" bei der Arbeitszeit änderte er in „50" und die Angabe „Abitur und Meister(Metzger-)" unter „Sonstiger Bildungsabschluss" ordnete er dem Abschluss „Lehre/Berufsausbildung" und nicht „Abitur" (meine Zuordnung) zu. Beide Änderungen habe ich nicht übernommen. Ein Aufschlag von mehr als 20% auf die Angabe der Arbeitszeit erschien mir sehr hoch und beim Bildungsabschluss ordnete ich das Abitur höher ein als die Lehre, da es höhere Folgeabschlüsse ermöglicht.

Anteil an allen gültigen Antworten (ohne fehlende Angaben), in Spalte vier der Mittelwert, sofern seine Angabe sinnvoll ist, und in Spalte fünf die Anzahl fehlender Angaben. In einigen Fällen ließen sich aus anderen Quellen Referenzwerte für Deutschland ermitteln, die dann in der letzten Spalte aufgelistet sind.

Inwieweit die vorliegende Stichprobe repräsentativ für die Grundgesamtheit von Familien mit Betreuungsbedarf in Deutschland war, lässt sich für viele Variablen nicht beantworten, da sie bisher nicht in anderen Studien erfasst worden sind (z.B. Arbeitszeiten bei Betreuung oder Präferenzen bezüglich Betreuungsform). Die Verteilung der Stichprobe auf alte und neue Bundesländer, die durchschnittliche Kinderzahl, das Geschlecht der betroffenen Kinder und der gewünschte Betreuungsumfang im U3-Bereich sind allerdings repräsentativ. Nicht repräsentativ hingegen sind das Ausbildungsniveau, das Bruttoeinkommen, die Anzahl der Partnerschaften und vermutlich auch die der Muttersprachler. In diesen Bereichen liegt die Stichprobe über dem Durchschnitt der Bevölkerung.

Datensatz

Tabelle 3.2: Stichprobenmerkmale der Elternstudie

	n	Anteil (%)[a]	Mittelwert	Fehlende Angaben	Referenzwert Deutschland[b]
Such- und Betreuungsstatus					
Suchstatus*					
Suche zur Zeit	84	17%			
Suchbeginn innerhalb von 6 Monaten	69	14%			
Suche innerhalb der letzten 6 Jahre	402	81%			
Ein Kind war oder ist in professioneller Betreuung	381	78%		10	
Persönliche Merkmale					
TN weiblich	467	94%		2	
Alter TN			35 Jahre	1	
20 bis < 30 Jahre	85	17%			
30 bis < 40	321	65%			
40 bis < 50	89	18%			
≥ 50	2	0%			
Muttersprache Deutsch[c]	478	97%		3	74%
Mehr als 20 Jahre in Deutschland	442	97%		40	
Bildungshintergrund TN				2	
Ohne Berufsabschluss[d]	117	24%			21%
Hauptschule	2	0%			
Realschule	34	7%			
Fachabitur	38	8%			
Abitur	43	9%			
Lehre/Berufsausbildung	88	18%			61%
Fachhochschule	100	20%			6%
Universität	191	39%			11%
Haushalt					
Westdeutschland (ohne Berlin)	385	79%		13	78%
Betroffenes Kind weiblich	234	48%		10	49%
Anzahl Kinder zur Zeit der Suche			1,6		1,6
0	13	3%			
1	245	49%			
2	184	37%			
3 oder mehr	56	11%			
Familienstand: Partnerschaft (z.B. Ehe)	454	93%		9	80%
Bruttoeinkommen TN				83	
< 1.100 Euro	85	20%			20%
1.100 bis 2.000	103	25%			21%
2.000 bis 2.700	103	25%			21%
2.700 bis 3.600	56	13%			19%
3.600 bis 4.500[e]	35	8%			10%
> 4.500[e]	33	8%			10%
Bruttoeinkommen TN weiblich				76	
< 1.100 Euro	83	21%			28%
1.100 bis 2.000	101	26%			28%
2.000 bis 2.700	98	25%			20%
2.700 bis 3.600	54	14%			15%
3.600 bis 4.500[e]	28	7%			6%
> 4.500[e]	27	7%			3%

Fortsetzung auf nächster Seite

Tabelle 3.2 (Fortsetzung)

	n	Anteil (%)[a]	Mittelwert	Fehlende Angaben	Referenzwert Deutschland[b]
Bruttoeinkommen Haushalt				78	
< 2.200 Euro	45	11%			
2.200 bis 4.000	112	27%			
4.000 bis 5.400	95	23%			
5.400 bis 7.200	98	23%			
7.200 bis 9.000	38	9%			
> 9.000	32	8%			
Arbeitszeit TN bei Betreuung				2	
Arbeitet nicht/wird nicht arbeiten	32	6%			
< 10 Stunden pro Woche	10	2%			
10 bis < 20	39	8%			
20 bis < 30	139	28%			
30 bis < 40	166	33%			
40 bis < 50	99	20%			
50 bis < 60	5	1%			
≥ 60	6	1%			
Arbeitszeit Partner/in bei Betreuung				4	
Arbeitet nicht/wird nicht arbeiten	34	7%			
< 10 Stunden pro Woche	4	1%			
10 bis < 20	7	1%			
20 bis < 30	18	4%			
30 bis < 40	66	13%			
40 bis < 50	302	61%			
50 bis < 60	35	7%			
≥ 60	28	6%			
Informelle Betreuung[f]				16	
Keine oder nur in Notfällen	315	65%			
< 5 Stunden pro Woche	59	12%			
5 bis < 10	54	11%			
10 bis < 15	33	7%			
15 bis < 30	16	3%			
30 bis 45	5	1%			
Persönliches Netzwerk[g]			1,9		23
0	211	44%			
1	60	13%			
2	91	19%			
3	39	8%			
4	20	4%			
5	25	5%			
> 5	29	6%			
Suchzeit pro Woche, zur Zeit der Suche				4	
1 bis 4 Stunden	341	69%			
5 bis 8	102	21%			
9 bis 12	14	3%			
> 12	37	7%			
Insgesamt verfügbarer Suchzeitraum				4	
1 bis 3 Monate	139	28%			
4 bis 6	153	31%			
7 bis 12	111	22%			
> 12	91	18%			

Fortsetzung auf nächster Seite

Datensatz 139

Tabelle 3.2 (Fortsetzung)

	n	Anteil (%)[a]	Mittelwert	Fehlende Angaben	Referenzwert Deutschland[b]
Angebot und Erreichbarkeit					
In Frage kommende Einrichtungen			3,6	2	
0	3	1%			
1	52	10%			
2	109	22%			
3	138	28%			
4	70	14%			
> 4	124	25%			
Erreichbarkeit interessanter Einrichtungen für persönlichen Besuch ist gut	449	90%		1	
Betreuungsgründe und Präferenzen					
Betreuungsgründe*					
Zeit zum Arbeiten/Studieren	451	91%			
Gut für Kindesentwicklung	357	72%			
Zeit für andere Dinge	78	16%			
Wunschalter Betreuungsbeginn			19 Monate	1	
< 1 Jahr	72	14%			
1 bis < 1,5 Jahre	200	40%			
1,5 bis < 2 Jahre	64	13%			
2 bis < 3 Jahre	101	20%			
≥ 3 Jahre	60	12%			
Wunsch Betreuungsform von Eltern mit Wunschalter unter 3 Jahren				2	
Kindertagesstätte (Kita)	251	58%			
Tagespflege	56	13%			
Kita oder Tagespflege	128	29%			
Wunsch Betreuungsform von Eltern mit Wunschalter über 3 Jahren				2	
Kindertagesstätte (Kita)	42	72%			
Tagespflege	4	7%			
Kita oder Tagespflege	12	21%			
Gewünschter/aktueller Betreuungsumfang von Eltern mit Wunschalter unter 3 Jahren				1	
≤ 25 Stunden pro Woche	124	28%			26%
26 bis 35 Stunden pro Woche	146	33%			32%
> 35 Stunden pro Woche	166	38%			42%
Gewünschter/aktueller Betreuungsumfang von Eltern mit Wunschalter über 3 Jahren				1	
≤ 25 Stunden pro Woche	22	37%			
26 bis 35 Stunden pro Woche	22	37%			
> 35 Stunden pro Woche	15	25%			

Mengeneinheiten sind jeweils nur für die erste von mehreren Kategorien angegeben. Prozentsummen von mehr oder weniger als 100 gehen entweder auf Mehrfachnennungen oder Rundungen zurück. N = 498; TN = Teilnehmerin oder Teilnehmer; * = Mehrfachauswahl möglich; a = Anteil an allen gültigen Antworten; b = Bezogen auf den Anteil (in %) oder den Mittelwert (weitere Angaben folgen unter „Quellen"); c = Referenzwert bezieht sich auf Bevölkerungsanteil ohne Migrationshintergrund; d = Haupt-, Realschule, Fachabitur und Abitur zusammen; e = Für die beiden höchsten Einkommenskategorien liegt der Trennwert bei den Referenzdaten bei 4.600 statt 4.500 Euro; f = Betreuung durch Verwandte oder Freunde; g = Verwandte, Freunde oder Bekannte, die bei der Suche helfen oder geholfen haben (Berechnung des Mittelwerts unter Ausschluss eines Ausreißers mit x = 100 (Maximum liegt ohne bei 25)).

Quellen: Migrationshintergrund [in Familien mit minderjährigen Kindern, 2014]: Statistisches Bundesamt (2015i); Bildung [20- bis 55-jährige, 2013]: Statistisches Bundesamt (2014b); Betreute Kinder in Westdeutschland ['08 bis '13]: Statistisches Bundesamt (2014g, 2013b, 2012a, 2011a, 2010a, 2010b, 2008a), eigene Berechnungen; Geschlecht Kind [betreute Kinder, '08 bis '13]: Statistisches Bundesamt (2014a); Kinder pro Familie [minderjährig, 2012]: Statistisches Bundesamt (2014f); Familienstand [Partnerschaften mit Kindern unter 18 Jahren, 2014]: Statistisches Bundesamt (2015j); Einkommen [Arbeitnehmer, Oktober 2010]: Statistisches Bundesamt (2013e); Betreuungsumfang U3 [2013]: DJI (2014)

Da 81% der Eltern innerhalb der letzten sechs Jahre vor der Befragung bereits einen Betreuungsplatz gesucht hatten und 78% bereits ein Kind in professioneller Betreuung haben oder hatten, waren fast alle Eltern in der Stichprobe sowohl mit dem Suchprozess als auch mit der dann folgenden Betreuung vertraut. Die Betreuungserfahrung hatte in den später folgenden Regressionsanalysen allerdings keinen signifikanten Effekt auf die Informationsbewertung und den Informationsbeschaffungsaufwand der Eltern (siehe Abschnitt 3.2.4). Wie bei den meisten anderen Studien zum Thema Kinderbetreuung füllten fast ausschließlich die Mütter den Fragebogen aus. Lediglich 6% aller Datensätze stammten von Vätern. Die Eltern waren im Durchschnitt 35 Jahre alt und fast alle bezeichneten Deutsch als ihre Muttersprache und lebten bereits mehr als 20 Jahre in Deutschland. Als Referenzwert diente hier der Anteil an deutschen Familien ohne Migrationshintergrund aus dem Jahr 2014 (74%; Statistisches Bundesamt, 2015i). Beide Werte sind allerdings nur bedingt vergleichbar, da auch in Deutschland geborene Kinder von Migranten vom Statistischen Bundesamt als Personen mit Migrationshintergrund erfasst wurden und sich daher Deutsch als Muttersprache und ein Migrationshintergrund nicht ausschließen. In jedem Fall handelte es sich bei den Eltern der Stichprobe kaum um Migranten aus Ländern außerhalb des deutschen Sprachraums, fast alle lebten bereits sehr lange in Deutschland und waren nach eigener Angabe der deutschen Sprache mächtig.[157]

Fast 60% der Eltern hatten wenigstens einen Fachhochschulabschluss, was eindeutig nicht das Ausbildungsniveau der Bevölkerung zwischen 20 und 55 Jahren widerspiegelte (vgl. Statistisches Bundesamt, 2014b). Bemerkenswert ist der hohe und annähernd repräsentative Anteil von Eltern ohne Berufsabschluss von 24%. Möglicherweise befanden sich einige von ihnen noch in einer Ausbildung oder einem Studium. In der Gruppe der Eltern ohne Berufsabschluss waren jedoch lediglich 28% jünger als 30 Jahre und das Durchschnittsalter der gesamten Gruppe lag bei 33 Jahren. Insofern ist die Wahrscheinlichkeit gering, dass viele in dieser Gruppe noch eine Ausbildung absolvierten oder studierten.

---

[157] Dies war zu erwarten, da der Fragebogen und das zugehörige Marketing auf Deutsch verfasst waren.

Die regionale Verteilung der Eltern auf alte und neue Bundesländer entsprach weitestgehend der aller betreuten Kinder in Deutschland zwischen null und sechs Jahren. 79% der Eltern der Stichprobe und damit auch ihre Kinder lebten in den alten Bundesländern. Für alle betreuten Kinder zwischen null und sechs Jahren in Deutschland traf dies in den Jahren 2008 bis 2013 in 78% der Fälle zu (Statistisches Bundesamt, 2014g, 2013b, 2012a, 2011a, 2010a, 2010b, 2008a).[158] Abbildung 3.5 zeigt die regionale Verteilung der vorliegenden Stichprobe neben der Verteilung der Gesamtbevölkerung im Alter zwischen null und sechs Jahren aus den Jahren 2008 bis 2013 und der Verteilung der in Deutschland betreuten Kinder im selben Zeitraum und Alter.

Abbildung 3.5: Regionale Verteilung der Kinder aus der Stichprobe und Kindern im gleichen Alter in Deutschland

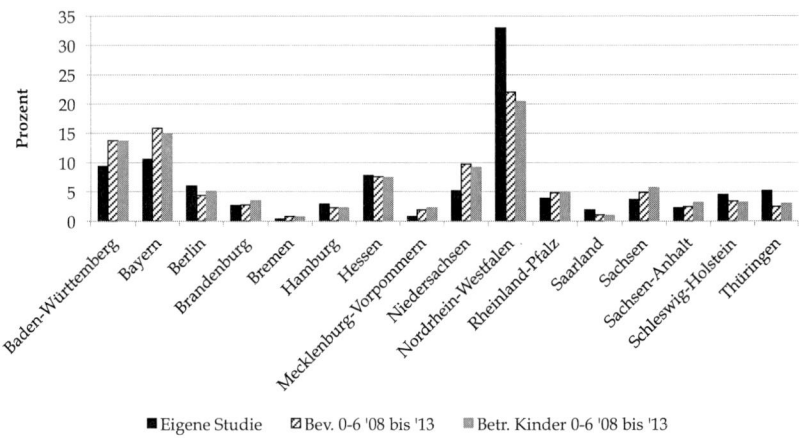

Quellen: Statistisches Bundesamt (2014g, 2014h, 2013b, 2012a, 2011a, 2010a, 2010b, 2008a)

Auf der Ebene der Bundesländer waren die Abweichungen zwischen Stichprobe und Grundgesamtheit größer. Sie lagen absolut betrachtet bei durchschnittlich 2,3 (Bevölkerung 0-6) bzw. 2,4 Prozentpunkten (betreute Kinder 0-6). Relativ bedeutete dies durchschnittliche Abweichungen von 37,7% bzw. 39,6%. Insbesondere Kinder aus NRW, Thüringen und dem Saarland waren überrepräsentiert, während Kinder aus Mecklenburg-Vorpommern und Bremen in der Stichprobe erheblich seltener vertreten waren als in der Grundgesamtheit. Da für die Regressionsanalysen allerdings die Verteilung auf West-

---

[158] Da Eltern an der Befragung teilnehmen konnten, deren Suche in den letzten sechs Jahren stattgefunden hatte, und dies auf 81% der teilnehmenden Eltern zutraf, sind Daten der sechs Jahre von 2008 bis 2013 als Referenzwert für die regionale Verteilung verwendet worden.

und Ostdeutschland verwendet wurde, sind die Daten in diesem Aspekt repräsentativ.[159]

Die Geschlechterverteilung der betroffenen Kinder in der Stichprobe verhielt sich nahezu identisch zu der in der Gesamtbevölkerung und auch die Zahl der Kinder pro Familie war mit durchschnittlich 1,6 repräsentativ. Mit 93% lebten fast alle Eltern in einer Partnerschaft, womit sie um ca. 16% über dem Bevölkerungsanteil lagen.

Einkommen ist für viele ein sensibles Thema. Daher wurden die Eltern nicht um die Angabe ihres genauen Bruttoeinkommens, sondern um die Wahl einer Einkommensklasse gebeten.[160] Um Vergleiche bezüglich der Repräsentanz zu ermöglichen, wurden die Einkommensklassen aus denen der letzten Veröffentlichung des Statistischen Bundesamtes mit Bruttoverdienstklassen von Arbeitnehmern gebildet (Statistisches Bundesamt, 2013e). Die dort aufgeführten 65 Klassen wurden so zusammengefasst, dass jeweils ca. 20% der Arbeitnehmerinnen und -nehmer einer dieser Klassen angehörten. Lediglich die letzten beiden Klassen repräsentierten jeweils 10% („3.600 bis 4.500 Euro" und „> 4.500 Euro").[161] 83% der Eltern in der Stichprobe gaben ihr eigenes und 84% ihr Haushaltseinkommen an. Das Einkommen der Eltern verteilte sich relativ gleichmäßig auf die vier Einkommensklassen „< 1.100 Euro", „1.100 bis 2.000 Euro", „2.000 bis 2.700 Euro" und „> 2.700 Euro", wobei die erste Klasse mit 20% leicht unter und die vierte mit 29% leicht über einem Viertel lag. Verglichen mit den Daten des Statistischen Bundesamtes (2013e) waren die oberen Einkommensklassen leicht unter- und die mittleren leicht überrepräsentiert. Da 94% der Stichprobe weiblich waren, wurden die Einkommen der Mütter der Stichprobe mit denen anderer Frauen aus der gerade genannten Erhebung verglichen. Bei dieser Betrachtung kehrte sich das Verhältnis um und die höheren Einkommensklassen waren in der Stichprobe häufiger vorhanden. Dies war auf Grund des überdurchschnittlichen Ausbildungsniveaus zu erwarten. Beim Haushaltseinkommen wurde deutlich, dass häufig

---

[159] Eine Dummy-Variable für Norddeutschland fand ebenfalls Eingang in die Regressionsanalysen. Norddeutschland wurden folgende Bundesländer zugeordnet: NRW, Niedersachsen, Bremen, Hamburg, Schleswig-Holstein, Sachsen-Anhalt, Mecklenburg-Vorpommern, Brandenburg und Berlin. 57,8% der Stichprobe kamen aus einem dieser Bundesländer. Von der Gesamtbevölkerung zwischen 0 und 6 und den betreuten Kindern (jeweils 2008 bis 2013) kamen jeweils 49,8% aus dem Norden.
[160] Die Eltern wurden gebeten, ihr Einkommen vor der letzten Schwangerschaft/Geburt anzugeben, falls sie wegen ihres Kindes noch nicht wieder arbeiten. Damit sollte die Vergleichbarkeit zwischen den Einkommensangaben von Eltern, die bereits einen Betreuungsplatz gefunden hatten und wieder arbeiten konnten, und denen, die dies auf Grund ihrer Schwangerschaft oder wegen der eigenen Betreuung ihres Kindes nicht konnten, sichergestellt werden.
[161] Die einzige Abweichung besteht darin, dass der Trennwert zwischen den beiden letzten Einkommensklassen in der Veröffentlichung des Statistischen Bundesamtes bei 4.600 statt 4.500 Euro liegt. Dies dürfte allerdings keinen erheblichen Einfluss auf die Vergleichbarkeit haben.

Datensatz

geringe Einkommen (< 1.100 Euro) der teilnehmenden Eltern durch erheblich höhere der Partner aufgefangen wurden, so dass nur noch 11% der Haushalte der untersten Einkommensklasse zuzuordnen waren, während von den Teilnehmerinnen und Teilnehmern 20% in diese Klasse fielen. 73% der Haushalte bezogen ein Bruttoeinkommen zwischen 2.200 und 7.200 Euro mit annähernder Gleichverteilung auf die Klassen innerhalb dieser Bandbreite.

3.2.2.3 Betreuungspräferenzen und weitere Variablen zur Suche

Die Arbeitszeiten wurden für den Zeitpunkt abgefragt, in dem die Betreuung gesichert war oder sein würde, um die geplante oder gewünschte und nicht durch mangelnde Betreuung erzwungene Beschäftigung zu erfassen. Nicht oder weniger als 20 Wochenstunden zu arbeiten kam lediglich für 16% der Eltern in Frage, bei ihren Partnern nur für 9%. Die Mehrheit gab einen Beschäftigungsumfang zwischen 20 und 40 Stunden an. Bei immerhin 22% lag der (geplante) Beschäftigungsumfang über 39 Stunden pro Woche.[162] Von den Partnern arbeiteten mit 84% fast alle mehr als 39 Stunden pro Woche.

Informelle Betreuung, d.h. Betreuung durch Verwandte oder Freunde, war für zwei Drittel der Eltern höchstens eine Notlösung und weitere 23% nutzten oder planten diese Betreuungslösung nicht für mehr als 9 Stunden pro Woche. Ob dies an mangelnder Verfügbarkeit von Verwandten oder Freunden, an sozialen Konventionen, die Eltern daran hinderten, ihr soziales Umfeld für Betreuung in Anspruch zu nehmen (vgl. Uttal, 1999), oder mangelnder Zuverlässigkeit dieser Lösungen lag (vgl. Meyers & Jordan, 2006), geht aus den Daten nicht hervor. Möglicherweise bestand wegen ausreichendem Betreuungsangebot auch keine Notwendigkeit, auf informelle Betreuung zurückzugreifen. Wesentlich für die vorliegende Untersuchung ist jedoch hauptsächlich, dass informelle Betreuung für die teilnehmenden Eltern keine wesentliche Rolle spielte und ihr erfasster Informationsbedarf und –aufwand sich nicht nur hypothetisch auf professionelle Betreuungslösungen bezog.

Wie bereits in Abschnitt 3.1.4 beschrieben, fanden einige Eltern in anderen Studien ihre Betreuungslösungen hauptsächlich über ihr soziales Netzwerk (vgl. Meyers & Jordan, 2006; Gilbert, 1998). Die Eltern der vorliegenden Stichprobe konnten im Durchschnitt auf etwa zwei Verwandte, Freunde oder Bekannte zurückgreifen, wenn sie Hilfe bei ihrer Suche benötigten. 44% gaben an, dass ihnen niemand aus ihrem sozialen Netzwerk bei der Suche helfen

---

[162] Betrachtet man nur die Mütter aus der Stichprobe, so verändert sich dieser Anteil lediglich geringfügig auf 20%.

könnte oder dies getan hätte. Fast ebenso viele konnten auf zwei oder mehr Helfer zurückgreifen (43%). Die Menge der Helfenden hatte in den späteren Regressionsanalysen allerdings keine signifikante Bedeutung für den Informationsbeschaffungsaufwand und für die Bewertung spielte sie, wenn überhaupt, nur eine marginale Rolle.

Für die Suche selbst stand den meisten Eltern zur Zeit ihrer Suche pro Woche relativ wenig Zeit zur Verfügung. 69% konnten höchstens vier Stunden aufwenden und weitere 21% maximal acht. Der zur Verfügung stehende Suchzeitraum betrug bei 28% nur ein bis drei Monate. 31% hatten immerhin vier bis sechs Monate Zeit. Ob diese Zeiträume ausreichend sind, wird von unterschiedlichen Familien unterschiedlich bewertet werden. Ein bis drei Monate dürften jedoch in jedem Fall recht kurz sein, um sich umfassend mit dem Thema Kinderbetreuung zu befassen, wenn pro Woche nur wenige Stunden dafür zur Verfügung stehen. Die Daten zeigen ferner, dass weniger Suchzeit pro Woche nicht durch einen längeren Suchzeitraum ausgeglichen wurde. Die Korrelation zwischen den beiden Variablen war mit .059 sehr schwach und insignifikant (p = .193).

Um zu erfassen, wie Eltern das ihnen zur Verfügung stehende Betreuungsangebot bewerten, wurden sie nach der Anzahl der Einrichtungen in ihrer Umgebung gefragt, in denen sie ihr Kind betreuen lassen würden. Diese Frage darf nicht mit der nach verfügbaren Plätzen verwechselt werden, da hier lediglich die Nachfrage der Eltern und nicht das tatsächliche Platzangebot eine Rolle gespielt haben sollte. Im Mittel kamen für die Eltern 3,6 Einrichtungen in Frage und 67% hätten sich, so denn überall ein Platz frei gewesen wäre, zwischen drei oder mehr Einrichtungen entscheiden können. Aus Sicht der Eltern scheinen demnach Wahlmöglichkeiten zur Verfügung gestanden zu haben, die ihren Ansprüchen genügten. Da die Erreichbarkeit sowohl bei der Suche (persönliche Besuche) als auch bei der späteren Erreichbarkeit einer Einrichtung wichtig ist (vgl. Fuller et al., 1996; Gilbert, 1998), fand die Frage nach der Erreichbarkeit der für Eltern interessanten Einrichtungen ebenfalls Eingang in den Fragebogen. Die Antwort fiel mit 90%, die eine gute Erreichbarkeit aller sie interessierenden Einrichtungen angaben, eindeutig aus. Möglicherweise interessierten sich die teilnehmenden Eltern nur für die Einrichtungen, die sie gut erreichen konnten. Dies wäre mit Blick auf zwei Anfahrten pro Betreuungstag zum Bringen und Abholen nach der Wahl eines Betreuungsplatzes durchaus rational. Für die Stichprobe lag allerdings keine signifikante Korrelation zwischen der Anzahl in Frage kommender Einrichtungen und der Erreichbarkeit vor (p = .711) und die Mittelwerte beider Gruppen unterschieden sich nicht signifikant (p = .863). Für Eltern, die keine gute Erreichbarkeit angaben, kamen aus ihrer Sicht also nicht weniger Einrichtungen zur Betreuung in Frage als für Eltern, die die für sie interessanten Einrichtungen gut erreichen konnten. Für den Informationsbeschaffungsaufwand stellte sich die Erreichbarkeit der Einrichtungen bei den Regressionsanalysen jedoch als signifikanter Faktor mit großer Bedeutung heraus (siehe Abschnitt 3.2.4).

Die Suche nach einer Betreuung begründeten die Eltern der Stichprobe hauptsächlich mit der Notwendigkeit, Zeit zum Arbeiten oder Studieren zu erhalten (91%) und mit Entwicklungsvorteilen für ihr Kind (72%) (Mehrfachnennungen waren möglich). „Zeit für andere Dinge (z.B. Einkaufen, Arbeiten im eigenen Haushalt, Freunde treffen, Sport treiben, etc.)" war lediglich für 16% eine Begründung. Ob aus ökonomischer Notwendigkeit oder persönlichem Bedürfnis oder beidem heraus, eine Berufstätigkeit war für nahezu alle Eltern der Stichprobe ausschlaggebend. Dass immerhin 28% der Eltern die Suche nach Betreuung nicht mit einer möglichen Entwicklungsförderung ihres Kindes begründeten, ist nicht zwangsläufig problematisch. Wenn Eltern die Entwicklung ihres eigenen Kindes als normal und nicht gefährdet ansehen, besteht kein Grund, eine Einrichtung zur Entwicklungsförderung zu suchen. Natürlich können Eltern sich irren, aber diese Annahme wäre auf Basis der vorliegenden Daten Spekulation. Eltern könnten auch der Meinung sein, dass Betreuungseinrichtungen die Entwicklung nicht positiv beeinflussen, was je nach Betreuungsqualität zutreffen kann. Selbst für Wissenschaftler ist der Nachweis positiver Entwicklungsergebnisse äußerst schwierig (vgl. Abschnitt 2.3).

Das durchschnittliche Wunschalter für einen Betreuungsbeginn lag bei ca. 1,5 Jahren und 88% der Eltern wünschten sich einen Betreuungsbeginn vor dem dritten Geburtstag. Dies unterstreicht noch einmal die hohe Nachfrage von Eltern nach Plätzen für Kinder unter drei Jahren. Eltern wünschten sich mehrheitlich eine Betreuung in einer Kindertagesstätte (59%) und lediglich 12% wollten dezidiert eine Tagesmutter oder einen Tagesvater. Je älter die Kinder wurden, desto mehr wünschten sich Eltern eine Kindertagesstätte. Das gewünschte Alter zu Betreuungsbeginn korreliert signifikant positiv mit dem Wunsch nach einer Kindertagesstätte (.106; p = .019) und signifikant negativ mit dem Wunsch nach einem Platz in Tagespflege (-.208; p = .001).

Der gewünschte Betreuungsumfang lag im Mittel bei 32 Stunden. 29% der Eltern wünschten sich höchstens 25 Stunden pro Woche, 34% präferierten 26 bis 35 Stunden und 37% mehr als 35 Stunden. Diese Präferenzen waren fast identisch mit denen derjenigen Eltern der Stichprobe, die sich den Betreuungsbeginn bereits vor dem dritten Geburtstag wünschten. Außerdem entsprachen sie fast genau den Wünschen, die Eltern in der bereits besprochenen Erhebung des Deutschen Jugendinstituts für ihre Kinder unter drei Jahren äußerten (DJI, 2014). Interessant ist, dass Eltern, die sich einen späteren Betreuungsbeginn wünschten, eine geringere Betreuungszeit präferierten. Der gewünschte Betreuungsumfang korreliert signifikant negativ mit dem gewünschten Betreuungsbeginn (-.153; p = .001; bereinigt um zwei Ausreißer (85 und 100 Stunden Betreuungsumfang)). Beim Vergleich der beiden Gruppen fällt auf, dass Eltern, die sich einen Betreuungsbeginn bereits vor dem dritten Lebensjahr wünschten, im Mittel signifikant länger arbeiteten oder arbeiten wollten (29 ggü. 21 Stunden; p = .001). Die Arbeitszeiten der Partner aus beiden Gruppen unterschieden sich im Mittel nicht signifikant (38 ggü. 36 Stunden; p = .262). Die unterschiedlichen Arbeitszeiten könnten ein Grund für die unterschiedlichen Betreuungswünsche gewesen sein. Ohne weitergehende Untersuchungen lässt sich dies allerdings nicht sicher feststellen. Es ist ebenso gut möglich, dass die Eltern unterschiedliche Rollenbilder hatten und aus diesem Grund weniger arbeiten und ihre Kinder später und kürzer in eine Betreuungseinrichtung geben wollten.

Wie bereits erwähnt wurde bei den Eltern auch ihre Bewertung verschiedener Informationsquellen abgefragt. In Abbildung 3.6 werden die Ergebnisse dargestellt.

Dass Ansprechpartner in der Einrichtung und Eltern der Einrichtung die höchsten Bewertungen erhielten, ist nachvollziehbar, da beide Gruppen eigene (tägliche) Erfahrung mit der Betreuung in der Einrichtung verbindet. Auch die anderen Quellen scheinen hilfreicher zu sein, je näher sie an der Einrichtung sind. Die niedrige Bewertung der Jugendämter ist wenigstens bemerkenswert, wenn nicht bedenklich. Ihr Auftrag besteht unter anderem darin, Eltern bei der Suche nach einem Betreuungsplatz zu helfen. In § 24 Abs. 5 SGB VIII ist dies eindeutig formuliert: „Die Träger der öffentlichen Jugendhilfe oder die von ihnen beauftragten Stellen sind verpflichtet, Eltern oder Elternteile, die Leistungen nach den Absätzen 1 bis 4 in Anspruch nehmen wollen, über das Platzangebot im örtlichen Einzugsbereich und die pädagogische Konzeption der Einrichtungen zu informieren und sie bei der Auswahl zu beraten." Die Eltern der Stichprobe bewerteten ihre Verwandten und Freunde als hilfreicher, obwohl diese qua Definition keine eigenen Betreuungserfahrungen mit der Einrichtung gemacht hatten („Verwandte, Freunde und Kollegen, deren Kinder nicht selbst in die Einrichtung gehen oder gegangen sind."). Ob Eltern die Angebote der Jugendämter nicht kannten, bewusst nicht nutzen wollten oder tatsächlich als wenig hilfreich erfahren hatten, bleibt offen. Unabhängig von den Ursachen ist diese schlechte Bewertung jedoch vor dem Hintergrund des gesetzlichen Unterstützungsauftrags höchst problematisch.

Abbildung 3.6: Bewertung von Informationsquellen für die Suche nach Betreuung

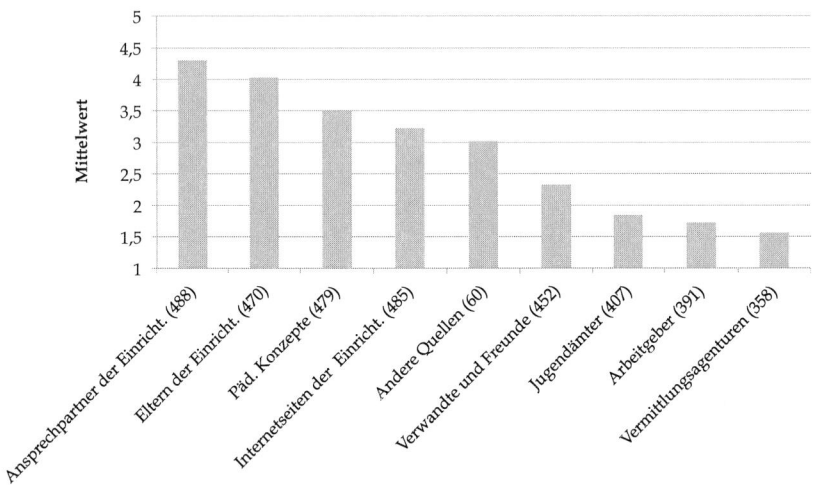

Angabe in Klammern entspricht der Anzahl der Eltern, die eine Quelle bewertet haben. Die Quelle „Verwandte und Freunde" schloss explizit diejenigen aus, deren Kinder selbst in eine der in Frage kommenden Einrichtungen gingen oder gegangen sind („Verwandte, Freunde und Kollegen, deren Kinder nicht selbst in die Einrichtung gehen oder gegangen sind.").

3.2.3 Informationsbewertung und -beschaffungsaufwand

Da es sich um eine explorative Studie handelte, war vorher nicht abzusehen, wie Eltern die ihnen vorgelegten Fragen bewerten würden. Eine Gefahr bestand darin, dass alle Eltern so gut wie alle Fragen als sehr wichtig bewerten würden (Deckeneffekt; vgl. Mocan, 2001). Ein weiteres potentielles Problem war der Fokus auf objektiv vergleichbare Dinge. Subjektives Empfinden der Eltern war lediglich in der Bewertung der Fragen gewünscht, fand sich aber nicht in den Fragen selbst. Es ist wichtig, dass Eltern bei der Einrichtung ihrer Wahl ein gutes Gefühl haben und objektiv vergleichbare Kriterien sind sicherlich nicht allein ausschlaggebend dafür. Allerdings sollten mit Hilfe dieser Studie zunächst die objektiven Kriterien identifiziert werden, die Eltern wichtig sind und durch deren Veröffentlichung ihre Suche hoffentlich leichter gestaltet werden kann. Zwei oder drei Eltern meldeten nach dem Ausfüllen oder Abbruch des Fragebogens zurück, dass sie gerne angegeben hätten, dass ihr Gefühl und das Verhältnis ihres Kindes zum Betreuungspersonal sehr wichtig waren bzw. sind. Wie viele andere aus diesem Grund abgebrochen hatten oder es noch tun würden, war nicht abzusehen. Mit 498 verwendbaren Datensätzen ist die Stichprobe allerdings ausreichend groß geworden.

Nach der Auswertung der Antworten stellte sich auch kein Deckeneffekt ein. Eltern vergaben im Mittel 4,7 als höchste und 2,37 als niedrigste Bewertung. Lediglich 23 der 74 Fragen erhielten im Mittel eine Bewertung von 4,0 oder mehr. 30 Bewertungen lagen zwischen 4,0 und 3,5, 16 zwischen 3,5 und 3,0 und 5 darunter. Das untere Ende der Skala ist also selten genutzt worden. Allerdings ist die Bandbreite ausreichend, um Differenzierungen zwischen den Bewertungen vorzunehmen. Gleichzeitig zeigt das Ergebnis, dass die vorgelegten Fragen für Eltern relevant waren. Eine vollständige Liste der Fragen und ihrer Bewertungen findet sich im Anhang.

3.2.3.1 Interne Konsistenz der Skalen

Nach der Durchführung der Elternstudie wurde die interne Konsistenz der dort erstmals verwendeten Skalen untersucht. Cronbach's Alphas der Skalen sowie Item-Trennschärfen und mögliche Verbesserungen der Cronbach's Alphas durch Löschung von Items werden in Tabelle 3.3 dargestellt.

Die Cronbach's Alphas der Skalen liegen zwischen .75 und .92 und lediglich bei drei Items hätte der Ausschluss aus der jeweiligen Skala eine minimale Verbesserung des Cronbach's Alphas zur Folge gehabt. Die Trennschärfen der Items liegen in allen Fällen über .30 und erreichen höchstens .88. Wie bei Clark und Watson (1995) diskutiert, könnte man die Items aus den Skalen ausschließen, die erheblich von der durchschnittlichen Trennschärfe einer Skala abweichen. Dies träfe hier auf die Items mit den jeweils niedrigsten Trennschärfen der Skalen „Preise und Zeiten", „Betreuungsverhältnis und Altersmischung" und „Intellektueller Anspruch" zu. Insgesamt zeigt die Untersuchung der internen Konsistenz, dass die Skalen für die verwendete Stichprobe üblichen Kriterien genügen und in zukünftigen Untersuchungen eingesetzt werden können.[163]

---

[163] Im Anhang findet sich eine weitergehende explorative Faktorenanalyse mit den verwendeten Items.

Informationsbewertung und –beschaffungsaufwand

Tabelle 3.3: Interne Konsistenz der Skalen

	Itemtrennschärfe	Cronbach's Alpha ohne Item
Preise und Zeiten (Cronbach's Alpha = .77)		
Wie viele Tage im Jahr und an welchen Tagen hat die Einrichtung geschlossen?	.59	.73
Was passiert, wenn kurzfristig von den gebuchten Zeiten abgewichen wird/werden muss?	.56	.73
Gibt es eine Ferienbetreuung und wie sieht diese konkret aus?	.54	.74
Welche Zeiten können gebucht werden?	.54	.74
Welche Fristen gelten bei Änderung der gebuchten Zeiten oder Kündigung?	.52	.74
Welche Leistungen sind enthalten, welche sind nicht enthalten (z.B. Frühstück, Ausflüge, Ferienbetreuung, etc.)?	.44	.76
Wie viel kostet die Betreuung (inkl. aller Zusatzbeiträge)?	.31	.78
Sicherheit und Ausstattung (.88)		
Gibt es ausreichende Absturzsicherungen (z.B. an Klettergerüsten, Treppen)?	.69	.86
Wie wird eine ausreichende Aufsicht auf Ausflügen sichergestellt?	.65	.87
Gibt es an Türen Sicherungen gegen das Einklemmen von Fingern und Händen?	.65	.87
Sind Sitzmöbel, Tische und Toiletten altersgerecht (Höhe, Sicherungen)?	.64	.87
Haben Kinder unbeaufsichtigt Zugang zur Küche?	.62	.87
Werden alle Kinder jederzeit vom Personal (inkl. Praktikanten, exkl. Eltern) beaufsichtigt oder gibt es Ausnahmen (z.B. Toilettengang)?	.62	.87
Ist das gesamte Personal in erster Hilfe für Kleinkinder geschult?	.56	.87
Ist das Grundstück so gestaltet, dass Kinder es nicht selbstständig verlassen können?	.55	.87
Wie wird die Schadstofffreiheit der Ausstattung sichergestellt/überprüft?	.54	.87
Gibt es verbindliche Sicherheitsregeln für das Personal (Kleidung, Aufsicht, etc.)?	.54	.87
Wie wird mit Allergien oder chronischen Krankheiten von Kindern umgegangen (z.B. Asthma, Allergie gegen Bienenstiche)?	.49	.88
Wird bei jeder Abholung durch Unbekannte die Berechtigung dazu überprüft?	.43	.88
Sauberkeit und Hygiene (.83)		
Hat das Personal die Möglichkeit, sich die Hände zu desinfizieren (z.B. nach dem Windelwechseln, vor und nach der Zubereitung von Speisen)?	.67	.79
Werden mit allen Kindern bei Bedarf die Hände gewaschen (z.B. nach dem Basteln, dem Spiel im Freien, den Mahlzeiten)?	.63	.79
Wie oft wird die Einrichtung professionell gereinigt?	.62	.80
Werden Kinder mit ansteckenden Krankheiten zeitnah nach Hause geschickt?	.59	.80
Werden alle Eltern innerhalb eines Tages über das Auftreten ansteckender Krankheiten in der Einrichtung informiert (z.B. per Aushang oder E-Mail)?	.57	.80
Werden besondere Vorsichtsmaßnahmen bei Lebensmitteln für Säuglinge befolgt (z.B. Abkochen von Trinkwasser)?	.50	.82
Werden mit allen Kindern, die schon Zähnchen haben, nach jeder Mahlzeit die Zähne geputzt?	.49	.82

Fortsetzung auf nächster Seite

Tabelle 3.3 (Fortsetzung)

	Item-trenn-schärfe	Cronbach's Alpha ohne Item
Ernährung (.75)		
Werden bei der Ernährung Sonderwünsche der Eltern ohne medizinische Notwendigkeit berücksichtigt (z.B. vegetarische Ernährung)?	.52	.70
Werden Eltern über den Speiseplan informiert (z.B. über das tägliche Mittagessen)?	.51	.71
Wie wird damit umgegangen, wenn ein Kind etwas nicht mag?	.50	.71
Gibt es zwischen den festen Mahlzeiten etwas zu essen, wenn Kinder fragen?	.47	.71
Werden Eltern informiert, wenn ihr Kind sehr wenig oder nichts gegessen hat?	.45	.72
Wer bereitet das Mittagessen zu (Caterer, Einrichtung)?	.42	.73
Wird bei der Ernährung auf Allergien/Unverträglichkeiten Rücksicht genommen? Auf welche?	.38	.74
Betreuungsverhältnis und Altersmischung (.80)		
Wie werden Urlaubs- und Krankheitszeiten des Stammpersonals personell aufgefangen?	.62	.76
Wie hoch sind die Wochenarbeitszeiten der Betreuerinnen und Betreuer?	.61	.76
Wie ist das Zahlenverhältnis von Hilfskräften (Praktikanten/-innen, Kräfte ohne pädagogische Ausbildung) zu Kindern in jeder Gruppe?	.59	.76
Ist das Stammpersonal den Gruppen fest zugeordnet oder wechselt die Gruppenverantwortlichkeit (kurze Aushilfe ausgenommen)?	.55	.77
Falls das Stammpersonal die Gruppen dauerhaft wechselt, in welchen zeitlichen Abständen ist dies der Fall?	.54	.77
Wie ist das Zahlenverhältnis pädagogisch ausgebildeter Kräfte (Bachelor, Master, Diplom, Ausbildung) zu Kindern in jeder Gruppe?	.49	.78
Wie groß ist der Altersunterschied zwischen dem ältesten und dem jüngsten Kind in jeder Gruppe?	.36	.81
Betreuungspersonal (.83)		
Bildet sich das Personal regelmäßig fort (selbstständig oder über die Einrichtung)?	.63	.81
Werden von der Einrichtung Fortbildungen für das Personal angeboten?	.62	.81
Über wie viele Berufsjahre in der Kinderbetreuung verfügt das Personal im Einzelnen?	.60	.81
In welchen Ländern ist die Ausbildung des Betreuungspersonals erfolgt?	.59	.81
Welche Maßnahmen trifft die Einrichtung, um Personal langfristig zu binden (Fortbildungen, Entwicklungsmöglichkeiten, Förderung der Zusammenarbeit im Team)?	.57	.81
Über welche Abschlüsse (pädagogisch/pflegerisch) verfügt das Personal im Einzelnen?	.55	.82
Welchen Kulturkreisen entstammt das Betreuungspersonal?[a]	.47	.83
Wie gut beherrschen alle pädagogischen Kräfte die hauptsächlich in der Einrichtung gesprochene Sprache (in der Regel Deutsch)?	.46	.83
Wie häufig sind Wechsel beim Stammpersonal?	.43	.83

a = Eine Teilnehmerin gab den korrekten Hinweis, dass die Bezeichnung "Kulturkreis" heute in der Ethnologie kritisch gesehen wird. Daher sollte der Begriff in Zukunft z.B. durch "kulturellen Hintergrund" ersetzt werden.

Fortsetzung auf nächster Seite

Informationsbewertung und –beschaffungsaufwand 151

Tabelle 3.3 (Fortsetzung)

	Item-trennschärfe	Cronbach's Alpha ohne Item
Intellektueller Anspruch (.92)		
Werden Kinder an Mengen herangeführt?	.88	.90
Werden den Kindern geometrische Formen bewusst gemacht?	.87	.90
Setzen Kinder sich mit Buchstaben auseinander?	.85	.90
Setzen Kinder sich mit Farben auseinander?	.82	.91
Werden Kinder an naturwissenschaftliche Phänomene herangeführt?	.78	.91
Wie wird die Schulbereitschaft der Kinder unterstützt?	.77	.91
Wird Kindern eine Fremdsprache vermittelt (nicht Deutsch)?	.45	.95
Sozialer Anspruch (.83)		
Wie werden diese Regeln durchgesetzt?	.71	.79
Wie sollen diese Werte vermittelt werden?	.70	.78
Welche Werte sollen den Kindern vermittelt werden?	.62	.80
Welche Regeln gibt es für Kinder?	.62	.80
Wird die Erziehung mit den Eltern abgestimmt?	.55	.81
Werden Eltern über Bestrafungen ihrer Kinder informiert?	.44	.83
Aktivitäten und Elternbeteiligung (.82)		
Wie oft finden Ausflüge statt?	.57	.80
Wie viel Zeit verbringen die Kinder mit Aktivitäten unter Anleitung?	.56	.80
Wie häufig finden Aktivitäten mit Eltern statt?	.56	.80
Gibt es Zusatzangebote (z.B. Musikunterricht, Sport)?	.55	.80
Haben Eltern die Möglichkeit, von den Aktivitäten ihrer Kinder zu erfahren?	.52	.81
Wie oft werden Elterngespräche angeboten?	.50	.81
Wie viel Zeit verbringen die Kinder mit freiem Spiel (ohne Anleitung)?	.49	.81
Wie ist der Bildungshintergrund der Familien in der Einrichtung?	.49	.81
Wie viel Zeit verbringen die Kinder täglich draußen?	.44	.81
Wie sieht der normale tägliche Ablauf in etwa aus?	.42	.82
Aus welchen Kulturkreisen kommen die Familien in der Einrichtung?[a]	.38	.82
Ist eine Beteiligung durch Eltern freiwillig oder verpflichtend?	.36	.82

a = Eine Teilnehmerin gab den korrekten Hinweis, dass die Bezeichnung "Kulturkreis" heute in der Ethnologie kritisch gesehen wird. Daher sollte der Begriff in Zukunft z.B. durch "kulturellen Hintergrund" ersetzt werden.

3.2.3.2 Informationsbewertung

In Tabelle 3.4 finden sich die zehn Fragen, denen Eltern die höchste Wichtigkeit zusprachen. Die meisten davon drehten sich um Soziales, gefolgt von Sicherheit und Aktivitäten. Die Eltern der Stichprobe interessierten sich sehr für die Werte und Regeln, nach denen ihre Kinder in einer Einrichtung erzogen werden sollten, und auch der Vorteil fester Bezugspersonen war den Eltern offensichtlich bewusst. Die beiden Fragen an neunter und zehnter Stelle zur Zeit im Freien und dem täglichen Ablauf zeigen ebenfalls, dass die Eltern sich sehr für die Aktivitäten während der Betreuungszeit interessierten und Betreuung nicht als reine Verwahrungslösung betrachteten.

Die Überprüfung Unbekannter bei der Abholung eines Kindes sollte Standard in jeder Einrichtung sein. Dass Eltern dieser Frage die größte Bedeutung zumaßen, ist insofern interessant, weil es deutlich macht, dass Eltern die (versuchte) Abholung ihres Kindes durch Unbekannte als reale Gefahr einschätzten.[164] Auch die hohe Bewertung der Frage nach der Absicherung des Grundstücks gegen selbstständiges Verlassen durch die Kinder spricht für eine erhöhte Wachsamkeit der Eltern. Passend dazu hat die Frage „Wie wird eine ausreichende Aufsicht auf Ausflügen sichergestellt?" im Mittel eine Bewertung von 4,1 erhalten und befand sich damit an 18. Stelle. Diese Bewertungen legen die Vermutung nahe, dass Eltern Einrichtungen bei der angemessenen Handhabung dieser Sicherheitsaspekte misstrauen und daher den Wunsch nach genauen Informationen verspüren. Sie gehen offenbar nicht davon aus, dass jede Einrichtung hier die notwendigen (Mindest-)Standards einhält, sondern dass es Unterschiede gibt, die sie erfragen müssen.

Tabelle 3.4: Die zehn Fragen, denen Eltern die höchste Wichtigkeit zusprachen

	n	Mittelwert	Standardabweichung
B. SI: Wird bei jeder Abholung durch Unbekannte die Berechtigung dazu überprüft?	495	4,70	.62
H. SA: Werden Eltern über Bestrafungen ihrer Kinder informiert?	491	4,65	.69
H. SA: Wie werden diese Regeln durchgesetzt?	490	4,58	.61
H. SA: Welche Regeln gibt es für Kinder?	492	4,53	.66
B. SI: Ist das Grundstück so gestaltet, dass Kinder es nicht selbstständig verlassen können?	497	4,52	.84
H. SA: Welche Werte sollen den Kindern vermittelt werden?	491	4,45	.77
H. SA: Wird die Erziehung mit den Eltern abgestimmt?	491	4,42	.82
E. BA: Ist das Stammpersonal den Gruppen fest zugeordnet oder wechselt die Gruppenverantwortlichkeit (kurze Aushilfe ausgenommen)?	497	4,39	.87
I. AE: Wie viel Zeit verbringen die Kinder täglich draußen?	496	4,37	.77
I. AE: Wie sieht der normale tägliche Ablauf in etwa aus?	493	4,32	.77

N = 498; SI = Sicherheit und Ausstattung; SA = Sozialer Anspruch; BA = Betreuungsverhältnis und Altersmischung; AE = Aktivitäten und Elternbeteiligung

---

[164] In diesem Zusammenhang verbreiten sich leider schnell Falschmeldungen und Gerüchte, die eine Entführungsgefahr für Kinder suggerieren. 2014 wurde über soziale Medien z.B. vor Organhändlern aus Osteuropa gewarnt, die Kinder entführen wollten (Stuttgarter Zeitung, 2014). Die Polizei erklärte daraufhin, dass es sich um Falschmeldungen handelte (ebd.). 2013 war in Berlin von einer Bande, die Kinder entführt, die Rede (Tagesspiegel, 2013). Auch in diesem Fall erklärte die Polizei, dass die Schilderung nicht den Tatsachen entsprach und keine Bedrohungslage zu erkennen war (ebd.).

Informationsbewertung und -beschaffungsaufwand 153

In Abbildung 3.7 werden die Mittelwerte und die Standardabweichungen der neun verwendeten Skalen sowie Mittelwert und Standardabweichung der Bewertung aller Fragen dargestellt. Die Fragen der Skala „Sozialer Anspruch" waren Eltern am wichtigsten und erfuhren durchschnittlich eine Bewertung von 4,49 von 5 Punkten. „Sicherheit und Ausstattung" folgten an zweiter Stelle mit einer sichtbar niedrigeren Bewertung von 3,87 Punkten. Mit Ausnahme der Skala „Betreuungspersonal" lagen alle anderen mit Bewertungen zwischen 3,81 („Sauberkeit und Hygiene") und 3,61 Punkten („Intellektueller Anspruch") nah beieinander. Die Fragen der Skala „Betreuungspersonal" bewerteten die Eltern der Stichprobe mit durchschnittlich 3,32 Punkten mit Abstand am niedrigsten. Der Mittelwert aller Fragen lag bei 3,77 Punkten.

Abbildung 3.7: Skalenbewertungen und Standardabweichungen

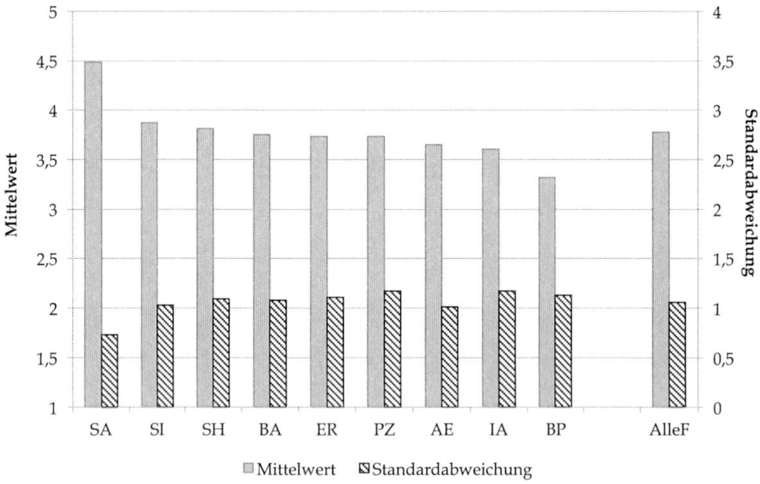

SA = Sozialer Anspruch; SI = Sicherheit und Ausstattung; SH = Sauberkeit und Hygiene; BA = Betreuungsverhältnis und Altersmischung; ER = Ernährung; PZ = Preise und Zeiten; AE = Aktivitäten und Elternbeteiligung; IA = Intellektueller Anspruch; BP = Betreuungspersonal; AlleF = Alle Fragen.

Dass alle Bewertungen über dem Mittelpunkt der Bewertungsskala (3 Punkte) lagen, zeigt erneut, dass die Skalen für die Eltern relevante Fragen beinhalteten. Dass das Betreuungspersonal so wenig Interesse bei den Eltern weckte, ist hingegen erstaunlich, insbesondere vor dem Hintergrund der hohen Bewertung der Skala „Sozialer Anspruch". Die Vermittlung von Werten und Regeln, also die Erziehung der Kinder, wird immerhin direkt vom Betreuungspersonal geleistet. Verantwortlich für die niedrige Bewertung der

Skala „Betreuungspersonal" sind hauptsächlich zwei Fragen gewesen, die auf den kulturellen Hintergrund und die Ausbildungsländer des Personals abzielten. Beide erhielten Bewertungen unterhalb von 2,5 und ohne die beiden Fragen steigt die durchschnittliche Bewertung mit 3,58 ungefähr auf das Niveau der vorletzten Skala „Intellektueller Anspruch" (3,61). Trotzdem bleibt der Abstand zur Bewertung des sozialen Anspruchs groß und dies liegt vermutlich an der bereits erwähnten Objektivität der Frageinhalte. Gefragt nach subjektiven Kriterien, wie z.b. dem Vertrauen zum Betreuungspersonal oder der Herzlichkeit desselben, hätten die Eltern möglicherweise die Skala „Betreuungspersonal" als wichtiger eingeschätzt.

3.2.3.3 Informationsbeschaffungsaufwand

Eltern konnten für den Beschaffungsaufwand der Antworten zu den Fragen, die sie mit vier oder fünf Punkten als wichtig bewertet hatten, Werte von 0 („Keine der Fragen mit 4 oder 5 bewertet.") oder 1 („sehr niedrig") bis 5 („sehr hoch") angeben (siehe Abbildungen 3.3 und 3.4).

Tabelle 3.5: Vergleich der Aufwandsmittelwerte mit und ohne die Angaben der Eltern, die innerhalb der jeweiligen Skala keine Frage mit 4 oder 5 Punkten bewerteten

Frageblock		MW_{1-5}	MW_{0-5}	Δ	Δ in %
Intellektueller Anspruch	IA	3,17	2,88	-.29	-9
Sauberkeit und Hygiene	SH	3,29	3,14	-.15	-5
Betreuungspersonal	BP	3,47	3,33	-.14	-4
Betreuungsverhältnis und Altersmischung	BA	3,33	3,25	-.08	-2
Preise und Zeiten	PZ	3,09	3,01	-.08	-3
Ernährung	ER	3,13	3,08	-.05	-2
Sozialer Anspruch	SA	3,56	3,52	-.04	-1
Sicherheit und Ausstattung	SI	3,47	3,44	-.03	-1
Aktivitäten und Elternbeteiligung	AE	3,34	3,32	-.02	-1
Alle Fragen	AlleF	3,66	3,65	-.01	0

Sortiert nach Größe der Mittelwertdifferenzen (Δ); MW_{1-5} = Mittelwert ohne Angaben der Eltern, die einen Aufwand = 0 angaben (keine Frage der Skala mit vier oder fünf Punkten bewertet); MW_{0-5} = Mittelwert mit Angaben der Eltern, die einen Aufwand = 0 angaben; Δ = Differenz der Mittelwerte

Tabelle 3.5 stellt die Mittelwerte der Aufwandsangaben der Eltern mit und ohne die Angaben derjenigen dar, die einen Wert von 0 angaben. Da offensichtlich wenige Eltern innerhalb der Skalen für alle Items Bewertungen von 1 bis 3 Punkten vergaben, sind die Unterschiede relativ gering. Die größte Differenz zwischen den Mittelwerten trat bei der Skala „Intellektueller Anspruch" auf und lag hier bei 9%. In den folgenden Untersuchungen wird die Aufwandsvariable mit den Angaben der Eltern von 0 bis 5 verwendet, da auch die Daten der Eltern von Interesse waren, die keinerlei Aufwand angaben, weil ihnen keine der Fragen wichtig oder sehr wichtig war.[165]

Abbildung 3.8: Informationsbeschaffungsaufwand der Skalen

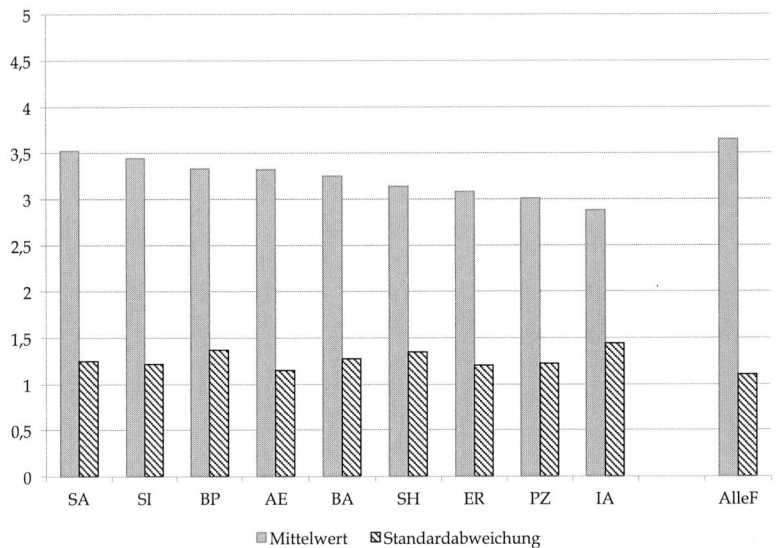

SA = Sozialer Anspruch; SI = Sicherheit und Ausstattung; BP = Betreuungspersonal; AE = Aktivitäten und Elternbeteiligung; BA = Betreuungsverhältnis und Altersmischung; SH = Sauberkeit und Hygiene; ER = Ernährung; PZ = Preise und Zeiten; IA = Intellektueller Anspruch; AlleF = Alle Fragen.

In Abbildung 3.8 werden die Aufwandsmittelwerte der Skalen (inkl. Elternangaben von null Punkten) noch einmal grafisch dargestellt. Der Gesamtaufwand für die Beschaffung der Antworten zu allen wichtigen Fragen aller Skalen wurde von den Eltern mit 3,65 von 5 Punkten am höchsten eingeschätzt. Wie bei der Informationsbewertung lagen „Sozialer Anspruch" und „Sicherheit und Ausstattung" unter den Einzelskalen mit 3,52 und 3,44 von 5

---

[165] Im nächsten Abschnitt wird eine Transformation der Skalenbewertungen eingeführt, in der Bewertungen der Eltern von 1 bis 3 Punkten ebenfalls mit 0 gleichgesetzt und nicht ausgeschlossen werden. In diesem Fall sind Skalenbewertungen von 0 ebenso möglich und treten auch auf. Für die Berechnung und Interpretation der ebenfalls im nächsten Abschnitt eingeführten Informationslücke war außerdem von Vorteil, dass sowohl die Aufwandsvariable als auch die Transformation der Skalenbewertungen einheitliche Wertebereiche von 0 bis 5 hatten.

Punkten an erster und zweiter Stelle. Die Skala „Intellektueller Anspruch" lag mit 2,88 Punkten und damit mit gut sichtbarem Abstand am Ende dieser Rangordnung. Dennoch entsprach die gesamte Bandbreite der Aufwandseinschätzungen nur etwa der Hälfte der Bandbreite bei den Informationsbewertungen. Die Varianz zwischen den Aufwandsmittelwerten der Skalen war also deutlich geringer als zwischen den Informationsbewertungen. Auch beim Aufwand lagen alle Bewertungen oberhalb der Mitte der Punkteskala (2,5 Punkte).[166] Die Informationsbeschaffungslage der Eltern scheint zwar auf Grund fehlender Skalenmittelwerte im Bereich von 4 oder 5 Punkten nicht dramatisch, dennoch sahen sich die Eltern der Stichprobe durchweg einem mittleren Informationsbeschaffungsaufwand gegenüber.[167] Es bestünde also noch Spielraum für Verbesserungen, insbesondere bei den Skalen „Sozialer Anspruch" und „Sicherheit und Ausstattung" sowie mit Blick auf den Gesamtaufwand für alle wichtigen Fragen.

3.2.3.4 Informationslücke

Wie bereits erwähnt, sollten Informationsbewertung und der Beschaffungsaufwand der Informationen gemeinsam betrachtet werden, um Skalen zu identifizieren, bei deren Gegenstandsbereich die Transparenz für Eltern verbessert werden könnte. Dazu bedurfte es zunächst der Berechnung einer neuen Bewertungsvariable B_{Tj} für jede Skala und alle Fragen, die lediglich die Bewertungen von 4 oder mehr Punkten berücksichtigte, da Eltern den Aufwand nur für diese Fragen angeben sollten:

$$(1) \quad B_{Tj} = \frac{\text{Summe der konkreten Bewertungen der mit 4 oder 5 bewerteten Fragen der Skala } j}{\text{Menge aller Fragen der Skala } j}$$

mit $j \in \{PZ, SI, SH, ER, BA, BP, IA, SA, AE, AlleF\}$[168]. Im Zähler des Bruches sind die konkreten Bewertungen von Fragen mit einer Mindestbewertung von 4 anstatt der Menge an Fragen mit einer Bewertung von 4 oder mehr aufgenommen worden, da dadurch die Differenzierung der Eltern zwischen 4 oder

---

[166] Auch ohne die Eltern, die einen Aufwand von 0 angaben, lagen die Aufwandsmittelwerte über dem Skalenmittelpunkt von dann 3 Punkten (vgl. Tabelle 3.5).
[167] Die naheliegende Frage nach einer positiven Korrelation zwischen der Menge als wichtig eingestufter Fragen und der Bewertung des Aufwands lässt sich für alle Skalen und den Gesamtaufwand bejahen. Die Korrelationskoeffizienten (Spearman) lagen zwischen .385 (Intellektueller Anspruch) und .111 (Sozialer Anspruch) und waren, mit einer Ausnahme, alle auf dem 1%-Niveau signifikant. Lediglich der p-Wert für Sozialen Anspruch lag mit .015 leicht darüber. Der Korrelationskoeffizient der Menge aller wichtigen Fragen und des Gesamtaufwands lag bei .162 (p < .01).
[168] Das Subskript „T" (=Total) dient zur Unterscheidung gegenüber den im Folgenden noch vorgestellten Variablen für die Bewertungen einzelner Items der Skalen (B_{jm} und B_{Djm}).

Informationsbewertung und -beschaffungsaufwand   157

5 Punkten erhalten blieb. Bei Division durch die Menge aller Fragen der Skala veränderte sich die Bandbreite der möglichen Ergebnisse kaum und die Werte lagen wie beim Aufwand zwischen 0 und 5.[169] Die durch den Nenner vorgenommene Gewichtung ermöglichte außerdem den Vergleich zwischen Skalen mit unterschiedlich vielen Fragen/Items.

Mit Hilfe von B_{Tj} und dem Aufwand A_j (j ∈ {PZ, SI, SH, ER, BA, BP, IA, SA, AE, AlleF}) ließ sich nun ein Wert errechnen, der Informationsbewertung und -beschaffungsaufwand zusammenfasste: Die Informationslücke (IL_j):

(2) $IL_j = \frac{B_{Tj} + A_j}{2}$

mit j ∈ {PZ, SI, SH, ER, BA, BP, IA, SA, AE, AlleF}. Wie bereits zu Beginn von Abschnitt 3.2.1.1 erwähnt sind nur die Fragen für Eltern problematisch, die sie als wichtig bewerten und deren Informationsbeschaffungsaufwand sie als hoch einschätzen. Die Informationslücke fasst für jede Skala j und für alle Fragen beide Informationen in einer Kennzahl zusammen.[170] Je größer Bewertungen und Aufwand, desto größer ist die Informationslücke, die Werte zwischen 0 und 5 annehmen kann.

Abbildung 3.9 zeigt die Mittelwerte der Bewertungen der Fragen (B_{Tj}) und Abbildung 3.10 die Informationslücke für jede Skala und für alle Fragen. Bei den Mittelwerten der Skalenbewertungen nach B_{Tj} blieben die ersten drei und die letzte Position der einzelnen Skalen gegenüber den einfachen Mittelwerten (Abbildung 3.7) unverändert. Dazwischen haben sich durch die neue Berechnung Änderungen der Rangordnung ergeben, wobei die Skalenmittelwerte von der zweiten bis zur vorletzten Position nach wie vor recht nah beieinander lagen. Insgesamt waren die Mittelwerte von B_{Tj} kleiner als vor der Anpassung, was zu erwarten war, da Bewertungen von 1 bis 3 Punkten nicht berücksichtigt und damit quasi auf Null gesetzt worden sind. Die Differenz lag bei „Sozialem Anspruch" bei .32, beim „Betreuungspersonal" bei 1,21 und bei allen anderen Skalen zwischen .88 und 1,02. Im Mittel betrug sie .9 und dies zeigt erneut, dass Eltern durchaus zwischen wichtigen und weniger wichtigen Fragen bei der Suche nach einer Einrichtung differenzieren. An-

---

[169] Bei den Fragen konnten Eltern Werte zwischen 1 und 5 angeben. Wäre statt der konkreten Bewertung die Menge der wichtigen Fragen in den Zähler aufgenommen und durch die Menge aller Fragen geteilt worden, hätten die Ergebnisse zwischen 0 und 1 gelegen.
[170] Die Bezeichnung „Informationslücke" bezieht sich auf eine mögliche Diskrepanz zwischen den Informationen, die Eltern bei der Suche nach einem Betreuungsplatz als wichtig erachten und denen, die leicht verfügbar sind. „Angebotsintransparenz" wäre eine andere mögliche Bezeichnung.

dernfalls hätten sie erheblich mehr Bewertungen oberhalb von 3 Punkten vergeben.

Abbildung 3.9: Mittelwerte der Skalenbewertungen (B_{Tj})

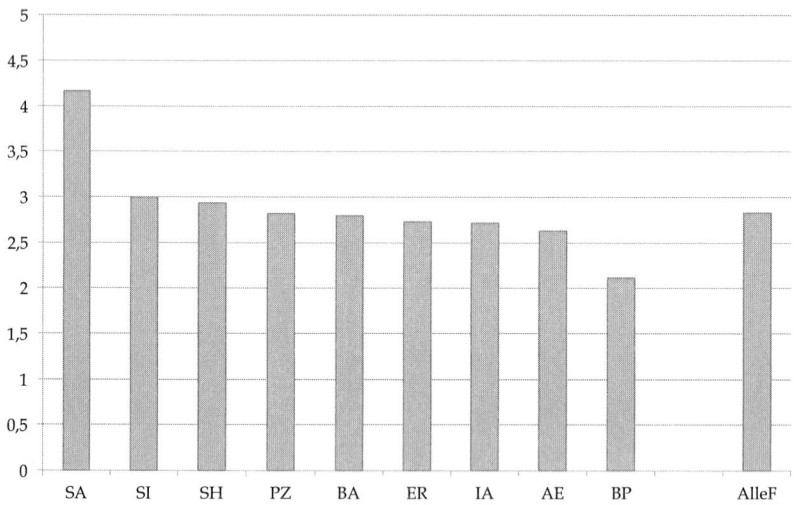

SA = Sozialer Anspruch; SI = Sicherheit und Ausstattung; SH = Sauberkeit und Hygiene; PZ = Preise und Zeiten; BA = Betreuungsverhältnis und Altersmischung; ER = Ernährung; IA = Intellektueller Anspruch; AE = Aktivitäten und Elternbeteiligung; BP = Betreuungspersonal; AlleF = Alle Fragen.

Analog zur angegebenen Wichtigkeit und dem Aufwand ergab sich für die Skala „Sozialer Anspruch" die größte Informationslücke (3,87). Dahinter folgte die Skala „Sicherheit und Ausstattung" mit leichtem Abstand (3,22) und darauf folgten mit Werten von 3,04 („Sauberkeit und Hygiene") bis 2,73 („Betreuungspersonal") die restlichen Skalen. Für alle Fragen lag die Informationslücke bei 3,24 Punkten.

Bei einer Analyse der Informationslücke müssen die beiden zugrundeliegenden Werte von B_{Tj} und A_j immer auch einzeln betrachtet werden. Die Informationslücke soll durch die Zusammenfassung das schnelle Erkennen möglicher Problembereiche erleichtern. Allerdings kann erst die genaue Betrachtung des Verhältnisses von Bewertung und Aufwand einer Skala Aufschluss darüber geben, ob und wo Handlungsbedarf besteht.[171]

---

[171] Für Extremfälle, in denen Bewertung und Aufwand jeweils am gegenteiligen Ende ihrer Skalen liegen, ist die Informationslücke allein kein ausreichender Indikator, da sie dann immer im Bereich um 2,5 Punkte liegt. Außerhalb dieser Extremfälle fasst sie jedoch Bewertungen und Aufwand übersichtlich zusammen.

Abbildung 3.10: Mittelwerte und Standardabweichungen der Informationslücke (IL$_j$)

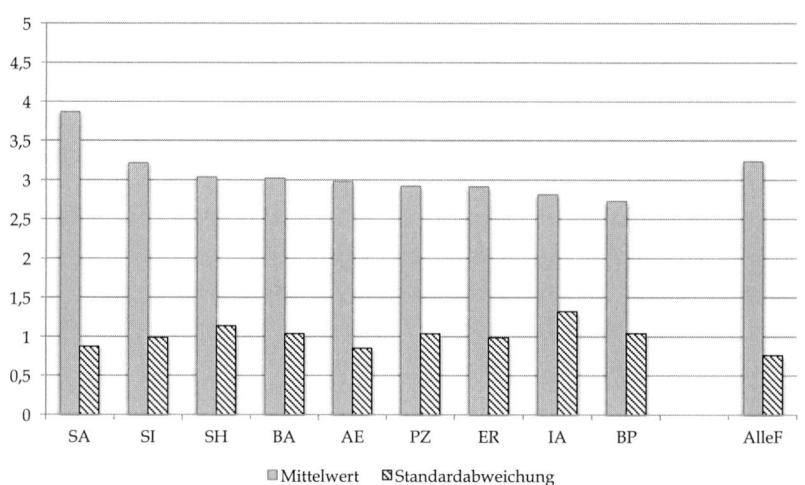

SA = Sozialer Anspruch; SI = Sicherheit und Ausstattung; SH = Sauberkeit und Hygiene; BA = Betreuungsverhältnis und Altersmischung; AE = Aktivitäten und Elternbeteiligung; PZ = Preise und Zeiten; ER = Ernährung; IA = Intellektueller Anspruch; BP = Betreuungspersonal; AlleF = Alle Fragen.

Eine hohe Informationslücke der Skala „Sozialer Anspruch" und die dahinterstehenden hohen Mittelwerte von B_{TSA} und A_{SA} weisen auf einen Bedarf an mehr Transparenz hin. Eltern erachten hier viele Informationen als wichtig und scheinen nur mit mittlerem bis hohem Aufwand an Antworten zu kommen. Mit den Werten für alle wichtigen Fragen verhält es sich ähnlich, was insbesondere auf den hohen Aufwand A_{AlleF} zurückzuführen ist. Die Skala „Betreuungspersonal" weist in Folge einer relativ niedrigen Bewertung B_{TBP} die niedrigste Informationslücke auf, wobei der Informationsbeschaffungsaufwand der Eltern mit 3,33 Punkten trotzdem als relativ hoch angesehen wird. Die restlichen Skalen liegen mit Werten der Informationslücke von 2,82 bis 3,22 oberhalb der Skalenmitte von 2,5 und auch hier ließen sich durch mehr Transparenz vermutlich niedrigere Aufwandswerte erzielen.

Auf der Grundlage der Ergebnisse lässt sich festhalten, dass Eltern durchaus Interesse an objektiv vergleichbaren Informationen zu Betreuungseinrichtungen haben. Ferner sind sie in der Lage, bei der Bewertung der Wichtigkeit zwischen den Informationen zu differenzieren. Für die wichtigen Fragen rechnen die Eltern durchweg mit mittlerem Informationsbeschaffungsaufwand und für keine der Skalen scheint es sehr einfach zu sein, die gewünschten Informationen zu sammeln. Selbst bei der Skala „Preise und Zeiten", bei der es lediglich um die Betreuungskosten und -zeiten, Zusatzgebühren, Kündigungsfristen und Ferienbetreuung geht, kommen Eltern offenbar nicht ohne mittleren Aufwand an Antworten. Dieses Ergebnis ist unter anderem deshalb problematisch, weil es sich bei der Kinderbetreuung in Deutschland um eine weitestgehend steuerfinanzierte Dienstleistung handelt. Daher sollten für den Staat, die Steuerzahler und natürlich die Eltern der aktuell oder zukünftig betreuten Kinder wenigstens die objektiv erfassbaren Kriterien vor der Auswahl durch die Anbieter zur Verfügung gestellt werden. Die meisten der Fragen dieser Studie, die Eltern zur Bewertung vorgelegt wurden, lassen sich von einem Träger oder einer Einrichtung leicht beantworten. Daher ist es umso weniger nachvollziehbar, wieso nicht längst ein detailliertes Profil zu jeder Betreuungseinrichtung in Deutschland vorliegt, das Eltern ohne großen Aufwand einsehen können.[172]

3.2.4 Multivariate Analysen

Die im Rahmen der Erhebung gesammelten Daten zum sozio-ökonomischen Hintergrund und den Präferenzen der Eltern bezüglich Betreuungsalter, -zeit und -form gestatteten die Untersuchung der Frage, welche Variablen auf Seiten der Eltern (familienbezogene Faktoren bei der Auswahl; siehe Modell in Abbildung 3.1) die Bewertungen, den Aufwand und die Informationslücken der Skalen vorhersagen konnten. Dazu wurden Regressionsanalysen durchgeführt, deren Ergebnisse in den Abschnitten 3.2.4.2 bis 3.2.4.5 vorgestellt werden. Zunächst folgt jedoch in Abschnitt 3.2.4.1 eine kurze Übersicht über die verwendeten Variablen.

3.2.4.1 Unabhängige und abhängige Variablen

Für die nachfolgenden Regressionsanalysen wurden alle verwendbaren Variablen des sozio-ökonomischen Hintergrunds, der angegebenen Präferenzen sowie die Quellenbewertungen der Eltern (ohne „Andere Quellen") einge-

---

[172] Wie bereits anhand des Fehlens flächendeckender Qualitätsberichte und zweier Beispiele aus den Bundesländern deutlich geworden ist, scheint der Staat sich mit der Kontrolle von Kinderbetreuungseinrichtungen und der Wahrung der Elterninteressen schwer zu tun (siehe Abschnitt 3.1.4). Zwei weitere Beispiele aus der Praxis bestätigen dies. Als Vorstand einer Bonner Kindertagesstätte teilte mir eine für die Betreuung und Überwachung von Einrichtungen im Rheinland zuständige Mitarbeiterin des Landesjugendamtes mit, dass Besuche in Einrichtungen selbstverständlich nur nach Absprache mit der Einrichtungsleitung und nicht unangekündigt stattfänden. In gleicher Funktion erfuhr ich, dass private Träger wegen massiven Widerstands der öffentlich geförderten Träger nicht in das steuerfinanzierte Kindergarteninformationssystem der Stadt Bonn, das Eltern bei der Suche nach einem Platz helfen sollte, aufgenommen würden. Die öffentlich geförderten Träger wollten verhindern, dass Eltern, die sich bei ihnen auf die Warteliste setzen ließen, über das System auch private Betreuungsplätze angeboten würden.

Multivariate Analysen

setzt. Anpassungen und Ausschlüsse von Variablen werden auf den folgenden Seiten dargestellt.

Um statistische Probleme mit sehr kleinen Gruppen zu vermeiden, wurden die Variablen „Geschlecht Teilnehmer/in", „Muttersprache Teilnehmer/in", „Zeit in Deutschland" und „Familienstand" von den folgenden Analysen ausgeschlossen. In allen vier Fällen ließen sich 93% oder mehr Teilnehmerinnen und Teilnehmer einer Gruppe zuordnen, so dass die übrigen nicht ausreichend groß waren (siehe Tabelle 3.2). Da nur zwei Hauptschüler an der Untersuchung teilgenommen hatten, wurde eine Variable für Haupt- und Realschüler gebildet. Da die Teilnehmerzahl aus den einzelnen Bundesländern in den meisten Fällen ebenfalls weniger als 30 betrug, wurden lediglich Dummies für West- und Norddeutschland aufgenommen.[173]

Nach der Untersuchung bivariater Korrelationen zur Vermeidung von Multikollinearität wurde auch die Variable „Bruttoeinkommen Teilnehmer/in" ausgeschlossen. Ihre Ausprägung „Keine Angabe" korrelierte sehr stark und signifikant mit der gleichen Ausprägung der Variable „Bruttoeinkommen Haushalt" (ρ = .897; p = .001). Dies ist nicht verwunderlich, da Eltern, die keine Einkommensangaben machen wollten, dies bei beiden Variablen durch die Auswahl von „Keine Angabe" vermieden. Eine der beiden Variablen musste demnach ausgeschlossen werden und die Wahl fiel auf die Einkommensvariable der Teilnehmerin bzw. des Teilnehmers, da die Haushaltseinkommensvariable erstens bereits das Einkommen der ausgeschlossenen Variable enthielt und zweitens mehr Informationen zu der wirtschaftlichen Situation der Familie bereitstellte.

Als Dummy-Variablen fanden die Variablen zum Such- und Betreuungsstatus, zur Erreichbarkeit der Einrichtungen, zu den Betreuungsgründen, zum Geschlecht des Kindes, zu den Bildungsabschlüssen („Universitätsabschluss" als Referenz), zum Einkommen des Haushalts („4.000-5.400 Euro" als Referenz) und zu den gewünschten Betreuungsformen („Kita oder Tagespflege" als Referenz) Eingang in die Regressionsanalysen.

Um mögliche Effekte der Bewertungen auf den Informationsbeschaffungsaufwand zu untersuchen und herauszufinden, ob einzelne Frageitems den Aufwand besonders gut vorhersagten, wurden in den Analysen mit Aufwand als abhängiger Variable auch Bewertungsvariablen der einzelnen Frageitems als unabhängige Variablen verwendet. Der Beschaffungsaufwand spielte

---

[173] Berlin wurde Ostdeutschland zugeordnet. Norddeutschland bestand aus den Bundesländern NRW, Niedersachsen, Bremen, Hamburg, Schleswig-Holstein, Sachsen-Anhalt, Mecklenburg-Vorpommern, Brandenburg und Berlin.

möglicherweise auch eine Rolle für die Bewertungen der einzelnen Frageitems, so dass auch Regressionsanalysen mit den Bewertungsvariablen als abhängigen und den Aufwandsvariablen als unabhängigen Variablen durchgeführt wurden.

Als abhängige Variablen waren die gewichteten Bewertungen der einzelnen Skalen B_{Tj}, der Aufwand A_j und die Informationslücke IL_j von Interesse (j ∈ {PZ, SI, SH, ER, BA, BP, IA, SA, AE, AlleF}). Auf Grund der ordinalen Skalierung der Aufwandsvariablen erfolgte deren multivariate Analyse mit Hilfe von multinomialen, logistischen Regressionsanalysen. Die übrigen Variablen wurden mit linearen Regressionsmodellen untersucht. In allen Fällen erfolgte bei fehlenden Werten ein listenweiser Fallausschluss, d.h. die Teilnehmerin oder der Teilnehmer wurde von der Analyse ausgeschlossen. Tabelle 3.6 gibt einen Überblick über die durchgeführten Analysen.

Tabelle 3.6: Multivariate Analysen

Abhängige Variable	Analyse	Prädiktoren				
		SD	PR	QU	Elternbewertungen	Aufwand (A_j)
B_{Tj}	OLS	x	x	x		x^a
A_j	Mult. Logit	x	x	x	x^b	bei $A_{AlleF}{}^c$
IL_j	OLS	x	x	x		

j ∈ {PZ, SI, SH, ER, BA, BP, IA, SA, AE, AlleF}; OLS = Ordinary Least Squares (lin. Regression); Mult. Logit = Multinomiales Logit Modell; SD = Sozio-demographische Variablen; PR = Präferenzvariablen; QU = Variablen der Informationsquellen. a = Für jede abhängige Bewertungsvariable wurde lediglich die Aufwandsvariable der zugehörigen Skala aufgenommen; b = Für jede abhängige Aufwandsvariable wurden nur die Bewertungsvariablen der zugehörigen Skala aufgenommen; c = Ohne Aufnahme der Variable A_{AlleF} als unabhängige Variable.

Vor der Auswertung der Ergebnisse wurde eine Benjamini-Hochberg Korrektur durchgeführt, die durch Kontrolle der False Discovery Rate (FDR), also dem Anteil fälschlicherweise abgelehnter Nullhypothesen an allen Nullhypothesen, eine Kumulierung des Alpha-Fehlers verhindern soll (Benjamini & Hochberg, 1995). Der Grenzwert der FDR lag bei q* = .05. Nach der Korrektur sollten also höchstens 5% aller Nullhypothesen abgelehnt werden, obwohl sie korrekt sind. Gegenüber den Verfahren der Bonferroni oder Bonferroni-Holm Korrekturen hat die Benjamini-Hochberg Korrektur den Vorteil größerer Power (ebd.; Williams, Jones & Tukey, 1999).

3.2.4.2 Ergebnisse der Analysen zu den Bewertungsvariablen

In diesem Abschnitt werden die Ergebnisse der multivariaten Analysen mit den Skalenbewertungen B_{Tj} als abhängige Variablen vorgestellt.

Der Effekt der unabhängigen Variablen auf die Informationsbewertungen B_{Tj} wurde für jede Skala in zwei Modellen untersucht, die sich durch die Aufnahme des Aufwands als Prädiktor unterschieden. Eine Untersuchung der bivariaten Korrelationen zwischen den gewichteten Bewertungen B_{Tj} und dem jeweiligen Aufwand A_j zeigte, dass in allen Fällen signifikante Korrelationen vorlagen ($p < .01$; Spearman). Keiner der Korrelationskoeffizienten war jedoch größer als .355, so dass kein Hinweis auf mögliche Multikollinearität vorlag und die jeweils zugehörige Aufwandsvariable mit aufgenommen werden konnte.[174] Zum Vergleich sind die Modelle jeweils einmal ohne Aufwandsvariable gerechnet worden. Die Ergebnisse werden in den Tabellen 3.7 und 3.8 dargestellt.

In Tabelle 3.7 werden die Ergebnisse der linearen Regressionsanalysen zu den Skalenbewertungen ohne Aufwand dargestellt. In zwei Fällen führte der F-Test nach Fisher zu einer Bestätigung der Nullhypothese, dass keiner der Koeffizienten von Null verschieden ist (B_{TBA} und B_{TSA}). In zwei weiteren Fällen fanden sich nach der Benjamini-Hochberg Korrektur keine signifikanten Koeffizienten (B_{TPZ} und B_{TER}). Die erklärte Varianz lag zwischen 12,4 % und 21,8 % und in allen Analysen wurden nach listenweisem Fallausschluss 412 Datensätze berücksichtigt.

In drei Fällen hatte die Dummy-Variable „Betreuungsgrund: Gut für Kindesentwicklung" ($BG_{Entwicklung}$) einen signifikant positiven Effekt auf die Bewertung der Skalen (B_{TSH}, B_{TIA} und B_{TAlleF}). Dass Eltern, die einen Betreuungsplatz unter anderem wegen einer besseren Entwicklung ihres Kindes auswählten oder zumindest der Meinung waren, die Betreuung wirke sich positiv auf diese Entwicklung aus, Informationen zum intellektuellen Anspruch einer Einrichtung wichtiger waren und auch bei allen Fragen größeres Interesse zeigten, ist gut nachvollziehbar. Dass allerdings von den anderen Skalen lediglich noch „Sauberkeit und Hygiene" signifikant positiv betroffen war, ist bemerkenswert. Die Sauberkeit einer Einrichtung sollte Eltern wichtig sein und mangelnde Hygiene kann die Gesundheit und damit auch die Entwicklung der Kinder negativ beeinflussen. Andere Skalen, wie z.B. „Aktivitäten und Elternbeteiligung" oder „Sozialer Anspruch", stehen jedoch eher in Verbindung mit der Entwicklung eines Kindes. Offensichtlich wurden diese aber

---

[174] Bei allen linearen Regressionsmodellen wurden die Variance Inflation Factors (VIFs) der unabhängigen Variablen zusätzlich geprüft, um auch mit diesem Indikator Multikollinearität ausschließen zu können. Je größer der VIF einer Variable, desto größer ist die Korrelation derselben mit anderen unabhängigen Variablen. VIFs von weniger als 10 wurden als unbedenklich betrachtet (vgl. Wooldridge, 2013, S. 95-98).

unabhängig von der Variable BG$_{Entwicklung}$ von Eltern bewertet.[175] Die signifikanten Koeffizienten der Variable BG$_{Entwicklung}$ fielen mit .495 und .696 für die Skalen B$_{TSH}$ (Sauberkeit und Hygiene) und B$_{TIA}$ (Intellektueller Anspruch) relativ groß aus, so dass die Bewertungsunterschiede zwischen Eltern, die Entwicklung als Grund angegeben hatten, und denen, die dies nicht taten, deutlich zutage traten.

Tabelle 3.7: Ergebnisse der Bewertungsmodelle ohne Aufwandsvariablen

Abhängige Variable	F-Test	R^2	n	Signifikante Koeffizienten* (ß)
B$_{TPZ}$	.002	.175	412	
B$_{TSI}$	.001	.184	412	ß$_0$ (2,345) Arbeitszeit TN (-.021)
B$_{TSH}$	.002	.175	412	ß$_0$ (3,294) BG$_{Entwicklung}$ (.495)
B$_{TER}$	.011	.159	412	
B$_{TBA}$	.176	.124	412	
B$_{TBP}$	.004	.168	412	QU$_{Päd. Konzepte}$ (.185)
B$_{TIA}$	.001	.196	412	Bildung$_{Lehre}$ (.847) BG$_{Entwicklung}$ (.696)
B$_{TSA}$	.053	.141	412	
B$_{TAE}$	.003	.171	412	Eink. HH$_{<2.200}$ (.791) Netzwerk (-.038)
B$_{TAlleF}$	.001	.218	412	ß$_0$ (1,914) BG$_{Entwicklung}$ (.320) Netzwerk (-.027)

* = Benjamini-Hochberg Korrektur mit FDR = q* = .05; F-Test nach Fisher; ß$_0$ = Konstante; TN = Teilnehmer/in; BG = Betreuungsgrund; QU = Informationsquelle; Eink. HH = Haushaltseinkommen; PZ = Preise und Zeiten; SI = Sicherheit und Ausstattung; SH = Sauberkeit und Hygiene; ER = Ernährung; BA = Betreuungsverhältnis und Altersmischung; BP = Betreuungspersonal; IA = Intellektueller Anspruch; SA = Sozialer Anspruch; AE = Aktivitäten und Elternbeteiligung; AlleF = Alle Fragen.

Signifikant positiv auf die Bewertung der Skala „Intellektueller Anspruch" wirkte sich außerdem noch eine Lehre oder Berufsausbildung als höchster Bildungsabschluss aus. Diese Eltern bewerteten Informationen zum intellektuellen Anspruch im Mittel um .847 Punkte höher als Eltern mit einem Universitätsabschluss. Sie scheinen einer Betreuungseinrichtung eher eine Bildungsfunktion zugerechnet zu haben, als dies bei besser ausgebildeten Eltern der Fall war. Dies deckt sich zum Beispiel mit den Ergebnissen von Fuller et

---

[175] Mit p-Werten von .011 (B$_{TSI}$; Sicherheit und Ausstattung) und .035 (B$_{TSA}$; Sozialer Anspruch) wäre der Koeffizient der Variable BG$_{Entwicklung}$ in zwei weiteren Modellen ohne Benjamini-Hochberg Korrektur signifikant positiv gewesen.

al. (1996), in deren Befragung 14 arme amerikanische Mütter die Vorbereitung auf die Schule als wesentlichen Punkt einer Betreuungseinrichtung angaben, damit ihre Kinder durch gute Schulleistungen sozial aufsteigen könnten. Auch in der Untersuchung mit 355 amerikanischen Müttern von Kensinger Rose und Elicker (2008) war Müttern mit High School oder College Abschluss (in der Regel Bachelor) ein akademisches Curriculum für die Kinderbetreuung wichtiger als Müttern mit höherem Bildungsabschluss. In der ebenfalls amerikanischen Studie von Kim und Fram (2009) mit 4.570 Müttern hingegen war die Gruppe, die einen größeren Fokus auf die Lernaktivitäten der Kinder legte, besser ausgebildet als die anderen Mütter. An diesen Beispielen werden erneut die Grenzen der Übertragbarkeit von Studien aus anderen Ländern und Kontexten deutlich. Aktuelle Studien mit deutschen Eltern sind insofern wichtig, um deren Bedürfnisse feststellen zu können.

Ein niedriges Haushaltseinkommen hatte in der vorliegenden Studie einen signifikant positiven Koeffizienten im Modell zur Bewertung der Skala „Aktivitäten und Elternbeteiligung" (B_{TAE}). Gegenüber der Referenzklasse mit einem Bruttoeinkommen zwischen 4.000 und 5.400 Euro bewerteten Eltern aus Haushalten mit weniger als 2.200 Euro monatlichem Einkommen B_{TAE} um .791 Punkte höher. Bei einer mittleren Bewertung von 2,63 Punkten durch die Eltern ist dies ein sehr großer Unterschied (siehe Abbildung 3.9). Möglicherweise hatten diese Eltern mehr Zeit, sich mit den täglichen Aktivitäten ihrer Kinder auseinanderzusetzen und sich selbst einzubringen, da vermutlich nur eine erwachsene Person im Haushalt berufstätig war.[176] Oder auch hier spielte der Wunsch nach der Förderung sozialer Mobilität, hervorgerufen durch das eigene niedrige Haushaltseinkommen, eine Rolle für das höhere Interesse der Eltern an den Aktivitäten ihrer Kinder.

Je höher Eltern den Nutzen pädagogischer Konzepte als Informationsquelle einschätzten, desto wichtiger waren ihnen Informationen zum Betreuungspersonal. Mit jedem zusätzlich vergebenen Nutzenpunkt stieg B_{TBP} um .185 Punkte. Eltern, die mehr Informationen aus pädagogischen Konzepten ziehen konnten, waren vielleicht eher der Meinung, dass bessere Ausbildung, mehr

---

[176] Die Arbeitszeiten liefern jedoch keine Hinweise darauf, dass Eltern aus der niedrigsten Einkommensklasse mehr Zeit zur Verfügung stand. Lediglich ein Drittel der Eltern aus Haushalten in der niedrigsten Einkommensklasse waren alleinerziehend und davon arbeiteten 46,7% höchstens 25 Stunden pro Woche. Von den anderen zwei Dritteln mit Partner arbeiteten 51,7% höchstens 25 Stunden pro Woche. Zusammengenommen lag die Arbeitszeit von 48,9% der Teilnehmerinnen und Teilnehmer aus der Gruppe der Haushalte mit einem monatlichen Bruttoeinkommen von weniger als 2.200 Euro bei nicht mehr als 25 Wochenstunden und im Mittel arbeiteten sie 26 Stunden. In den anderen Einkommensgruppen lag der Anteil mit höchsten 25 Stunden bei 42,4% und die durchschnittliche Wochenarbeitszeit bei 28 Stunden. Die Unterschiede sind also nicht groß.

Berufserfahrung und seltenere Wechsel des Betreuungspersonals hilfreich für die Betreuung ihrer Kinder sein würden. Ob dahinter eine intensivere Beschäftigung mit dem Thema Kinderbetreuung oder größeres Vorwissen im pädagogischen und psychologischen Bereich standen, lässt sich nur vermuten. Es wäre durchaus eine weitere Untersuchung wert, inwiefern pädagogische Weiterbildung die Informationspräferenzen deutscher Eltern beeinflusst. Pädagogische Konzepte könnten eine Weiterbildungsquelle sein. Emlen (1998) sah z.B. in Elternbefragungen zur Betreuungsqualität eine weitere. In seiner Untersuchung mit amerikanischen Eltern erhielt er auch entsprechende Rückmeldungen der Teilnehmerinnen und Teilnehmer (Emlen, 1998).

Die Arbeitszeit der Teilnehmerin oder des Teilnehmers und die Größe des zur Hilfe bei der Suche zur Verfügung stehenden sozialen Netzwerks waren ebenfalls signifikante Prädiktoren für ein paar der Bewertungen, wobei die Koeffizienten mit Werten zwischen -.038 und -.021 kaum ins Gewicht fielen.

Tabelle 3.8: Ergebnisse der Bewertungsmodelle mit Aufwandsvariablen

Abhängige Variable	F-Test	R^2	n	Signifikante Koeffizienten* (ß)
B_{TPZ}	.001	.273	408	A_{PZ} (.349)
B_{TSI}	.001	.266	411	A_{SI} (.315) Arbeitszeit TN (-.02)
B_{TSH}	.001	.281	411	A_{SH} (.356)
B_{TER}	.001	.189	408	A_{ER} (.188) Arbeitszeit TN (-.022)
B_{TBA}	.001	.203	410	A_{BA} (.305)
B_{TBP}	.001	.225	407	A_{BP} (.245) $QU_{Päd.\ Konzepte}$ (.196) $QU_{Verwandte\ und\ Freunde}$ (.159)
B_{TIA}	.001	.363	401	A_{IA} (.501)
B_{TSA}	.017	.161	401	$ß_0$ (2,648) A_{SA} (.143)
B_{TAE}	.002	.180	407	
B_{TAlleF}	.001	.350	381	A_{IA} (.162)

* = Benjamini-Hochberg Korrektur mit FDR = q* = .05; F-Test nach Fisher; ß$_0$ = Konstante; TN = Teilnehmer/in; QU = Informationsquelle; PZ = Preise und Zeiten; SI = Sicherheit und Ausstattung; SH = Sauberkeit und Hygiene; ER = Ernährung; BA = Betreuungsverhältnis und Altersmischung; BP = Betreuungspersonal; IA = Intellektueller Anspruch; SA = Sozialer Anspruch; AE = Aktivitäten und Elternbeteiligung; AlleF = Alle Fragen.

Sobald die Aufwandsvariablen Eingang in die Modelle fanden, verbesserten sich F-Test und R^2 (Tabelle 3.8). Fishers F-Test war bei keiner Analyse problematisch und die durch die Modelle erklärte Varianz erhöhte sich in allen Fällen und teilweise deutlich auf Werte zwischen 16,1% und 36,3%. In fast allen Modellen vergaben Eltern, die höhere Aufwandswerte angegeben hatten, signifikant höhere Bewertungen, wobei in keinem Fall niedrige Toleranzwerte (bzw. hohe VIF-Werte) der Kollinearitätsstatistik in SPSS Hinweise auf vorliegende Multikollinearität gaben. Eine höhere Informationsbewertung ging also fast immer mit größerem Beschaffungsaufwand einher. Es ist nicht sicher feststellbar, in welche Richtung die Beziehung verlief. Eine größere Anzahl wichtiger Items könnte zu größerem Informationsbeschaffungsaufwand geführt haben, weil Eltern mehr Quellen zur Informationsbeschaffung nutzen oder sich länger mit den einzelnen Quellen auseinandersetzen mussten. Es ist gleichzeitig denkbar, dass eine Verknappung des Informationsangebots, also ein größerer Beschaffungsaufwand, die subjektive Wertschätzung der Eltern für die Informationen erhöhte. Intransparenz könnte sie misstrauisch werden und daher Informationen nachfragen lassen, die ihnen bei größerem Vertrauen in einen Anbieter weniger wichtig gewesen wären. Ohne weitergehende Studien lässt sich keine der beiden Thesen ausschließen. Insofern sollte zunächst ein bidirektionaler Zusammenhang angenommen werden.

Die Koeffizienten der Aufwandsvariablen wiesen teilweise erhebliche Größenunterschiede auf. Der Koeffizient von A_{SA} (Sozialer Anspruch) lag mit .143 z.B. deutlich unter dem von A_{IA} (Intellektueller Anspruch), der mit .501 mit Abstand den höchsten Wert annahm. Ein Unterschied in der Bewertung des Aufwands von zwei Punkten sagte bei den Eltern der Stichprobe somit einen Bewertungsunterschied der Skala „Intellektueller Anspruch" von einem Punkt vorher. Bemerkenswert ist ferner, dass nach der Aufnahme der Aufwandsvariablen in die Modelle fast alle anderen vorher signifikanten Koeffizienten nicht mehr signifikant waren. Lediglich bei B_{TBP} (Betreuungspersonal) war der Koeffizient der Informationsquelle „Pädagogische Konzepte" nach wie vor signifikant und in etwa so groß wie im Modell ohne Aufwand. Neu hinzu kam im selben Modell die Quelle „Verwandte und Freunde" mit einem ebenfalls signifikant positiven Koeffizienten von .159. Diese Beziehung beruhte möglicherweise darauf, dass Eltern, die Informationen von Verwandten und Freunden abfragten und als hilfreich empfanden, auf einen größeren Erfahrungsschatz in der Kinderbetreuungssuche und –auswahl zurückgreifen konnten und dadurch einen größeren Zusammenhang zwischen den Items der Skala „Betreuungspersonal" und qualitativ guter Betreuung sahen als Eltern, die Verwandte und Freunde bei der Suche als weniger hilfreich eingeschätzt hatten. Ähnlich wie bei der Quelle „Pädagogische Konzepte" liegt hier ein Anzeichen dafür vor, dass Eltern durch Aufklärung oder Weiterbildung bei ihrer Suche beeinflusst werden können.

Bei B_{TSI} (Sicherheit und Ausstattung) und B_{TER} (Ernährung) waren die Koeffizienten der Arbeitszeit der Teilnehmerin oder des Teilnehmers wieder signifikant negativ und wieder sehr klein. Für die Bewertung aller Fragen spielte nur A_{IA} (Intellektueller Anspruch) eine signifikante Rolle, die mit einem Koeffizienten von .162 nicht besonders groß ausfiel. Allerdings ist der Informationsbeschaffungsaufwand der Skala „Intellektueller Anspruch" in diesem Modell der einzig signifikante Faktor, der die Bewertung vorhergesagt zu haben scheint.

Bei allen Modellen spielten nur wenige Koeffizienten eine signifikante Rolle und einige waren durch die Aufnahme des Aufwands verdrängt worden. Ein Grund für die geringe Anzahl signifikanter Koeffizienten war die Anwendung der Benjamini-Hochberg Korrektur in Kombination mit einer großen Anzahl unabhängiger Variablen, die, ähnlich der Bonferroni-Holm Korrektur, zu einem sehr kleinen Grenzwert bei der Bewertung der Signifikanz führt. Allerdings weist auch die insgesamt pro Modell aufgeklärte Varianz darauf hin, dass Variablen fehlten, die zur Varianz in den Bewertungsvariablen beitrugen. Es wird weiterer Studien bedürfen, um diese zu identifizieren. Das in Abbildung 3.1 vorgestellte Auswahlmodell liefert Hinweise auf weitere Untersuchungsgebiete. Die subjektiven Bereiche auf Seiten der Einrichtungen (Subjektive Faktoren) und der Familien (Emotionale/kulturelle Faktoren) sind in dieser Studie nur oberflächlich untersucht worden, da hauptsächlich die objektiv erfass- und vergleichbaren Faktoren im Vordergrund stehen sollten. Es könnte lohnend sein, in weiteren Studien diese Seite des Modells zu untersuchen oder mit hinzuzunehmen.

3.2.4.3 Ergebnisse der Analysen zu den Aufwandsvariablen

In die multinomialen Logit Modelle mit den abhängigen Variablen A_j wurden unterschiedliche Bewertungsvariablen aufgenommen. Grundsätzlich stand die Maximierung des Pseudo-R^2 (Nagelkerke) im Mittelpunkt, wobei allerdings andere Modellpassungsparameter Priorität hatten (-2 Log Likelihood; Abweichung). Wenn möglich wurden die Bewertungen aller einzelnen Items einer Skala aufgenommen, um mögliche signifikante Effekte einzelner Frageitems auf den Aufwand feststellen zu können. Die entsprechenden Variablen waren mit der Skala j und der Nummer des Items m gekennzeichnet: B_{jm} mit j $\in$ {PZ, SI, SH, ER, BA, BP, IA, SA, AE, AlleF} und m $\in$ {1, ..., n_j} (z.B. B_{PZ8}). In

Multivariate Analysen

einigen Fällen führten jedoch Dummy-Variablen (Itembewertung mit 4 oder 5) zu einem größeren Pseudo-R^2: B_{Djm} mit j ∈ {PZ, SI, SH, ER, BA, BP, IA, SA, AE, AlleF} und m ∈ {1, ..., n_j} (z.B. B_{DPZ8}).
In zwei Fällen führte die Verwendung von B_{jm} nicht zur Wahrung proportionaler Odds (A_{BP} und A_{SA}).[177] Bei A_{SA} half die Substitution von B_{SAm} durch B_{DSAm} und bei A_{BP} die Aufnahme von B_{TBP} statt B_{BPm}. Beim Modell der Aufwandsvariablen A_{SH} führte erst eine Transformation der abhängigen Variable A_{SH} in eine Variable mit drei Stufen (1 = {0, 1}, 2 = {2, 3}, 3 = {4, 5}) zur Erfüllung der Bedingung proportionaler Odds. Die Ergebnisse der Modelle mit den Aufwandsvariablen der einzelnen Skalen finden sich in Tabelle 3.9.

Tabelle 3.9: Ergebnisse der Aufwandsmodelle

Abhängige Variable	Bewertungsvariablen	-2LL; Abweichung	Pseudo-R^2 (Nagelkerke)	Prop. Odds	n	Signifikante Koeffizienten* (OR)
A_{PZ}	B_{PZm}	.001; 1,0	.285	.088	400	
A_{SI}	B_{SIm}	.001; 1,0	.301	.759	395	Erreichbarkeit (3,49) B_{SI12} ("Wie wird die Schadstofffreiheit der Ausstattung sichergestellt/überprüft?") (1,47)
A_{SH}-Drittel	B_{DSHm}	.001; ,977	.275	.341	412	
A_{ER}	B_{ERm}	.001; 1,0	.230	.227	401	Eink. $HH_{Keine\ Angabe}$ (3,31) $QU_{Ansprechpartner\ der\ Einrichtungen}$ (.72)
A_{BA}	B_{BAm}	.001; 1,0	.248	.087	402	
A_{BP}	B_{TBP}	.001; 1,0	.205	.087	407	B_{TBP} (1,54) $QU_{Eltern\ der\ Einrichtungen}$ (1,33) $QU_{Verwandte\ und\ Freunde}$ (.79)
A_{IA}	B_{IAm}	.001; 1,0	.361	.299	388	
A_{SA}	B_{DSAm}	.001; 1,0	.208	.216	401	
A_{AE}	B_{AEm}	.001; 1,0	.225	.527	398	$QU_{Ansprechpartner\ der\ Einrichtungen}$ (.67)

* = Benjamini-Hochberg Korrektur mit FDR = q* = .05; -2LL = -2 Log Likelihood; Prop. Odds = Proportionale Odds; OR = Odds Ratio; Eink. HH. = Haushaltseinkommen; QU = Informationsquelle; PZ = Preise und Zeiten; SI = Sicherheit und Ausstattung; SH = Sauberkeit und Hygiene; ER = Ernährung; BA = Betreuungsverhältnis und Altersmischung; BP = Betreuungspersonal; IA = Intellektueller Anspruch; SA = Sozialer Anspruch; AE = Aktivitäten und Elternbeteiligung

Die Modellpassungsindizies -2 Log Likelihood, Abweichung und Pseudo-R^2 deuteten in allen Fällen auf eine gute Modellpassung hin und die Bedingung proportionaler Odds konnte nach den eben genannten Anpassungen

---

[177] Im klassischen Logit Modell mit einer abhängigen Dummy-Variable, die lediglich zwei Ausprägungen annehmen kann, beziehen sich die Odds Ratios lediglich auf das Verhältnis dieser zwei Ausprägungen. Im multinomialen Logit Modell kann eine abhängige Variable mehr als zwei Ausprägungen annehmen, so dass eine Odds Ratio gesucht wird, die für alle Vergleiche zwischen den Stufen gleichermaßen gültig ist. Sie ersetzt damit die Notwendigkeit der Kalkulation mehrerer Odds Ratios (eine für jeden Übergang zwischen den möglichen Ausprägungen). Die zu einer Variable ermittelte Odds Ratio soll in diesem Fall also beispielsweise nicht nur für das Verhältnis zwischen Ausprägung 0 und 1, sondern auch für das zwischen 1 und 2 und das zwischen 2 und 3 usw. gültig sein. Ist die Bedingung proportionaler Odds erfüllt, kann davon ausgegangen werden, dass die ermittelte Odds Ratio diese Funktion erfüllt. Sie weicht nicht systematisch von den einzelnen Odds Ratios für die multiplen Vergleiche der Ausprägungen ab.

ebenfalls in allen Modellen erfüllt werden. Nach listenweisem Fallausschluss lagen den Berechnungen jeweils 388 bis 412 Datensätze zu Grunde.

Die Menge an signifikanten Koeffizienten oder Odds Ratios war auf Grund der Benjamini-Hochberg Korrektur ähnlich niedrig wie bei den Bewertungsmodellen. Für A_{PZ}, A_{SH}-Drittel, A_{BA}, A_{IA} und A_{SA} fanden sich keine signifikanten Koeffizienten. In den anderen Modellen waren insbesondere die Bewertungen der Informationsquellen von signifikanter Bedeutung. Eine höhere Bewertung der Quelle „Ansprechpartner der Einrichtungen" war für die Skalen „Ernährung" und „Aktivitäten und Elternbeteiligung" mit niedrigeren Aufwandsbewertungen verbunden. Dies deckt sich mit der durchschnittlich höchsten Nutzenbewertung dieser Informationsquelle (siehe Abbildung 3.6) und zeigt, dass bei diesen beiden Skalen direkte Kommunikation mit dem Träger oder dem Betreuungspersonal half, den Informationsbeschaffungsaufwand zu senken. Dass diese Quelle allerdings bei den restlichen sieben Skalen nicht half, den Aufwand signifikant zu senken, wirft ein schlechtes Licht auf die Einrichtungen.[178]

Lediglich bei A_{SI} spielte die Erreichbarkeit der Einrichtungen eine signifikante und große Rolle. War sie nicht oder nur mit großem Aufwand gewährleistet, gaben Eltern 3,49 mal häufiger einen höheren Informationsbeschaffungsaufwand an. Offenbar wollten Eltern bei Sicherheit und Ausstattung vor Ort prüfen, was die Einrichtungen anboten. Gründe könnten mangelndes Vertrauen oder Hemmungen, die Sicherheit der Kinder in einer Einrichtung den Verantwortlichen gegenüber in Frage zu stellen, gewesen sein.[179] Möglicherweise ist das Thema Sicherheit für Eltern zu komplex, um ohne eigenes Bild der Situation und Abläufe vor Ort zufriedenstellend geklärt werden zu können. Das Item B_{SI12} („Wie wird die Schadstofffreiheit der Ausstattung sichergestellt/überprüft?") sorgte ebenfalls für eine höhere Aufwandsbewertung für die Skala „Sicherheit und Ausstattung". Eltern, die diese Frage für wichtig hielten, hatten offenbar mehr Probleme, Antworten zu erhalten als andere Eltern. Vielleicht lag dies nur an der Beantwortung der Frage selbst

---

[178] In den Modellen zu A_{SI}, A_{SH}, A_{BA}, A_{BP} und A_{SA} wären die Koeffizienten der Quelle „Ansprechpartner der Einrichtungen" mit p-Werten zwischen .005 und .02 ohne Benjamini-Hochberg Korrektur zwar ebenfalls signifikant gewesen. Für diese Untersuchung muss jedoch davon ausgegangen werden, dass sie sich nicht systematisch von Null unterschieden.
[179] Vincent, Braun und Ball (2008) machten in einer Studie mit 76 englischen Eltern die interessante Beobachtung, dass wenige Eltern sich beim Betreuungspersonal beschwerten. Dies lag bei Eltern aus der Mittelklasse daran, dass sie fürchteten, die Beziehung zwischen Personal und Kind durch eine Beschwerde zu beschädigen (Vincent, Braun & Ball, 2008). Eltern aus der von den Autoren so genannten Arbeiterklasse (working class families) hingegen waren der Studie zufolge nicht in der Lage, ihre Sorgen richtig zu artikulieren (ebd.).

Multivariate Analysen 171

oder Eltern, denen diese Frage wichtig war, suchten generell z.B. detailliertere Auskünfte und sahen sich daher einem größeren Aufwand gegenüber.

Eltern, die keine Angabe zu ihrem Haushaltseinkommen gemacht hatten, bewerteten den Aufwand der Skala „Ernährung" erheblich öfter niedriger als andere. Ohne eine weitere Befragung der Eltern lässt sich nicht feststellen, welche gemeinsame Erfahrung oder Einstellung hinter diesem Ergebnis stand. Ihre Bildungsabschlüsse waren beispielsweise nicht besser als die der anderen Eltern, eher ein wenig niedriger. Der Anteil der Realschüler war fast doppelt so hoch und der der Fachhochschulabsolventen lag bei 14% anstatt bei 21%. Die anderen Gruppenanteile waren in etwa gleich groß. Ein besonders hohes Einkommen über dem der anderen Eltern der Stichprobe wird diese Gruppe daher vermutlich nicht verbunden haben und der Grund der fehlenden Angabe des Einkommens gewesen sein.

Hohe Werte der Bewertungsvariablen B_{TBP} führten häufiger zu höherem Aufwand für die Skala „Betreuungspersonal". Dies ist nicht überraschend, da die Beziehung im linearen Modell mit B_{TBP} als abhängiger Variable bereits vorhanden war. Interessant ist vielmehr, dass die Odds Ratio der Variable QU$_{Eltern\ der\ Einrichtungen}$ größer als 1 war (1,33). Eltern, die andere Eltern der Einrichtungen als nützliche Informationsquellen angegeben hatten, gaben häufiger einen größeren Informationsbeschaffungsaufwand der Skala „Betreuungspersonal" an als andere Eltern. Es ist denkbar, dass diese Eltern nach dem Gespräch mit Eltern der Einrichtungen mehr Informationsbedarf bezüglich des Betreuungspersonals hatten, weil die anderen Eltern ihnen neue Perspektiven oder neues Allgemeinwissen zur Kinderbetreuung vermittelten oder die Vertrauenswürdigkeit der Einrichtungsinformationen in Frage stellten. Ebenso möglich ist, dass diese Eltern bereits vor dem Gespräch mit anderen Eltern unbefriedigte Informationsbedürfnisse hatten und diese, mit erhöhtem Aufwand, durch Gespräche mit anderen Eltern zu befriedigen versuchten. Spannend ist in diesem Zusammenhang die gegenteilige Wirkung von Verwandten und Freunden. Sie konnten den Aufwand der suchenden Eltern senken (Odds Ratio = .79). Offensichtlich hatten beide Gruppen gegenteilige Wirkung auf den empfundenen Aufwand der Eltern, wenn es um das Betreuungspersonal ging. Ein wesentlicher Unterschied zwischen beiden Quellen war die persönliche Erfahrung mit dem Betreuungspersonal der Einrichtung, um die es ging. Die Quelle der Verwandten und Freunde sollte explizit nicht solche Personen enthalten, die eigene Betreuungserfahrungen in der Einrichtung gemacht hatten. Eltern aus der Einrichtung konnten als einzige Gruppe

Informationen zum Betreuungspersonal aus Kundensicht liefern und das spricht für die These, dass sich der Informationsbedarf der Eltern erst nach dem Gespräch mit anderen Eltern der Einrichtungen, die das Betreuungspersonal kannten, vergrößerte und dies durch spezifische Informationen über das Betreuungspersonal verursacht worden war. Andernfalls hätten Verwandte und Freunde den Informationsbedarf durch ihre allgemeinere Betreuungserfahrung aus anderen Einrichtungen ebenfalls erhöhen können. Die Rolle anderer Eltern in einer Einrichtung bei der Auswahl und Bewertung derselben dürfte ein spannendes Untersuchungsfeld sein und insbesondere Träger und Jugendämter interessieren. Wenn andere Eltern durch ihre Informationen über das Betreuungspersonal den Informationsbeschaffungsaufwand erhöhen, weisen sie vermutlich auf Missstände hin oder werfen neue Fragen auf, zu denen suchende Eltern mehr Informationen einholen wollen.

Ähnlich den Untersuchungen mit den Skalenbewertungen als abhängige Variablen wurde die Untersuchung des Gesamtaufwands A_{AlleF} einmal ohne die Aufwandsvariablen der Skalen und einmal mit ihnen durchgeführt (siehe Tabellen 3.10 und 3.11). Die bivariaten Korrelationskoeffizienten zwischen dem Gesamtaufwand und den Aufwandsvariablen der Skalen waren alle signifikant positiv mit Werten zwischen .543 und .695 (p jeweils kleiner als .001). Damit waren sie zwar groß, nicht aber nahezu 1, was ein Hinweis auf perfekte Multikollinearität gewesen wäre. Die Standardfehler der Aufwandsvariablen im Modell wiesen mit Werten zwischen .162 und .240 ebenfalls nicht auf bestehende Multikollinearität hin und bei den Odds Ratios zeigten sich keine Ausreißer. Insofern lagen keine Hinweise auf Multikollinearität vor. Trotzdem wurde zu Vergleichszwecken je ein Modell ohne und mit den Aufwandsvariablen berechnet. In Tabellen 3.10 und 3.11 sind die Ergebnisse der Modelle mit dem Gesamtaufwand A_{AlleF} aufgelistet, einmal ohne Aufwandsvariablen und einmal mit.

In beiden Modellen wiesen die Fit-Indizes auf eine gute Modellpassung hin und die Bedingung proportionaler Odds wurde erfüllt. Das Pseudo-R^2 war mit .534 und .856 sogar sehr hoch. Offenbar eigneten sich die verwendeten unabhängigen Variablen erheblich besser zur Vorhersage des Gesamtaufwands als zur Bestimmung einzelner Skalenaufwände. Die Anzahl signifikanter Odds Ratios war mit 11 und 9 ebenfalls erheblich höher als bei den anderen Modellen. Beim Modell mit den einzelnen Aufwandsvariablen wurden wegen eines größeren Pseudo-R^2 und mehr signifikanter Odds Ratios (9 statt 6) die Dummy-Variablen der Bewertungen verwendet. Die Sortierung der Va-

Multivariate Analysen

riablen in Tabellen 3.10 und 3.11 erfolgte absteigend nach der Größe der Odds Ratios als absolute Differenz zu 1.

Tabelle 3.10: Ergebnisse des Gesamtaufwandsmodells ohne Aufwandsvariablen

Abhängige Variable	Aufwandsvariablen	Bewertungsvariablen	-2LL; Abweichung	Pseudo-R² (Nagelkerke)	Prop. Odds	n
A_{AlleF}		B_{jm}	.001; 1,0	.534	.988	326
Signifikante Koeffizienten* (OR)						
Erreichbarkeit = 0 (8,05)						
B_{SI10} (2) ["Sind Sitzmöbel, Tische und Toiletten altersgerecht?"]						
B_{BP5} (1,72) ["Wie häufig sind Wechsel beim Stammpersonal?"]						
B_{BA1} (1,71) ["Wie ist das Zahlenverhältnis pädagogisch ausgebildeter Kräfte zu Kindern in jeder Gruppe?"]						
B_{PZ2} (1,69) ["Welche Leistungen sind enthalten, welche sind nicht enthalten?"]						
B_{AE1} (.42) ["Wie sieht der normale tägliche Ablauf in etwa aus?"]						
$QU_{Ansprechparter\ der\ Einrichtungen}$ (.56)						
$QU_{Eltern\ der\ Einrichtungen}$ (1,43)						
B_{AE8} (.63) ["Gibt es Zusatzangebote (z.B. Musikunterricht, Sport)?"]						
Alter TN (.91)						
$PR_{Betreuungsstunden}$ (1,04)						

j ∈ {PZ, SI, SH, ER, BA, BP, IA, SA, AE}; m ∈ {1, ..., n$_j$}; * = Benjamini-Hochberg Korrektur mit FDR = q* = .05; -2LL = -2 Log Likelihood; Prop. Odds = Proportionale Odds; OR = Odds Ratio; QU = Informationsquelle; TN = Teilnehmer/in; PR = Präferenzen; PZ = Preise und Zeiten; SI = Sicherheit und Ausstattung; SH = Sauberkeit und Hygiene; ER = Ernährung; BA = Betreuungsverhältnis und Altersmischung; BP = Betreuungspersonal; IA = Intellektueller Anspruch; SA = Sozialer Anspruch; AE = Aktivitäten und Elternbeteiligung.

In beiden Modellen spielte die Erreichbarkeit der Einrichtungen die größte Rolle. In dem Modell ohne Aufwandsvariablen wählten Eltern, die schlechte Erreichbarkeit angaben, achtmal häufiger eine höhere Gesamtaufwandsstufe und im Modell mit den einzelnen Aufwandsvariablen war dies sogar fast zehnmal so häufig der Fall. Ohne einen persönlichen Besuch vor Ort schienen Eltern sich kein zufriedenstellendes Bild vom Betreuungsangebot einer Einrichtung machen zu können. Dies ist auf der einen Seite ein Indiz dafür, dass Eltern die Suche sehr ernst nahmen und genau prüfen wollten, was eine Einrichtung anbietet. Auf der anderen Seite zeigt es, dass andere Informationskanäle nicht in der Lage waren, den Besuch einer Einrichtung zu kompensieren.[180] Für 10% der Eltern der Stichprobe, die Einrichtungen nicht gut erreichen konnten, stellte dies ein erhebliches Problem dar. Dabei muss berück-

---

[180] Eltern sollten ohne einen persönlichen Besuch und ein Treffen mit dem zuständigen Betreuungspersonal keine Betreuungseinrichtung auswählen. Schlechte Erreichbarkeit wird Eltern außerdem während der Betreuung durch lange Fahrtzeiten behindern. Trotzdem ist nicht nachvollziehbar, wieso vor Einrichtungsbesuchen zur endgültigen Entscheidung nicht mit Hilfe anderer Kanäle und detaillierter Informationen bereits eine Vorauswahl getroffen werden kann.

sichtigt werden, dass die vorgelegten Fragen sich nicht auf allein subjektiv oder emotional erfassbare Kriterien richteten (z.B. „Nähe zwischen Kind und Erzieherin"), sondern weitestgehend objektiv erfass- und messbare Angebotsfaktoren behandelten. Es ist unklar, ob andere Quellen den Eltern bei der Suche nicht genug Informationen lieferten oder ob sie diesen nicht vertrauten, da sie ohne einen persönlichen Besuch nicht in der Lage waren, die ihnen wichtigen Fragen zu beantworten. In beiden Fällen scheinen an dieser Stelle einerseits viele Träger zu versagen, die diese grundlegenden Informationen ohne die Notwendigkeit eines Besuches vorab zur Verfügung stellen könnten (z.B. auf ihrer Internetseite). Andererseits müssten die Jugendämter helfen, indem sie diese Informationen sammelten und zur Verfügung stellten, um ihrem Auftrag zur Beratung der Eltern nach § 24 Abs. 5 SGB VIII besser nachzukommen.

Im Modell ohne Aufwand spielten neben der Erreichbarkeit vier Fragebewertungen eine signifikant positive Rolle für den Gesamtaufwand, d.h. je wichtiger sie Eltern waren, desto größer schätzten diese den Gesamtaufwand ein. Bei keiner der Fragen ist ein größerer Informationsbeschaffungsaufwand theoretisch nachvollziehbar, da sie sich alle nicht auf Informationen beziehen, die für jede Familie individuell gültig sind und daher für jede Suche neu erhoben werden müssten. Die Altersgerechtigkeit der Möbelausstattung, die Häufigkeit von Personalwechseln, der Betreuungsschlüssel und das im Betreuungspreis enthaltene Leistungsangebot ließen sich theoretisch ohne lange Recherche beantworten, wenn Träger oder die Jugendämter diese Informationen zuverlässig zur Verfügung stellten. Die Eltern der Stichprobe konnten offensichtlich nicht oder nur mit großem Aufwand auf ein solches Informationsangebot zurückgreifen.

Bemerkenswert sind ferner die signifikanten Odds Ratios von B_{AE1} („Wie sieht der normale tägliche Ablauf in etwa aus?") und B_{AE8} („Gibt es Zusatzangebote (z.B. Musikunterricht, Sport)?"), da sie kleiner als 1 waren. Eltern, denen die Antwort auf diese Fragen wichtiger war, gaben häufiger einen geringeren Gesamtaufwand an. Dies widerspricht der Intuition, dass jede wichtige Frage den Aufwand erhöht, wenn auch nicht jede Frage die gleiche quantitative Wirkung auf den Aufwand haben dürfte. Möglicherweise werden weitere Studien bei der Aufklärung dieses Phänomens behilflich sein können.

Wie bereits zuvor in zwei der Modelle der einzelnen Aufwandsvariablen konnten die Ansprechpartner in den Einrichtungen den Gesamtaufwand senken. Je hilfreicher die befragten Eltern andere Eltern der Einrichtungen als Informationsquelle einstuften, desto größer war ihr angegebener Gesamtaufwand. Dies ergab sich in fast gleicher Größenordnung in beiden untersuchten Modellen des Gesamtaufwands und bietet, wie bereits bei der Betrachtung des Aufwands der Skala „Betreuungspersonal" besprochen, ein lohnendes Untersuchungsfeld für weitere Studien zum Einfluss anderer Eltern aus Einrichtungen zum Wahl- und Bewertungsverhalten von suchenden Eltern.

Ältere Teilnehmerinnen und Teilnehmer gaben häufiger einen geringeren Aufwand an, was vermutlich mit mehr Erfahrung bei der Betreuungssuche oder größerer allgemeiner Lebenserfahrung zu tun hatte. Der Effekt war allerdings mit einer Odds Ratio von .91 recht klein. Auch der signifikante Unterschied durch die Präferenzen der Betreuungsstunden war in seiner Größe kaum relevant.

Tabelle 3.11: Ergebnisse des Gesamtaufwandsmodells mit Aufwandsvariablen

Abhängige Variable	Aufwands- variablen	Bewertungs- variablen	-2LL; Abweichung	Pseudo-R^2 (Nagelkerke)	Prop. Odds	n
A_{AlleF}	A_j	B_{Djm}	.001; 1,0	.856	1,000	379
Signifikante Koeffizienten* (OR)						
Erreichbarkeit = 0 (9,79)						
B_{DPZ3} = 0 (6,88) ["Wie viele Tage im Jahr und an welchen hat die Einrichtung geschlossen?"]						
A_{AE} (5,45)						
A_{SI} (3,37)						
A_{BA} (2,14)						
B_{DPZ2} = 0 (.19) ["Welche Leistungen sind enthalten, welche sind nicht enthalten?"]						
A_{PZ} (1,8)						
$QU_{Eltern\ der\ Einrichtungen}$ (1,62)						
$PR_{Alter\ Betreuungsbeginn}$ (.93)						

j ∈ {PZ, SI, SH, ER, BA, BP, IA, SA, AE}; m ∈ {1, ..., n_j}; * = Benjamini-Hochberg Korrektur mit FDR = q* = .05; -2LL = -2 Log Likelihood; Prop. Odds = Proportionale Odds; OR = Odds Ratio; QU = Informationsquelle; PR = Präferenzen; PZ = Preise und Zeiten; SI = Sicherheit und Ausstattung; SH = Sauberkeit und Hygiene; ER = Ernährung; BA = Betreuungsverhältnis und Altersmischung; BP = Betreuungspersonal; IA = Intellektueller Anspruch; SA = Sozialer Anspruch; AE = Aktivitäten und Elternbeteiligung.

Im Modell mit den Aufwandsvariablen der einzelnen Skalen fiel auf, dass viele Odds Ratios anderer Variablen, die im Modell ohne Aufwandsvariablen signifikant gewesen waren, nun das notwendige Signifikanzniveau verfehlten. Dafür steigerten vier der neun Aufwandsvariablen das Niveau des Gesamtaufwands mit signifikanten Odds Ratios zwischen 1,8 und 5,45 teilweise erheblich. Mit Ausnahme von A_{BP}, welches keine signifikante Rolle spielte, waren alle Aufwandsvariablen der Skalen mit signifikanten Odds Ratios vertreten, von denen im Modell ohne Aufwandsvariablen mindestens ein Frageitem signifikant gewesen war. Dies zeigt über beide Modelle, dass die Skalen „Preise und Zeiten", „Sicherheit und Ausstattung", „Betreuungsverhältnis und Altersmischung" und „Aktivitäten und Elternbeteiligung" den gesamten Informationsbeschaffungsaufwand signifikant erhöhten.

Zwei neue Frageitems mit signifikanten Odds Ratios ihrer Dummy-Variablen kamen aus der Skala „Preise und Zeiten" hinzu. Mit einer Odds Ratio von 6,88 sagte die Dummy-Variable B_{DPZ3} („Wie viele Tage im Jahr und an welchen hat die Einrichtung geschlossen?") kurioserweise dann eine deutlich größere Häufigkeit hoher Aufwandsbewertungen vorher, wenn Eltern das Frageitem als nicht wichtig erachteten, also eine Bewertung zwischen einem und drei Punkten abgaben. Die 356 Eltern, die diese Frage als wichtig erachteten, arbeiteten mit 30 Stunden pro Woche signifikant länger als der Rest der Stichprobe, der mit 23 Stunden fast einen ganzen Arbeitstag weniger angab ($p < .001$). Bei den Betreuungsgründen gaben diese 356 Eltern ferner häufiger an, dass sie Betreuung suchten, um arbeiten zu können (96% ggü. 77%), und sie wünschten sich mit durchschnittlich 23 Monaten für ihre Kinder einen signifikant späteren Betreuungsbeginn ($p < .001$). Das Wunschalter der anderen Eltern lag mit 17 Monaten ein halbes Jahr darunter. Offenbar kamen mehrere Faktoren zusammen, die dazu führten, dass Eltern, die sich für die Öffnungstage einer Einrichtung interessierten, einen geringeren Gesamtaufwand angaben. Sie nutzten die Betreuungszeit ihrer Kinder häufiger zum Arbeiten und suchten später nach einer Betreuungslösung, was möglicherweise ihre Ansprüche veränderte. Sechs Monate sind in den ersten drei Lebensjahren eine lange Entwicklungsphase und die Betreuungsanforderungen können sich zwischen anderthalb- und zweijährigen Kindern deutlich unterscheiden. Hierzu passt, dass die Präferenz des Alters bei Betreuungsbeginn mit zunehmendem Alter eine leichte Abnahme des Gesamtaufwands vorhersagte (Odds Ratio = .93). Der Wunsch einer Rückkehr ins Berufsleben war möglicherweise bei diesen Eltern größer, da sie bereits eine längere Berufspause eingelegt hatten. Dies könnte dazu geführt haben, dass sie sich weniger mit Details der Betreuungsangebote beschäftigten, um schneller eine passende Lösung zu finden. Ihre Suchzeit pro Woche unterschied sich allerdings nicht wesentlich von der der anderen Eltern.[181] Insgesamt betrachtet hatten sie jedoch weniger Zeit

---

[181] Die Eltern, denen die Schließtage wichtig waren, gaben etwas häufiger Suchzeiten von maximal acht Wochenstunden an (70% ggü. 66%). Der Unterschied zwischen den Gruppen war allerdings mit vier Prozentpunkten recht gering.

zum Suchen. Nur 15% gaben an, dass sie mehr als 12 Monate (gehabt) hätten, während es bei den anderen Eltern 26% waren.[182]

Die Frage nach den im Preis enthaltenen Leistungen (B_{DPZ2}) hatte schon im Modell ohne die einzelnen Aufwandsvariablen einen signifikanten Koeffizienten und im Modell mit Aufwandsvariablen sagte sie ebenfalls einen höheren Gesamtaufwand vorher, wenn sie Eltern wichtig war. In diesem Fall lag die Odds Ratio mit 5,26 (1/.19) jedoch deutlich höher. Dass diese Frage, die sich leicht beantworten lassen sollte, den Informationsbeschaffungsaufwand der Eltern signifikant in die Höhe treiben konnte, ist ein weiteres Indiz für einen intransparenten Markt.

Auffallend war bei den multivariaten Untersuchungen des Aufwands, dass der Gesamtaufwand der Eltern erheblich besser erklärt werden konnte als die Aufwandsvariablen der einzelnen Skalen. Die den Eltern zur Verfügung stehenden Informationsquellen spielten in mehreren Modellen eine signifikante Rolle und dabei war insbesondere die aufwandssteigernde Wirkung der anderen Eltern aus einer Einrichtung bemerkenswert. Sie scheinen suchende Eltern durch ihre einrichtungsspezifischen Informationen eher beunruhigt zu haben und ihre Rolle sollte weiter untersucht werden. Dass sich beim Gesamtaufwand Fragen, die von Trägern relativ einfach zu beantworten gewesen sein sollten, als signifikante Aufwandstreiber herausstellten, ist ein deutlicher Hinweis auf Intransparenz im Kinderbetreuungsmarkt. Jugendämter müssten ihrem gesetzlichen Auftrag entsprechend tätig werden, wenn Marktversagen vorliegt und Träger offensichtlich nicht in der Lage oder Willens sind, Eltern grundlegende Informationen über ihr Betreuungsangebot ohne großen Beschaffungsaufwand zur Verfügung zu stellen.

3.2.4.4 Ergebnisse der Analysen zu den Informationslücken

Mit Hilfe der Informationslücke als abhängiger Variable ließ sich untersuchen, welche Variablen Bewertung und Aufwand einer Skala vorhersagten. In Tabelle 3.12 finden sich die Ergebnisse dieser linearen Regressionsmodelle.

In drei Modellen ergab der F-Test, dass kein Koeffizient der abhängigen Variablen von Null verschieden war. Für die Modelle zu IL_{BA} und IL_{SA} wiederholte sich damit das Ergebnis der entsprechenden Bewertungsmodelle ohne Aufwandsvariablen und mit Werten zwischen 12,2% und 20,8% lag die Va-

---

[182] Die Differenzen bei den anderen Kategorien „1 bis 3 Monate" (29% ggü. 25%), „4 bis 6 Monate" (32% ggü. 28%) und „7 bis 12 Monate" (23% ggü. 22%) liegen jeweils nicht über vier Prozentpunkten.

rianzaufklärung aller Modelle im Bereich der Bewertungsmodelle ohne Aufwandsvariablen.

Tabelle 3.12: Ergebnisse der Modelle zu den Informationslücken

Abhängige Variable	F-Test	R^2	n	Signifikante Koeffizienten* (ß)
IL_{PZ}	.001	.180	408	$ß_0$ (2,384)
IL_{SI}	.024	.151	411	$ß_0$ (3,525)
IL_{SH}	.007	.164	411	$ß_0$ (4,007)
IL_{ER}	.001	.189	408	$ß_0$ (2,894) Arbeitszeit TN (-.015)
IL_{BA}	.208	.122	410	
IL_{BP}	.154	.128	407	
IL_{IA}	.001	.207	401	$ß_0$ (2,161) Bildung$_{Fachabitur}$ (.833) Bildung$_{Lehre}$ (.642) BG$_{Entwicklung}$ (.577)
IL_{SA}	.054	.145	401	
IL_{AE}	.001	.189	407	$ß_0$ (2,188) Eink. HH$_{<2.200}$ (.694) Eink. HH$_{Keine\ Angabe}$ (.445) Netzwerk (-.033)
IL_{AlleF}	.001	.208	409	$ß_0$ (3,318) Bildung$_{Fachabitur}$ (.427) Erreichbarkeit (-.375) Bildung$_{Lehre}$ (.352) Eink. HH$_{Keine\ Angabe}$ (.352) Netzwerk (-.024)

* = Benjamini-Hochberg Korrektur mit FDR = q* = .05; $ß_0$ = Konstante; TN = Teilnehmer/in; BG = Betreuungsgrund; Eink. HH. = Haushaltseinkommen; PZ = Preise und Zeiten; SI = Sicherheit und Ausstattung; SH = Sauberkeit und Hygiene; ER = Ernährung; BA = Betreuungsverhältnis und Altersmischung; BP = Betreuungspersonal; IA = Intellektueller Anspruch; SA = Sozialer Anspruch; AE = Aktivitäten und Elternbeteiligung; AlleF = Alle Fragen.

In den Modellen mit IL_{PZ}, IL_{SI} und IL_{SH} waren lediglich die Modellkonstanten signifikant. Wie im Bewertungsmodell der Skala „Ernährung" mit Aufwandsvariable spielte die Arbeitszeit der Teilnehmerin oder des Teilnehmers eine minimal negative Rolle für die Informationslücke. Der Bildungsstand der Teilnehmerinnen und Teilnehmer war, wie im Bewertungsmodell ohne Aufwandsvariable, ein signifikanter Prädiktor für die Informationslücke der Skala „Intellektueller Anspruch". Für Eltern mit Fachabitur oder Lehre war die Informationslücke um .833 bzw. .642 Punkte größer als für Eltern mit Universitätsabschluss. Bei Eltern mit Lehre spielte ihr Abschluss bereits für die Bewertung der Skala eine signifikante Rolle, nicht aber für die Größe des Aufwands. Daher wird der Effekt dieser Variable auf die Informationslücke hauptsächlich auf die höhere Bewertung zurückzuführen gewesen sein. Da der Bildungsabschluss „Fachabitur" in keinem der Bewertungs- oder Aufwandsmodelle signifikante Koeffizienten hatte, lässt sich nicht sicher feststellen, welche der beiden Variablen für die signifikante Vorhersage der Informationslücke verantwortlich war oder ob beide eine Rolle spielten. Die Signifikanz der Koeffizienten von Bildungsabschlüssen in mehreren Modellen zeigt jedenfalls, dass Eltern mit niedrigeren Abschlüssen ein anderes Verhältnis zu der Skala „Intellektueller Anspruch" haben als Eltern mit Universitätsabschluss. Wie bereits in Abschnitt 3.2.4.2 diskutiert liegt hier die These nahe, dass Eltern mit niedrigeren Abschlüssen bereits in Kinderbetreuungseinrichtungen eine Bildungschance sehen, die die soziale Mobilität ihrer Kinder befördern soll. Angesichts der Hinweise auf den großen Einfluss des familiären Hintergrunds auf die kognitiven Leistungen deutscher Kinder und der Reduktion dieses Einflusses durch eine höhere Vorschulbesuchsquote wäre diese Entwicklung sehr zu begrüßen (siehe Abschnitt 2.3.1.3 und Schütz et al., 2008).

Für Eltern, die die Entwicklung ihres Kindes als Betreuungsgrund angaben, war die Informationslücke der Skala „Intellektueller Anspruch" um .577 Punkte größer. Da diese Variable über ihren Koeffizienten im Bewertungsmodell der Skala ohne Aufwandsvariable signifikante Bedeutung ähnlicher Größe hatte und dies im Modell zu A_{IA} nicht der Fall war, ist davon auszugehen, dass die Bewertung der Skala Auswirkungen auf die Informationslücke hatte.

Das Einkommen der Eltern scheint eine große Bedeutung für die Informationslücke der Skala „Aktivitäten und Elternbeteiligung" gehabt zu haben. Eltern mit einem Haushaltseinkommen von weniger als 2.200 Euro sahen sich einer um .694 Punkte größeren Informationslücke gegenüber als Eltern mit dem Referenzeinkommen zwischen 4.000 und 5.400 Euro. Dieser Effekt zeigte sich bereits im Bewertungsmodell ohne Aufwandsvariable (siehe Abschnitt 3.2.4.2). Für Eltern, die keine Angabe zum Haushaltseinkommen gemacht hatten, war die Informationslücke der Skala ebenfalls größer (.445 Punkte).[183] Gleiches galt für IL_{AlleF}.

Fachabitur und Lehre spielten für die Informationslücke aller Fragen erneut eine wesentliche Rolle. Beide hatten in den Modellen zur Bewertung aller Fragen und dem Gesamtaufwand keinen signifikanten Effekt gehabt, so dass nur vermutet werden kann, dass sie, ähnlich dem Bildungsabschluss „Lehre" bei der Skala „Intellektueller Anspruch", hauptsächlich durch höhere Bewertungen die Informationslücke vergrößerten. Die Erreichbarkeit hatte einen

---

[183] Wie bereits in Abschnitt 3.2.4.3 besprochen waren die Eltern dieser Gruppe nicht besser ausgebildet als die anderen Eltern und auch sonst fanden sich keine wesentlichen Merkmale, die diese Gruppe von den anderen unterschied. Insofern lässt sich der Effekt der Einkommensvariable „Keine Angabe" nicht weiter erklären.

negativen Koeffizienten bei IL_{AlleF}. Dies korrespondierte mit dem aufwandsvergrößernden Koeffizienten schlechter Erreichbarkeit.

Die Größe des sozialen Netzwerks, das Eltern bei der Suche zur Hilfe heranziehen konnten, hatte signifikant negative Koeffizienten in den Modellen zu IL_{AE} und IL_{AlleF}, wobei diese äußerst gering waren.

Die Ergebnisse der Regressionsanalysen mit den Informationslücken als abhängigen Variablen spiegeln weitestgehend die der Analysen der Bewertungs- und Aufwandsvariablen wider. Davon war auf Grund der Konstruktion der Informationslücke auszugehen. Neu hinzu kamen die Bildungsvariablen „Fachabitur" und „Lehre", deren Koeffizienten vorher nur in einem Fall signifikant gewesen waren („Lehre" bei B_{IA}). Bildung und die Erreichbarkeit waren die einflussreichsten Variablen bezogen auf die Informationslücke für alle Fragen. Die große Bedeutung der Erreichbarkeit sollte durch bessere Informationsangebote reduziert werden, so dass Eltern sich vor Einrichtungsbesuchen bereits umfassend informieren können. Eltern mit niedrigeren Bildungsabschlüssen unterschieden sich in ihrem Such- und Bewertungsverhalten von denen mit Universitätsabschluss. Dass sie mehr Wert auf die Fragen zum Intellektuellen Anspruch legten, weist wenigstens in diesem Bereich auf ein anderes Verständnis der Aufgaben der Einrichtungen hin. Ihr Effekt auf die Informationslücke aller Fragen wird sich über diese eine Skala manifestiert haben. Es sollte in Folgestudien weiter untersucht werden, ob der Ausbildungsstand der Eltern tatsächlich nur im Bereich des intellektuellen Anspruchs einer Einrichtung zu Unterschieden führt und wie diese aussehen. Durch andere Studien lässt sich zwar die These stützen, dass Eltern mit niedrigeren Abschlüssen in den Betreuungseinrichtungen Chancen zur sozialen Aufwärtsmobilität für ihre Kinder durch bessere Bildung sehen (vgl. Fuller et al., 1996, und Kensinger Rose & Elicker, 2008). Da den Eltern lediglich Fragen und keine Aussagen zur Bewertung vorgelegt wurden und eine andere Studie von Kim und Fram (2009) die gegenteilige These unterstützt, bleibt offen, ob Eltern sich mehr oder weniger intellektuellen Anspruch wünschten, wenn ihnen die Fragen danach wichtig waren.

3.2.4.5 Wesentliche Prädiktoren aller Modelle

In Tabelle 3.13 sind alle Prädiktoren dargestellt, die in wenigstens zwei Modellen signifikante Koeffizienten oder Odds Ratios hatten. In der ersten Spalte sind die einzelnen Prädiktoren aufgelistet. In Spalte zwei bis sieben finden sich ihre signifikanten Koeffizienten. Da sich die Spalten außer bei A_{AlleF} je-

Multivariate Analysen 181

weils auf mehr als ein Modell beziehen, sind die abhängigen Variablen, auf deren Modelle sich die Koeffizienten beziehen, vor denselben aufgeführt.

Tabelle 3.13: Übersicht über die wesentlichen Prädiktoren der untersuchten Modelle

	Modell					
	B_j mit A_j	B_j ohne A_j	A_j	A_{AlleF} mit A_j	A_{AlleF} ohne A_j	IL_j
Prädiktor	AV (ß)	AV (ß)	AV (OR)	OR	OR	AV (ß)
Erreichbarkeit (= 0 für OR)			A_{SI} (3,49)	9,79	8,05	IL_{AlleF} (-.375)
$BG_{Entwicklung}$		B_{TSH} (.495) B_{TIA} (.696) B_{TAlleF} (.320)				IL_{IA} (.577)
$Bildung_{Fachabitur}$						IL_{IA} (.833) IL_{AlleF} (.427)
$Bildung_{Lehre}$		B_{TIA} (.847)				IL_{IA} (.642) IL_{AlleF} (.352)
Eink. $HH_{<2.200}$		B_{TAE} (.791)				IL_{AE} (.694)
Eink. $HH_{Keine Angabe}$			A_{ER} (3,31)			IL_{AE} (.445) IL_{AlleF} (.352)
Arbeitszeit TN	B_{TSI} (-.02) B_{TER} (-.022)	B_{TSI} (-.021)				IL_{ER} (-.015)
Netzwerk		B_{TAE} (-.038) B_{TAlleF} (-.027)				IL_{AE} (-.033) IL_{AlleF} (-.024)
$QU_{Ansprechpartner der Einrichtungen}$			A_{ER} (.72) A_{AE} (.67)	.56		
$QU_{Eltern der Einrichtungen}$			A_{BP} (1,33)	1,62	1,43	
$QU_{Päd. Konzepte}$	B_{TBP} (.196)	B_{TBP} (.185)				
$QU_{Verwandte und Freunde}$	B_{TBP} (.159)		A_{BP} (.79)			
B_{PZ2} bzw. B_{DPZ2} = 1				1,69	5,26	
A_{PZ}	B_{TPZ} (.349)			1,8		
A_{SI}	B_{TSI} (.315)			3,37		
A_{BA}	B_{TBA} (.305)			2,14		
A_{IA}	B_{TIA} (.501) B_{TAlleF} (.162)					

Die Tabelle enthält alle Prädiktoren, die wenigstens in zwei Modellen signifikante Koeffizienten hatten (Benjamini-Hochberg Korrektur mit FDR = q* = .05).
j ∈ {PZ, SI, SH, ER, BA, BP, IA, SA, AE, AlleF}; AV = abhängige Variable; ß = linearer Koeffizient; OR = Odds Ratio; BG = Betreuungsgrund; Eink. HH. = Haushaltseinkommen; TN = Teilnehmer/in; QU = Informationsquelle.

Die Koeffizienten der Erreichbarkeit der Einrichtungen waren in keinem der Bewertungsmodelle signifikant. In den Modellen der Aufwandsvariablen spielte die Erreichbarkeit hingegen eine sehr große Rolle. Der Betreuungsgrund „Gut für Kindesentwicklung" wirkte sich nicht auf den Aufwand, dafür aber teilweise sehr stark auf die Bewertungsvariablen aus. Die beiden

Prädiktoren Arbeitszeit TN und Netzwerk hatten in vielen der Bewertungsmodelle und bei drei der Informationslücken signifikant negative Koeffizienten, die jedoch recht klein ausfielen. Erst eine Differenz von ungefähr 25 Wochenarbeitsstunden führte zu Bewertungsunterschieden von einem halben Punkt. Beim sozialen Netzwerk lag dieser Unterschied ab einer Differenz von 12 bis 17 Verwandten und Freunden vor.

Eine bessere Bewertung der Ansprechpartner der Einrichtungen konnte lediglich in drei Aufwandsmodellen einen signifikant geringeren Informationsbeschaffungsaufwand der Eltern vorhersagen. Sie waren also nur in wenigen Bereichen für Eltern wirklich hilfreich. Dass die Bewertungen der Informationen anderer Eltern der Einrichtungen immer einen größeren Aufwand vorhersagten, wenn ihre Odds Ratios signifikant waren, sollte weiter untersucht werden. Bezüglich der Bedeutung der pädagogischen Konzepte ist nicht klar, ob Eltern durch das Studium der Konzepte ihre Bewertungen veränderten oder bereits vor der Lektüre eine andere Perspektive hatten und deshalb die pädagogischen Konzepte für nützlicher hielten. Der Einfluss des pädagogischen und psychologischen Vorwissens auf die Bewertungen der Eltern könnte sich als lohnender Gegenstand weiterer Studien herausstellen. Die Diskussion der weiteren einzelnen Zusammenhänge ist bereits in den vorherigen Abschnitten erfolgt und soll an dieser Stelle nicht wiederholt werden.

4 Diskussion

Mit der Verabschiedung des Kinderförderungsgesetzes (KiföG) durch den Deutschen Bundestag im Jahr 2008 wurde in Deutschland am 01. August 2013 der Rechtsanspruch auf einen Betreuungsplatz für alle Kinder ab dem zweiten Lebensjahr eingeführt. Es folgte ein enormer weiterer Ausbau der Betreuungskapazitäten für Kinder unter drei Jahren, der schon wenigstens zwei Jahre zuvor begonnen hatte. Die entsprechende Quote betreuter Kinder unter drei Jahren ist dadurch bis 2014 auf 32,3 % gestiegen (+108 % seit 2007; Statistisches Bundesamt, 2014a). Dieser Ausbau verursachte zwischen 2006 und 2014 Mehrausgaben von insgesamt ca. 11 Milliarden Euro oder 1,38 Milliarden Euro pro Jahr (siehe Abschnitt 2.1.2.1). Trotzdem lag die bundesweite Betreuungsquote für Kinder unter drei Jahren 2014 um 9,4 Prozentpunkte unter dem Betreuungsbedarf von Eltern mit Kindern in diesem Alter, den das Deutsche Jugendinstitut 2013 erfasst hatte (DJI, 2013; Statistisches Bundesamt, 2014a). Allein zur Deckung dieser Lücke werden weitere 4,2 bis 5,1 Milliarden Euro aufgewendet werden müssen (siehe Abschnitte 2.1.2.1 und 2.1.2.2). Da der Betreuungsbedarf in den letzten Jahren kontinuierlich gestiegen und kurzfristig kein Ende des Trends nach oben absehbar ist, wird der Ausbau voraussichtlich auch nach der Deckung der aktuellen Lücke von 9,4 Prozentpunkten fortgesetzt werden müssen.

Eltern mit Kindern unter sechs Jahren benötigen in der Regel Kinderbetreuung, wenn sie arbeiten wollen und insofern beeinflusst ihre Verfügbarkeit das Angebot an Arbeitskräften. 2013 waren zwischen 2,77 Millionen und 4,43 Millionen Mütter und Väter von einer Betreuungslösung abhängig, wenn sie eine Berufstätigkeit anstrebten. Dies entsprach einem Anteil von 6,2 % bis 10 % aller Erwerbspersonen. Zusätzlich wurden in Tageseinrichtungen und Tagespflegestellen 2014 654.800 Arbeitnehmerinnen und -nehmer beschäftigt (1,5 % der Erwerbspersonen 2014; Statistisches Bundesamt, 2015g). Damit ist ein großer Teil der Erwerbspersonen von Kinderbetreuung abhängig und auf Grund des demographischen Wandels wird die volkswirtschaftliche Relevanz dieser Gruppe in Zukunft noch wachsen. Der Bevölkerungsanteil der potentiell Erwerbstätigen wird voraussichtlich abnehmen (Statistisches Bundesamt, 2015a) und gleichzeitig durch den Anstieg des nicht erwerbstätigen Teils der Bevölkerung höhere Sozialausgaben leisten müssen. Je mehr Mütter und Väter arbeiten, desto geringer wird die Last für jede Arbeitnehmerin und jeden

Arbeitnehmer ausfallen. Kinderbetreuung schafft dafür eine der notwendigen Voraussetzungen.

Die betreuten Kinder sollten jedoch ebenfalls von einer Betreuung profitieren, indem sie sich sowohl kognitiv als auch sozial-emotional weiterentwickeln. Bisherige Studien zeigen, dass ein früher Beginn der Förderung, der üblicherweise mit einer längeren Gesamtdauer derselben einhergeht, positive Auswirkungen auf die kognitive Leistungsfähigkeit von Kindern haben kann (siehe Abschnitte 2.3.1.2 und 2.3.1.3). Die Betreuungsqualität, in der Regel gemessen mit einer normierten Bewertungsskala (z.B. ECERS-R nach Harms & Clifford, 1998), war in den vorgestellten Studien ebenfalls ein signifikant positiver Prädiktor für die kognitive Entwicklung der betreuten Kinder (siehe Abschnitt 2.3.1.4). Bei sozial-emotionalen Fähigkeiten sind die vorliegenden Ergebnisse weniger eindeutig. Dies liegt unter anderem daran, dass die Erfassung von Entwicklungsveränderungen hier grundsätzlich komplexer ist als bei kognitiven Fähigkeiten. Dennoch weisen Studienergebnisse darauf hin, dass Kinder schon früh von der Förderung ihrer sozial-emotionalen Fähigkeiten profitieren können, wobei die Förderung in der amerikanischen Studie von Cunha et al. (2010) ab dem Grundschulalter effizienter war (siehe Abschnitt 2.3.2.2). Die Betreuungsdauer in Stunden pro Woche hatte in einer amerikanischen Studie negative Auswirkungen, wobei allerdings die untersuchte Stichprobe nicht repräsentativ für die Gesamtbevölkerung der USA war und die Betreuungsdauer in den USA in der Regel mit 37 Stunden pro Woche sehr hoch ist (Abschnitt 2.3.2.4). Die Betreuungsqualität wirkte sich nachweislich signifikant auf sozial-emotionale Fähigkeiten betreuter Kinder aus, allerdings liegen dazu nur wenige Studien vor und nicht in allen wurde die Richtung der Effekte gemessen (siehe Abschnitt 2.3.2.4). Insofern bedarf es hier weiterer Untersuchungen, um zuverlässige Prognosen treffen zu können. Insbesondere in Deutschland ist die Forschungslage zu beiden Bereichen kognitiver und sozial-emotionaler Entwicklung noch unbefriedigend.

In fast keiner der vorgestellten Studien hatte Kinderbetreuung negative Konsequenzen für die Entwicklung der betreuten Kinder, wenn die Qualität wenigstens mittelmäßig war. Die Gefahr von Entwicklungsnachteilen durch externe Betreuung ist daher als relativ gering anzusehen. Teilweise erheblich größere Auswirkungen auf die Entwicklung der Kinder hatte jedoch der sozio-ökonomische Status ihres Haushalts. Insbesondere sozial-emotionale Fähigkeiten, Bildung und Berufstätigkeit der Mütter wirkten sich auf die Kinder aus (siehe Abschnitte 2.3.1.5 und 2.3.2.5). Mit Hilfe professioneller Kinderbetreuung kann lediglich versucht werden, familiär benachteiligten Kindern ähnliche Entwicklungsmöglichkeiten wie Kindern aus sozio-ökonomisch gut aufgestellten Haushalten zu bieten. Ein Beispiel dafür ist die Studie von Becker und Tremel (2006), in der sich der Anteil an Gymnasiasten unter westdeutschen Kindern mit Migrationshintergrund durch den Besuch einer Kinderbetreuungseinrichtung von 7,4% auf 21,6% in etwa verdreifachte. Mit ca. 42% besuchten zwar trotzdem erheblich mehr der Kinder ohne Migrationshintergrund nach dem Besuch einer Kinderbetreuungseinrichtung ein Gymnasium, aber das Verhältnis sank von 1:5,7 auf 1:1,9 (Becker & Tremel, 2006). Insofern bietet sich die Bereitstellung von Kinderbetreuung guter Qualität als eine Maßnahme zur Verbesserung der Chancengleichheit in einer Gesellschaft an. Solange die Familie in Deutschland einen so erheblichen Einfluss auf Bildungsbiografien hat, stehen ferner Anreize, Kinder selbst zu Hause zu betreuen (z.B. Betreuungsgeld), der Verbesserung der Chancengleichheit entgegen.[184] Familien sollten nicht in ihrer Wahlfreiheit eingeschränkt werden, aber Anreize sollten im Sinne der Schaffung von Chancengleichheit wenn überhaupt für und nicht gegen eine externe Betreuung gesetzt werden.

In allen vorgestellten Studien zur Rendite von frühkindlicher Bildung und Betreuung überstieg der wirtschaftlich messbare Nutzen die Kosten der Betreuung deutlich (vgl. Abschnitt 2.4). Kinderbetreuung schafft also nicht nur Arbeitsplätze, sie lohnte sich in den untersuchten Fällen auch finanziell. Für Deutschland bedarf es weiterer Studien zur Bestätigung der Ergebnisse aus anderen Ländern. Ein einfacher Vergleich von monatlichen Betreuungskosten und Löhnen ergibt allerdings auch für die Bundesrepublik ein positives Kosten-Nutzen-Verhältnis von wenigstens 1:1,5 (vgl. Abschnitt 2.4).[185] Ferner konnten Hanushek und Wößmann (2009) eindrucksvoll zeigen, welche positiven Auswirkungen höhere kognitive Fähigkeiten von Schülern auf das langfristige Wachstum einer Volkswirtschaft haben. Schlotter und Wößmann (2010) sowie Schütz et al. (2008) wiederum wiesen die positive Bedeutung einer längeren Kindergartenbesuchsdauer für die kognitiven Fähigkeiten von Schülern nach. Je früher Kinder gefördert wurden, desto besser entwickelten

---

[184] Bei einer Untersuchung der Einflussfaktoren auf die Ergebnisse von TIMSS und TIMSS-Repeat nahm Deutschland unter 54 Teilnehmerländern den fünften Platz ein, als die Länder nach Einfluss des familiären Hintergrunds gelistet wurden (Schütz et al., 2008).
[185] Diese Berechnung kann und soll, wie bereits erwähnt, keine detaillierte Analyse zu den Auswirkungen von Kinderbetreuung und dem daraus generierten gesellschaftlichen Nutzen ersetzen. Sie zeigt allerdings, dass bereits die Lohnkosten auf Höhe des aktuellen Mindestlohnniveaus (inkl. Arbeitgeberanteil) ab 21 Arbeitsstunden pro Woche die Kosten einer U3-Betreuung decken können (siehe Abschnitt 2.4).

sich ihre kognitiven Fähigkeiten (siehe Abbildung 2.7 zur Ertragsrate von Bildungsinvestitionen).

Unabhängig von volkswirtschaftlichen Nutzenerwägungen sichert Familien der Anspruch auf einen Betreuungsplatz für ihre Kinder die Möglichkeit zu arbeiten, und gibt ihnen dadurch die Freiheit, zwischen verschiedenen Familienmodellen wählen zu können. Ohne Kinderbetreuung muss jedes Paar zwischen Kindern und einer Berufstätigkeit beider Partner wählen. Da höhere Geburtenraten mit Blick auf die demographische Entwicklung in Deutschland wünschenswert sind, ist jede Maßnahme, die potentiellen Eltern die Entscheidung für Kinder erleichtert, zu begrüßen. Die exklusive Wahl zwischen Kindern und einer beruflichen Tätigkeit für wenigstens einen Partner stünde diesem Ziel eindeutig entgegen.

Eine große Menge an Betreuungsplätzen führt allerdings nicht zwangsläufig dazu, dass Eltern einen passenden Platz finden. Der Kinderbetreuungsmarkt ist für Eltern regional eng begrenzt, da sie ihre Einrichtung an jedem Betreuungstag zweimal aufsuchen müssen und sich aus diesem Grund das Angebot auf Kinderbetreuungseinrichtungen in ihrem unmittelbaren Umfeld beschränkt. Betreuungszeiten, der Preis, die Philosophie und viele andere Angebotsaspekte können Eltern weiter in ihren Auswahlmöglichkeiten einschränken. Um die für sie ideale Betreuungslösung identifizieren zu können, ist Transparenz unabdingbar. Diese wird durch zwei Besonderheiten erschwert. Erstens sind Eltern Kunden, nicht aber Konsumenten und erfahren die Betreuung nur indirekt über ihre Kinder, die sich häufig noch nicht detailliert dazu äußern können (vgl. Spieß & Tietze, 2002). Zweitens fehlt fast allen Eltern pädagogisches oder psychologisches Fachwissen (vgl. Emlen, 1998; Kreyenfeld & Wagner, 2000; Meyers & Jordan, 2006; Mocan, 2001; Spieß & Tietze, 2002). Eltern stehen daher den Anbietern von Kinderbetreuung in einem asymmetrischen Informationsverhältnis gegenüber und dies kann zu ineffizienten Entscheidungen führen. Ein Ziel der vorliegenden Arbeit war, anhand eines Fragebogens zur Bedeutung einzelner Aspekte einer Betreuung zu untersuchen, welche Aspekte Eltern in Deutschland bei der Suche und Bewertung von Kinderbetreuungslösungen wichtig sind. Dafür wurde auf der Grundlage anderer Studien mit ähnlicher Ausrichtung aber Stichproben aus anderen Ländern, hauptsächlich aus den USA, zunächst ein Modell der wesentlichen Faktoren zur Auswahl einer Kinderbetreuung entwickelt. Daraus flossen die objektiv vergleichbaren Faktoren auf Seiten der Betreuungseinrichtungen in Form von neun Skalen zu unterschiedlichen Angebotsaspekten in die Studie ein.

Bei der Bewertung zeigten die 498 Eltern der Stichprobe, dass sie durchaus in der Lage waren, differenzierte Bewertungen der Bedeutung der einzelnen Aspekte vorzunehmen. Sicherheit und soziale Aspekte wie Werte und Regeln bei der Erziehung der Kinder waren ihnen z.b. mit Bewertungsmittelwerten zwischen 4,4 und 4,7 von 5 möglichen Punkten am wichtigsten. Fragen nach dem kulturellen Hintergrund der anderen Familien in einer Einrichtung oder des Betreuungspersonals rangierten mit Bewertungen zwischen 2,4 und 2,8 Punkten am unteren Ende der Fragenliste. Nach einer weiteren Überprüfung der Reliabilität stehen die Skalen für weitere Studien zur Erfassung der für Eltern wesentlichen Aspekte einer Betreuung zur Verfügung.

Zur Untersuchung der Transparenz des deutschen Kinderbetreuungsmarktes bedurfte es neben der Erfassung der Bedeutung verschiedener Betreuungsaspekte noch der Erfassung des Informationsbeschaffungsaufwands der Eltern für die Fragen, die ihnen wichtig waren (Bewertung mit 4 oder 5 Punkten). Dieser fiel insgesamt und für die einzelnen Skalen mit Mittelwerten zwischen 2,88 und 3,65 von 5 Punkten relativ hoch aus. Bei keiner der Skalen sahen Eltern sich einem geringen Beschaffungsaufwand gegenüber, obwohl alle zur Bewertung vorgelegten Fragen von einer Einrichtung leicht zu beantworten gewesen sein sollten. Wenigstens für die Eltern der Stichprobe war der Kinderbetreuungsmarkt damit intransparent. Der große negative Effekt mangelnder Erreichbarkeit der Einrichtungen für die Informationsbeschaffung unterstreicht diesen Befund noch (siehe Abschnitt 3.2.4.3).

Die Stichprobe war in einigen Aspekten repräsentativ für die Grundgesamtheit aller Familien mit Betreuungsbedarf in Deutschland (z.B. regionale Verteilung auf alte und neue Bundesländer, durchschnittliche Kinderzahl und gewünschter Betreuungsumfang). Ausbildung, Bruttoeinkommen, Anteil der in Partnerschaften Lebenden und der Muttersprachler waren hingegen nicht repräsentativ. Viele weitere Merkmale ließen sich aus Mangel an Vergleichserhebungen nicht überprüfen. Insofern sind die Ergebnisse nicht ohne Einschränkungen generalisierbar und es bedarf Folgestudien mit möglichst repräsentativen Stichproben, bevor fundierte Aussagen getroffen werden können. In Kombination mit der vorliegenden Marktstruktur und den Ergebnissen aus anderen Ländern ist die Bestätigung der These eines intransparenten Marktes jedoch nach wie vor äußerst wahrscheinlich.

Wenigstens zwei der Akteure auf diesem Markt sollten in der Lage sein, die Transparenz für Eltern zu verbessern. Zum einen die Anbieter von Kinderbetreuung, die alle relevanten Informationen haben. Dass sie Eltern nicht mehr Informationen zur Verfügung stellen, ist voraussichtlich mangelndem Wettbewerb zuzuschreiben. Eltern buchen die verfügbaren Plätze aus einem Mangel an alternativen Angeboten auch ohne die von ihnen gewünschte Transparenz. Dieses Verhalten der Anbieter ist aus ihrer Perspektive heraus durchaus ökonomisch rational, da sie den Informationsvorteil zu ihren Gunsten nutzen können, indem Eltern z.B. Qualitätsmängel verborgen bleiben. Ihr Verhalten wird sich daher nur dann ändern, wenn sie durch echten Wettbewerb um Eltern und Kinder oder durch gesetzliche Regelungen dazu gezwungen werden. Zum anderen sollten die Jugendämter Eltern helfen können und müssen, da sie nach § 24 Abs. 5 SGB VIII gesetzlich verpflichtet sind, Eltern bei der Suche „zu informieren und sie bei der Auswahl zu beraten." Die Eltern der Stichprobe bewerteten Jugendämter als eine der am wenigsten hilfreichen Informationsquellen, darunter lagen lediglich Arbeitgeber und Vermittlungsagenturen. Jugendämter scheinen also ihrem gesetzlichen Auftrag gegenüber Eltern nicht in zufriedenstellendem Maße nachzukommen. Dabei muss berücksichtigt werden, dass die in dieser Studie untersuchten Aspekte alle objektiv und eindeutig zu beantworten sind und insofern mit relativ geringem Aufwand erfasst und vielen Eltern gleichzeitig zu Verfügung gestellt werden könnten.

Eine Möglichkeit zur Verbesserung der Informationslage der Eltern ist die Einführung einheitlicher pädagogischer Konzepte. Bisher werden diese zwar vor der Erteilung einer Betriebserlaubnis von den Jugendämtern geprüft, allerdings gibt es keine verbindlichen Vorgaben zu Inhalt und Format. Daher bieten die Konzepte unterschiedlicher Einrichtungen selten die Möglichkeit des direkten Vergleichs der jeweiligen Betreuungsangebote und, da Eltern in der Regel keine pädagogischen Experten sind, ist der Informationsgehalt für sie möglicherweise erheblich geringer als für Mitarbeiterinnen und Mitarbeiter der Jugendämter. Einrichtungen sollten nach wie vor die Möglichkeit haben, außerhalb vorgegebener Fragen ihre grundsätzliche pädagogische Philosophie darstellen zu können. Allerdings dürfte es die Transparenz erheblich steigern, wenn sie einen einheitlichen Katalog mit konkreten Fragen zu ihrer Betreuung schriftlich beantworten und veröffentlichen würden. Immerhin drückt sich die pädagogische Philosophie immer in den Handlungen des Betreuungspersonals aus und je transparenter diese sind, desto besser können

Eltern die vorgenommene Erziehung einschätzen und mit ihren Vorstellungen abgleichen. Die vorliegende Studie bietet erste Anhaltspunkte dafür, welche Fragen für Eltern relevant sein könnten.

In ihrer Struktur einheitliche pädagogische Konzepte mit konkreten Fragen zur Betreuung (z.B. „Welche Regeln gibt es für Kinder?", „Wie viel Zeit verbringen die Kinder täglich draußen?" oder „Wie wird die Schulbereitschaft der Kinder unterstützt?") hätten mehrere weitere Vorteile. Erstens gäbe es dadurch in jeder Einrichtungen für das Betreuungspersonal einheitliche und verbindliche Richtlinien, wie das pädagogische Konzept konkret umzusetzen ist. Dies würde den Betreuungskräften die Arbeit erleichtern. Zweitens könnten sich Bewerberinnen und Bewerber auf Stellen in Betreuungseinrichtungen vorher diejenigen aussuchen, deren Konzepte sich am ehesten mit ihrer Betreuungsphilosophie decken. Mögliche spätere Konflikte über die richtige Betreuung und eine damit verbundene größere Fluktuation des Personals könnten dadurch gemindert werden. Drittens wüssten Eltern vorher, welche Betreuung sie zu erwarten haben. Dies kann einer Einrichtung viel Aufwand im Umgang mit den Eltern der dort betreuten Kinder ersparen, da die Erwartungen der Eltern nicht erheblich von dem abweichen dürften, was die Einrichtung in ihrem Konzept versprochen hat. Solange die Einrichtung nicht ohne nachvollziehbare Gründe von den vorher selbst festgelegten Regeln abwiche, könnten die Erwartungen der Eltern kaum enttäuscht werden. Sobald Eltern allerdings auf Grund mangelnder Informationen Erwartungen bilden, die von dem abweichen, was die Einrichtung zu leisten bereit ist, besteht die Gefahr von Unzufriedenheit.

Eine weitere Verbesserung der Transparenz könnte durch die regelmäßige Befragung von Eltern einer Einrichtung zu wesentlichen Betreuungsaspekten erreicht werden. Ihr Mangel an pädagogischem Fachwissen verhindert ohne Schulungen die seriöse Bewertung pädagogischer Prozessqualität. Allerdings sind Eltern, die Erfahrung mit einer Einrichtung gemacht haben, durchaus in der Lage, zuverlässige Informationen zu anderen Aspekten, insbesondere der Strukturqualität, zu geben. Beispiele sind die Zuverlässigkeit der Einrichtung bei getroffenen Vereinbarungen, die Häufigkeit von Personalwechseln, sichtbare Sicherheitsmaßnahmen, Qualität und Quantität der Kommunikation zwischen Einrichtung und Eltern sowie Sauberkeit bzw. Hygiene in der Einrichtung. Der Vorteil gegenüber Bewertungen durch pädagogische Experten sind erheblich geringere Kosten und die fast tägliche Präsenz der Eltern, die ihnen einen deutlich besseren Einblick in die durchschnittliche Strukturqualität einer Einrichtung geben dürfte. Notwendige Bedingung wäre allerdings, dass die Ergebnisse allen Interessierten zugänglich gemacht werden. Ein bis zwei Elternbefragungen pro Jahr, flächendeckend in allen deutschen Einrichtungen und lediglich zu den Dingen, die Eltern ohne pädagogisches Fachwissen seriös beurteilen können, würden die Markttransparenz enorm steigern. Die Ergebnisse wären für Eltern hilfreich, da sie zusätzliche Informationen zur Zufriedenheit anderer Eltern in einer Einrichtung erhielten und sich so schon vor der Entscheidung für einen Betreuungsplatz ein besseres Bild machen könnten. Auch die Jugendämter würden profitieren, da die Ergebnisse Hinweise geben könnten, welche Einrichtungen möglicherweise Unterstützung benötigen. Einrichtungen könnten frühzeitig Bereiche identifizieren, in denen sie sich verbessern können oder in denen sie die Gründe für ihr Handeln den Eltern besser erklären sollten.

Es handelt sich im Kinderbetreuungsmarkt weitestgehend um durch Elternbeiträge und Steuergelder finanzierte Dienstleister. Daher sollte für Eltern und die gesamte Gesellschaft größtmögliche Transparenz hergestellt werden. Die bisherigen Versuche, Qualitätsmessung und –überwachung im deutschen Kinderbetreuungsmarkt einzuführen, erwecken jedoch den Eindruck, dass ein mögliches Bedürfnis der Gesellschaft nach Transparenz dem Schutz der Betreuungseinrichtungen und Träger, letztlich auch der Jugendämter und Politiker als Verantwortlichen, vor Kritik untergeordnet wird (siehe Abschnitt 3.1.4).

Kinderbetreuung kann für die betreuten Kinder, ihre Familien und die gesamte Gesellschaft von Vorteil sein. Die Beweisführung ist auf wirtschaftlicher Seite leichter, da kurzfristige Effekte auf den Arbeitsmarkt und ihre Folgen gut abschätzbar sind. Auf der entwicklungspsychologischen Seite gestaltet sie sich deutlich schwieriger, da die Auswirkungen mit höherem Aufwand gemessen werden müssen und insbesondere die langfristigen Entwicklungen von Interesse sind. Trotzdem deuten auch hier fast alle Ergebnisse wenigstens auf kleine positive Effekte hin, die allerdings viele Kinder ihr Leben lang begleiten. Auf Grund der individuellen und gesamtgesellschaftlichen Relevanz von Kinderbetreuung sollten Ineffizienzen möglichst beseitigt werden. Intransparenz erlaubt Anbietern ungestraft qualitativ schlechte Betreuung anzubieten, steigert für Eltern den Aufwand der Suche nach einem Betreuungsplatz erheblich und erhöht gleichzeitig ihr Risiko einer Fehlentscheidung. Für Jugendämter und Politiker, die mehr den Eltern und Steuerzahlern als den Trägern verpflichtet sein sollten, sollte die Beseitigung von Intransparenz daher Priorität haben. In der Forschung sollte in Deutschland erstens die Untersuchung kurz- und langfristiger Folgen von Kinderbetreuung für die Entwicklung der Kinder intensiviert werden, um die Finanzierung qualitativ hochwertiger Betreuung besser rechtfertigen und Eltern fundierter über den Nutzen für sie und ihre Kinder aufklären zu können. Zweitens bedarf es weiterer Untersuchungen zum Wahlverhalten von Eltern im Kinderbetreuungsmarkt. Eltern sind diejenigen, die sich für oder gegen Kinderbetreuung entscheiden und die zu den Bedürfnissen ihrer Familie passende aussuchen. Pädagogische Qualität ist dabei nur ein Faktor von vielen. Unkenntnis und Ignoranz der Wünsche und Bedürfnisse von Familien ist fahrlässig, da sie Eltern zu einer Wahl zwischen Praktikabilität und Qualität zwingt. In der Folge werden möglicherweise pädagogisch sehr gute Betreuungsangebote nicht ausreichend nachgefragt, obwohl Eltern sie an sich gerne nutzen würden. Damit bliebe das volle Potential individueller und gesellschaftlicher Vorteile der Kinderbetreuung ungenutzt. Dies ist weder uns noch unseren Kindern zu wünschen.

Literaturverzeichnis

Achenbach, T. M. & Rescorla, L. A. (2000). *Manual of ASEBA preschool forms and profiles*. Burlington, VT: University of Vermont, Research Center for Children, Youth, and Families.

Akerlof, G. A. (1970). The market for „lemons": Quality uncertainty and the market mechanism. *The Quarterly Journal of Economics*, 84 (3), 488-500.

Andersson, B.-E. (1992). Effects of day-care on cognitive and socioemotional competence of thirteen-year-old swedish schoolchildren. *Child Development*, 63 (1), 20-36.

Arnett, J. (1989). Caregivers in day care centers: Does training matter? *Journal of Applied Developmental Psychology*, 10 (4), 541-552.

ASVAB (2015). *Understanding ASVAB Scores*. http://official-asvab.com/ understand_coun.htm. Abruf am 02.06.2015.

Atkinson, A. M. (1994). Rural and urban families' use of child care. *Family Relations*, 43 (1), 16-22.

Barrick, M. R. & Mount, M. K. (1991). The Big Five personality dimensions and job performance: A meta-analysis. *Personnel Psychology*, 44 (1), 1-26.

Barnett, W. S. & Masse, L. N. (2007). Comparative benefit-cost analysis of the Abecedarian program and its policy implications. *Economics of Education Review*, 26, 113-126.

Becker, R. & Tremel, P. (2006). Auswirkungen vorschulischer Kinderbetreuung auf die Bildungschancen von Migrantenkindern. *Soziale Welt*, 57, 397-418.

Beckett, C., Maughan, B., Rutter, M., Castle, J., Colvert, E., Groothues, C., Kreppner, J., Stevens, S., O'Connor, T. G. & Sonuga-Barke, E. J. S. (2006). Do the effects of early severe deprivation on cogniton persist into early adolescence? Findings from the English and Romanian adoptees study. *Child Development*, 77 (3), 696-711.

Belsky, J. (2009). Classroom composition, childcare history and social development: Are childcare effects disappearing or spreading? *Social Development*, 18 (1), 230-238.

Belsky, J., Vandell, D. L., Burchinal, M., Clarke-Stewart, K. A., McCartney, K. & Owen, M. T. (2007). Are there long-term effects of early child care? *Child Development*, 78 (2), 681-701.

Benjamini, Y. & Hochberg, Y. (1995). Controlling the false discovery rate: A practical and powerful approach to multiple testing. *Journal of the Royal Statistical Society, Series B (Methodological)*, 57 (1), 289-300.

Bergold, S., Röhr-Sendlmeier, U. M., Heuser, K., Bieling, C. & Burdorf, A. (2014). Jugendliche an allgemein bildenden Schulen – leistungsbezogene Merkmale vor dem Hintergrund elterlicher Leistungsmotivation und Berufstätigkeit. In U. M. Röhr-Sendlmeier (Hrsg.). *Berufstätige Mütter und ihre Familien*. Lebenslang Lernen, Band 12. Berlin: Logos Verlag, 87-113.

Bereiter, C. & Engelmann, S. (1966). *Teaching the disadvantaged child in the preschool*. Englewood Cliffs, NJ: Prentice Hall.

Bertelsmann Stiftung (2014). *Tabellen zum Ländermonitor – Stand Juli 2014*. http://www.laendermonitor.de/typo3conf/ext/jp_downloadslm/pi1/download.php?datei=fileadmin/contents/downloads/2014/tabellen_juli_2014.pdf.zip&ftype=zip. Abruf am 28.10.2014.

Bertelsmann Stiftung (2015). *Ländermonitor Frühkindliche Bildungssysteme – Pädagogisches Personal – Beschäftigungsumfang (Tab. 29)*. http://www.laendermonitor.de/fileadmin/contents/indikatoren/datenblätter_2015/tab_29_lm15.jpg. Abruf am 27.10.2015.

Binet, A. & Simon, T. (1916). *The development of intelligence in children (The Binet-Simon Scale)*. Psychological Science. Baltimore, MD: Williams & Wilkins Co.

Blau, D. M. (1991). The quality of child care: An economic perspective. In D. M. Blau (Hrsg.). *The economics of child care*. New York: Russel Sage Foundation, 145-173.

Bock-Famulla (2015). *Volkswirtschaftlicher Ertrag von Kindertagesstätten. Die wichtigsten Ergebnisse der Untersuchung.* Gutachten im Auftrag der Max-Traeger-Stiftung der Gewerkschaft Erziehung und Wissenschaft (GEW). http://www.uni-bielefeld.de/Universitaet/Einrichtungen/Pressestelle/ dokumente/Studie_Kindertagesstaetten.html. Abruf am 09.07.2015.

Brooks-Gunn, J., Cunha, F., Duncan, G., Heckman, J. J. & Sojourner, A. (2006). *A reanalysis of the IHDP Program.* Unveröffentlichtes Manuskript. Infant Health and Development Program, Northwestern University.

Bundesamt für Statistik (2015). *Familienergänzende Kinderbetreuung. Nachfrage.* http://www.bfs.admin.ch/bfs/portal/de/index/themen/01/04/blank/ key/04/01.html. Abruf am 04.09.2015.

Bundesanzeiger (2014). Gesetz zur weiteren Entlastung von Ländern und Kommunen ab 2015 und zum quantitativen und qualitativen Ausbau der Kindertagesbetreuung sowie zur Änderung des Lastenausgleichsgesetzes. *Bundesgesetzblatt Jahrgang 2014 Teil I Nr. 63.* 2411-2414. Bundesanzeiger Verlag.

Bundesministerium für Familie, Frauen, Senioren und Jugend (BMFSFJ) (2003). *Perspektiven zur Weiterentwicklung des Systems der Tageseinrichtungen für Kinder in Deutschland: Zusammenfassungen und Empfehlungen.* http://www.bmfsfj.de/RedaktionBMFSFJ/Internetredaktion/Pdf-Anlagen/gutachten-perspektiven-zur-weiterentwicklung, property=pdf.pdf. Abruf am 14.09.2015.

Bundesverfassungsgericht (BVerfG) (2015). *Urteil des ersten Senats vom 21. Juli 2015.* Az. 1 BvF 2/13.

Burger, K. (2010). How does early childhood care and education affect cognitive development? An international review of the effects of early interventions for children from different social backgrounds. *Early Childhood Research Quarterly,* 25, 140-165.

Cairns, R. B., McGuire, A. M. & Gariépy, J.-L. (1993). Developmental behavior genetics: Fusion, correlated constraints, and timing. In D. F. Hay & A.

Angold (Hrsg.). *Precursors and causes in development and psychopathology.* New York: Wiley, 87-122.

Caldwell, B. M. & Bradley, R. H. (1984). *Home observation for measurement of the environment.* Little Rock: University of Arkansas Press.

Clark, L. A. & Watson, D. (1995). Constructing validity: Basic issues in objective scale development. *Psychological Assessment,* 7 (3), 309-319.

Connelly, R. (1991). The importance of child care costs to women's decision making. In D. M. Blau (Hrsg.). *The economics of child care.* New York: Russel Sage Foundation, 87-117.

Cohen, J. (1988). *Statistical power analysis for the behavioral sciences.* 2. Auflage. Hillsdale, NJ: Erlbaum.

Cohen, D. & Soto, M. (2007). Growth and human capital: Good data, good results. *Journal of Economic Growth,* 12 (1), 51-76.

Cryer, D. (1999). Defining and assessing early childhood program quality. *The Annals of the American Academy of Political and Social Science,* 563, 39-55.

Cryer, D. & Burchinal, M. (1997). Parents as child care consumers. *Early Childhood Research Quarterly,* 12, 35-58.

Cryer, D., Tietze, W. & Wessels, H. (2002). Parents' perception of their children's child care: A cross-national comparison. *Early Childhood Research Quarterly,* 17, 259-277.

Cunha, F. & Heckman, J. J. (2006). *Investing in our young people.* Unveröffentlichtes Manuskript. University of Chicago, Department of Economics.

Cunha, F. & Heckman, J. J. (2008a). Formulating, identifying and estimating the technology of cognitive and noncognitive skill formation. *The Journal of Human Resources,* 13 (4), 738-782.

Cunha, F. & Heckman, J. J. (2008b). *Formulating, identifying and estimating the technology of cognitive and noncognitive skill formation. Web Appendix.* http://jenni.uchicago.edu/idest-tech/. Abruf am 02.06.2015.

Cunha, F. & Heckman, J. J. (2010). Investing in our young people. *NBER Working Paper 16201*. National Bureau of Economic Research.

Cunha, F., Heckman, J. J. & Schennach, S. (2010a). Estimating the technology of cognitive and noncognitive skill formation. *Econometrica*, 78 (3), 883-931.

Cunha, F., Heckman, J. J. & Schennach, S. (2010b). *Web Supplement for Estimating the technology of cognitive and noncognitive skill formation.* http://jenni.uchicago.edu/elast-sub/. Abruf am 01.06.2015.

Cunha, F., Heckman, J. J., Lochner, L. & Masterov, D. V. (2006). Interpreting the evidence on life cycle skill formation. In: E. A. Hanushek und F. Welch (Hrsg.). *Handbook of the Economics of Education*. Vol. 1. Amsterdam: North-Holland, 697-812.

Currie, J. & Thomas, D. (1995). Does Head Start make a difference? *American Economic Review*, 85 (3), 341-364.

Davis, E. E. & Connelly, R. (2005). The influence of local price and availability on parents' choice of child care. *Population Research and Policy Review*, 24, 301-334.

Deutsches Jugendinstitut (DJI) (2014). *Die öffentliche Kinderbetreuung für unter Dreijährige: (Eltern-)Bedarfe und ihre Veränderungen zwischen 2012 und 2013. Befunde der ersten und zweiten KiföG-Bundesländerstudie.* München: Deutsches Jugendinstitut.

Dohmen, D. (2005). *Kosten und Nutzen eines Gütesiegels für Kindertageseinrichtungen.* Studie im Auftrag des Deutschen Jugendinstituts. FiBS-Forum Nr. 23. ISSN: 1610-3548. Köln: Forschungsinstitut für Bildungs- und Sozialökonomie.

Dunn, L. M. & Dunn, L. M. (1981). *Peabody picture vocabulary test-revised.* Circle Pines, MN: American Guidance Service.

Ehrle, J., Adams, G. & Tout, K. (2001). Who's caring for our youngest children? Child care patterns of infants and toddlers. *Occasional Paper Number 42*. Washington, DC: The Urban Institute.

Emlen, A. C. (1998). *From a parent's point of view: Flexibility, income, and quality of child care* (background paper for the meeting "Child Care in the New Policy Context", NIH Campus). https://www.rri.pdx.edu/files/548/pdfBethesda1998.pdf. Abruf am 12.04.2014.

Fabrigar, L. R., Wegener, D. T., MacCallum, R. C. & Strahan, E. J. (1999). Evaluating the use of exploratory factor analysis in psychological research. *Psychological Methods,* 4 (3), 272-299.

Feinstein, L. (2003). Inequality in the early cognitive development of British children in the 1970 cohort. *Economica,* 70, 73-97.

Fuller, B., Holloway, S. D., Rambaud, M. & Eggers-Piérola, C. (1996). How do mothers choose child care? Alternative cultural models in poor neighborhoods, *Sociology of Education,* 69 (2), 83-104.

Gariépy, J.-L. (1995). The evolution of a developmental science: Early determinism, modern interactionism, and a new systematic approach. *Annals of Child Development,* 11, 167-224.

Gilbert, M. R. (1998). „Race," space, and power: The survival strategies of working poor women. *Annals of the Association of American Geographers,* 88 (4), 595-621.

Groos, T. & Jehles, N. (2015). Der Einfluss von Armut auf die Entwicklung von Kindern: Ergebnisse der Schuleingangsuntersuchung. *Schriftenreihe Arbeitspapiere wissenschaftliche Begleitforschung „Kein Kind zurücklassen!".* Band 3. Gütersloh/Bochum: Bertelsmann Stiftung/Zentrum für interdisziplinäre Regionalforschung (ZEFIR).

Hank, K. & Kreyenfeld, M. (2003). A multilevel analysis of child care and women's fertility decisions in western Germany. *Journal of Marriage and the Family,* 65 (3), 584-596.

Hanushek, E. A. & Kimko, D. D. (2000). Schooling, labor force quality, and the growth of nations. *American Economic Review,* 90 (5), 1184-1208.

Hanushek, E. A. & Wößmann, L. (2008). The role of cognitive skills in economic development. *Journal of Economic Literature,* 46 (3), 607-668.

Hanushek, E. A. & Wößmann, L. (2009). Do better schools lead to more growth? Cognitive skills, economic outcomes, and causation. *IZA Discussion Paper No. 4575*. Bonn: Forschungsinstitut zur Zukunft der Arbeit.

Harms, T. & Clifford, M. (1980). *The Early Childhood Environment Rating Scale*. New York: Teachers College Press.

Harms, T., Clifford, M. & Cryer, D. (1998). *Early Childhood Environment Rating Scale, Revised Edition (ECERS-R)*. Vermont: Teachers College Press.

Heckman, J. J. (2008). Schools, skills, and synapses. *Economic Inquiry*, 46 (3), 289-324.

Heckman, J. J. (2011). Integrating personality psychology into Economics. *IZA Discussion Paper No. 5950*. Bonn: Forschungsinstitut zur Zukunft der Arbeit.

Heckman, J. J. & LaFontaine, P. A. (2006). Bias corrected estimates of GED returns. *Journal of Labor Economics*, 24 (3), 661-700.

Heckman, J. J. & Masterov, D. V. (2007). The productivity argument for investing in young children. *IZA Discussion Paper No. 2725*. Bonn: Forschungsinstitut zur Zukunft der Arbeit.

Heckman, J. J. & LaFontaine, P. A. (2008). *The GED and the problem of noncognitive skills in America*. Unveröffentlichtes Buchmanuskript. University of Chicago, Department of Economics.

Heckman, J. J., Hsee, J. & Rubinstein, Y. (2001). *The GED is a ‚mixed signal': The effect of cognitive and noncognitive skills on human capital and labor market outcomes*. Unveröffentlichtes Working Paper. University of Chicago, Department of Economics.

Heckman, J. J., Stixrud, J. & Urzúa, S. (2006). The effects of cognitive and noncognitive abilities on labor market outcomes and social behavior. *Journal of Labor Economics*, 24 (3), 411-482.

Heckman, J. J., Stixrud, J. & Urzúa, S. (2015). Web appendix to „The effects of cognitive and noncognitive abilities on labor market outcomes and social behavior". http://jenni.uchicago.edu/noncog/. Abruf am 03.10.2015.

Heckman, J. J., Humphries, J. E., Urzúa, S. & Veramendi, G. (2011). The effects of educational choices on labor market, health, and social outcomes. *Working Paper No. 2011-002.* Human Capital and Economic Opportunity Working Group.

Heckman, J. J., Humphries, J. E., Urzúa, S. & Veramendi, G. (2013). Appendix to „The effects of educational choices on labor market, health, and social outcomes". http://jenni.uchicago.edu/effects-school-labor/. Abruf am 03.10.2015.

Heckman, J. J., Moon, S. H., Pinto, R., Savelyev, P. & Yavitz, A. (2010). The rate of return to the HighScope Perry Preschool Program. *Journal of Public Economics,* 94, 114-128.

Heifer, B. (2004). *Die Heifer-Methode – Methode der Laut-Farbverknüpfung. Eine ganzheitliche Methode zur Schulung der phonologischen Bewusstheit als Grundlage der Lese- und Schreibkompetenz.* Bonn: Habelt.

Heston, A., Summer, R. & Aten, B. (2002). *Penn World Table Version 6.1.* Center for International Comparisons at the University of Pennsylvania (CICUP).

Hohmann, M. & Weikart, D. P. (1995). *Educating young children: Active learning practices for preschool and child care programs.* Ypsilanti, MI: High/Scope Press.

Hohmann, M., Banet, B. & Weikart, D. P. (1979). *Young children in action: A manual for preschool educators.* Ypsilanti, MI: High/Scope Press.

Howes, C. & Stewart, P. (1987). Child's play with adults, toys, and peers: An examination of family and child care influences. *Developmental Psychology,* 23, 423-430.

Kensinger Rose, K. & Elicker, J. (2008). Parental decision making about child care. *Journal of Family Issues,* 29 (9), 1161-1184.

Kim, J. & Fram, M. S. (2009). Profiles of choice: Parents' patterns of priority in child care decision-making. *Early Childhood Research Quarterly,* 24, 77-91.

Kinderbildungsgesetz (KiBiz). In der Fassung vom 30. Oktober 2007 (GV. NRW. S. 462), geändert durch Artikel 1 des Gesetzes vom 17. Juni 2014 (GV. NRW. S. 336).

Kinderförderungsgesetz (KiföG). In der Fassung vom 10. Dezember 2008 (BGBl. I S. 2403).

Klüsener, S., Neels, K. & Kreyenfeld, M. (2013). Familiy policies and the western European fertility divide: Insights from a natural experiment in Belgium. *Population and Development Review,* 39 (4), 587-610.

Kolvenbach, F.-J. (2010). Ausgaben der öffentlichen Hand für Kindertagesbetreuung. *Wirtschaft und Statistik,* 11, 1003-1012.

Kreyenfeld, M., Spieß, C. K. & Wagner, G. G. (2001). *Finanzierungs- und Organisationsmodelle institutioneller Kinderbetreuung: Analysen zum Status quo und Vorschläge zur Reform. Kurzfassung der Studie und aktuelle Schlussfolgerungen.* https://www.diw.de/documents/dokumentenarchiv/17/38773/diw_hbs_kita.pdf. Abruf am 21.07.2015.

Landschaftsverband Rheinland (LVR) (2015). Förderung nach dem Gesetz zur frühen Bildung und Förderung von Kindern (Kinderbildungsgesetz - KiBiz). *Rundschreiben Nr. 42/898/2015.* Landschaftsverband Rheinland.

Landschaftsverband Rheinland (LVR) & Landschaftsverband Westfalen-Lippe (LWL) (2012). *Empfehlungen zum Raumprogramm für Kindertageseinrichtungen.* http://www.lvr.de/media/wwwlvrde/jugend/service/arbeitshilfen/dokumente_94/kinder_und_familien/tageseinrichtungen_f_r_kinder/2012-09-01-Raummatrix.pdf. Abruf am 29.04.2015.

Lazear, E. P. (2003). Teacher Incentives. *Swedish Economic Policy Review, 10 (3),* 179-214.

Lee, D. W. & Lee, T. H. (1995). Human capital and economic growth tests based on the international evaluation of educational achievement. *Economic Letters,* 47 (2), 219-225.

Linting, M. & van IJzendoorn, M. H. (2009). Dissipating or diffusing aggression after non-maternal childcare? Commentary on a novel hypothesis. *Social Development*, 18 (1). 239-246.

Long, P., Wilson, P., Kutnick, P. & Telford, L. (1996). Choice and childcare: A survey of parental perceptions and views. *Early Child Development and Care*, 199 (1), 51-63.

Love, J. M., Kisker, E. E., Ross, C., Raikes, H., Constantine, J., Boller, K., Brooks-Gunn, J., Chazan-Cohen, R., Banks Tarullo, L., Brady-Smith, C., Sidle Fuligni, A., Schochet, P. Z., Paulsell, D. & Vogel, C. (2005). The effectiveness of Early Head Start for 3-year-old children and their parents: Lessons for policy and programs. *Developmental Psychology*, 41 (6), 885-901.

Lucas-Thomspon, R. G., Goldberg, W. A. & Prause, J. (2010). Maternal work early in the lives of children and its distal associatons with achievement and behavior problems: A meta-analysis. *Psychological Bulletin*. Advance online publication. doi: 10.1037/a0020875.

Martschinke, S., Kirschhock, E. & Frank, A. (2004). *Diagnose und Förderung im Schriftspracherwerb. Der Rundgang durch Hörhausen*. Donauwörth: Auer.

Merell, K. W. & Caldarella, P. (2008). *Home & Community Social Behavior Scales (HCSBS)*. East Peoria, IL: Versa Press.

Meyer, G. J., Finn, S. E., Eyde, L. D., Kay, G. G., Moreland, K. L., Dies, R.R., Eisman, E. J., Kubiszyn, T. W. & Reed, G. M. (2001). Psychological testing and psychological assessment: A review of evidence and issues. *American Psychologist*, 56 (2), 128-165.

Meyers, M. K. & Jordan, L. P. (2006). Choice and accommodation in parental child care decisions. *Community Development: Journal of the Community Development Society*, 37 (2), 53-70.

Mocan, H. N. (2001). Can consumers detect lemons? Information asymmetry in the market for child care. *NBER Working Paper 8291*. National Bureau of Economic Research.

Mulligan, C. B. (1999). Galton versus the human capital approach to inheritance. *Journal of Political Economy,* 107 (6), S184-S224.

Murnane, R. J., Willet, J. B., Duhaldeborde, Y. & Tyler, J. H. (2001). How important are the cognitive skills of teenagers in predicting subsequent earnings. *Journal of Policy Analysis and Management,* 19 (4), 547-568.

National Longitudinal Surveys (NLS) (2015a). *National Longitudinal Survey of Youth 1979. Sample Design & Screening Process.* https://www.nlsinfo.org/content/cohorts/nlsy79/intro-to-the-sample/sample-design-screening-process. Abruf am 18.05.2015.

National Longitudinal Surveys (NLS) (2015b). *National Longitudinal Survey of Youth 1979. Retention and Reasons for Noninterview.* https://www.nlsinfo.org/content/cohorts/nlsy79/intro-to-the-sample/retention-reasons-noninterview. Abruf am 18.05.2015.

National Longitudinal Surveys (NLS) (2015c). *National Longitudinal Survey of Youth 1979. NLSY79 Appendix 21: Attitudinal Scales.* https://www.nlsinfo.org/content/cohorts/nlsy79/other-documentation/codebook-supplement/nlsy79-appendix-21-attitudinal-scales. Abruf am 01.06.2015.

National Longitudinal Surveys (NLS) (2015d). *National Longitudinal Survey of Youth 1979. Aptitude, Achievement & Intelligence Scores.* https://www.nlsinfo.org/content/cohorts/nlsy79/topical-guide/education/aptitude-achievement-intelligence-scores. Abruf am 02.06.2015.

NICHD (1996). Characteristics of infant child care: Factors contributing to positive caregiving. *Early Childhood Research Quarterly,* 11, 269-306.

NICHD (2002a). Child-care structure – process – outcome: Direct and indirect effects of child-care quality on young children's development. *Psychological Science,* 13 (3), 199-206.

NICHD (2002b). Early child care and children's development prior to school entry: Results from the NICHD study of early child care. *American Educational Research Journal,* 39 (1), 133-164.

Oberverwaltungsgericht (OVG) NRW (2013). *Beschluss vom 14. August 2013.* Az. 12 B 793/13.

OECD (2004a). *Die Politik der frühkindlichen Betreuung, Bildung und Erziehung in der Bundesrepublik Deutschland.* Organisation für wirtschaftliche Zusammenarbeit und Entwicklung.

OECD (2004b). *Learning for tomorrow's world. First results from PISA 2003.* doi: 10.1787/19963777. Organisation für wirtschaftliche Zusammenarbeit und Entwicklung.

OECD (2006). *Starting Strong II. Early childhood education and care.* ISBN: 92-64-03545-1. Organisation für wirtschaftliche Zusammenarbeit und Entwicklung.

OECD (2014). *Education at a glance 2014: OECD indicators.* OECD Publishing.

Palacios, J. & Lera, M.-J. (1991). Observation of activities in preschool (OAP). *European Journal of Psychology of Education,* 11, 139-150.

Peisner-Feinberg, E. S., Burchinal, M. R., Clifford, R. M., Culkin, M. L., Howes, C., Kagan, S. L., Yazejian, N., Byler, P., Rustici, J. & Zelazo, J. (1999a). *The children of the Cost, Quality, and Outcomes Study go to school: Executive summary.* Chapel Hill: University of North Carolina at Chapel Hill, Frank Porter Graham Child Development Center.

Peisner-Feinberg, E. S., Burchinal, M. R., Clifford, R. M., Culkin, M. L., Howes, C., Kagan, S. L., Yazejian, N., Byler, P., Rustici, J. & Zelazo, J. (1999b). *The children of the Cost, Quality, and Outcomes Study go to school: Technical report.* Chapel Hill: University of North Carolina at Chapel Hill, Frank Porter Graham Child Development Center.

Petermann, F. (2009). *Sozialpädiatrisches Entwicklungsscreening für Schuleingangsuntersuchungen – SOPESS – Handanweisung zur Durchführung und Auswertung.* Düsseldorf: LIGA.NRW.

Peyton, V., Jacobs, A., O'Brien, M. & Roy, C. (2001). Reasons for choosing child care: Associations with family factors, quality, and satisfaction. *Early Childhood Research Quarterly,* 16, 191-208.

Promising Practices Network (PPN) (2015). *Infant Health and Development Program*. http://www.promisingpractices.net/program.asp?programid=136#bibliography. Abruf am 20.05.2015.

Puma, M., Bell, S., Cook, R., Heid, C., Broene, P., Jenkins, F., Mashburn, A. & Downer, J. (2012). *Third grade follow-up to the Head Start impact study final report. OPRE Report 2012-45*. Washington, DC: Office of Planning, Research and Evaluation, Administration for Children and Families, U.S. Department of Health and Human Services.

Pungello, E. P. & Kurtz-Costes, B. (1999). Why and how working women choose child care: A review with a focus on infancy. *Developmental Review*, 19, 31-96.

QualiKita (2015). www.quali-kita.ch. Abruf am 04.09.2015.

Renger, K. (2007). *Die Transfereffekte der Heifer-Förderung im letzten Vorschuljahr auf den Schriftspracherwerb im ersten Grundschuljahr – eine Langzeitstudie*. Unveröffentlichte Diplomarbeit, Rheinische Friedrich-Wilhelms-Universität Bonn.

Reynolds, A. J., Temple, J. A., Robertson, D. L. & Mann, E. A. (2001). Long-term effects of an early childhood intervention on educational achievement and juvenile arrest. *Journal of the American Medical Association*, 285 (18), 2339-2346.

Roberts, B. W., Kuncel, N. R., Shiner, R., Caspi, A. & Goldberg, L. R. (2007). The power of personality: The comparative validity of personality traits, socioeconomic status, and cognitive ability for predicting important life outcomes. *Perspectives on Psychological Science*, 2, 313-345.

Röhr-Sendlmeier, U. M. (2007). Evaluation der Frühförderung. In U. M. Röhr-Sendlmeier (Hrsg.). *Frühförderung auf dem Prüfstand: Die Wirksamkeit von Lernangeboten in Familie, Kindergarten und Schule*. Lebenslang Lernen, Band 1. Berlin: Logos Verlag, 1-15.

Röhr-Sendlmeier, U. M. (2009). Berufstätige Mütter und die Schulleistungen ihrer Kinder. *Bildung und Erziehung,* 62, 225-242.

Röhr-Sendlmeier, U. M. & Krag, K. (2007). Laut-Farb-Verknüpfung als Baustein der Frühförderung: Eine Längsschnittstudie zur Entwicklung phonologischer Bewusstheit und Buchstabenkenntnis. *Zeitschrift für Heilpädagogik,* 58, 250-257.

Röhr-Sendlmeier, U. M. & Rauch-Redeker, B. (2009). Frühe phonologische Bewusstheit und Orthographieerwerb in den ersten Grundschuljahren: Teil III der Längsschnittstudie zur Laut-Farb-Verknüpfung im Kindergarten. *Zeitschrift für Heilpädagogik,* 60, 188-196.

Röhr-Sendlmeier, U.M. & Kröger, M. (2014). Leistungsmotivation, schulisches Selbstkonzept und Berufswahlbereitschaft von jugendlichen Gymnasiasten im Kontext mütterlicher Berufstätigkeit. In U. M. Röhr-Sendlmeier (Hrsg.). *Berufstätige Mütter und ihre Familien.* Lebenslang Lernen, Band 12. Berlin: Logos Verlag, 56-86.

Röhr-Sendlmeier, U. M., Bergold, S., Jöris, A., Cummings, A. V., Heim, K. & Johannen, E. (2012). Berufstätige Mütter und sozial-emotionale Kompetenzen ihrer Kinder. *Zeitschrift für Familienforschung,* 24 (3), 269-294.

Rolnick, A. & Grunewald, R. (2003). *Early childhood development: Economic development with a high public return. Technical report.* Minneapolis, MN: Federal Reserve Bank of Minneapolis.

Rosenberg, M. (1965). *Society and the adolescent self-image.* Princeton: Princeton University Press.

Rosvold, H. E., Mirsky, A. F., Sarason, I., Bransome, E. D. & Beck, L. H. (1956). A continuous performance test of brain damage. *Journal of Consulting Psychology,* 20, 343-350.

Rost, D. H. (2013). *Interpretation und Bewertung pädagogisch-psychologischer Studien.* 3. Auflage. Bad Heilbrunn: Verlag Julius Klinkhardt.

Rotter, J. B. (1966). Generalized expectancies for internal versus external control of reinforcement. *Psychological Monographs: General and Applied,* 80 (1), 1-28.

Roux, S. & Tietze, W. (2007). Effekte und Sicherung von (Bildungs-)Qualität in Kindertageseinrichtungen. *Zeitschrift für Soziologie der Erziehung und Sozialisation,* 27 (4), 367-384.

Rutter, M. (2002). Nature, nurture, and development: From evangelism through science toward policy and practice. *Child Development,* 73 (1), 1-21.

Schaefer, E. S. & Edgerton, M. (1976). *Classroom Behavior Inventory.* Unveröffentlichte Bewertungsskala.

Schlotter, M. (2011). Age at preschool entrance and noncognitive skills before school. An instrumental variable approach. *Ifo Working Paper No. 112.* München: Ifo Institut.

Schlotter, M. & Wößmann, L. (2010). Frühkindliche Bildung und spätere kognitive und nichtkognitive Fähigkeiten: Deutsche und internationale Evidenz. *DIW-Vierteljahreshefte zur Wirtschaftsforschung,* 79 (3), 99-120.

Schütz, G., Ursprung, H. W. & Wößmann, L. (2008). Education policy and equality of opportunity. *Kyklos,* 61 (2), 279-308.

Schweinhart, L. J. & Weikart, D. P. (1997). The High/Scope preschool curriculum comparison study through age 23. *Early Childhood Research Quarterly,* 12, 117-143.

Schweinhart, L. J., Berrueta-Clement, J. R., Barnett, W. S., Epstein, A. S. & Weikart, D. P. (1985). Effects of the Perry Preschool Program on youths through age 19: A summary. *Topics in Early Childhood Special Education,* 5 (26), 26-35.

Schweinhart, L. J., Heckman, J. J., Pinto, R., Moon, S., & Yavitz, A. (2010). *The Cost-Benefit Analysis of the Preschool Curriculum Comparison Study Through Age 23.* Ypsilanti, MI: HighScope.

Schweinhardt, L. J., Montie, J., Xiang, Z., Barnett, W. S., Belfield, C. R. & Nores, M. (2005). *The High/Scope Perry Preschool Study through age 40.*

Summary, conclusions, and frequently asked questions. Ypsilanti, MI: High/Scope Press.

Simon, H. (1992). *Preismanagement. Analyse, Strategie, Umsetzung.* 2. Auflage. Wiesbaden: Gabler.

Sinn, H.-W. (2003). Verbraucherschutz als Staatsaufgabe. *Perspektiven der Wirtschaftspolitik,* 4 (2), 281-294.

Sozialgesetzbuch VIII (SGB VIII). Kinder- und Jugendhilfe. In der Fassung der Bekanntmachung vom 11. September 2012 (BGBl. I S. 2022), geändert durch Artikel 5 des Gesetzes vom 17. Juli 2015 (BGBl. I S. 1368).

Sparrow, S. S., Ball, D. A. & Cicchetti, D. V. (1984). *Vineland Adaptive Behavior Scales. Survey form manual.* Circle Pines, MN: American Guidance Service.

Spieß, C. K. & Tietze, W. (2002). Qualitätssicherung in Kindertageseinrichtungen. Gründe, Anforderungen und Umsetzungsüberlegungen für ein Gütesiegel. *Zeitschrift für Erziehungswissenschaft,* 5 (1), 139-162.

Spieß, C. K., Büchel, F. & Wagner, G. G. (2003). Children's school placement in Germany: Does Kindergarten attendance matter? *Early Childhood Research Quarterly,* 18, 255-270.

Springer Gabler Verlag (Hrsg.) (2015). *Gabler Wirtschaftslexikon,* Stichwort: Erfahrungsgut. http://wirtschaftslexikon.gabler.de/Archiv/7655/erfahrungsgut-v8.html. Abruf am 22.07.2015.

Statistisches Bundesamt (2006). *Leben und Arbeiten in Deutschland. Sonderheft 2: Vereinbarkeit von Familie und Beruf. Ergebnisse des Mikrozensus 2005.* Wiesbaden: Statistisches Bundesamt.

Statistisches Bundesamt (2007). *Statistiken der Kinder- und Jugendhilfe. Kinder und tätige Personen in Tageseinrichtungen am 15.03.2006. Revidierte Ergebnisse.* Wiesbaden: Statistisches Bundesamt.

Statistisches Bundesamt (2008a). *Statistiken der Kinder- und Jugendhilfe. Kinder und tätige Personen in öffentlich geförderter Kindertagespflege am 15.03.2008.* Wiesbaden: Statistisches Bundesamt.

Statistisches Bundesamt (2008b). *Statistiken der Kinder- und Jugendhilfe. Kinder und tätige Personen in öffentlich geförderter Kindertagespflege am 15.03.2007. Revidierte Ergebnisse.* Wiesbaden: Statistisches Bundesamt.

Statistisches Bundesamt (2009). *Statistiken der Kinder- und Jugendhilfe. Ausgaben und Einnahmen 2007. Revidierte Ergebnisse.* Wiesbaden: Statistisches Bundesamt.

Statistisches Bundesamt (2010a). *Statistiken der Kinder- und Jugendhilfe. Kinder und tätige Personen in Tageseinrichtungen und in öffentlich geförderter Kindertagespflege am 01.03.2010.* Wiesbaden: Statistisches Bundesamt.

Statistisches Bundesamt (2010b). *Statistiken der Kinder- und Jugendhilfe. Kinder und tätige Personen in Tageseinrichtungen und in öffentlich geförderter Kindertagespflege am 01.03.2009. Revidierte Ergebnisse.* Wiesbaden: Statistisches Bundesamt.

Statistisches Bundesamt (2010c). *Statistiken der Kinder- und Jugendhilfe. Kinder und tätige Personen in öffentlich geförderter Kindertagespflege am 15.03.2006. Revidierte Ergebnisse.* Wiesbaden: Statistisches Bundesamt.

Statistisches Bundesamt (2010d). *Statistiken der Kinder- und Jugendhilfe. Ausgaben und Einnahmen 2008. Revidierte Ergebnisse.* Wiesbaden: Statistisches Bundesamt.

Statistisches Bundesamt (2011a). *Statistiken der Kinder- und Jugendhilfe. Kinder und tätige Personen in Tageseinrichtungen und in öffentlich geförderter Kindertagespflege am 01.03.2011.* Wiesbaden: Statistisches Bundesamt.

Statistisches Bundesamt (2011b). *Statistiken der Kinder- und Jugendhilfe. Ausgaben und Einnahmen 2009.* Wiesbaden: Statistisches Bundesamt.

Statistisches Bundesamt (2012a). *Statistiken der Kinder- und Jugendhilfe. Kinder und tätige Personen in Tageseinrichtungen und in öffentlich geförderter Kindertagespflege am 01.03.2012.* Wiesbaden: Statistisches Bundesamt.

Statistisches Bundesamt (2012b). *Finanzen der Kindertageseinrichtungen in freier Trägerschaft. 2010.* Wiesbaden: Statistisches Bundesamt.

Statistisches Bundesamt (2012c). *Statistiken der Kinder- und Jugendhilfe. Ausgaben und Einnahmen 2010.* Wiesbaden: Statistisches Bundesamt.

Statistisches Bundesamt (2013a). *Statistisches Jahrbuch 2013.* Wiesbaden: Statistisches Bundesamt.

Statistisches Bundesamt (2013b). *Statistiken der Kinder- und Jugendhilfe. Kinder und tätige Personen in Tageseinrichtungen und in öffentlich geförderter Kindertagespflege am 01.03.2013.* Wiesbaden: Statistisches Bundesamt.

Statistisches Bundesamt (2013c). *Statistiken der Kinder- und Jugendhilfe. Ausgaben und Einnahmen 2011.* Wiesbaden: Statistisches Bundesamt.

Statistisches Bundesamt (2013d). *Bevölkerung und Erwerbstätigkeit. Haushalte und Familien. Ergebnisse des Mikrozensus.* Wiesbaden: Statistisches Bundesamt.

Statistisches Bundesamt (2013e). *Verdienste und Arbeitskosten. Verdienststrukturen.* Wiesbaden: Statistisches Bundesamt.

Statistisches Bundesamt (2014a). *Statistiken der Kinder- und Jugendhilfe. Kinder und tätige Personen in Tageseinrichtungen und in öffentlich geförderter Kindertagespflege am 01.03.2014.* Wiesbaden: Statistisches Bundesamt.

Statistisches Bundesamt (2014b). *Bildungsstand. Bevölkerung 2013 nach Bildungsabschluss und Altersgruppen in Deutschland.* https://www.destatis.de/DE/ZahlenFakten/GesellschaftStaat/BildungForschungKultur/Bildungsstand/Tabellen/BildungsabschlussAlterBB.html. Abruf am 16.12.2014.

Statistisches Bundesamt (2014c). *Bildungsfinanzbericht 2014.* Wiesbaden: Statistisches Bundesamt.

Statistisches Bundesamt (2014d). *Statistiken der Kinder- und Jugendhilfe. Ausgaben und Einnahmen 2012.* Wiesbaden: Statistisches Bundesamt.

Statistisches Bundesamt (2014e). *Bevölkerung und Erwerbstätigkeit. Haushalte und Familien. Ergebnisse des Mikrozensus (2013).* Wiesbaden: Statistisches Bundesamt.

Statistisches Bundesamt (2014f). *Statistisches Jahrbuch 2014.* Wiesbaden: Statistisches Bundesamt.

Statistisches Bundesamt (2014g). *Kinder in Tageseinrichtungen: Bundesländer, Stichtag, Altersgruppen.* Tabellencode 22541-0001. https://www-genesis.destatis.de. Abruf am 14.12.2014.

Statistisches Bundesamt (2014h). *Lebendgeborene: Bundesländer, Jahre, Geschlecht.* Tabellencode 12612-0100. https://www-genesis.destatis.de. Abruf am 15.12.2014.

Statistisches Bundesamt (2015a). *Vorausberechneter Bevölkerungsstand.* Tabellencode 12421-0002. https://www-genesis.destatis.de. Abruf am 10.09.2015.

Statistisches Bundesamt (2015b). *Bevölkerung: Bundesländer, Stichtag, Altersjahre.* Stichtage 31.12.2007 und 31.12.2013. Tabellencode 12411-0011. https://www-genesis.destatis.de. Abruf am 21.04.2015.

Statistisches Bundesamt (2015c). *Statistiken der Kinder- und Jugendhilfe. Ausgaben und Einnahmen 2013.* Wiesbaden: Statistisches Bundesamt.

Statistisches Bundesamt (2015d). *Inlandsproduktsberechnung. Einnahmen und Ausgaben des Staates in der Abgrenzung des Europäisches System Volkswirtschaftlicher Gesamtrechnung (ESVG).* https://www.destatis.de/DE/ZahlenFakten/GesamtwirtschaftUmwelt/VGR/Inlandsprodukt/Tabellen/EinAusStaat.html. Abruf am 22.04.2015.

Statistisches Bundesamt (2015e). *Verbraucherpreisindex für Deutschland.* Tabellencode 61111-0001. https://www-genesis.destatis.de. Abruf am 29.04.2015.

Statistisches Bundesamt (2015f). *Erwerbstätigenrechnung.* https://www.destatis.de/DE/ZahlenFakten/GesamtwirtschaftUmwelt/Arbeitsmarkt/Erwerbstaetigkeit/TabellenErwerbstaetigenrechnung/InlaenderInlandskonzept.html. Abruf am 29.04.2015.

Statistisches Bundesamt (2015g). *Arbeitsmarkt. Bevölkerung und Erwerbstätigkeit (Inländer).*

https://www.destatis.de/DE/ZahlenFakten/Indikatoren/LangeReihen/Arbeitsmarkt/lrerw011.html. Abruf am 08.09.2015.

Statistisches Bundesamt (2015h). *Verbraucherpreisindex für Deutschland.* Tabellencode 61111-0004. https://www-genesis.destatis.de. Abruf am 13.07.2015.

Statistisches Bundesamt (2015i). *Bevölkerung und Erwerbstätigkeit. Bevölkerung mit Migrationshintergrund. Ergebnisse des Mikrozensus 2014.* Wiesbaden: Statistisches Bundesamt.

Statistisches Bundesamt (2015j). *Bevölkerung und Erwerbstätigkeit. Haushalte und Familien. Ergebnisse des Mikrozensus.* Wiesbaden: Statistisches Bundesamt.

Stipek, D., Daniels, D., Galuzzo, D. & Milburn, S. (1992). Characterizing early childhood education programs for poor and middle-class children. *Early Childhood Research Quarterly, 7,* 1-19.

Stöbe-Blossey, S. (2004). Arbeitszeit und Kinderbetreuung: Ergebnisse einer Repräsentativbefragung in NRW. *IAT-Report 2004-01.* Gelsenkirchen: Institut für Arbeit und Technik.

Stuttgarter Zeitung (2014). *Von Kindesentführung und der Organmafia.* 02.05.2014. http://www.stuttgarter-zeitung.de/inhalt.falschmeldungen-im-internet-von-kindesentfuehrung-und-der-organmafia.0a7b8eb7-dcbe-40b3-b702-088a7bf8a0a3.html. Abruf am 10.08.2015.

Sylva, K., Siraj-Blatchford, I. & Taggart, B. (2003). *Assessing quality in the early years: Early Childhood Environment Rating Scale-Extension (ECERS-E): Four curricular subscales.* Stoke-on Trent: Trentham Books.

Sylva, K., Melhuish, E., Sammons, P., Siraj, I. & Taggart, B. (2014). *Students' educational and developmental outcomes at age 16. Effective Pre-School, Primary and Secondary Education (EPPSE 3-16) Project.* London: Department for Education.

Sylva, K., Siraj-Blatchford, I., Taggart, B., Sammons, P., Melhuish, E., Elliot, K. & Totsika, V. (2006). Capturing quality in early childhood through environmental rating scales, *Early Childhood Research Quarterly, 21,* 76-92.

Tagesspiegel (2013). *Urbane Legenden. Schulleiter warnte Eltern vor Entführung.* 02.03.2013. http://www.tagesspiegel.de/berlin/urbane-legenden-schulleiter-warnte-eltern-vor-entfuehrung/7954808.html. Abruf am 10.08.2015.

Taylor, S. E., Lerner, J. S., Sage, R. M., Lehman, B. J. & Seeman, T. E. (2004). Early environment, emotions, responses to stress, and health. *Journal of Personality*, 72 (6), 1365-1394.

Terman, L. M. & Merrill, M. A. (1960). *Stanford-Binet Intelligence Scale. Form L-M: Manual for the third revision.* Boston, MA: Houghton-Mifflin.

Tietze, W. (Hrsg.) (1998). *Wie gut sind unsere Kindergärten? Eine Untersuchung zur pädagogischen Qualität in deutschen Kindergärten.* Neuwied/Berlin: Luchterhand.

Tietze, W. (2008). Qualitätssicherung im Elementarbereich. *Zeitschrift für Pädagogik,* 53. Beiheft, 16-35.

Tietze, W., Schuster, K.-M. & Rossbach, H.-G. (1997). *Kindergarteneinschätzskala.* Berlin: Luchterhand.

Tietze, W., Hundertmark-Mayser, J. & Rossbach, H.-G. (1999). *European Child Care and Education Study. School-age assessment of child development: Long term impact of pre-school experiences on school success, and family-school relationships.* Final report for work package # 2. ECCE Study Group.

Tietze, W., Schuster, K.-M., Grenner, K. & Roßbach, H.-G. (2007). *Kindergarten-Skala (KES-R): Feststellung und Unterstützung pädagogischer Qualität in Kindergärten.* 3. Auflage. Berlin: Cornelsen.

Tietze, W., Feldkamp, J., Gratz, D., Roßbach, H.-G. & Schmied, D. (1981). Eine Skala zur Erfassung des Sozialverhaltens von Vorschulkindern. *Zeitschrift für Empirische Pädagogik,* 5, 37-48.

U.S. Department of Health and Human Services (2015a). *History of Head Start.* http://www.acf.hhs.gov/programs/ohs/about/history-of-head-start. Abruf am 12.05.2015.

U.S. Department of Health and Human Services (2015b). *Head Start Services.* http://www.acf.hhs.gov/programs/ohs/about/head-start. Abruf am 12.05.2015.

Uttal, L. (1999). Using kin for child care: Embedment in the socioeconomic networks of extended families. *Journal of Marriage and Family,* 61 (4), 845-857.

Vandell, D. L., Belsky, J., Burchinal, M., Steinberg, L., Vandergrift, N. & NICHD Early Child Care Research Network (ECCRN) (2010). Do effects of early child care extend to age 15 years? Results from the NICHD Study of Early Child Care and Youth Development. *Child Development,* 81 (3), 737-756.

Van IJzendoorn, M. H., Kroonenberg, P. M., Out, D., Randsdorp, Y., Lehmann, A. & Van der Maas, H. (2003). *Does more non-maternal care lead to aggression?* Unveröffentlichter Konferenzaufsatz.

Verordnung über Mindestanforderungen an Kindertagesstätten (1. DVO-KiTaG) vom 28. Juni 2002. *Niedersächsisches Gesetz- und Verordnungsblatt (Nds. GVBl.) 2002,* 323.

Vincent, C., Braun, A. & Ball, S. J. (2008). Childcare, choice and social class: Caring for young children in the UK. *Critical Social Policy,* 28 (1), 5-26.

Weikart, D. P., Rogers, L., Adcock, C. & McClelland, D. (1971). *The cognitively oriented curriculum: A framework for preschool teachers.* Urbana, IL: University of Illinois.

Wied-Nebbeling, S. (2013). *Preistheorie und Industrieökonomik.* Berlin: Springer-Verlag.

Williams, V. S. L., Jones, L. V. & Tukey, J. W. (1999). Controlling error in multiple comparisons, with examples from state-to-state differences in educational achievement. *Journal of Educational and Behavioral Statistics,* 24 (1), 42-69.

Wößmann, L. (2008a). Die Bildungsfinanzierung in Deutschland im Licht der Lebenszyklusperspektive: Gerechtigkeit im Widerstreit mit Effizienz? *Zeitschrift für Erziehungswissenschaft*, 2, 214-233.

Wößmann, L. (2008b). Efficiency and equity of European education and training policies. *International Tax and Public Finance*, 15 (2), 199-230.

Woodcock, R. W. & Johnson, M. B. (1990). *Woodcock-Johnson psycho-educational battery-revised*. Allen, TX: DLM Teaching Resources.

Woodhead, M. (1998). 'Quality' in early childhood programmes. A contextually appropriate approach. *International Journal of Early Years Education*, 6 (1), 5-17.

Wrohlich, K. (2007). *Evaluating family policy reforms using behavioral microsimulation: The example of childcare and income tax reforms in Germany*. Dissertation an der Freien Universität Berlin.

Wooldridge, J. M. (2013). *Introductory Econometrics: A Modern Approach*. 5. Auflage. Mason, OH: South-Western, Cengage Learning.

Zimmerman, I. L., Steiner, V. G. & Pond, R. E. (1992). *PLS-3 examiner's manual and picture manual*. New York: Psychological Corp.

Veränderung der Altersstruktur des Personals in Tageseinrichtungen 215

5 Anhang

5.1 Veränderung der Altersstruktur des Personals in Tageseinrichtungen

Abbildung 5.1 gibt für das Personal in Tageseinrichtungen wieder, wie viel Prozent einer Altersgruppe im Jahr 2014 höchstens durch Älterwerden aus der unmittelbar jüngeren Altersgruppe aus dem Jahr 2006 aufgerückt sein können, wenn Gleichverteilung innerhalb der Altersgruppen vorliegt und alle in Tageseinrichtungen beschäftigt bleiben. Zum Beispiel rückten alle Beschäftigten, die 2006 wenigstens 27 Jahre alt waren und ihrem Berufsfeld treu geblieben sind, 2014 in die nächste Altersgruppe 35 – 45 Jahre auf.

Abbildung 5.1: Anteile der Altersgruppen des Personals in Tageseinrichtungen in Deutschland im Jahr 2014, die auf die jeweils jüngeren Gruppen des Jahres 2006 zurückgehen könnten

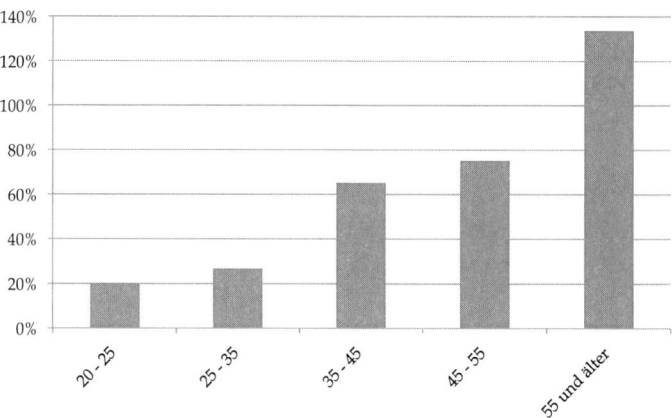

Maximal möglicher Anteil einer Altersgruppe im Jahr 2014, der sich aus den älter gewordenen Personen der unmittelbar jüngeren Altersgruppe aus 2006 speisen könnte. Innerhalb der Altersgruppen wird eine Gleichverteilung angenommen. Das hier aufgeführte Personal schließt pädagogisches, Verwaltungs- und Leitungspersonal in Tageseinrichtungen ein.
Quellen: Statistisches Bundesamt (2014a), eigene Berechnungen

Anhand der Abbildung wird deutlich, dass der Zuwachs an Beschäftigten in der ältesten Altersgruppe im Extremfall ohne Neueinstellungen entstanden sein könnte, während bei der Altersgruppe 20 – 25 wenigstens 80% neu eingestellt worden sind. Der extreme Zuwachs von 212% oder 53.137 Beschäftigten bei den über 55-jährigen (siehe Abschnitt 2.1.1.2) relativiert sich dadurch, selbst wenn die Annahmen zur Gleichverteilung innerhalb der Altersgruppen und zur durchgehenden Beschäftigung nicht vollständig zutreffen. Das Gros der neuen Beschäftigten in deutschen Tageseinrichtungen wird in den jüngeren Altersgruppen eingestellt worden sein.

Abbildung 5.2: Anteile der Altersgruppen des Personals in Tageseinrichtungen an der Gesamtzahl des Personals in Tageseinrichtungen in Deutschland

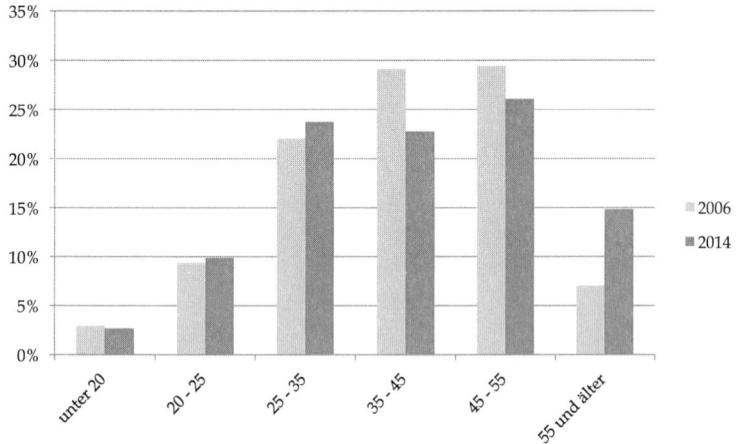

Das hier aufgeführte Personal schließt pädagogisches, Verwaltungs- und Leitungspersonal in Tageseinrichtungen ein.
Quelle: Statistisches Bundesamt (2014a), eigene Berechnungen

Die in den Abbildungen 5.2 und 5.3 dargestellte Veränderung der Altersverteilung der Beschäftigten in Tageseinrichtungen ist ebenfalls interessant, da sie zeigt, ob und wann Personalengpässe durch altersbedingte Beendigung der Beschäftigungsverhältnisse drohen. Die größten Veränderungen zeigen sich in den Gruppen „55 und älter" und „35 - 45". Die älteste Altersgruppe hat ihren Anteil an allen Beschäftigten mehr als verdoppelt und die Gruppe der 35 bis 45-jährigen ist anteilig um ca. 22% geschrumpft. Trotzdem ist die Verteilung über die drei Altersgruppen „25 - 35", „35 - 45" und „45 - 55" 2014 recht gleichmäßig (jeweils 23% bis 26%) und die Gruppe der Ältesten liegt mit einem Anteil von 15% deutlich darunter. Diese 15% der Beschäftigten werden bis 2024 65 Jahre und älter sein und bis dahin durch Neueinstellungen ersetzt werden müssen. Absolut werden 78.227 neue Beschäftigte gesucht werden, also bei angenommener Gleichverteilung über die Jahrgänge 7.823

Veränderung der Altersstruktur des Personals in Tageseinrichtungen   217

pro Jahr. Diese Aufgabe scheint auf Grund des Beschäftigtenwachstums der letzten acht Jahre lösbar (+171.708 insgesamt, +21.464 pro Jahr), wenn nicht gleichzeitig der Ausbau der Tagesbetreuung in gleichem Maße fortgesetzt wird.

Abbildung 5.3: Veränderung der Anteile der Altersgruppen des Personals in Tageseinrichtungen zwischen 2006 und 2014

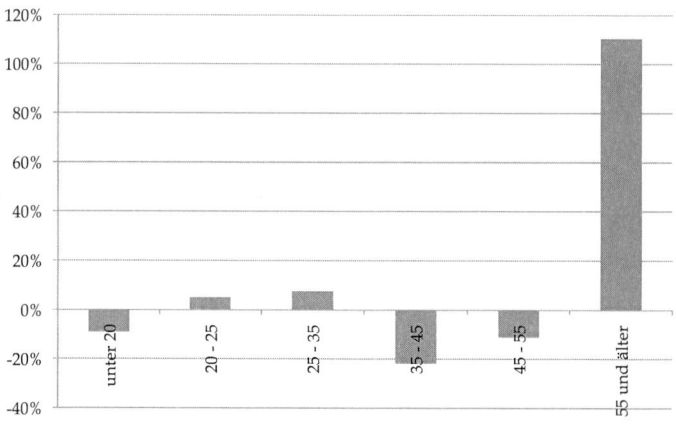

Das hier aufgeführte Personal schließt pädagogisches, Verwaltungs- und Leitungspersonal in Tageseinrichtungen ein.
Quelle: Statistisches Bundesamt (2014a), eigene Berechnungen

5.2 Veränderung der Altersstruktur der Tagespflegepersonen

Anhand von Abbildung 5.4 lässt sich die Wachstumsdynamik der einzelnen Altersgruppen in der Tagespflege zwischen 2006 und 2014 verfolgen. Die Anzahl der unter 25-Jährigen nahm mehr oder weniger stetig ab. Die beiden darüber liegenden Altersgruppen unter 45 Jahren wuchsen hauptsächlich bis in die Jahre 2008 und 2009. Danach stagnierte das Wachstum oder drehte sogar leicht ins Minus. Ganz anders verlief das Wachstum bei den beiden ältesten Gruppen der über 45-Jährigen konstant und annähernd linear.

Abbildung 5.4: Tagespflegepersonen in Deutschland nach Alter

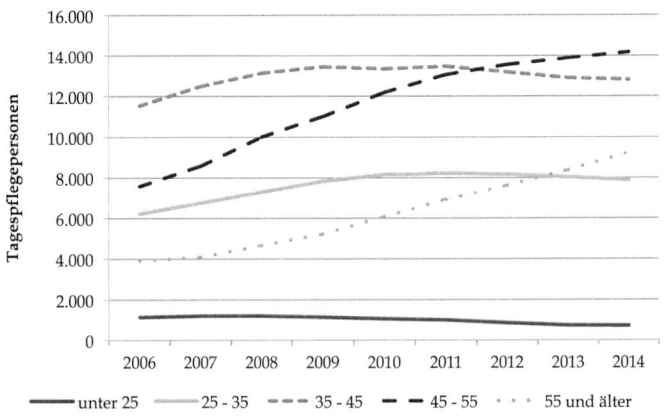

Quelle: Statistisches Bundesamt (2014a)

Eine mögliche Erklärung dieser unterschiedlichen Trends findet sich in Abbildung 5.5. Unter der Annahme einer Gleichverteilung innerhalb der Altersgruppen wird hier dargestellt, welcher Anteil einer Gruppe im Jahr 2014 durch schlichtes Älterwerden der Tagespflegepersonen aus den beiden unmittelbar jüngeren Gruppen entstanden ist, wenn keine der Tagespflegepersonen aus ihrem Beruf ausgeschieden ist. Die Werte stellen damit den maximal möglichen Anteil aus dieser Quelle dar und es wird deutlich, dass insbesondere die älteren Gruppen ab 40 Jahren sich größtenteils aus den jeweils jüngeren rekrutieren konnten. Ohne nennenswerte Berufsaufgaben oder Neueinstellungen wären sie bei der angenommenen Gleichverteilung innerhalb der Altersgruppen konstant und annähernd linear gewachsen, was sich mit der tatsächlichen Entwicklung deckt (Abbildung 5.4). Die Gruppen bis 40 Jahre konnten jedoch im besten Fall weniger als die Hälfte ihres Wachstums aus den jeweils jüngeren Gruppen speisen.

Abbildung 5.5: Anteile der Altersgruppen der Tagespflegepersonen in Deutschland im Jahr 2014, die auf die jeweils jüngeren Gruppen des Jahres 2006 zurückgehen könnten

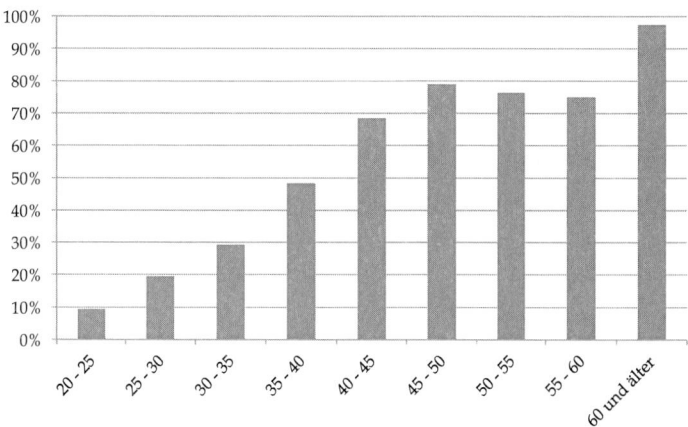

Maximal möglicher Anteil einer Altersgruppe im Jahr 2014, der sich aus den älter gewordenen Personen der beiden unmittelbar jüngeren Altersgruppen aus 2006 speisen könnte. Innerhalb der Altersgruppen wird eine Gleichverteilung angenommen.
Quelle: Statistisches Bundesamt (2014a), eigene Berechnungen

Die Verteilung der Altersgruppen und ihre Veränderung zwischen 2006 und 2014 werden in Abbildungen 5.6 und 5.7 sichtbar. Innerhalb dieses Zeitraums hat eine deutliche Verschiebung zu den älteren Gruppen stattgefunden. Über 50% der Tagespflegepersonen waren 2014 älter als 45, 36% älter als 50 und 20,6% werden bis 2024 65 Jahre und älter sein. Ob diese Lücke von 9.241 Tagespflegepersonen in 10 Jahren aufgefüllt sein wird, lässt sich heute lediglich anhand der Wachstumszahlen der letzten Jahre prognostizieren. Danach dürften sich ausreichend neue Tagespflegepersonen finden. Ob der Bedarf an Tagespflege allerdings gleich bleiben wird, ist ebenfalls nicht sicher vorherzusagen, da es bisher keine umfassende Analyse des Nachfrageverhaltens von deutschen Eltern gibt. Die wirtschaftliche und insbesondere die Lage am Arbeitsmarkt, die Geburtenrate und die staatliche Regulierung und Förderung der Tagespflege werden vermutlich einen Einfluss darauf haben.

Abbildung 5.6: Anteile der Altersgruppen der Tagespflegepersonen an der Gesamtzahl der Tagespflegepersonen in Deutschland

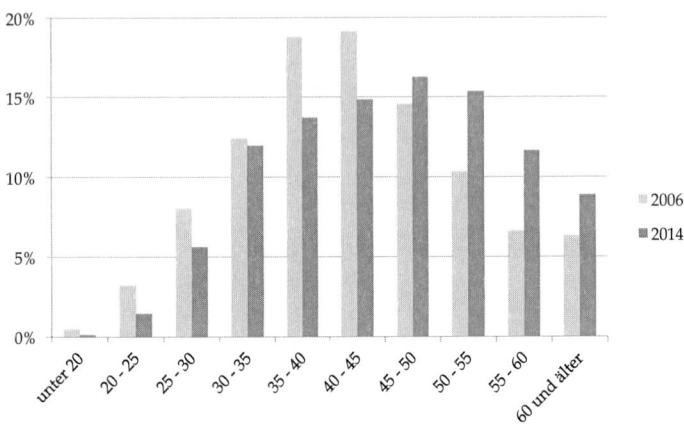

Quelle: Statistisches Bundesamt (2014a), eigene Berechnungen

Abbildung 5.7: Veränderung der Anteile der Altersgruppen der Tagespflegepersonen in Deutschland an der Gesamtzahl der Tagespflegepersonen zwischen 2006 und 2014

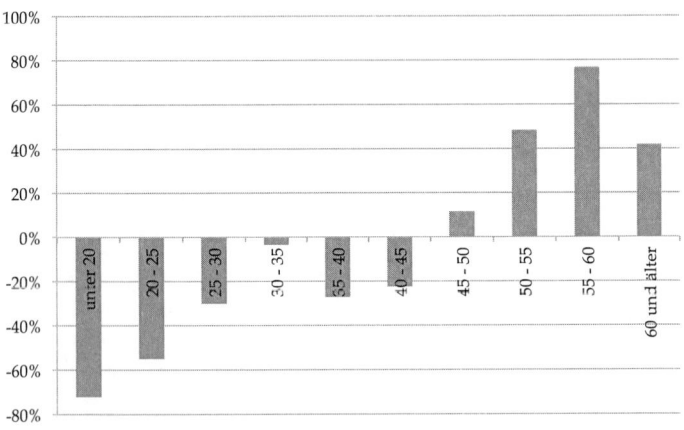

Quelle: Statistisches Bundesamt (2014a), eigene Berechnungen

5.3 Fragebogen

Seite 1

Liebe Eltern,
im Rahmen meiner Doktorarbeit an der Universität Bonn beschäftige ich mich mit dem Thema „Transparenz der Kinderbetreuung in Deutschland".

Bitte nehmen Sie an der Untersuchung teil, wenn Sie

- aktuell nach einem Betreuungsplatz für Ihr Kind suchen,
- innerhalb der nächsten 6 Monate suchen werden oder
- innerhalb der letzten 6 Jahre bereits gesucht haben.

Im Folgenden werden Sie gebeten, Fragen in Bezug auf Betreuungseinrichtungen zu bewerten. Ist Ihnen bei der Suche nach einer Einrichtung z.b. wichtig, wie viel Zeit die Kinder täglich draußen verbringen, wie mit ansteckenden Krankheiten umgegangen oder in welchem Umfang eine Beteiligung der Eltern in der Einrichtung erwartet wird? Hierbei gibt es keine richtigen oder falschen Antworten.

Alle gewonnenen Daten werden selbstverständlich anonym behandelt und dienen rein wissenschaftlichen Zwecken.

Ihre Teilnahme wird ca. 25 Minuten in Anspruch nehmen.

Für das vollständige Ausfüllen des Fragebogens möchte ich mich an dieser Stelle bereits bei Ihnen bedanken.

Mit freundlichen Grüßen,

Max Dohna

Seite 2

In diesem Abschnitt bitte ich Sie, Fragen zu Ihrer bisherigen Erfahrung mit Kinderbetreuung und der Suche danach zu beantworten.

Bitte wählen Sie die Aussage aus, die für Sie zutrifft (Mehrfachnennung möglich, z.B. wenn Sie aktuell suchen und in der Vergangenheit für ein anderes Kind schon einmal gesucht haben).

☐ Ich suche zur Zeit nach einer Betreuungseinrichtung für eines meiner Kinder.

☐ Ich werde innerhalb der nächsten 6 Monate voraussichtlich mit der Suche nach einer Betreuungseinrichtung für eines meiner Kinder beginnen.

☐ Ich habe innerhalb der letzten 6 Jahre bereits nach einer Betreuungseinrichtung für eines meiner Kinder gesucht.

☐ Ich habe nie nach einer Betreuungeinrichtung gesucht, habe dies innerhalb der nächsten 6 Monate nicht vor oder meine Suche liegt mehr als 6 Jahre zurück.

War oder ist eines Ihrer Kinder in professioneller Betreuung (Kindertagesstätte oder Tagesmutter/-vater)?

○ Ja.

○ Nein.

Seite 3

Bitte beantworten Sie alle folgenden Fragen mit Blick auf Ihre aktuelle Suche. Wenn Sie z.B. in der Vergangenheit bereits für eines Ihrer Kinder einen Betreuungplatz gesucht haben und nun aktuell oder bald für ein anderes oder dasselbe Kind wieder suchen, beziehen Sie alle Fragen bitte auf die aktuelle Suche.

In welchem Bundesland suchen Sie nach einer professionellen Betreuungseinrichtung (Kindertagesstätte oder Tagesmutter/-vater) bzw. in welchem haben Sie gesucht oder werden Sie suchen?

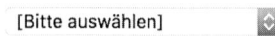

Bitte schätzen Sie die Anzahl an professionellen Betreuungseinrichtungen (Kindertagesstätten, Tagesmütter/-väter) in Ihrer Umgebung, in denen Sie persönlich Ihr Kind betreuen lassen würden. Stellen Sie sich dabei bitte vor, dass Sie in allen Einrichtungen einen Platz bekommen. Falls Ihre Suche in der Vergangenheit liegt, geben Sie bitte die Anzahl an Einrichtungen an, die damals für Sie in Frage kamen.

In welchem Alter wünschen Sie sich den Betreuungsbeginn für das Kind, für das Sie suchen oder suchen werden? Falls Ihre Suche in der Vergangenheit liegt, geben Sie bitte an, wie alt Ihr Kind zu Betreuungsbeginn war.

Ich wünsche mir den Betreuungsbeginn bzw. er erfolgte im Alter des Kindes von

Wenn Sie die freie Wahl hätten, welche professionelle Betreuungsform würden Sie sich für Ihr Kind zu dem eben genannten Alter wünschen?

○ Kindertagesstätte

○ Tagesmutter/-vater

○ Ich wäre sowohl mit einer Kindertagesstätte als auch einer Tagespflegeperson (Tagesmutter/-vater) zufrieden.

Seite 4

Wie viele Ihrer Verwandten, Freunde oder Bekannten könnten Ihnen bei Ihrer Suche helfen, tun dies bereits oder haben dies getan?

[   ] Verwandte, Freunde oder Bekannte.

Für wie viele Stunden in der Woche suchen Sie eine professionelle Betreuung (Kindertagesstätte, Tagesmutter/-vater) bzw. werden Sie eine suchen? Falls Sie bereits eine nutzen und gerade keine andere suchen, geben Sie bitte die aktuellen Betreuungsstunden an.

[   ] Stunden pro Woche.

Wie viel Zeit steht Ihnen pro Woche für die Suche nach einer Betreuungseinrichtung etwa zur Verfügung? Falls Ihre Suche in der Vergangenheit oder Zukunft liegt, geben Sie bitte die dann etwa zur Verfügung stehende Zeit an.

○ 1 bis 4 Stunden.

○ 5 bis 8 Stunden.

○ 9 bis 12 Stunden.

○ Mehr als 12 Stunden.

Wie groß ist der Zeitraum ungefähr, den Sie insgesamt haben, um eine Betreuungseinrichtung zu finden? Bitte schließen Sie die Zeit mit ein, die Sie bereits mit der Suche verbracht haben. Falls Ihre Suche in der Vergangenheit liegt, geben Sie bitte Ihren damals verfügbaren Suchzeitraum an.

○ 1 bis 3 Monate.

○ 4 bis 6 Monate.

○ 7 bis 12 Monate.

○ Mehr als 12 Monate.

Fragebogen

Können Sie die Einrichtungen, die Sie interessieren, gut für einen persönlichen Besuch erreichen? Falls Ihre Suche in der Vergangenheit liegt, beantworten Sie die Frage bitte bezogen auf Ihre damalige Suche.

○ Ja.
○ Nein.

Seite 5

Aus welchen Gründen suchen Sie nach einer professionellen Betreuungseinrichtung (Kindertagesstätte, Tagesmutter/-vater) bzw. warum haben Sie danach gesucht? (Mehrfachnennung möglich)

☐ Damit meine Partnerin/mein Partner und/oder ich arbeiten können.

☐ Ich halte es für die Entwicklung meines Kindes für wichtig.

☐ Damit meine Partnerin/mein Partner und/oder ich noch Zeit für andere Dinge finden (z.B. Einkaufen, Arbeiten im eigenen Haushalt, Freunde treffen, Sport treiben, etc.).

☐ Andere Gründe:

[   ]

Bitte geben Sie Ihr Geschlecht an.

○ Weiblich.
○ Männlich.

Bitte geben Sie das Jahr an, in dem Sie geboren wurden.

[Bitte auswählen] ⇕

Bitte geben Sie das Geschlecht des Kindes an, für das Sie suchen, suchen werden oder gesucht haben.

○ Weiblich.
○ Männlich.

Wie viele Kinder leben oder lebten zur Zeit Ihrer Suche in Ihrer Familie?

0	1	2	3	4	5	6	7	8	9	10	Mehr als 10
O	O	O	O	O	O	O	O	O	O	O	O

Seite 6

Bitte stellen Sie sich nun vor, dass Sie eine Betreuungseinrichtung für Ihr Kind suchen und zwischen zwei Einrichtungen wählen können. In diesem Abschnitt sind Fragen aufgelistet, die Sie vor der Auswahl stellen könnten. Bitte geben Sie für jede Frage an, wie wichtig Ihnen die Beantwortung ist, bevor Sie sich für eine Einrichtung entscheiden.

A. Preise und Betreuungszeiten/Flexibilität

Die Frage ist für mich...

	unwichtig				sehr wichtig
	1	2	3	4	5
Wie viel kostet die Betreuung (inkl. aller Zusatzbeiträge)?	O	O	O	O	O
Welche Leistungen sind enthalten, welche sind nicht enthalten (z.B. Frühstück, Ausflüge, Ferienbetreuung, etc.)?	O	O	O	O	O
Wie viele Tage im Jahr und an welchen Tagen hat die Einrichtung geschlossen?	O	O	O	O	O
Welche Zeiten können gebucht werden?	O	O	O	O	O
Welche Fristen gelten bei Änderung der gebuchten Zeiten oder Kündigung?	O	O	O	O	O
Was passiert, wenn kurzfristig von den gebuchten Zeiten abgewichen wird/werden muss?	O	O	O	O	O
Gibt es eine Ferienbetreuung und wie sieht diese konkret aus?	O	O	O	O	O

Fragebogen

Bitte geben Sie nun an, wie Sie den Aufwand für die Beschaffung der Antworten einschätzen, die Sie auf dieser Seite mit 4 oder 5 bewertet haben. Sie benötigen die Antworten, wie beschrieben, für zwei Einrichtungen.

sehr niedrig				sehr hoch	Keine Frage mit 4 oder 5 bewertet.
O	O	O	O	O	O

Seite 7

B. Sicherheit und Ausstattung

Die Frage ist für mich...

	unwichtig				sehr wichtig
	1	2	3	4	5
Gibt es verbindliche Sicherheitsregeln für das Personal (Kleidung, Aufsicht, etc.)?	O	O	O	O	O
Ist das Grundstück so gestaltet, dass Kinder es nicht selbstständig verlassen können?	O	O	O	O	O
Haben Kinder unbeaufsichtigt Zugang zur Küche?	O	O	O	O	O
Werden alle Kinder jederzeit vom Personal (inkl. Praktikanten, exkl. Eltern) beaufsichtigt oder gibt es Ausnahmen (z.B. Toilettengang)?	O	O	O	O	O
Wird bei jeder Abholung durch Unbekannte die Berechtigung dazu überprüft?	O	O	O	O	O
Ist das gesamte Personal in erster Hilfe für Kleinkinder geschult?	O	O	O	O	O
Gibt es ausreichende Absturzsicherungen (z.B. an Klettergerüsten, Treppen)?	O	O	O	O	O
Wie wird eine ausreichende Aufsicht auf Ausflügen sichergestellt?	O	O	O	O	O
Wie wird mit Allergien oder chronischen Krankheiten von Kindern umgegangen (z.B. Asthma, Allergie gegen Bienenstiche)?	O	O	O	O	O
Sind Sitzmöbel, Tische und Toiletten altersgerecht (Höhe, Sicherungen)?	O	O	O	O	O
Gibt es an Türen Sicherungen gegen das Einklemmen von Fingern und Händen?	O	O	O	O	O
Wie wird die Schadstofffreiheit der Ausstattung sichergestellt/überprüft?	O	O	O	O	O

Bitte geben Sie nun an, wie Sie den Aufwand für die Beschaffung der Antworten einschätzen, die Sie auf dieser Seite mit 4 oder 5 bewertet haben. Sie benötigen die Antworten, wie beschrieben, für zwei Einrichtungen.

sehr niedrig				sehr hoch	Keine Frage mit 4 oder 5 bewertet.
O	O	O	O	O	O

Seite 8

C. Sauberkeit und Hygiene

Die Frage ist für mich...

	unwichtig				sehr wichtig
	1	2	3	4	5
Wie oft wird die Einrichtung professionell gereinigt?	O	O	O	O	O
Hat das Personal die Möglichkeit, sich die Hände zu desinfizieren (z.B. nach dem Windelwechseln, vor und nach der Zubereitung von Speisen)?	O	O	O	O	O
Werden Kinder mit ansteckenden Krankheiten zeitnah nach Hause geschickt?	O	O	O	O	O
Werden alle Eltern innerhalb eines Tages über das Auftreten ansteckender Krankheiten in der Einrichtung informiert (z.B. per Aushang oder E-Mail)?	O	O	O	O	O
Werden mit allen Kindern, die schon Zähnchen haben, nach jeder Mahlzeit die Zähne geputzt?	O	O	O	O	O
Werden mit allen Kindern bei Bedarf die Hände gewaschen (z.B. nach dem Basteln, dem Spiel im Freien, den Mahlzeiten)?	O	O	O	O	O
Werden besondere Vorsichtsmaßnahmen bei Lebensmitteln für Säuglinge befolgt (z.B. Abkochen von Trinkwasser)?	O	O	O	O	O

Bitte geben Sie nun an, wie Sie den Aufwand für die Beschaffung der Antworten einschätzen, die Sie auf dieser Seite mit 4 oder 5 bewertet haben. Sie benötigen die Antworten, wie beschrieben, für zwei Einrichtungen.

sehr niedrig				sehr hoch	Keine Frage mit 4 oder 5 bewertet.
O	O	O	O	O	O

Seite 9

D. Ernährung

Die Frage ist für mich...

	unwichtig				sehr wichtig
	1	2	3	4	5
Wird bei der Ernährung auf Allergien/Unverträglichkeiten Rücksicht genommen? Auf welche?	O	O	O	O	O
Werden Eltern über den Speiseplan informiert (z.b. über das tägliche Mittagessen)?	O	O	O	O	O
Werden bei der Ernährung Sonderwünsche der Eltern ohne medizinische Notwendigkeit berücksichtigt (z.b. vegetarische Ernährung)?	O	O	O	O	O
Gibt es zwischen den festen Mahlzeiten etwas zu essen, wenn Kinder fragen?	O	O	O	O	O
Wie wird damit umgegangen, wenn ein Kind etwas nicht mag?	O	O	O	O	O
Werden Eltern informiert, wenn ihr Kind sehr wenig oder nichts gegessen hat?	O	O	O	O	O
Wer bereitet das Mittagessen zu (Caterer, Einrichtung)?	O	O	O	O	O

Bitte geben Sie nun an, wie Sie den Aufwand für die Beschaffung der Antworten einschätzen, die Sie auf dieser Seite mit 4 oder 5 bewertet haben. Sie benötigen die Antworten, wie beschrieben, für zwei Einrichtungen.

sehr niedrig				sehr hoch	Keine Frage mit 4 oder 5 bewertet.
O	O	O	O	O	O

Seite 10

E. Betreuungsverhältnis und Altersmischung

Die Frage ist für mich...

	unwichtig				sehr wichtig
	1	2	3	4	5
Wie ist das Zahlenverhältnis pädagogisch ausgebildeter Kräfte (Bachelor, Master, Diplom, Ausbildung) zu Kindern in jeder Gruppe?	O	O	O	O	O
Wie ist das Zahlenverhältnis von Hilfskräften (Praktikanten/-innen, Kräfte ohne pädagogische Ausbildung) zu Kindern in jeder Gruppe?	O	O	O	O	O
Wie hoch sind die Wochenarbeitszeiten der Betreuerinnen und Betreuer?	O	O	O	O	O
Wie werden Urlaubs- und Krankheitszeiten des Stammpersonals personell aufgefangen?	O	O	O	O	O
Ist das Stammpersonal den Gruppen fest zugeordnet oder wechselt die Gruppenverantwortlichkeit (kurze Aushilfe ausgenommen)?	O	O	O	O	O
Falls das Stammpersonal die Gruppen dauerhaft wechselt, in welchen zeitlichen Abständen ist dies der Fall?	O	O	O	O	O
Wie groß ist der Altersunterschied zwischen dem ältesten und dem jüngsten Kind in jeder Gruppe?	O	O	O	O	O

Bitte geben Sie nun an, wie Sie den Aufwand für die Beschaffung der Antworten einschätzen, die Sie auf dieser Seite mit 4 oder 5 bewertet haben. Sie benötigen die Antworten, wie beschrieben, für zwei Einrichtungen.

sehr niedrig				sehr hoch	Keine Frage mit 4 oder 5 bewertet.
O	O	O	O	O	O

Seite 11

F. Betreuungspersonal

Die Frage ist für mich...

	unwichtig				sehr wichtig
	1	2	3	4	5
Über welche Abschlüsse (pädagogisch/pflegerisch) verfügt das Personal im Einzelnen?	O	O	O	O	O
Über wie viele Berufsjahre in der Kinderbetreuung verfügt das Personal im Einzelnen?	O	O	O	O	O
Bildet sich das Personal regelmäßig fort (selbstständig oder über die Einrichtung)?	O	O	O	O	O
Werden von der Einrichtung Fortbildungen für das Personal angeboten?	O	O	O	O	O
Wie häufig sind Wechsel beim Stammpersonal?	O	O	O	O	O
Welche Maßnahmen trifft die Einrichtung, um Personal langfristig zu binden (Fortbildungen, Entwicklungsmöglichkeiten, Förderung der Zusammenarbeit im Team)?	O	O	O	O	O
Welchen Kulturkreisen entstammt das Betreuungspersonal?	O	O	O	O	O
In welchen Ländern ist die Ausbildung des Betreuungspersonals erfolgt?	O	O	O	O	O
Wie gut beherrschen alle pädagogischen Kräfte die hauptsächlich in der Einrichtung gesprochene Sprache (in der Regel Deutsch)?	O	O	O	O	O

Bitte geben Sie nun an, wie Sie den Aufwand für die Beschaffung der Antworten einschätzen, die Sie auf dieser Seite mit 4 oder 5 bewertet haben. Sie benötigen die Antworten, wie beschrieben, für zwei Einrichtungen.

sehr niedrig				sehr hoch	Keine Frage mit 4 oder 5 bewertet.
O	O	O	O	O	O

Seite 12

G. Intellektueller Anspruch des Angebots

Die Frage ist für mich...

	unwichtig				sehr wichtig
	1	2	3	4	5
Wie wird die Schulbereitschaft der Kinder unterstützt?	O	O	O	O	O
Setzen Kinder sich mit Buchstaben auseinander?	O	O	O	O	O
Werden Kinder an Mengen herangeführt?	O	O	O	O	O
Setzen Kinder sich mit Farben auseinander?	O	O	O	O	O
Werden den Kindern geometrische Formen bewusst gemacht?	O	O	O	O	O
Werden Kinder an naturwissenschaftliche Phänomene herangeführt?	O	O	O	O	O
Wird Kindern eine Fremdsprache vermittelt (nicht Deutsch)?	O	O	O	O	O

Bitte geben Sie nun an, wie Sie den Aufwand für die Beschaffung der Antworten einschätzen, die Sie auf dieser Seite mit 4 oder 5 bewertet haben. Sie benötigen die Antworten, wie beschrieben, für zwei Einrichtungen.

sehr niedrig				sehr hoch	Keine Frage mit 4 oder 5 bewertet.
O	O	O	O	O	O

Seite 13

H. Sozialer Anspruch des Angebots

Die Frage ist für mich...

	unwichtig				sehr wichtig
	1	2	3	4	5
Welche Werte sollen den Kindern vermittelt werden?	O	O	O	O	O
Wie sollen diese Werte vermittelt werden?	O	O	O	O	O
Welche Regeln gibt es für Kinder?	O	O	O	O	O
Wie werden diese Regeln durchgesetzt?	O	O	O	O	O
Wird die Erziehung mit den Eltern abgestimmt?	O	O	O	O	O
Werden Eltern über Bestrafungen ihrer Kinder informiert?	O	O	O	O	O

Bitte geben Sie nun an, wie Sie den Aufwand für die Beschaffung der Antworten einschätzen, die Sie auf dieser Seite mit 4 oder 5 bewertet haben. Sie benötigen die Antworten, wie beschrieben, für zwei Einrichtungen.

sehr niedrig				sehr hoch	Keine Frage mit 4 oder 5 bewertet.
O	O	O	O	O	O

Seite 14

I. Durchgeführte Aktivitäten und Elternbeteiligung

Die Frage ist für mich...

	unwichtig				sehr wichtig
	1	2	3	4	5
Wie sieht der normale tägliche Ablauf in etwa aus?	○	○	○	○	○
Wie viel Zeit verbringen die Kinder täglich draußen?	○	○	○	○	○
Wie viel Zeit verbringen die Kinder mit Aktivitäten unter Anleitung?	○	○	○	○	○
Wie viel Zeit verbringen die Kinder mit freiem Spiel (ohne Anleitung)?	○	○	○	○	○
Haben Eltern die Möglichkeit, von den Aktivitäten ihrer Kinder zu erfahren?	○	○	○	○	○
Wie oft werden Elterngespräche angeboten?	○	○	○	○	○
Wie oft finden Ausflüge statt?	○	○	○	○	○
Gibt es Zusatzangebote (z.B. Musikunterricht, Sport)?	○	○	○	○	○
Ist eine Beteiligung durch Eltern freiwillig oder verpflichtend?	○	○	○	○	○
Wie häufig finden Aktivitäten mit Eltern statt?	○	○	○	○	○
Wie ist der Bildungshintergrund der Familien in der Einrichtung?	○	○	○	○	○
Aus welchen Kulturkreisen kommen die Familien in der Einrichtung?	○	○	○	○	○

Bitte geben Sie nun an, wie Sie den Aufwand für die Beschaffung der Antworten einschätzen, die Sie auf dieser Seite mit 4 oder 5 bewertet haben. Sie benötigen die Antworten, wie beschrieben, für zwei Einrichtungen.

sehr niedrig				sehr hoch	Keine Frage mit 4 oder 5 bewertet.
○	○	○	○	○	○

Seite 15

Bitte geben Sie auf der folgenden Skala an, wie Sie den Gesamtaufwand für die Beschaffung aller für Sie wichtigen Antworten (Wertung 4 oder 5) bei 2 verschiedenen Einrichtungen einschätzen.

sehr niedrig				sehr hoch	Keine Frage mit 4 oder 5 bewertet.
○	○	○	○	○	○

Seite 16

Schließlich bitte ich Sie noch, ein paar letzte Fragen über Informationsquellen und Gründe für eine Betreuungssuche zu beantworten.

Bitte geben Sie an, für wie hilfreich Sie die folgenden Quellen bei der Suche nach einer Kinderbetreuung halten.

	nicht hilfreich				sehr hilfreich	Weiß ich nicht
	1	2	3	4	5	
Ansprechpartner in den Betreuungseinrichtungen oder bei den Trägern (z.B. Leitung, Betreuungspersonal)	○	○	○	○	○	○
Internetseiten der Betreuungseinrichtungen oder Träger	○	○	○	○	○	○
Pädagogische Konzepte der Einrichtungen	○	○	○	○	○	○
Andere Eltern aus den Einrichtungen	○	○	○	○	○	○
Verwandte, Freunde und Kollegen, deren Kinder nicht selbst in die Einrichtung gehen oder gegangen sind	○	○	○	○	○	○
Jugendämter	○	○	○	○	○	○
Vermittlungsagenturen	○	○	○	○	○	○
Ihr Arbeitgeber oder der Ihres Partners/Ihrer Partnerin	○	○	○	○	○	○
Andere Quellen (bitte benennen und bewerten Sie diese):	○	○	○	○	○	○

Wie viele Stunden pro Woche werden Sie über informelle Betreuung (z.B. Verwandte, Freunde) abdecken bzw. decken Sie ab?

○ Ich werde eine informelle Betreuung nicht oder nur in Notfällen nutzen bzw. nutze keine.

○ [____] Stunden pro Woche.

Wie viele Stunden in der Woche werden Sie arbeiten, wenn Sie eine passende Betreuung finden? Falls Sie bereits eine professionelle Betreuung (Kindertagesstätte, Tagesmutter/-vater) haben, geben Sie bitte an, wie viele Stunden Sie zur Zeit arbeiten.

○ Ich werde nicht arbeiten/arbeite nicht.

○ [____] Stunden pro Woche.

Wie viele Stunden in der Woche wird Ihre Partnerin/Ihr Partner arbeiten, wenn Sie eine passende Betreuung finden? Falls Sie bereits eine Betreuung haben, geben Sie bitte an, wie viele Stunden Ihre Partnerin/Ihr Partner zur Zeit arbeitet.

○ Sie/er wird nicht arbeiten/arbeitet nicht bzw. ich habe keine feste Partnerin/keinen festen Partner.

○ [____] Stunden pro Woche.

Seite 17

Wie ist Ihr aktueller Familienstand?

○ Ich lebe in einer Partnerschaft (z.B. Ehe).

○ Ich bin alleinerziehend (ohne festen Partner/Partnerin).

Bitte wählen Sie Ihren höchsten Bildungsabschluss aus.

○ Ohne Abschluss

○ Hauptschulabschluss oder vergleichbarer Abschluss

○ Realschulabschluss oder vergleichbarer Abschluss

○ Fachabitur oder vergleichbarer Abschluss

○ Abitur oder vergleichbarer Abschluss

○ Lehre/Berufsausbildung oder vergleichbarer Abschluss

○ Fachhochschulabschluss oder vergleichbarer Abschluss

○ Universitätsabschluss oder vergleichbarer Abschluss

○ Anderer Abschluss: _____

Bitte geben Sie Ihre Muttersprache an.

○ Deutsch.

○ Andere: _____

Wie lange leben Sie bereits in Deutschland?

○ Weniger als 2 Jahre.

○ 2 bis 5 Jahre.

○ 5 bis 10 Jahre.

○ 10 bis 20 Jahre.

○ Mehr als 20 Jahre.

Seite 18

Die folgenden beiden Fragen müssen Sie nicht beantworten (Sie können „Keine Angabe" wählen), allerdings wäre es für die Untersuchung sehr hilfreich. Wie bereits erwähnt, bleiben alle Ihre Angaben anonym.

In welchem Bereich liegt Ihr monatliches Haushaltseinkommen (vor Steuern)? Falls Sie oder Ihre Partnerin/Ihr Partner gerade wegen Ihres Kindes nicht arbeiten, geben Sie bitte das Haushaltseinkommen vor der Schwangerschaft/Geburt an.

- O Unter 2.200 Euro brutto.
- O 2.200 bis 4.000 Euro brutto.
- O 4.000 bis 5.400 Euro brutto.
- O 5.400 bis 7.200 Euro brutto.
- O 7.200 bis 9.000 Euro brutto.
- O Über 9.000 Euro brutto.
- O Keine Angabe.

In welchem Bereich liegt Ihr persönliches monatliches Einkommen (vor Steuern)? Falls Sie gerade wegen Ihres Kindes nicht arbeiten, geben Sie bitte Ihr persönliches Einkommen vor der Schwangerschaft/Geburt an.

- O Unter 1.100 Euro brutto.
- O 1.100 bis 2.000 Euro brutto.
- O 2.000 bis 2.700 Euro brutto.
- O 2.700 bis 3.600 Euro brutto.
- O 3.600 bis 4.500 Euro brutto.
- O Über 4.500 Euro brutto.
- O Keine Angabe.

Seite 19

Wenn Sie Interesse an den Ergebnissen der Studie haben, können Sie hier Ihre E-Mail Adresse angeben. Sie wird nicht mit Ihren eben gemachten Angaben im Fragebogen verknüpft, so dass keine Zuordnung der Daten stattfinden kann.

E-Mail-Adresse: [   ]

Seite 20

Vielen Dank für Ihre Teilnahme!

Ich möchte mich ganz herzlich für Ihre Mithilfe bedanken. Es wäre schön, wenn Sie den Fragebogen anderen Eltern weiterempfehlen würden. Dies können Sie z.B. auf www.transparente-kita.de direkt über Facebook machen.

Ihre Antworten wurden gespeichert, Sie können das Browser-Fenster nun schließen.

5.4 Skalen- und Itembewertungen der Elternstudie

Tabelle 5.1: Mittelwerte und Standardabweichungen der Fragen der Elternstudie (N = 498)

	n	Mittelwert	Standardabweichung
Preise und Zeiten			
Welche Zeiten können gebucht werden?	491	4,26	.99
Wie viele Tage im Jahr und an welchen Tagen hat die Einrichtung geschlossen?	498	3,97	1,12
Welche Leistungen sind enthalten, welche sind nicht enthalten (z.B. Frühstück, Ausflüge, Ferienbetreuung, etc.)?	497	3,85	1,09
Was passiert, wenn kurzfristig von den gebuchten Zeiten abgewichen wird/werden muss?	495	3,77	1,20
Gibt es eine Ferienbetreuung und wie sieht diese konkret aus?	497	3,60	1,38
Wie viel kostet die Betreuung (inkl. aller Zusatzbeiträge)?	498	3,54	1,19
Welche Fristen gelten bei Änderung der gebuchten Zeiten oder Kündigung?	495	3,14	1,25
Mittelwert Skala		3,73	1,17
Sicherheit und Ausstattung			
Wird bei jeder Abholung durch Unbekannte die Berechtigung dazu überprüft?	495	4,70	.62
Ist das Grundstück so gestaltet, dass Kinder es nicht selbstständig verlassen können?	497	4,52	.84
Ist das gesamte Personal in erster Hilfe für Kleinkinder geschult?	496	4,30	.91
Wie wird eine ausreichende Aufsicht auf Ausflügen sichergestellt?	496	4,10	.99
Gibt es ausreichende Absturzsicherungen (z.B. an Klettergerüsten, Treppen)?	497	3,98	1,02
Sind Sitzmöbel, Tische und Toiletten altersgerecht (Höhe, Sicherungen)?	498	3,79	1,03
Wie wird mit Allergien oder chronischen Krankheiten von Kindern umgegangen (z.B. Asthma, Allergie gegen Bienenstiche)?	498	3,67	1,25
Gibt es verbindliche Sicherheitsregeln für das Personal (Kleidung, Aufsicht, etc.)?	496	3,63	1,12
Werden alle Kinder jederzeit vom Personal (inkl. Praktikanten, exkl. Eltern) beaufsichtigt oder gibt es Ausnahmen (z.B. Toilettengang)?	496	3,50	1,08
Wie wird die Schadstofffreiheit der Ausstattung sichergestellt/überprüft?	497	3,48	1,15
Gibt es an Türen Sicherungen gegen das Einklemmen von Fingern und Händen?	497	3,45	1,16
Haben Kinder unbeaufsichtigt Zugang zur Küche?	493	3,36	1,20
Mittelwert Skala		3,87	1,03
Sauberkeit und Hygiene			
Werden Kinder mit ansteckenden Krankheiten zeitnah nach Hause geschickt?	496	4,29	.90
Werden alle Eltern innerhalb eines Tages über das Auftreten ansteckender Krankheiten in der Einrichtung informiert (z.B. per Aushang oder E-Mail)?	497	4,14	.93
Hat das Personal die Möglichkeit, sich die Hände zu desinfizieren (z.B. nach dem Windelwechseln, vor und nach der Zubereitung von Speisen)?	497	3,87	1,09
Werden mit allen Kindern bei Bedarf die Hände gewaschen (z.B. nach dem Basteln, dem Spiel im Freien, den Mahlzeiten)?	498	3,82	1,02
Wie oft wird die Einrichtung professionell gereinigt?	495	3,59	1,08
Werden mit allen Kindern, die schon Zähnchen haben, nach jeder Mahlzeit die Zähne geputzt?	498	3,53	1,23
Werden besondere Vorsichtsmaßnahmen bei Lebensmitteln für Säuglinge befolgt (z.B. Abkochen von Trinkwasser)?	488	3,46	1,35
Mittelwert Skala		3,81	1,09

Fortsetzung auf nächster Seite

Skalen- und Itembewertungen der Elternstudie

Tabelle 5.1 (Fortsetzung)

	n	Mittelwert	Standardabweichung
Ernährung			
Wer bereitet das Mittagessen zu (Caterer, Einrichtung)?	493	4,05	1,08
Werden Eltern informiert, wenn ihr Kind sehr wenig oder nichts gegessen hat?	493	3,98	1,01
Wird bei der Ernährung auf Allergien/Unverträglichkeiten Rücksicht genommen? Auf welche?	494	3,94	1,17
Wie wird damit umgegangen, wenn ein Kind etwas nicht mag?	494	3,84	1,04
Werden Eltern über den Speiseplan informiert (z.b. über das tägliche Mittagessen)?	492	3,75	1,05
Gibt es zwischen den festen Mahlzeiten etwas zu essen, wenn Kinder fragen?	492	3,46	1,10
Werden bei der Ernährung Sonderwünsche der Eltern ohne medizinische Notwendigkeit berücksichtigt (z.B. vegetarische Ernährung)?	491	3,13	1,29
Mittelwert Skala		3,74	1,11
Betreuungsverhältnis und Altersmischung			
Ist das Stammpersonal den Gruppen fest zugeordnet oder wechselt die Gruppenverantwortlichkeit (kurze Aushilfe ausgenommen)?	497	4,39	.87
Wie ist das Zahlenverhältnis pädagogisch ausgebildeter Kräfte (Bachelor, Master, Diplom, Ausbildung) zu Kinder in jeder Gruppe?	495	4,01	1,06
Falls das Stammpersonal die Gruppen dauerhaft wechselt, in welchen zeitlichen Abständen ist dies der Fall?	493	3,93	1,14
Wie werden Urlaubs- und Krankheitszeiten des Stammpersonals personell aufgefangen?	495	3,89	1,04
Wie ist das Zahlenverhältnis von Hilfskräften (Praktikanten/-innen, Kräfte ohne pädagogische Ausbildung) zu Kindern in jeder Gruppe?	497	3,61	1,06
Wie hoch sind die Wochenarbeitszeiten der Betreuerinnen und Betreuer?	497	3,24	1,15
Wie groß ist der Altersunterschied zwischen dem ältesten und dem jüngsten Kind in einer Gruppe?	496	3,18	1,27
Mittelwert Skala		3,75	1,08
Betreuungspersonal			
Wie häufig sind Wechsel beim Stammpersonal?	495	4,11	.93
Wie gut beherrschen alle pädagogischen Kräfte die hauptsächlich in der Einrichtung gesprochene Sprache (in der Regel Deutsch)?	497	3,86	1,23
Bildet sich das Personal regelmäßig fort (selbstständig oder über die Einrichtung)?	498	3,78	.97
Welche Maßnahmen trifft die Einrichtung, um Personal langfristig zu binden (Fortbildungen, Entwicklungsmöglichkeiten, Förderung der Zusammenarbeit im Team)?	493	3,48	1,18
Werden von der Einrichtung Fortbildungen für das Personal angeboten?	496	3,46	1,14
Über welche Abschlüsse (pädagogisch/pflegerisch) verfügt das Personal im Einzelnen?	498	3,31	1,11
Über wie viele Berufsjahre in der Kinderbetreuung verfügt das Personal im Einzelnen?	496	3,05	1,12
Welchen Kulturkreisen entstammt das Betreuungspersonal?[a]	496	2,47	1,27
In welchen Ländern ist die Ausbildung des Betreuungspersonals erfolgt?	496	2,37	1,25
Mittelwert Skala		3,32	1,13

a = Eine Teilnehmerin gab den korrekten Hinweis, dass die Bezeichnung "Kulturkreis" heute in der Ethnologie kritisch gesehen wird. Daher sollte der Begriff in Zukunft z.B. durch "kulturellen Hintergrund" ersetzt werden.

Fortsetzung auf nächster Seite

Tabelle 5.1 (Fortsetzung)

	n	Mittel-wert	Standard-abweichung
Intellektueller Anspruch			
Wie wird die Schulbereitschaft der Kinder unterstützt?	497	4,00	1,12
Setzen Kinder sich mit Farben auseinander?	495	3,98	1,07
Werden Kinder an naturwissenschaftliche Phänomene herangeführt?	489	3,85	1,10
Werden den Kindern geometrische Formen bewusst gemacht?	494	3,74	1,16
Werden Kinder an Mengen herangeführt?	495	3,68	1,17
Setzen Kinder sich mit Buchstaben auseinander?	498	3,60	1,23
Wird Kindern eine Fremdsprache vermittelt (nicht Deutsch)?	496	2,39	1,35
Mittelwert Skala		3,61	1,17
Sozialer Anspruch			
Werden Eltern über Bestrafungen ihrer Kinder informiert?	491	4,65	.69
Wie werden diese Regeln durchgesetzt?	490	4,58	.61
Welche Regeln gibt es für Kinder?	492	4,53	.66
Welche Werte sollen den Kindern vermittelt werden?	491	4,45	.77
Wird die Erziehung mit den Eltern abgestimmt?	491	4,42	.83
Wie sollen diese Werte vermittelt werden?	493	4,30	.83
Mittelwert Skala		4,49	.73
Aktivitäten und Elternbeteiligung			
Wie viel Zeit verbringen die Kinder täglich draußen?	496	4,37	.77
Wie sieht der normale tägliche Ablauf in etwa aus?	493	4,32	.77
Haben Eltern die Möglichkeit, von den Aktivitäten ihrer Kinder zu erfahren?	497	4,28	.81
Wie viel Zeit verbringen die Kinder mit freiem Spiel (ohne Anleitung)?	497	4,01	.93
Wie oft werden Elterngespräche angeboten?	497	4,01	.87
Wie viel Zeit verbringen die Kinder mit Aktivitäten unter Anleitung?	495	3,78	.99
Ist eine Beteiligung durch Eltern freiwillig oder verpflichtend?	497	3,58	1,13
Wie häufig finden Aktivitäten mit Eltern statt?	494	3,40	1,06
Gibt es Zusatzangebote (z.B. Musikunterricht, Sport)?	495	3,37	1,20
Wie oft finden Ausflüge statt?	496	3,34	1,10
Wie ist der Bildungshintergrund der Familien in der Einrichtung?	496	2,76	1,26
Aus welchen Kulturkreisen kommen die Familien in der Einrichtung?[a]	496	2,58	1,28
Mittelwert Skala		3,65	1,01

a = Eine Teilnehmerin gab den korrekten Hinweis, dass die Bezeichnung "Kulturkreis" heute in der Ethnologie kritisch gesehen wird. Daher sollte der Begriff in Zukunft z.B. durch "kulturellen Hintergrund" ersetzt werden.

5.5 Überprüfung der Skalen

Die interne Konsistenz der im Fragebogen für die Eltern verwendeten Skalen wurde in Abschnitt 3.2.3.1 bereits untersucht. Trotz der guten Werte von Cronbach's Alpha und der Trennschärfen wurde mit allen 74 Frageitems eine explorative Faktorenanalyse (EFA) durchgeführt, um eventuell sinnvollere Zuordnungen der Items vornehmen zu können.

Fabrigar et al. (1999) folgend wurde eine Hauptachsenfaktorenanalyse mit obliquer Rotation (Promax) durchgeführt. Korrelationen zwischen den Faktoren oder Skalen waren theoretisch denkbar und die Faktorkorrelationsmatrix bestätigte dies mit Korrelationskoeffizienten von bis zu .56. Das Kaiser-Meyer-Olkin-Maß der Stichprobeneignung (.89) zeigte, dass die Daten sich gut für eine Faktorenanalyse eigneten. Nach dem Kaiser Kriterium ergaben sich 19 potentielle Faktoren mit Eigenwerten von mehr als 1,0. Da 19 Faktoren keine sinnvolle Datenstruktur erwarten ließen und die Problematik des Kaiser Kriteriums in der empirischen Literatur bereits mehrfach besprochen wurde (vgl. Fabrigar et al., 1999, für einen Überblick), wurde zusätzlich ein Scree-Test zur Bestimmung der optimalen Faktorenanzahl durchgeführt.[186] Durch den Scree-Test ergab sich eine Lösung mit sieben Faktoren bzw. Skalen. Zwischen Faktor sieben und acht war ein deutlich sichtbarer Knick im Scree-Plot. Der siebte Faktor war gleichzeitig der letzte mit einem Eigenwert von mehr als 2,0. Die daraufhin mit sieben vorgegebenen Faktoren durchgeführte EFA (Hauptachsen, Promax) konvergierte in acht Iterationen.

Tabelle 5.2 stellt die Items und ihre Faktorladungen dar. In der ersten Spalte der Tabelle steht ein möglicher Name der jeweiligen Skala, in der zweiten finden sich die Items mit dem Titel ihrer Originalskala, sortiert nach Größe der Faktorladungen, und in den restlichen Spalten die Faktorladungen. Die jeweils größte Ladung eines Items ist fett gedruckt. Faktorladungen, die kleiner als |.10| waren, werden nicht abgebildet.

Rost (2013) benennt Faktorladungen ab .32 als ausreichend. Fünf Items haben geringere Ladungen und sollten daher gelöscht werden. Die Items und ihre Ladungen auf den jeweils relevanten Faktor werden in der Tabelle in eckigen Klammern dargestellt.

---

[186] Auch der Scree-Test kann auf Grund der subjektiven Einschätzung des anwendenden Wissenschaftlers problematisch sein, hat sich aber trotzdem grundsätzlich als brauchbare Methode erwiesen (Fabrigar et al., 1999).

Tabelle 5.2: Hauptachsenfaktorenanalyse mit obliquer Rotation (Promax) und sieben vorgegebenen Faktoren

		1	2	3	4	5	6	7
					Faktor			
Sicherheit und Hygiene	B. Sicherheit und Ausstattung: Wie wird eine ausreichende Aufsicht auf Ausflügen sichergestellt?	.78	-.13					
	B. Sicherheit und Ausstattung: Haben Kinder unbeaufsichtigt Zugang zur Küche?	.77	-.14					.11
	B. Sicherheit und Ausstattung: Ist das Grundstück so gestaltet, dass Kinder es nicht selbstständig verlassen können?	.74		-.14	-.11			
	B. Sicherheit und Ausstattung: Gibt es ausreichende Absturzsicherungen (z.B. an Klettergerüsten, Treppen)?	.73		.12		-.15	-.13	
	C. Sauberkeit und Hygiene: Hat das Personal die Möglichkeit, sich die Hände zu desinfizieren (z.B. nach dem Windelwechseln, vor und nach der Zubereitung von Speisen)?	.69	.16					-.15
	B. Sicherheit und Ausstattung: Werden alle Kinder jederzeit vom Personal (inkl. Praktikanten, exkl. Eltern) beaufsichtigt oder gibt es Ausnahmen (z.B. Toilettengang)?	.64						
	B. Sicherheit und Ausstattung: Gibt es verbindliche Sicherheitsregeln für das Personal (Kleidung, Aufsicht, etc.)?	.62		-.19	.11			
	B. Sicherheit und Ausstattung: Gibt es an Türen Sicherungen gegen das Einklemmen von Fingern und Händen?	.61		.19			-.12	
	C. Sauberkeit und Hygiene: Wie oft wird die Einrichtung professionell gereinigt?	.58	.12					
	B. Sicherheit und Ausstattung: Ist das gesamte Personal in erster Hilfe für Kleinkinder geschult?	.56		-.13	.12	-.11	.12	
	B. Sicherheit und Ausstattung: Sind Sitzmöbel, Tische und Toiletten altersgerecht (Höhe, Sicherungen)?	.56		.26				
	B. Sicherheit und Ausstattung: Wie wird mit Allergien oder chronischen Krankheiten von Kindern umgegangen (z.B. Asthma, Allergie gegen Bienenstiche)?	.53						-.12
	C. Sauberkeit und Hygiene: Werden besondere Vorsichtsmaßnahmen bei Lebensmitteln für Säuglinge befolgt (z.B. Abkochen von Trinkwasser)?	.52				.12		
	B. Sicherheit und Ausstattung: Wird bei jeder Abholung durch Unbekannte die Berechtigung dazu überprüft?	.51	-.10				.12	
	C. Sauberkeit und Hygiene: Werden mit allen Kindern bei Bedarf die Hände gewaschen (z.B. nach dem Basteln, dem Spiel im Freien, den Mahlzeiten)?	.47	.16	.12				
	C. Sauberkeit und Hygiene: Werden alle Eltern innerhalb eines Tages über das Auftreten ansteckender Krankheiten in der Einrichtung informiert (z.B. per Aushang oder E-Mail)?	.43	.11	.20	-.11	.11		-.14
	D. Ernährung: Wird bei der Ernährung auf Allergien/Unverträglichkeiten Rücksicht genommen? Auf welche?	.40						.16
	B. Sicherheit und Ausstattung: Wie wird die Schadstofffreiheit der Ausstattung sichergestellt/überprüft?	.36		.13	.25			
	C. Sauberkeit und Hygiene: Werden mit allen Kindern, die schon Zähnchen haben, nach jeder Mahlzeit die Zähne geputzt?	.34	.25					

Fortsetzung auf nächster Seite

Tabelle 5.2 (Fortsetzung)

		Faktor						
		1	2	3	4	5	6	7
Intellektueller Anspruch	G. Intellektueller Anspruch: Werden Kinder an Mengen herangeführt?		.97					
	G. Intellektueller Anspruch: Werden den Kindern geometrische Formen bewusst gemacht?		.96					
	G. Intellektueller Anspruch: Setzen Kinder sich mit Buchstaben auseinander?		.90					
	G. Intellektueller Anspruch: Setzen Kinder sich mit Farben auseinander?		.83					
	G. Intellektueller Anspruch: Werden Kinder an naturwissenschaftliche Phänomene herangeführt?		.81					
	G. Intellektueller Anspruch: Wie wird die Schulbereitschaft der Kinder unterstützt?		.77	-.11			.11	
	G. Intellektueller Anspruch: Wird Kindern eine Fremdsprache vermittelt (nicht Deutsch)?		.35	.11		.22		
Aktivitäten, Elternbeteiligung und Ernährung	I. Aktivitäten und Elternbeteiligung: Haben Eltern die Möglichkeit, von den Aktivitäten ihrer Kinder zu erfahren?			.63			.11	
	I. Aktivitäten und Elternbeteiligung: Wie sieht der normale tägliche Ablauf in etwa aus?			.60	-.13	-.11	.14	
	I. Aktivitäten und Elternbeteiligung: Wie oft finden Ausflüge statt?		.10	.53		.13		
	I. Aktivitäten und Elternbeteiligung: Wie häufig finden Aktivitäten mit Eltern statt?			.53		.26		
	I. Aktivitäten und Elternbeteiligung: Wie viel Zeit verbringen die Kinder mit Aktivitäten unter Anleitung?	-.11	.26	.52	.13	.11	.12	
	I. Aktivitäten und Elternbeteiligung: Wie oft werden Elterngespräche angeboten?	.11	-.13	.50			.19	-.12
	I. Aktivitäten und Elternbeteiligung: Wie viel Zeit verbringen die Kinder mit freiem Spiel (ohne Anleitung)?			.49	.13		-.21	.12
	I. Aktivitäten und Elternbeteiligung: Gibt es Zusatzangebote (z.B. Musikunterricht, Sport)?		.21	.45		.22	.17	
	I. Aktivitäten und Elternbeteiligung: Wie viel Zeit verbringen die Kinder täglich draußen?			.44				
	D. Ernährung: Werden Eltern über den Speiseplan informiert (z.B. über das tägliche Mittagessen)?	.12		.40	.16			
	H. Sozialer Anspruch: Werden Eltern über Bestrafungen ihrer Kinder informiert?	.11	-.10	.38		-.13	.21	
	I. Aktivitäten und Elternbeteiligung: Ist eine Beteiligung durch Eltern freiwillig oder verpflichtend?	-.13		.38		.19		.16
	D. Ernährung: Werden bei der Ernährung Sonderwünsche der Eltern ohne medizinische Notwendigkeit berücksichtigt (z.B. vegetarische Ernährung)?			.37	.21			
	D. Ernährung: Wer bereitet das Mittagessen zu (Caterer, Einrichtung)?[a]	-.14		.36	.37	-.14		.10
	D. Ernährung: Wie wird damit umgegangen, wenn ein Kind etwas nicht mag?	.13	-.12	.35	.13		.11	
	[D. Ernährung: Gibt es zwischen den festen Mahlzeiten etwas zu essen, wenn Kinder fragen?]	.15		[.29]	.22		-.13	
	[D. Ernährung: Werden Eltern informiert, wenn ihr Kind sehr wenig oder nichts gegessen hat?]	.19	.11	[.26]				.12

a = Ladungen auf Faktoren 3 und 4 nahezu identisch und inhaltlich bessere Passung zur Skala "Aktivitäten, Elternbeteiligung und Ernährung".

Fortsetzung auf nächster Seite

Tabelle 5.2 (Fortsetzung)

				Faktor			
	1	2	3	4	5	6	7
Betreuungspersonal							
E. Betreuungsverhältnis und Altersmischung: Wie werden Urlaubs- und Krankheitszeiten des Stammpersonals personell aufgefangen?				.75	-.15		
E. Betreuungsverhältnis und Altersmischung: Wie hoch sind die Wochenarbeitszeiten der Betreuerinnen und Betreuer?	-.17			.74		-.17	
E. Betreuungsverhältnis und Altersmischung: Wie ist das Zahlenverhältnis von Hilfskräften (Praktikanten/-innen, Kräfte ohne pädagogische Ausbildung) zu Kindern in jeder Gruppe?			.25	.67		-.14	
E. Betreuungsverhältnis und Altersmischung: Wie ist das Zahlenverhältnis pädagogisch ausgebildeter Kräfte (Bachelor, Master, Diplom, Ausbildung) zu Kindern in jeder Gruppe?	-.22			.65			
F. Betreuungspersonal: Werden von der Einrichtung Fortbildungen für das Personal angeboten?		.13		.60		.11	
F. Betreuungspersonal: Bildet sich das Personal regelmäßig fort (selbstständig oder über die Einrichtung)?	.12			.53		.14	
F. Betreuungspersonal: Über welche Abschlüsse (pädagogisch/pflegerisch) verfügt das Personal im Einzelnen?	.11		-.21	.52	.22		
F. Betreuungspersonal: Welche Maßnahmen trifft die Einrichtung, um Personal langfristig zu binden (Fortbildungen, Entwicklungsmöglichkeiten, Förderung der Zusammenarbeit im Team)?				.48	.12	.15	
F. Betreuungspersonal: Über wie viele Berufsjahre in der Kinderbetreuung verfügt das Personal im Einzelnen?	.10		-.15	.45	0,25		
F. Betreuungspersonal: Ist das Stammpersonal den Gruppen fest zugeordnet oder wechselt die Gruppenverantwortlichkeit (kurze Aushilfe ausgenommen)?			.12	.45	-.11		
E. Betreuungsverhältnis und Altersmischung: Falls das Stammpersonal die Gruppen dauerhaft wechselt, in welchen zeitlichen Abständen ist dies der Fall?		-.13	.18	.41			
[F. Betreuungspersonal: Wie häufig sind Wechsel beim Stammpersonal?]			.11	[.30]		.24	
[E. Betreuungsverhältnis und Altersmischung: Wie groß ist der Altersunterschied zwischen dem ältesten und dem jüngsten Kind in jeder Gruppe?]			.17	[.27]			

Fortsetzung auf nächster Seite

Tabelle 5.2 (Fortsetzung)

		Faktor						
		1	2	3	4	5	6	7
Kultureller Hintergrund	I. Aktivitäten und Elternbeteiligung: Aus welchen Kulturkreisen kommen die Familien in der Einrichtung?[b]		-.11		-.16	.88		
	I. Aktivitäten und Elternbeteiligung: Wie ist der Bildungshintergrund der Familien in der Einrichtung?			.15		.71		
	F. Betreuungspersonal: In welchen Ländern ist die Ausbildung des Betreuungspersonals erfolgt?			-.12	.15	.68		
	F. Betreuungspersonal: Welchen Kulturkreisen entstammt das Betreuungspersonal?[b]	-.15				.67	-.11	
	F. Betreuungspersonal: Wie gut beherrschen alle pädagogischen Kräfte die hauptsächlich in der Einrichtung gesprochene Sprache (in der Regel Deutsch)?	.22				.39	.13	
Sozialer Anspruch	H. Sozialer Anspruch: Wie sollen diese Werte vermittelt werden?			.19			.73	
	H. Sozialer Anspruch: Welche Werte sollen den Kindern vermittelt werden?						.72	
	H. Sozialer Anspruch: Wie werden diese Regeln durchgesetzt?	-.11		.15			.68	
	H. Sozialer Anspruch: Welche Regeln gibt es für Kinder?		.11				.66	.15
	H. Sozialer Anspruch: Wird die Erziehung mit den Eltern abgestimmt?		-.11	.35			.39	
Preise und Zeiten	A. Preise und Zeiten: Welche Zeiten können gebucht werden?				-.11		.13	.68
	A. Preise und Zeiten: Wie viele Tage im Jahr und an welchen Tagen hat die Einrichtung geschlossen?							.65
	A. Preise und Zeiten: Gibt es eine Ferienbetreuung und wie sieht diese konkret aus?							.61
	A. Preise und Zeiten: Welche Fristen gelten bei Änderung der gebuchten Zeiten oder Kündigung?		-.12		.17			.58
	A. Preise und Zeiten: Was passiert, wenn kurzfristig von den gebuchten Zeiten abgewichen wird/werden muss?						.10	.57
	A. Preise und Zeiten: Welche Leistungen sind enthalten, welche sind nicht enthalten (z.B. Frühstück, Ausflüge, Ferienbetreuung, etc.)?	.14						.38
	[A. Preise und Zeiten: Wie viel kostet die Betreuung (inkl. aller Zusatzbeiträge)?]					.14		[.29]

b = Eine Teilnehmerin gab den korrekten Hinweis, dass die Bezeichnung "Kulturkreis" heute in der Ethnologie kritisch gesehen wird. Daher sollte der Begriff in Zukunft z.B. durch "kulturellen Hintergrund" ersetzt werden.

Von den Items mit Faktorladungen kleiner als .32 rangierten zwei bei den Bewertungen der Wichtigkeit durch die Eltern an erster bzw. zweiter Stelle innerhalb ihrer ursprünglichen Skala („F. Betreuungspersonal: Wie häufig sind Wechsel beim Stammpersonal?" (durchschnittliche Bewertung von 4,39 Punkten) und „D. Ernährung: Werden Eltern informiert, wenn ihr Kind sehr wenig oder nichts gegessen hat?" (3,98 Punkte)). Bei zukünftigen Befragungen sollte daher überlegt werden, ob diese Items außerhalb der Skalen aufgenommen werden. Wenn die Erfassung der konkreten Informationsbedürfnisse von Eltern zum Beispiel einer der Untersuchungsgegenstände ist, könnten diese Items außerhalb der Skalen relevant sein.

Das Item „D. Ernährung: Wer bereitet das Mittagessen zu (Caterer, Einrichtung)?" lädt nahezu identisch mit .36 und .37 auf die Faktoren 3 und 4. Inhaltlich passt es besser zu der Skala „Aktivitäten, Elternbeteiligung und Ernährung", so dass das Item in Tabelle 5.2 dort aufgeführt wird.

Die Skalen „Sicherheit und Ausstattung" sowie „Sauberkeit und Hygiene" wurden nach der EFA in eine Skala „Sicherheit und Hygiene" überführt. Alle Items der Skala „Betreuungsverhältnis und Altersmischung" wurden der Skala „Betreuungspersonal" zugeordnet und mit einer Ausnahme finden sich alle Items der Skala „Ernährung" in der Skala „Aktivitäten, Elternbeteiligung und Ernährung". Neu ist die Skala „Kultureller Hintergrund", die insgesamt fünf Items der anderen Skalen zum kulturellen Hintergrund des Betreuungspersonals und der Familien in der Einrichtung enthält. „Preise und Zeiten", „Intellektueller Anspruch" und „Sozialer Anspruch" blieben weitestgehend gleich.

Analog zu den ursprünglichen Skalen wurde für die neu zusammengesetzten Skalen eine Untersuchung der internen Konsistenz durchgeführt. Die Ergebnisse werden in Tabelle 5.3 dargestellt.

Tabelle 5.3: Interne Konsistenz der neuen Skalen

	Itemtrennschärfe	Cronbach's Alpha ohne Item
Preise und Zeiten (Cronbach's Alpha = .78)		
Wie viele Tage im Jahr und an welchen Tagen hat die Einrichtung geschlossen?	.61	.73
Was passiert, wenn kurzfristig von den gebuchten Zeiten abgewichen wird/werden muss?	.59	.74
Gibt es eine Ferienbetreuung und wie sieht diese konkret aus?	.57	.74
Welche Zeiten können gebucht werden?	.54	.75
Welche Fristen gelten bei Änderung der gebuchten Zeiten oder Kündigung?	.53	.75
Welche Leistungen sind enthalten, welche sind nicht enthalten (z.B. Frühstück, Ausflüge, Ferienbetreuung, etc.)?	.37	.79
Sicherheit und Hygiene (.92)		
Hat das Personal die Möglichkeit, sich die Hände zu desinfizieren (z.B. nach dem Windelwechseln, vor und nach der Zubereitung von Speisen)?	.68	.91
Gibt es an Türen Sicherungen gegen das Einklemmen von Fingern und Händen?	.67	.91
Gibt es ausreichende Absturzsicherungen (z.B. an Klettergerüsten, Treppen)?	.66	.91
Sind Sitzmöbel, Tische und Toiletten altersgerecht (Höhe, Sicherungen)?	.66	.91
Wie wird eine ausreichende Aufsicht auf Ausflügen sichergestellt?	.62	.91
Werden alle Kinder jederzeit vom Personal (inkl. Praktikanten, exkl. Eltern) beaufsichtigt oder gibt es Ausnahmen (z.B. Toilettengang)?	.61	.91
Werden mit allen Kindern bei Bedarf die Hände gewaschen (z.B. nach dem Basteln, dem Spiel im Freien, den Mahlzeiten)?	.60	.91
Wie oft wird die Einrichtung professionell gereinigt?	.60	.91
Haben Kinder unbeaufsichtigt Zugang zur Küche?	.58	.91
Werden Kinder mit ansteckenden Krankheiten zeitnah nach Hause geschickt?	.58	.91
Ist das gesamte Personal in erster Hilfe für Kleinkinder geschult?	.57	.91
Werden besondere Vorsichtsmaßnahmen bei Lebensmitteln für Säuglinge befolgt (z.B. Abkochen von Trinkwasser)?	.56	.91
Werden alle Eltern innerhalb eines Tages über das Auftreten ansteckender Krankheiten in der Einrichtung informiert (z.B. per Aushang oder E-Mail)?	.56	.91
Wie wird die Schadstofffreiheit der Ausstattung sichergestellt/überprüft?	.55	.91
Wie wird mit Allergien oder chronischen Krankheiten von Kindern umgegangen (z.B. Asthma, Allergie gegen Bienenstiche)?	.53	.91
Ist das Grundstück so gestaltet, dass Kinder es nicht selbstständig verlassen können?	.53	.91
Gibt es verbindliche Sicherheitsregeln für das Personal (Kleidung, Aufsicht, etc.)?	.51	.91
Werden mit allen Kindern, die schon Zähnchen haben, nach jeder Mahlzeit die Zähne geputzt?	.49	.91
Wird bei der Ernährung auf Allergien/Unverträglichkeiten Rücksicht genommen? Auf welche?	.46	.91
Wird bei jeder Abholung durch Unbekannte die Berechtigung dazu überprüft?	.43	.92

Fortsetzung auf nächster Seite

Tabelle 5.3 (Fortsetzung)

	Item-trenn-schärfe	Cronbach's Alpha ohne Item
Betreuungspersonal (.87)		
Wie hoch sind die Wochenarbeitszeiten der Betreuerinnen und Betreuer?	.68	.85
Bildet sich das Personal regelmäßig fort (selbstständig oder über die Einrichtung)?	.64	.86
Werden von der Einrichtung Fortbildungen für das Personal angeboten?	.63	.86
Wie werden Urlaubs- und Krankheitszeiten des Stammpersonals personell aufgefangen?	.60	.86
Über welche Abschlüsse (pädagogisch/pflegerisch) verfügt das Personal im Einzelnen?	.58	.86
Welche Maßnahmen trifft die Einrichtung, um Personal langfristig zu binden (Fortbildungen, Entwicklungsmöglichkeiten, Förderung der Zusammenarbeit im Team)?	.57	.86
Wie ist das Zahlenverhältnis von Hilfskräften (Praktikanten/-innen, Kräfte ohne pädagogische Ausbildung) zu Kindern in jeder Gruppe?	.56	.86
Über wie viele Berufsjahre in der Kinderbetreuung verfügt das Personal im Einzelnen?	.56	.86
Wie ist das Zahlenverhältnis pädagogisch ausgebildeter Kräfte (Bachelor, Master, Diplom, Ausbildung) zu Kindern in jeder Gruppe?	.51	.86
Ist das Stammpersonal den Gruppen fest zugeordnet oder wechselt die Gruppenverantwortlichkeit (kurze Aushilfe ausgenommen)?	.50	.87
Falls das Stammpersonal die Gruppen dauerhaft wechselt, in welchen zeitlichen Abständen ist dies der Fall?	.48	.87
Intellektueller Anspruch (.92)		
Werden Kinder an Mengen herangeführt?	.88	.90
Werden den Kindern geometrische Formen bewusst gemacht?	.87	.90
Setzen Kinder sich mit Buchstaben auseinander?	.85	.90
Setzen Kinder sich mit Farben auseinander?	.82	.91
Werden Kinder an naturwissenschaftliche Phänomene herangeführt?	.78	.91
Wie wird die Schulbereitschaft der Kinder unterstützt?	.77	.91
Wird Kindern eine Fremdsprache vermittelt (nicht Deutsch)?	.45	.95
Sozialer Anspruch (.83)		
Wie sollen diese Werte vermittelt werden?	.72	.77
Wie werden diese Regeln durchgesetzt?	.71	.79
Welche Werte sollen den Kindern vermittelt werden?	.65	.79
Welche Regeln gibt es für Kinder?	.65	.79
Wird die Erziehung mit den Eltern abgestimmt?	.48	.84

Fortsetzung auf nächster Seite

Überprüfung der Skalen 251

Tabelle 5.3 (Fortsetzung)

	Item-trennschärfe	Cronbach's Alpha ohne Item
Aktivitäten, Elternbeteiligung und Ernährung (.84)		
Haben Eltern die Möglichkeit, von den Aktivitäten ihrer Kinder zu erfahren?	.59	.83
Wie viel Zeit verbringen die Kinder mit Aktivitäten unter Anleitung?	.57	.83
Wie oft werden Elterngespräche angeboten?	.54	.83
Wie häufig finden Aktivitäten mit Eltern statt?	.53	.83
Wie oft finden Ausflüge statt?	.53	.83
Wie viel Zeit verbringen die Kinder mit freiem Spiel (ohne Anleitung)?	.52	.83
Gibt es Zusatzangebote (z.b. Musikunterricht, Sport)?	.50	.83
Werden Eltern über den Speiseplan informiert (z.b. über das tägliche Mittagessen)?	.48	.83
Wie sieht der normale tägliche Ablauf in etwa aus?	.47	.83
Wie viel Zeit verbringen die Kinder täglich draußen?	.46	.83
Werden bei der Ernährung Sonderwünsche der Eltern ohne medizinische Notwendigkeit berücksichtigt (z.b. vegetarische Ernährung)?	.42	.84
Wer bereitet das Mittagessen zu (Caterer, Einrichtung)?	.41	.84
Wie wird damit umgegangen, wenn ein Kind etwas nicht mag?	.40	.84
Werden Eltern über Bestrafungen ihrer Kinder informiert?	.39	.84
Ist eine Beteiligung durch Eltern freiwillig oder verpflichtend?	.33	.84
Kultureller Hintergrund (.82)		
Aus welchen Kulturkreisen kommen die Familien in der Einrichtung?[a]	.71	.76
Welchen Kulturkreisen entstammt das Betreuungspersonal?[a]	.65	.78
Wie ist der Bildungshintergrund der Familien in der Einrichtung?	.63	.78
In welchen Ländern ist die Ausbildung des Betreuungspersonals erfolgt?	.62	.78
Wie gut beherrschen alle pädagogischen Kräfte die hauptsächlich in der Einrichtung gesprochene Sprache (in der Regel Deutsch)?	.47	.83

a = Eine Teilnehmerin gab den korrekten Hinweis, dass die Bezeichnung "Kulturkreis" heute in der Ethnologie kritisch gesehen wird. Daher sollte der Begriff in Zukunft z.B. durch "kulturellen Hintergrund" ersetzt werden.

Die Cronbach's Alphas der Skalen erreichen mit Werten zwischen .78 und .92 gute Niveaus. Bei vier Items hätte der Ausschluss aus der jeweiligen Skala eine Verbesserung des Cronbach's Alphas zur Folge, was auf Grund der an sich schon guten Werte nicht notwendig ist. Für einen Ausschluss spricht eher die jeweils größere Abweichung der Trennschärfe dieser Items vom Mittelwert der Trennschärfen aller Items der jeweiligen Skala (vgl. Clark & Watson, 1995). Betroffen sind die Items mit den jeweils niedrigsten Trennschärfen der Skalen „Preise und Zeiten", „Intellektueller Anspruch", „Sozialer Anspruch" und „Kultureller Hintergrund".

Die neu entwickelten Skalen heben sich bezüglich der internen Konsistenz nur geringfügig von den bisher verwendeten ab. Die Skala „Kultureller Hintergrund" ist die einzig wirklich neue Skala und die anderen wurden entweder mit geringen Veränderungen bestätigt oder aus zwei oder drei Skalen zusammengefasst. Dies zeigt, dass die Skalen der Studie bereits gut funktionierten. Für weitere Untersuchungen der Elternpräferenzen und der Transparenz im Kinderbetreuungsmarkt können nun jedoch diese, durch explorative Faktorenanalyse bestätigte, Skalen verwendet werden.

5.6 Protokoll der Änderungen im Datensatz

Änderung bei Betreuungsgründen (SD09_01 bis SD09_03) auf Grund der Angaben bei „Andere Gründe" (SD09_04a)

- SD09_01 (Zeit zum Arbeiten) ausgewählt
  - 253, 01 ausgewählt, *„damit ich mein Studium beenden kann (Abschlussarbeit schreiben)"*
  - 288, 01 ausgewählt, *„damit ich studieren konnte"*
  - 393, 01 ausgewählt, *„um Zeit fürs Studium zu haben"*
  - 1389, 01 ausgewählt, *„Ich MUSSTE wieder arbeiten!"*
  - 1661, 01 ausgewählt, *„Damit wir Eltern beide Zeit für unsere Ausbildung (Studium Mutter, Lehrberuf Vater) haben und ich, die Mutter, auch zusätzlich zum Studium Zeit für Bildung im weiteren Sinne wie Tagungen, Vorträge, etc. ebenso wie Zeit für Forschung habe."*
  - 1723, 01 ausgewählt, *„Damals um mein Abitur nachzuholen und heutzutage um Studieren zu können"*
  - 1740, 01 ausgewählt, *„Da es für allein 'erziehende' leider keine andere Möglichkeit gibt. Ich würde mein Kind lieber selbst betreuen"*
  - 2048, 01 und 02 ausgewählt, *„Soziale Entwicklung meines Kindes und Berufsbedingt"*
  - 2141, 01 ausgewählt, *„Ausbildung"*
- SD09_02 (Gut für Kindesentwicklung) ausgewählt
  - 1202, 02 ausgewählt, *„Mit 3 Jahren sollte ein Kind in eine Kindertagesstätte gehen, um mit anderen gleichaltrigen und auch älteren Kindern in Kontakt zu kommen. Es lernt nochmal andere altersspezifische Dinge, die wichtig für die Entwicklung sind."*
  - 1321, 02 und 03 ausgewählt, *„Zeit für mich, Kinderkntakte fpr mein Kind"*
  - 1468, 02 ausgewählt, *„Ich merke, dass mein Kind nun, im Alter von drei Jahren, den Austausch und das Spiel in der Kindergruppe aktiv sucht und braucht."*
  - 2048, 01 und 02 ausgewählt, *„Soziale Entwicklung meines Kindes und Berufsbedingt"*
- SD09_03 (Zeit für andere Dinge) ausgewählt
  - 357, 03 ausgewählt, *„Damit ich vormittags ohne schlechtes Gewissen den Haushalt machen kann und dann nachmittags komplett Zeit für meinen Nachwuchs habe"*
  - 1321, 02 und 03 ausgewählt, *„Zeit für mich, Kinderkntakte fpr mein Kind"*
  - 1784, 03 ausgewählt, *„Ich hebe kurzfristig nach einer Betreuung gesucht da ich für meine Tochter die Sprachverzögert ist, das Heidelberger Elterntraining besucht habe, und es dort nicht möglich war meineTochter mit zu nehmen. Die Termine lagen alle am Vormittag."*

Änderung bei SD12 (Geburtsjahr Teilnehmer) (CASE, Änderung (x in y))
- 1598, „nach 2000" in „nicht beantwortet" (es ist höchst unwahrscheinlich, dass die Teilnehmerin nach 2000 geboren worden ist, da sie bereits einen Realschulabschluss und ein älteres Kind hat und seit mehr als 20 Jahren in Deutschland lebt.)

Änderungen bei SD14 (Informelle Betreuung) (CASE, Änderung (x in y))
- 246, 1 („Ich werde eine informelle Betreuung nicht oder nur in Notfällen nutzen bzw. nutze keine) in -9 („nicht beantwortet") (TN hat angegeben, sie nutze keine informelle Betreuung und bei SD14_02 (Stundenzahl informelle Betreuung) 10 Stunden eingetragen.)
- 1189, 2 („... Stunden pro Woche.") in 1 („Ich werde eine informelle Betreuung nicht oder nur in Notfällen nutzen bzw. nutze keine.") (TN hatte keine Stundenzahl angegeben.)

Änderungen SD14_02 (Stunden informelle Betreuung) (CASE, Änderung (x in y))
- 134, 10-15 in 12,5
- 191, 2-8 in 5
- 246, 10 in -9 (MISSING) [siehe Änderung SD14]
- 399, ? in -9 (MISSING)
- 584, 6-8 in 7
- 837, 2-3 in 2,5
- 868, 2-3 in 2,5
- 1189, 0 in „ " [siehe Änderung SD14]
- 1639, x in -9 (MISSING)
- 2120, 2,0 in 2

Änderungen bei SD15 (Arbeitszeit TN) (CASE, Änderung (x in y))
- 1901, -9 („nicht beantwortet") in 2 („... Stunden pro Woche.") (Angabe von 40 Stunden bei SD15_02 (Arbeitsstunden pro Woche TN))

Änderungen bei SD15_02 (Arbeitsstunden pro Woche TN) (CASE, Änderung (x in y))
- 134, 40+ (Studium, viel Heimarbeit) in 45
- 168, 25-30 in 27,5
- 332, „ 45" in „45"
- 584, 11-22 in 16,5
- 906, 35-40 in 37,5
- 1084, 4-8 in 6
- 1174, 9-10 in 9,5

- 1184, 40,0 in 40
- 1511, 25-35 in 30
- 1613, 24-30 in 27
- 1667, 19, 5 in 19,5
- 2120, 7.5 in 7,5

Änderung bei SD16 (Arbeitszeit Partner/-in) (CASE, Änderung (x in y))
- 731, 2 („... Stunden pro Woche) in 1 („Sie/er wird nicht arbeiten/arbeitet nicht bzw. ich habe keine feste Partnerin/keinen festen Partner.") (Angabe von 0 Stunden bei SD16_02 (Arbeitsstunden pro Woche) und „Ich bin alleinerziehend (ohne festen Partner/Partnerin)." bei SD17).

Änderungen bei SD16_02 (Arbeitszeit pro Woche Partner/-in) (CASE, Änderung (x in y))
- 134, 40+ in 45
- 191, 40-60 in 50
- 425, 40+ in 45
- 731, 0 in „ " [siehe Änderung SD16]
- 906, 35-40 in 37,5
- 962, 10.5 in 10,5
- 1560, 50+ in 55
- 1764, 40+ in 45
- 1892, 40+ in 45

Änderungen SD17 (Familienstand) von „nicht beantwortet" in „Ich lebe in einer Partnerschaft (z.B. Ehe)." auf Grund eines Haushaltseinkommens über dem Einkommen des TN
- 745
- 101
- 487
- 1971
- 758
- 166
- 1780
- 2139
- 1968
- 1165
- 1454
- 917

Änderungen bei SD18 (Bildungsabschluss) auf Grund der Angaben bei „Anderer Abschluss "(CASE, Änderung (x in y))
- 93, „Promotion" in Uni
- 149, „Promotion" in Uni
- 347, „Promotion" in Uni
- 1447, „2. Staatsexamen" in Uni
- 2176, „2. Staatsexamen" in Uni
- 156, „Abitur und Meister (Metzger-)" in Abitur
- 1289, „kurz vor Diplom" in Abitur
- 1065, „Fachabi und abgeschlossene Ausbildung" in Fachabitur
- 1847, „Fachabitur & Lehre" in Fachabitur
- 1202, „staatliche anerkannte Erzieherin, Tagesmutter, Kirchenmusikerin" in Lehre/Berufsausb.
- 2141, „Meister" in Lehre/Berufsausb.

Änderungen PR04_01 (Gewünschte Betreuungsstunden) (CASE, Änderung (x in y))
- 1084, 5-8 in 6,5
- 1327, 25-30 in 27,5
- 1511, 25-40 in 32,5
- 1593, 7-9 in 8

Erschienene Bände in der Reihe "Lebenslang lernen"

Band 1: **Una M. Röhr-Sendlmeier (Hrsg.)**
"Frühförderung auf dem Prüfstand. Die Wirksamkeit von Lernangeboten in Familie, Kindergarten und Schule"

Band 2: **Laura Hemker**
"Die Entwicklung visueller Fähigkeiten – Analysen zur bildhaften Tiefenwahrnehmung im ersten Lebensjahr"

Band 3: **Stefanie Greubel**
"Kindheit in Bewegung. Die Auswirkungen sportlicher Förderung auf das Selbstkonzept und die Motorik von Grundschulkindern"

Band 4: **Simone Vogelsberg**
"Verkehrserziehung durch Edutainment – Der Einfluss spielerischer Lernsoftware auf Verkehrswissen, Gefahrenbewusstsein und Verkehrsverhalten"

Band 5: **Kerstin Knopp**
"Risikowahrnehmung, Selbstkonzept und motorischer Status – eine empirische Studie zu den Auswirkungen unterschiedlicher Trainingsbedingungen bei Kindern"

Band 6: **Udo Käser (Hrsg.)**
"Lernen mit dem Computer"

Band 7: **Jenny Demircioglu**
"Englisch in der Grundschule – Auswirkungen auf Leistungen und Selbstbewertung in der weiterführenden Schule"

Band 8: **Sebastian Bergold**
"Identifikation und Förderung von begabten und hochbegabten Schülern"

Band 9: **Schiwa Amri**
"Bildung und Bindungsaspekte bei Migranten der zweiten Generation in Deutschland"

Band 10: **Una M. Röhr-Sendlmeier (Hrsg.)**
"Inzidentelles Lernen - Wie wir beiläufig Wissen erwerben"

Band 11: **Claudia Fermor**
"Effektivität der Therapie bei Sprachentwicklungsstörungen"

Band 12: **Una M. Röhr-Sendlmeier (Hrsg.)**
"Berufstätige Mütter und ihre Familien"

Band 13: **Walter Sendlmeier, Alexandra Oertel**
"Rechtschreibdidaktiken im ersten Schuljahr – eine psychologische und sprachwissenschaftliche Einordnung und Bewertung"

Band 14: **Melanie Vogelsberg**
"Förderung der Gedächtnisleistung und des strategischen Denkens bei Grundschulkindern"

In Vorbereitung:

Band 15: **Udo Käser**
"Systematische Fehler im Mathematikunterricht"